中华学人丛书

庚子救援研究

◎ 冯志阳 著

北京师范大学出版集团
BEIJING NORMAL UNIVERSITY PUBLISHING GROUP
北京师范大学出版社

序

　　庚子救援是过去研究中甚少论及的一个题目。志阳自 2007 年读博开始，即以此为题，从一点点搜集相关史料做起，不疾不徐，一步一个脚印，把相关档案、文献，以及散见于当年上海报刊上的各种有关救援的公启、章程、公函、电报、捐款清单、载回被灾官民名单、杂记等资料一一找出来，并加以系统梳理、排比与研究，不放过任何一个细节，前后历时五年终于撰成博士论文，比较完整地把这次救援的全过程呈现出来。论文于 2012 年被答辩通过后，经过数年沉淀，去年志阳又集中精力花了大半年时间对原稿进行全面、细致的增订删改，最终定稿。志阳在《后记》中叙其缘起：

　　　　记得那是刚刚考上博士不久的一次上课，我的博士生导师周武研究员在讲授上海史时突然提到，庚子国变前后北方社会出现了一股大规模的人才迁徙潮，很多政治、文化精英从京城迁居到上海，这极大地促使了上海在政治、文化上的崛起，其中最为集中的便是庚子救援行动，因为在很短的时间内即有数千人被从京津地区救援到上海。然而，对于这次救援行动，不但学界研究较少，即使知道的也不多。周老师因而向听课的学生们建议，有兴趣的可以试着去关注关注。我当即便对这个题目产生了极大兴趣，此后便尝试着收集相关史料，很快就在上海图书馆找到并复印了陆树藩的一卷《救济日记》和五卷《救济文牍》，同时又从《申报》《中外日报》等晚清报刊上发现了大量相关史料。知道我有了这些史料基础，周老师又建议我将这个题目作为自己的博士论文题目，于是我的读博生涯便与庚子救援事件的研究生涯合为一体。

志阳讲述的这个过程，我自己已不太记得了。但我的确认为，与对庚子年次第发生于南北的义和团运动、八国联军之役、庚子西狩、东南互保、庚子勤王、庚子议和等一连串重大事件研究得众多和深入相比，庚子年间由上海绅商发起、组织和实施的大规模救援则显然未受到应有的关注，众多近代史著作几乎不著一词，这是不应该的。而且，就庚子之变的整体研究而言，缺庚子救援这一块，也是不完整的。所以，当志阳把这部书稿交到我手里的时候，着实让我有点喜出望外。

我的"喜出望外"，除了对志阳的耐心和毅力表示惊讶外，更基于我对这个事件本身的复杂性和艰难性的认知。庚子救援发生在京津沦陷这一被时人称为"自有家国以来未有之奇变"之后，与上述一连串重大事件深度交缠，互为因果。而且因为这种"深度交缠"，又不能不跟世纪之交中国的南北、官绅、华洋、新旧诸重关系深相勾窜缠绕。因此，讲清楚庚子救援本身的始末原委已有难度，要厘清这一事件背后隐藏的上述诸重深相勾窜缠绕的关系，则尤属不易。

志阳此书最着力和最用心的地方，用他自己的话说，即在于"尽量完整地呈现庚子救援事件本身"。但要讲清楚这一救援事件的来龙去脉，就得对事件发生前后的具体时空情境有足够的了解。这一点，志阳有充分的自觉。他在《导论》中指出："庚子救援行动就发生在这样一个具体的日常世界中，并为各种各样的因素所制约。因此，要更好地叙述庚子救援事件，就不得不进入这个救援事件发生时的具体时空情境中，深入探讨庚子国变前后南北间交通方式与通信方式的变化、京城社会管理方式的变化、京官日常生活的变化等，此外还包括江南社会的义赈传统，中外贸易与江浙丝商群体在19世纪下半叶对于上海乃至江南经济的宰制性影响，京官在中央与地方之间的角色，以及华洋之间、官绅之间的微妙关系等，这些共同构成了与庚子救援事件直接相关的历史情境。这些历史情境中的任何一项，都不会比救援事件本身更为简单，因此笔者相当多的精力都花在构建支撑庚子救援事件得以发生的地基上。"正是基于这样的认识，志阳依据自己艰苦搜寻所得的大量第一手资料，包括上海图书馆藏陆树藩《救济日记》及相当于救济善会"征信录"的《救济文牍》，盛宣怀档案中有关庚子救援的各类史料，以及《申报》《中外日报》《新闻报》等当时上海报刊上所刊登的相关资料，用了整整六章的篇幅，各有侧重地详尽论述了这一史所罕见的大救援的缘起、组织、过程及其影响，其中对救济善会、东南济急善会这两大救援主体组织的发起人、幕后支持者、宗旨、章程、组织机构、日常工作的主持者、各级成员、成立过程、具体的救援活动、救援成效等各方面内容的梳理尤为细致入微。此外，书中对救济款项的来源，特别是对张之洞、刘坤一、袁世凯等封疆大吏及粤籍官员的独立捐款及其动机、成效，以及救济款项在京官间的分配方式及其原因、效果的考察与分析亦颇有所见。至于对沦陷时京城世相与京官生活的摹写，对救援场景的叙述，更是历历如绘，每每让人有身临其境之感。

不过，就个人喜好而言，我更欣赏的还是书中的"余论"部分，即"庚子救援中的关键词"。与前六章偏重于叙事不同，这一部分的立意则在于阐释庚子救援这一事件背后的因果、联系及其意义。志阳在完整叙述庚子救援的全过程之后，特别从中拈出丝业、京官、省籍意识、东南意识、义赈等贯穿全书的五个关键词进行深入讨论，并以这种讨论来对庚子救援进行总结，不仅形式新颖，亦必有助于从更深广的脉络中理解庚子救援这一事件的由来及其演进。如此大规模的救援，而且是在极其错综复杂的险恶环境下展开的救援，绝不会是一个突兀的事件，在它的背后实际上浓缩着自鸦片战争以降中国社会特别是东南区域社会的变迁历史。这正是志阳想要追踪的历史脉络。他发现庚子救援的实际主持者几乎是清一色的丝商：最早倡议庚子救援且一直负责救济善会救援工作的陆树藩是丝商，负责东南济急善会日常事务的庞元济、施则敬是丝商，另一个救援组织"协济善会"的创办人杨兆鏊也是丝商。可以说，庚子救援行动几乎全是由江南的丝商们筹划组织完成的。任何救援都得耗费财力，特别是像庚子救援这样大规模的救援更需要巨大的财力支撑。丝商成为庚子救援的主力,跟开埠以后上海出口的大格局有关。由于地近江浙产丝区,上海出口贸易以蚕丝为最大宗,丝商因此而逐渐累积巨量财富,"成为晚清上海乃至整个江南地区最为显赫的财富拥有者"。明乎此,就不难理解为什么在庚子救援全程中丝商扮演如此关键的角色。

在庚子救援中,无论是救济善会还是东南济急善会,都以京官为最主要的救援对象。原因何在?志阳的分析认为,这是因为各省京官与各省利益之间的紧密关联,由时人的笔记可以看出,各省京官几乎成为各省利益在朝廷的代言人。有学者以各省京官为最主要的救援对象诟病庚子救援,认为这实际上是一种利益交换,已背离了"救济"和"济急"的初衷和本旨。我以为这是一种苛责,毫无道理。且不论庚子救援本身并不仅限于救援京官,也曾广泛地泽及普通百姓,救济善会七千余回南者中并非都是京官。救济善会与东南济急善会在京津地区开办平粜局,施衣"数万套","掩埋白骨几万千","米面医药不计其数",显然也并非仅针对京官。实际上,救援以"乡谊"相号召,以"省籍意识"为底色,更容易"一呼响应,事集众擎",这是国情,无可厚非。更何况当年倡议和主持救援的绅商,后来也并没有因为曾救援京官而获得实际的利益回报,有的还曾因此而负债累累,如陆树藩就因庚子救援而亏欠巨万,最后不得不将丽宋楼藏书悉数售与日本还债。其实,无论是救京官,还是救百姓,对那些慷慨纾难、不顾安危、仆仆于途的施救者,我觉得还是应当抱持起码的敬意。

另外,关于"义赈"在上海华人社会整合过程中所发挥的作用,志阳在分析这个关键词时,有一段话讲得很好,他说:"就上海的华人社会而言,无论何种力量想要参与到义赈事业中来,都会被纳入到一个统一的行动框架中来。在一个统一的上海华人社会形成之前,上海义赈界的联合和统一,对于整个上海华人社会的整合,显然是具有潜移默化的引导作用的。"19世纪的上海,长期以来并没有一个统一的华人社会,基本上是各省各行商帮的各自为政。正是长期不分地域的慈善救济活动，使得上海华人社会逐渐拥有了一个有别于官府的公共领域，并形成了能为上海各省华人都认可的华人领袖。庚子救援之所以能够调动整个上海，乃至整个东南社会的力量，与统一的华人社会及其领袖在 19、20 世纪之交上海的出现密切相关。当然，一个统一的上海华人社会的形象不可能因为几次义赈就能成型，但义赈在增进帮派林立、互不统属的各移民群体的上海认同方面，并不是可有可无的。

志阳这本书是厚实的，也是有见地的。厚实而有见地，一方面说明他在这个题目上下过切实功夫，另一方面也反映了他思考的广度和深度。肯下功夫又勤于思考，这样写出来的著作虽未必炫目，但一定不会是过眼烟云。

周武

2018 年 6 月 14 日

写于上海社会科学院

目 录

导　论

　　光绪庚子年春夏间，酝酿已久的义和团突然在华北平原形成燎原之势，短时间内即遍布京津地区，甚者一度掌控京师城门之启闭，清王朝首善之区的正常生活秩序不复存在。继而八国联军先后攻占津京，驱散义和团，迫使两宫仓皇西狩，北京城原有的秩序荡然无存。在联军控制下的北京城，大批来不及出逃的京官，一方面随时可能遭到洋兵的抢劫与侮辱，另一方面则完全失去了生活来源。与京官类似，在京绅商士民连人身安全都无法得到保障，更遑论财产安全。在这些官绅商民中，相当一部分来自于东南各省，他们本可回南度日，但当义和团弥漫于华北平原时，南下的陆路通道便已经成为一条布满荆棘的道路；八国联军的舰队云集大沽口，更意味着南下的海路通道已经被堵死。对于这些困守京津只能坐以待毙的南省官绅商民，远在上海的一些东南绅商起而呼吁，号召东南官绅商民合力救援，庚子年的一场以南省京官为主要援救对象的救援行动就此拉开大幕。

一、命悬一线的清王朝

　　庚子年七月二十一日（1900 年 8 月 15 日），八国联军占领北京，两宫仓猝西狩，没有来得及对京城留守事宜进行布置。至七月二十三日，两宫才于西行途中发布上谕："荣禄、徐桐、崇绮均著留京办事，所有军务地方情形，随时奏报。"①但因当时通信系统已完全瘫痪，行

---

① 金家瑞、林树惠辑：《有关义和团上谕》，见中国史学会主编：中国近代史资料丛刊《义和团》（四），38 页，上海，上海人民出版社、上海书店出版社，2000。

在与留守京官消息隔绝，所以即使发布了关于留守大臣的谕令，但两宫对于留守大臣身处何地、生死与否等基本情况都一无所知。事实上，徐桐在京师城破当日便自缢而亡，荣禄、崇绮则逃出京城，且崇绮不久也自缢于莲池书院。两宫任命了三位留京办事大臣，但没有一人在京。七月二十七日，行在发布上谕，令马玉昆对"畿甸军情"，"派弁连环侦探，按日具报"。① 七月二十九日再次发布谕令："留京大学士荣禄，现在是否仍在京师？抑或移札何处？著该提督一并探确，迅速具奏。"② 也就是说，行在虽然在七月二十三日便令荣禄等留守，但直到七月二十九日还无法确知荣禄身在何处。

同样，留守京官对于行在的消息也是知之甚少，甚至大部分京官对于两宫是否均已西狩还不得而知，如恽毓鼎于七月二十九日才"得确信"，知两宫均已西狩；而高枬、黄曾源、于式枚、李希圣、郑沅、陈璧、宋育仁等京官则于八月三日才最终确信两宫均已西幸。③ 在联军破城后的相当一段时间内，不但留守京官们对于两宫消息茫然无知，各省督抚也是多方探听才确知两宫已经西巡。李鸿章在八月一日的奏折④

---

① 《上谕》，见故宫博物院明清档案部编：《义和团档案史料》上册，490～491 页，北京，中华书局，1959。

② 金家瑞、林树惠辑：《有关义和团上谕》，见中国近代史资料丛刊《义和团》（四），43 页。

③ 城破之初，大部分京官均认为并相信，皇上并未出逃，而是留京与洋人议和。参见高枬：《高枬日记》，见中国社会科学院近代史研究所近代史资料编辑室编：《庚子记事》，174、176、182～183 页，北京，中华书局，1978；恽毓鼎：《恽毓鼎庚子日记》，见北京大学历史系中国近现代史教研室编：《义和团运动史料丛编》第 1 辑，62 页，北京，中华书局，1964。另外，本书中作为人名的"枬"字仍统一采用所引文献的异体字写法，未改成简化字。特此说明。

④ 奏摺、折本是清朝的两种文书。折本的折，是动词；奏摺的摺，是名词，表示一种折叠的文书。在清朝，折本是交给内阁和御门听政大会处理的，奏摺是交给军机处处理的，二者保密程度不同，文体不同，篇幅也不同（折本厚，奏摺精炼）。《现代汉语词典》第 7 版根据简化字规范和约定俗成收入奏折一词，"奏折：写有奏章的折子"（《现代汉语词典》第 7 版 1748 页）；同时又指出："'摺'简化为'折'，但在二字意义可能混淆时，仍用'摺'"（《现代汉语词典》第 7 版 1659 页）。本书在行文中采用奏折一词，但若是引文，则根据所引文献是用"奏折"还是用"奏摺"仍旧维持不变。特此说明。

中表示："于七月二十四、二十七等日，先后接袁世凯、廷雍来电，惊悉各国联军已于二十一日攻进京城，乘舆即于是仓猝西幸。"①刘坤一在八月三日的奏折中言："窃臣接据探报，七月二十一日各国洋兵进犯都城，銮舆西幸。闻信之下，五内震骇。当即飞电直隶、山西、陕西等省，分投探信。现得护理陕西抚臣端方来电，恭悉皇太后、皇上圣驾于七月二十七日行抵山西阳高县城，至驻跸何处，探明后再行电知。"②袁世凯则在八月五日的奏折中表示："自本年七月二十四五日以后，道路纷传，洋兵内犯"，"当即迭派员弁，四处探听，而沿途梗塞，难得确音"，"嗣闻銮舆西狩，因复飞电陕西抚臣，敬谨探询，八月初四日准护理陕西抚臣端方电称，皇太后、皇上圣驾幸晋，初六可到太原"。③张之洞更是在八月十四日才上奏朝廷表示："臣等自七月下旬以来，北方警信日至，惟电线多断，文报动梗，未得确音，暨闻洋兵已入京城，虽传闻有銮舆西幸之说，不知是否成行，各报又参差互异，神魂飞荡，罔知所措"，"昨接大学士李鸿章自上海来电，奉到怀来县所发寄谕，并接护陕西抚臣端方来电，恭悉皇太后、皇上确已西巡，将抵太原"。④

　　本书在这里不厌其烦地列举当时的重臣、疆吏获悉两宫西狩消息的过程与反应，主要是想表达在电报时代清廷中枢与地方之间随时保持通畅联系的重要性。⑤在电报时代，哪怕只是短暂地失去联系，某种程度上便意味清廷中央对于地方的失控，更何况是在联军攻占京城的形势下。设身处地，完全可以想象，在八国联军攻占京城而两宫却不知所踪的情况下，清王朝是否依然能够得到维持本身，便是督抚们

①　《调补直隶总督李鸿章摺》，见《义和团档案史料》上册，505页。
②　《两江总督刘坤一摺》，见《义和团档案史料》上册，515页。
③　《山东巡抚袁世凯摺》，见《义和团档案史料》上册，519页。
④　《湖广总督张之洞等摺》，见《义和团档案史料》上册，564页。
⑤　有学者曾对庚子"西狩"与电报通信状况之间的关系进行过探讨，参见史斌：《论电报通讯与庚子"西巡"——近代中国技术影响政治一例》，载《科学技术哲学研究》，2011(3)。

心中不可能不去琢磨的一个问题。① 京官高枬在七月二十九日的日记中写道："昆、庆已晤赫德。约初一与赫信，初二三会公使说话。然各公使曰，'但要光绪皇上在，即好办，如不然，"大清"二字恐难了'。"② 这段记载显系谣传，庆亲王奕劻此时正在随扈西行途中，如何能晤赫德？然而谣传亦能见人心，于此可见八国联军攻破北京之际，清王朝是否就此覆灭，恐怕是当时包括两宫在内的所有人均心存疑惑而无把握的一个问题。

清王朝在当时能否继续存在下去，取决于两个群体的态度：一是各省督抚是否依然支持清廷；二是各国是否同意与清廷进行和谈。关于各省督抚的态度，吴天任曾表示，正是由于梁鼎芬"首倡贡方物之议"，"以示各省对清廷仍具向心"，才将"趋崩裂之局面，复能团结上下，一致对外"，"而清室之统治，乃得延长十年"。③ 各国的态度从李鸿章的行止便可窥得一斑。盛宣怀在七月二十日的一封电报中便表示："傅相约月底航海北上。"④ 李鸿章则在七月二十六日致杨宗瀛的电报中表示："现电商各外部，请派全权会议，俟得复，再航海北行。"⑤ 七月二十八日，盛宣怀在致刘坤一的电报中言："傅相屡电各国不复，一得

---

① 据李细珠研究，"直到庚子八月初，张之洞、袁世凯等人尚未与流亡中的清廷取得联系，并不知慈禧太后和光绪皇帝安全与否，均有茫然无措之感"，并表示这期间才是"任何事情都可能发生的"。参见李细珠：《张之洞庚子年何曾有过帝王梦——与孔祥吉先生商榷》，载《近代史研究》，2010(3)。

② 高枬：《高枬日记》，见《庚子记事》，180 页。

③ 吴天任：《梁节庵先生年谱》，序例，台北，艺文印书馆，1979。吴天任过于强调梁鼎芬的作用，显然言过其实。学界有关张之洞庚子年是否有过"帝王梦"的讨论，显示张之洞对于清廷和慈禧太后的忠诚无可置疑。参见孔祥吉：《张之洞在庚子年的帝王梦——以宇都宫太郎的日记为线索》，载《学术月刊》，2005(8)；李细珠：《张之洞庚子年何曾有过帝王梦——与孔祥吉先生商榷》，载《近代史研究》，2010(3)；孔祥吉：《再释张之洞帝王之梦——兼答李细珠先生》，载《近代史研究》，2010(5)；戴海斌：《庚子年张之洞对日关系的若干侧面——兼论所谓张之洞的"帝王梦"》，载《学术月刊》，2010(11)。

④ 《盛宣怀致龠昌宇电》，见陈旭麓、顾廷龙、汪熙主编：盛宣怀档案资料选辑之七《义和团运动》，190 页，上海，上海人民出版社，2001。

⑤ 《李鸿章致杨宗瀛电》，见盛宣怀档案资料选辑之七《义和团运动》，196 页。

电即行。"①八月三日，盛宣怀更在一封电报中表示："各国以两宫离京，局面迥异，不认李相全权。"②后因清廷添派庆亲王奕劻为全权大臣参与议和，各国才同意与清廷进行和谈。③ 于是，盛宣怀在八月九日致杨宗濂的电报中表示："傅相节后赴津。"④

此后不久，陆树藩便向李鸿章陈述了救援京津被难官商的计划，并得到李鸿章的认可和支持，庚子救援行动就此拉开序幕。显然，庚子救援是在清王朝国力极其衰弱，几乎国将不国的情况下展开的救援行动，且被救援地区正处于敌国军队掌控下，因而只可能是主要依赖民间力量的一次救援行动。就此而言，庚子救援可谓中国历史上极为特殊的一次战争救援行动。⑤

二、观常知变

虽然是研究"救援行动"，但本书的问题意识既不因为它是兵灾引起的救援而归属于灾荒史的范畴，也不因为它是由善会实施的救援

---

① 《盛宣怀致刘坤一电》，见盛宣怀档案资料选辑之七《义和团运动》，200 页。
② 《盛宣怀致冯光通电》，见盛宣怀档案资料选辑之七《义和团运动》，210 页。
③ 《盛宣怀致尚其亨电》《盛宣怀致冯光通电》《保定电局致盛宣怀电》，见盛宣怀档案资料选辑之七《义和团运动》，209～210、223 页。因为李鸿章与俄国关系密切，以英国为首的其他各国"拒纳其为谈判对手"。同时，也是在英国的推动下，奕劻被增派为议和全权大臣。参见戴海斌：《"无主之国"：庚子北京城陷后的失序与重建——以京官动向为中心》，载《清史研究》，2016(2)。
④ 《盛宣怀致杨宗濂电》，见盛宣怀档案资料选辑之七《义和团运动》，219 页。
⑤ 不久之后发生的日俄战争，中国东北成为战场，清廷宣布中立，"官方不便出面救助难民"，上海绅商因此组织"上海万国红十字会"对战争难民进行救济。但"上海万国红十字会"最重要的支持便来自清廷，"慈禧太后以光绪帝的名义颁发内帑 10 万两给上海万国红十字会"，该会当时总共也就募集了"约 20 万两"。也就是说，当国家力量一旦得到恢复，这种全国性的大规模救援，国家很容易便占据主导地位。实际上，此后中国红十字会的正式成立，国家力量在其中也隐约居于主导地位。参见张建俅：《中国红十字会初期发展之研究》，20～42 页，北京，中华书局，2007。

而归属于慈善史的范畴。① 本书首先是将这次救援行动视为一次事件，

① 目前为止，专门对庚子救援事件进行探讨的论文有两篇：一篇是李文海、朱浒 2004 年发表于《清史研究》的论文《义和团运动时期江南绅商对战争难民的社会救助》；一篇是阮清华于 2005 年发表《华东师范大学学报》（哲学社会科学版）的论文《非常时期的民间救济——以"庚子之变"后上海绅商义赈为例的探讨》。李文海、朱浒一文关注的核心问题是"江南地方精英何以能在此时跋涉数千里，到地域性质完全不同的华北地区开展救援行动"。其问题背后的理论关怀是，通过对庚子救援事件的梳理和研究来反思"以往地方史研究框架设定的界限"。李文海长期致力于灾荒史研究，也是国内最早对晚清义赈进行研究的学者之一。李文海将义赈视为"光绪初年，随着社会政治生活和经济生活的新的变化，才开始兴起的"一种"民捐民办"的慈善活动，即"由民间自行组织劝赈、自行募集经费，并自行向灾民直接散发救灾物资"。因为民间自发组织的赈灾行为在义赈兴起之前便已存在，那晚清义赈又如何与此前的民间赈灾进行区分呢？李文海指出以往的民间赈灾"具有很大的地区局限性"，"某个地方发生了灾荒，就在该地区范围内进行募捐活动，至多也只是扩展到旅居个别大城市的本籍同乡范围，募捐的赈款自然也限于赈济本地的灾民"；而"光绪初年兴起的义赈，则完全突破了狭隘地区的局限，赈济对象，往往是全国最突出的重灾地区，募捐的范围，涉及广泛的社会阶层，而且募捐活动往往遍及全国各地，甚至扩展到海外的爱国华侨"。参见李文海：《晚清义赈的兴起与发展》，载《清史研究》，1993(3)。此后，朱浒在其博士论文《晚清义赈研究》和专著《地方性流动及其超越——晚清义赈与近代中国的新陈代谢》（北京，中国人民大学出版社，2006)中，对晚清义赈进行了更为全面细致的考察，理论关怀也一以贯之，即通过对晚清义赈的研究来突破以往的地方史研究框架。或许，正是因为李文海、朱浒长期专注于灾荒史和义赈研究，故将庚子救援事件置于灾荒赈济史的范畴，尤其是从义赈这个角度进行解读。虽然该文对于庚子救援事件的全貌进行了概述，但强烈的问题意识与有限的篇幅，都使得该文对于庚子救援事件本身的叙述显得过于简单，很多救援关节都没有梳理清楚。例如，将救济善会与济急善局分工明确的救援活动混为一谈，没有注意到济急善局扩展为东南济急善会这一救援机构的重要变化，也就更不会注意到张之洞、刘坤一、袁世凯、奕劻等疆吏、重臣独立于两大善会组织之外的救援活动。当然，这些要求对于一篇一万多字的论文而言，显然是苛求，更何况该文的论述目的也并不在于救援事件本身。阮清华的论文主要从慈善救济的角度看待庚子救援事件，且完全将庚子救援事件视作一次义赈。同样，该文限于篇幅对于救援事件的叙述也较为简单。

除上述两篇专文外，朱浒、杨念群合作的《现代国家理念与地方性实践交互影响下的医疗行为——中国红十字会起源的双重历史渊源》[《浙江社会科学》，2004(5)]、池子华的《从中国救济善会到上海万国红十字会》[《史林》，2005(2)]和周秋光、杨智芳合作的《论中国红十字会的起源》[《湖南师范大学社会科学学报》，2006(4)]等论文也都涉及庚子救援事件，但均将其划归有关红十字会起源的(转下页注)

有开始有结束，有施救者有被救者，有详细的救援过程，有丰富的救援细节，即尽量完整地呈现这次救援事件本身，是本书最为着力的地方。

这是一次规模庞大的救援事件。从组织者来看，救援行动中最重要的两个救援组织救济善会与东南济急善会（前身是济急善局）可以说是直接秉承时任全权大臣李鸿章的意旨而设立的。东南济急善会的京局更是依托李鸿章进京议和时所带幕府人员而设的，且就在李鸿章下榻的贤良寺办公。此外，湖广总督张之洞联合两江总督刘坤一、山东巡抚袁世凯也对留守京官实施了独立于救济善会与东南济急善会之外的救援之举；庆亲王奕劻也电谕各省在旗督抚捐款接济在京旗籍官民。完全可以说，当时中国最有权势的王公大臣与封疆大吏大都参与了这场救援行动。从动员范围来看，盛宣怀作为东南济急善会的首要主持者，利用其掌控的电报局以李鸿章的名义向"各省督抚河漕提镇藩臬运道"发电呼吁"设法劝助各省同志"，后来也的确得到了各省督抚的积极响应。可见，这次救援事件的动员规模事实上已超越了东南各省的范围，直接面向全国。从救援效果来看，据救济善会创办人兼主持者陆树藩言，"由直北渡回南者计七千余人"。实际上，将被难官商士民救援回南不过是此次救援行动的计划之一。随着京城秩序的逐渐恢复，

（接上页注）论述中，重心都是在救济善会的"红十字"上。除论文外，一些著作或多或少也涉及庚子救援事件。较早关注这一事件的是闵杰的《近代中国社会文化变迁录》第二卷（杭州，浙江人民出版社，1998），其以"中国救济善会——红十字的先声"为小标题对陆树藩与救济善会的救援活动进行了简介。朱浒在《地方性流动及其超越——晚清义赈与近代中国的新陈代谢》一书中论述"义赈场域中的中国与西方"时，将庚子救援事件置于中国红十字会起源的脉络中再次进行叙述与分析，与此前的论文相比，专著中的论述更关注"这场救援行动的红十字会性质"的表达及其局限。张建俅在《中国红十字会初期发展之研究》一书中以"援引红十字会名义的慈善团体"为小节标题，论述了救济善会与济急善会在庚子年间"模仿红十字会"的救援行动，指出"两会声称模仿红十字会宗旨，事实证明也不过是便宜行事的措施而已"。由上所述，以往关于庚子救援事件的研究，主要是因为救济善会以红十字作旗号进行救援的举动，使得众多学者均将庚子救援视为中国"红十字会的先声"。从学术脉络上看，无论是论文还是专著，均将庚子救援事件置于灾荒史或慈善救济史的范畴进行考察与论述，缺乏对于庚子救援事件本身来龙去脉的细致考察，而这正是本书所欲解决的最主要的问题。

两宫回銮的传言不断，许多京官并不愿意渡海回南，因此在朝廷俸禄尚无法指望的庚子秋冬之季，留守京城的京官们主要依靠东南济急善会通过各种方式筹汇至京的款项度日。据李鸿章奏稿言，东南济急善会"先后汇款至五十余万两"。此外，救济善会与东南济急善会还在京津地区开办平粜局、施衣"数万套"，"掩埋白骨几万千"，"米面医药不计其数"。无论从何种角度来看，这样一种规模的救援事件，其本身便已具有独立研究的意义和价值。

在笔者看来，且不论庚子救援事件本身所具有的研究价值，单由救援行动牵扯进来的各种问题或视角，已足以令我们对庚子国变产生新的认知和观感。既然是一次救援行动，那么下面这些问题便不得不进入我们的视野：庚子国变期间的北京城究竟处于怎样一种状况中？大批来不及随扈西行的京官，在俸禄没有着落的情况下如何求得生存？数量更多的京津平民百姓，在八国联军占领下何以过活？南北之间的交通何时中断？交通中断后，一些寓京南省人士如何克服重重障碍逃回南方？南北之间何时开始音信不通？通信中断后的东南社会如何获悉或想象北方境况？概言之，这些问题指向的是一个日常世界中的庚子国变。

庚子救援行动就发生在这样一个具体的日常世界中，并为各种各样的因素所制约。因此，要更好地叙述庚子救援事件，就不得不进入这个救援事件发生时的具体时空情境中，深入探讨庚子国变前后南北间交通方式与通信方式的变化、京城社会管理方式的变化、京官日常生活的变化等，此外还包括江南社会的义赈传统，中外贸易与江浙丝商群体在19世纪下半叶对于上海乃至江南经济的宰制性影响，京官在中央与地方之间的角色，以及华洋之间、官绅之间的微妙关系等，这些共同构成了与庚子救援事件直接相关的历史情境。这些历史情境中的任何一项，都不会比救援事件本身更为简单，因此笔者相当多的精力都花在构建支撑庚子救援事件得以发生的地基上。如果说本书在尽量完整叙述庚子救援事件之外，还有什么企图的话，那就是希望通过呈现庚子救援事件的来龙去脉，见叶知秋，即感受和体会19世纪末20世纪初的日常中国及其变化。

事实上，对于这些日常世界及其变化的关注，反过来也可以让我们更好地理解一些重要政令何以出台？尤其是某些重要的历史进程何以能够成为现实？例如，庚子年八月三日（1900 年 8 月 27 日），行在军机处发布上谕："现在已派庆亲王奕劻回京，与各国使臣商议事件，昆冈、崇礼、裕德、敬信、溥善、阿克丹、那桐、陈夔龙均作为留京办事大臣，随时商办一切事宜。"①辅助奕劻议和的八位留京办事大臣中，只有陈夔龙一位汉大臣，而以陈夔龙当时的官阶品秩而言，显然是轮不到他作为留京办事大臣的。陈夔龙当时署理从三品的太仆寺卿，且不论正二品的各部院左右侍郎，单从一品的各部院汉尚书，当时在京的就有吏部尚书徐郙、兵部尚书徐会沣和礼部尚书廖寿恒等。② 为何是陈夔龙被任命为留京办事大臣？据《梦蕉亭杂记》记载，八国联军破城后，陈夔龙借寓黑芝麻胡同胡砚孙宅，而胡宅与总理衙门总办章京舒文之宅，"望衡相对，中仅隔于甬道"。陈夔龙派仆人前往舒宅探听消息，而舒文早已与总税务司赫德取得联系，成为当时中外得以接触沟通的不可多得的重要渠道，昆冈、敬信、裕德等满大臣也多聚集在舒宅"会商要事"。用陈夔龙的话来说："缘舒与赫德已经浃洽数次，又得日兵驻宅保护，隐然成为办事机关。"③陈夔龙因此参与到昆冈等满大臣的各种政治活动中，其中最重要的一个举动是向行在报告他们与赫德会晤的情形，并请派庆亲王奕劻回京议和。该奏折共有十人列名，除了被任命为"留京办事大臣"的八人外，还有舒文和时任山东道监察御史的许佑身，而许佑身之所以能够列名，当是因为他和陈夔龙作为姻亲而同在胡砚孙宅避难之故。这封发于七月二十九日的奏折，八月二日到达行在，是两宫自七月二十一日西行后，首次获悉的来自京城的信息。行在军机处于八月三日向奕劻、赫德和昆冈等分别发布了三道上谕，内容完全与昆冈等人的奏折相呼应，清廷中枢指挥下的中外沟通和联络由此正式开局。④ 陈夔龙因此机缘而被派为留京办事大臣。也就是说，对于当时正在逃难的两宫而言，明确知道仍留守在

　① 《军机处寄大学士昆冈等上谕》，见《义和团档案史料》上册，513～514 页。
　② 钱实甫编：《清代职官年表》第 1 册，318 页，北京，中华书局，1980。
　③ 陈夔龙：《梦蕉亭杂记》，33～34 页，北京，中华书局，2007。
　④ 《军机处寄庆亲王奕劻等上谕》《军机处寄总税务司赫德上谕》《军机处寄大学士昆冈等上谕》，见《义和团档案史料》上册，513～514 页。

京的满汉臣僚，就是"均住东四牌楼迤北"的这十位列衔者，留京办事大臣从中产生合情合理。① 陈夔龙事后追忆表示："并派会衔入奏之八人为留京办事大臣，汉大臣仅余一人，实为惭幸。"② 郭则沄更在《庚子诗鉴》中将陈夔龙被任命为留守大臣一事，称之为"异数"。③ 不久，升任顺天府府尹的陈夔龙和兼理顺天府兼尹事务的兵部尚书徐会沣联衔上奏，便自称"兵部尚（书）·兼理顺天府兼尹事务臣徐会沣、留京办事大臣·顺天府府尹臣陈夔龙跪奏"。④

　　再以电报通信为例。承平之日电报畅达之时，人们对于电报之于朝政大局的重要性可能没有太大感觉，然而一旦有事，则其重要性立刻凸显出来。前文所述清廷中枢在逃难初期，与各省督抚、留守京官的短暂失联所带来的人心动荡，是一方面；另一方面，东南督抚在策划中外互保时，南北之间电报通信状况的不断恶化，恰恰又为其提供了一定的操作空间。庚子年五月二十五日（1900 年 6 月 21 日），清廷以"内阁奉上谕"的形式发布"宣战诏书"，并谕令"沿江沿海各省尤宜急办"。⑤ 由于京城与外界的电报通信在五月十二日前后便开始出现问题⑥，上谕以"六百里加紧"的形式传递，于五月二十七日到达济南。时任山东巡抚的袁世凯接到上谕后，当即致电李鸿章、刘坤一、张之

---

① 《大学士昆冈等摺》，见《义和团档案史料》上册，495 页。

② 陈夔龙：《梦蕉亭杂记》，35 页。

③ 龙顾山人：《庚子诗鉴》，见中国社会科学院近代史研究所《近代史资料》编辑组编：近代史资料专刊《义和团史料》上册，93 页，北京，中国社会科学出版社，1982。事实上，陈夔龙身为荣禄的亲信幕僚，此前又刚刚署理过顺天府尹，应该也是其被任命为"留京办事大臣"的相当重要的原因。

④ 《徐会沣等奏报怀柔义和团戕官劫狱及调兵剿办情形摺》，见中国第一历史档案馆编辑部编：《义和团档案史料续编》上册，807 页，北京，中华书局，1990。

⑤ 《上谕》《军机处寄各省督抚上谕》，见《义和团档案史料》上册，162～163 页；李文海、林敦奎、林克光编著：《义和团运动史事要录》，186 页，济南，齐鲁书社，1986。

⑥ 主管电报事务的盛宣怀曾询问天津电报局，"何以十三后京中无信"？在五月二十三日又对保定电报局表示："十日内无上谕，望择要电寄"。《盛宣怀致王继善电》《盛宣怀致保定电局电》，见盛宣怀档案资料选辑之七《义和团运动》，50、73 页。

洞和盛宣怀，表示"是以大裂"，并询"从何收拾"。① 盛宣怀当天便致电李鸿章、刘坤一和张之洞，提出"东南互保"的倡议，并强调"须趁未宣战之先"，由刘坤一、张之洞"会同电饬地方官、上海道与各领事订约"。② 盛宣怀所谓"未宣战"，可由两方面来理解，一是袁世凯的电文只是略述上谕大意，特别强调朝廷"饬各省招集义民，成团御侮"，令盛宣怀误以为朝廷尚未宣战；二是或许在盛宣怀的意识中，只要各省督抚尚未接到宣战诏书，那对这些督抚而言，就是尚"未宣战"。后来盛宣怀《愚斋存稿》收录的电文便是更容易理解的"须趁未奉旨之先"③。也就是说，李、刘、张"东南三大帅"从接到袁世凯的电报获悉朝廷旨意，到正式接奉朝廷谕旨，其间有一个时间差，而"东南互保"正是在此期间筹议开局。从五月二十七日盛宣怀正式向刘、张二督提议，到五月三十日上海道余联沅奉刘、张电令，与各国驻沪领事正式开议"东南互保"，"双方有机会互陈立场，彼此有所谅解"④，时间虽然相当紧迫，刘张二督作出决策也很迅速⑤，但兹事体大，决策者的内心不可

---

①　《东抚袁来电并致江鄂督盛京堂》，见顾廷龙、戴逸主编：《李鸿章全集》第 27 册，69 页，合肥，安徽教育出版社，2007。

②　《盛京堂来电》，见《李鸿章全集》第 27 册，70 页；《盛京堂来电并致李中堂、刘制台》，见苑书义、孙华锋、李秉新主编：《张之洞全集》第 10 册，8028 页，石家庄，河北人民出版社，1998。盛宣怀之所以能如此迅速地提出"东南互保"之议，是因为他和赵凤昌、何嗣焜等居住在上海的著名绅士在此之前便有此种设想，而这也体现了"在当地有着巨大利益的绅商阶层"的立场。参见戴海斌：《上海中外官绅"与"东南互保"——〈庚子拳祸东南互保之纪实〉笺释及"互保"、"迎銮"之辨》，载《中华文史论丛》，2013(2)。

③　《寄李中堂、刘岘帅、张香帅》，见盛宣怀：《愚斋存稿》卷三十六，138b 页，《续修四库全书》编纂委员会编：《续修四库全书》一五七二·集部·别集类，上海，上海古籍出版社，2002。(该版本是据 1939 年盛恩颐等刻本影印而成。)

④　据戴海斌研究，"东南互保"最终没有"议定"所谓的约款，而只是以互换照会的形式确立了某种和平性质的原则，从而达成了中外保护的谅解。参见戴海斌：《"东南互保"究竟有没有"议定"约款》，载《学术月刊》，2013(11)。

⑤　张之洞于五月二十八日上午收到盛宣怀倡议"东南互保"的来电，当天晚上便复电表示赞同，参见《盛京堂来电并致李中堂、刘制台》《致江宁刘制台、上海盛京堂》，《张之洞全集》第 10 册，8028 页；刘坤一则于五月二十九日复电表示赞同，参见《刘岘帅来电》，见盛宣怀：《愚斋存稿》卷三十六，139b～140a 页。

能不反复考虑、多有踌躇。刘坤一在复电赞同前，曾专门致电张之洞探询"是否可行"①，而李鸿章为鼓励刘张二督，也于五月二十九日致电盛宣怀明确表示态度："二十五矫诏，粤断不奉，所谓乱命也"，并嘱咐盛宣怀"将此电密致岘、香二帅"。②

　　毕竟是抗旨不遵，如果这只是个别督抚的单独行动，结果可想而知；但如果是有实力的督抚们的集体态度，则另当别论。因而这些督抚们在"举大事"之前联络沟通，协调立场就显得相当必要。③ 或许正是由于"东南三大帅"经过私下沟通达成了共识④，刘、张二督于五月三十日"东南互保"开议之时，又会衔电奏朝廷，表示长江一带"惟有稳住各国，或可保存疆土"，并请求朝廷"亟思变计"。⑤ 上海道余联沅在"东南互保"会议上的发言，首先便以"现在南北消息断绝，朝廷意旨未明"为刘、张二督异于清廷中枢的决策提供必要的前提，并强调只要章程"由各领事调印生效"，则"不论朝旨如何变化"，刘、张二督都"必恪守章程"。⑥ 显然，刘、张二督的如意算盘正是，在"宣战上谕"正式递到之前，造成"东南互保"的既定事实。在此期间，李鸿章、刘坤一、张之洞、袁世凯等督抚还联名致电俄国外交部，声明"并未奉

---

　　① 《刘制台来电》，见《张之洞全集》第 10 册，8029 页。

　　② 《寄盛京堂》，见《李鸿章全集》第 27 册，74～75 页。

　　③ 这一点对于历史的影响相当深远而重大。庚子国变期间，督抚们频繁地"会衔上奏"对朝廷施压，已令朝廷深感不安。据李细珠研究，清末新政之初，朝廷谕令包括各省督抚在内的大臣们，就新政如何开展，"各举所知，各抒所见"。各省督抚起初准备联衔会奏，后因得知"上面的意思不愿意各省督抚联衔会奏"，而放弃此举。然而在刘坤一的坚持下，江鄂两处仍采取了联衔会奏的形式。参见李细珠：《张之洞与〈江楚会奏变法三折〉》，载《历史研究》，2002(2)。此后的清末新政期间，各省督抚们的"联衔会奏"之举仍频频出现，直至段祺瑞等北洋将领们联衔逼宫，清王朝终由此作古。

　　④ 《寄江鄂刘张两帅》《寄李傅相》，见盛宣怀：《愚斋存稿》卷三十六，140a～140b 页。

　　⑤ 相对于李鸿章将二十五日宣战上谕认为是"矫诏""乱命"的激烈态度，刘、张二人的此封会衔电奏，虽然也是抗命不遵，但态度已婉转温和许多，参见《会衔电奏》，见《张之洞全集》第 3 册，2150～2152 页。

　　⑥ 戴海斌：《"东南互保"究竟有没有"议定"约款》，载《学术月刊》，2013(11)。

有开战谕旨"①。另外，盛宣怀一方面致电江鄂粤三督和苏浙皖三抚，指出宣战诏书"若一传播，则东南保护之议全裂，立刻危变"，请求"各大府飞饬各局，不准宣扬"②；另一方面致电各电报局，"暂勿宣泄"宣战诏书，"致碍东南大局"。③ 可以说，恰是南北之间的信息不畅在某种程度上成全了东南互保。

三、本书框架结构

本书对庚子救援事件的叙述以时间顺序为主，同时兼顾不同救援组织实施救援活动的完整性，即对两大救援组织（救济善会与东南济急善会）的救援活动分别论述。有些救援活动是由两个善会组织共同完成的，则将该救援活动置于其中居主要位置的善会名下进行叙述。下面对本书各章内容及其材料来源作一简单介绍。

第一章"庚子国变中的京官"。该章主要是通过庚子国变时一些留守京官的日记，如《高枏日记》、《恽毓鼎庚子日记》、《恽毓鼎澄斋日记》、《那桐日记》、叶昌炽《缘督庐日记》、华学澜《庚子日记》和《辛丑日记》等，辅以《石涛山人见闻志》、《齐如山回忆录》、《王大点庚子日记》、仲芳氏《庚子记事》、李希圣《庚子国变记》、陈夔龙《梦蕉亭杂记》、袁昶《乱中日记残稿》、王鹏运等《庚子秋词》、郭则沄《庚子诗鉴》、《义和团史料》中所载之杜某《庚子日记》、陈璧《五城公牍汇存》等当事人的亲历亲闻为核心材料，其他还有《义和团档案史料》、《义和团档案史料续编》、《庚子事变清宫档案汇编》、日本佐原笃介与浙西沤隐所辑之《拳乱纪闻》和《拳事杂记》等相关史料，建构"庚子国变中的北京城"，尤其是京官们在庚子国变期间的生活世界与精神世界。

---

① 李文海、林敦奎、林克光编著：《义和团运动史事要录》，210 页；《致杨儒》，见《李鸿章全集》第 27 册，76 页。

② 《寄江鄂粤三制军苏浙皖三中丞》，见盛宣怀：《愚斋存稿》卷三十六，146a 页。

③ 《盛宣怀致各电局》，见盛宣怀档案资料选辑之七《义和团运动》，98 页。

第二章"南北之间的交通与通信"。南北交通方面，先通过李文海、林敦奎、林克光所编著之《义和团运动史事要录》，从全能视角叙述庚子国变期间由于南北陆路交通和海路交通分别中断，以致"南北阻隔"，北京变成一座"围城"的情况；更主要的是通过《高枏日记》、《恽毓鼎庚子日记》、华学澜《庚子日记》、叶昌炽《缘督庐日记》等京官日记和《陆润庠庚子书札笺注》、《张守炎庚子六月至九月致吴重熹函十二件》等信函，以及管鹤《拳匪闻见录》、林辂《被难始末记》等南下逃难人士的自述，对京官与普通平民逃离京津的路线、花费以及各种危险略作铺陈。在南北通信方面，先是通过盛宣怀档案资料选辑之七《义和团运动》中有关电报通信的史料对庚子国变期间的南北电报通信状况进行了一番梳理；然后通过华学澜《庚子日记》等京官日记和《翁同龢日记》《杨度日记》《英敛之先生日记遗稿》《朱峙三日记》《曹汝霖一生之回忆》等庚子国变时期身处东南各省之人的日记或回忆，考察当时南北之间的民间通信状况；并通过《中外日报》《申报》等报刊对于庚子国变的相关报道，来看当时"南方对北方乱象的了解与想象"。

第三章"从'江浙'到'东南'：救援组织的成立"。从本章开始正式切入本书最核心的部分，即对于救援事件本身的叙述。救援事件本身的史料来源，其实比较单一，主要由三部分构成：一是《申报》《中外日报》和《新闻报》等当时上海报刊上所刊登的各种有关救援的公启、章程、公函、电报、捐款清单、载回被灾官民名单、有关善会组织的杂记等资料，其中尤以《申报》为主。① 二是陆树藩的《救济日记》与相当于中国救济善会"征信录"的《救济文牍》。《救济日记》是陆树藩率救济善会会员北上京津进行救援的亲历亲闻。《救济文牍》包括章程、文告、禀启、尺牍之去函、尺牍之来函、杂存等六部分，资料相当丰富，唯一比较遗憾的是没有关于救济善会经费收支的情况。三是盛宣怀档案

① 因为《申报》馆本身便积极参与到救援行动中，《申报》馆协赈所是当时善会组织经收捐款的一个重要机构，仅在庚子年间便刊登了八次捐款清单。《申报》馆协赈所的负责人席裕福同时也是济急善局的发起人之一和东南济急善会的主持者之一。因此，《申报》几乎就相当于东南济急善会的机关报，有关救援行动的信息，《申报》都最早刊登，内容也最全面。

资料选辑之七《义和团运动》与上海图书馆所藏"盛档"之未刊部分，这部分材料反映的主要是东南济急善会的救援情况。第三章分别叙述了中国救济善会与济急善局成立时的情况，对两大善会组织的发起人、公启、章程以及分工均进行了详细介绍与解读。在最初的分工中，救济善会负责津东一带的海路救援，济急善局则负责清江至德州的陆路救援。在救援对象上，济急善局从仅限于"江浙人士"扩展至"东南各省"，体现了东南各省寓沪官绅士商的共同意愿。本书在这一章的最后略为钩沉陆路救援的情况，就结束了关于陆路救援的叙述，因为当海路救援全面展开后，陆路救援就几乎形同虚设了，原本准备由陆路回南的人大都从山东折返天津渡海回南。

　　第四章"'泽被宣南'：对于京官的救援"。此章为本书的重点之一。该章第一节"东南济急善会"分别介绍了该善会在上海和北京的办事机构与主持者，并对东南济急善会的救援活动进行了详细叙述。东南济急善会的首要救援之举是打通南北之间尤其是京沪之间的汇款渠道，盛宣怀等通过与汇丰、道胜等外国银行的沟通，最终在庚子年九月中旬实现了京津间的正常汇款；其次便是商定护送被难官商由北京至塘沽登轮的具体办法；再则是"托寄信件汇款"等，此外还有筹划从南方向北方运送棉衣和粮食等。该章第二节"各省同乡济各省同乡"，先以"粤籍绅商与粤籍京官之救援"的个案揭示庚子救援行动的乡谊性质；接着通过对东南济急善会汇款救济京官的三种方式（公济、指济、专济）的叙述与分析，再次充分证明庚子年对于京官的救援本质上是以乡谊为基础的一场救援行动。该章第三节"疆吏与庚子救援"，先介绍李鸿章通过东南济急善会向各省督抚倡导捐款以接济京官，接着叙述张之洞联合刘坤一、袁世凯向京官汇款，一方面对京官进行接济，另一方面鼓励京官奔赴行在；最后介绍庆亲王奕劻向在旗督抚致电筹捐以接济在京旗员的情况。

　　第五章"华洋官绅之间：以救济善会的活动为主"。此章亦为本书的重点之一。该章第一节"陆树藩与'救命船'"主要是对陆树藩亲自率领救济善会会员北上京津援救被难官商回南的救援活动所作的概述，包括救济善会起程之前的各项准备，救济善会分别在天津、北京和保定设立分局的情况，以及救济善会与东南济急善会在上海、天津、北京的救援机构之间频繁沟通联系，以协调救援行动的救援机制等，有关海路救援之举的全面叙述。该章第二节"华洋之间"主要探讨救济善会为了在洋兵遍地的京津地区顺利开展救援活动所采取的各项措施，如对"红十字"的标榜，通过上海道请"德领事"给予护照，聘请"德医官贝尔榜"和"德人喜士"负责与洋人交涉，在天津开展救援活动时凡事先向都统衙门进行请示等。陆树藩认为，"与洋人交涉，知是善举，莫不钦敬"，这也是陆树藩标榜"红十字"的重要原因。尽管如此，因为陆树藩与救济善会会员身为华人，仍不时遭遇"种种险厄"与"处处掣肘"。该章第三节"官绅之间"先是深入探讨救济善会与李鸿章之间的关系，认为陆树藩通过各种方式将救济善会与李鸿章紧密联系起来，一方面可以自抬身价，另一方面又为救济善会在官商士绅中赢得了更多信任与资源；然后通过对刘鹗因购买太仓粟平粜而获罪之事的叙述和分析，探讨了清末官绅之间因权力分配而产生的紧张与冲突。

第六章"救援行动的终局"。该章第一节"运送'浙江三忠'灵柩回南"是以救济善会、东南济急善会运送"浙江三忠"灵柩回南并在上海进行隆重祭奠的方式结束了东南官绅对于东南各省被难官商士民的救援行动，这再次表明庚子救援事件是一场具有鲜明省籍意识与东南意识的救援行动。该章第二节"京城社会秩序的逐渐恢复"从南北通信、南北汇款、南北交通，特别是京城社会秩序的逐步恢复等方面表明，救援行动之所以结束，根本原因是到辛丑年二三月间，产生救援需求的各项前提已经消失。该章第三节"救援组织的善后"对东南济急善会与救济善会先后结束救援行动的主观原因进行了介绍，并对其结束救援工作后的善后情况进行了必要的说明。此外，该节还对陆树藩与刘鹗在平粜款项上的争执进行了介绍与剖析。

本书最后一部分是"余论：庚子救援中的关键词"。余论主要从五个关键词对庚子年的救援事件进行总结和深入探讨。第一个关键词是"丝业"。因为首先倡导庚子救援且一直主导救济善会救援工作的陆树藩，其家族财力主要来自丝业；从济急善局到东南济急善会，救援行动的日常事务均是由丝商庞元济、施则敬负责；救援行动中第三个值得一提的救援组织"协济善会"也是由湖州丝商杨兆鏊创办。可以说，庚子救援行动几乎全是由江南的丝商们筹划组织完成的。丝商的这种巨大财力来自于 19 世纪下半叶蚕丝贸易在上海的出口贸易中独一无二的主宰性地位，这使得丝商群体成为晚清上海乃至整个江南地区最为显赫的财富拥有者。第二个关键词是"京官"。因为这是庚子年救援事件中最主要的被救援对象。科举制度保证了几乎每个省均有人在京城做官，太平天国以来的捐纳制度与印结费制度，又使得京官们的大部分收入主要来自于同省"捐生"，再加上官员任免的籍贯回避制度，不断强化人们的籍贯观念。由时人的笔记可以看出，各省京官几乎成为各省利益在朝廷的代言人。体现在庚子年的是，浙江籍京官许景澄、袁昶的被杀，"中央与地方权力之争"是重要原因之一。上海媒体更认为，"浙江三忠"是"为东南而死"，东南互保是三忠以血的代价换来的。

第三个关键词是"省籍意识"，第四个关键词是"东南意识"。"东南意识"是刘学照根据上海报刊中的"庚子时论"提炼出来的"历史话语"，是指从上海、东南和南方的视角观察时局和考虑对策的意识。① "东南意识"的背后是南北对立。本书认为，南北对立的形成与 19 世纪中外贸易的南北差异有重大关系。以丝茶为主的出口贸易基本上都集中在东南各省，这使得从对外贸易中获利的主要是东南各省，其中又以江浙为尤。近代化的西洋器物如轮船、电报、火车等进一步加剧了南北之间的利益分化，东南因为从中获利巨大而更容易接受西洋器物与文明，而北省民众则在洋货的冲击下生计日艰因而更为排斥西洋器物与文明。久而久之，南与北、新与旧，截然对立。在这个过程中，上海作为对外贸易的中心成为连接东南各省的枢纽，各省商帮纷纷在上海设立会馆公所，庚子救援行动因而以"东南官绅商民合力筹办"的面貌出现。所谓"东南官绅商民"不过是东南各省在沪商帮绅董。庚子救援行动正是依靠东南各省在沪商帮的合力而顺利完成。进一步深究，可以发现"东南意识"实际上是以"省籍意识"为基础和前提的。救援组织

---

① 刘学照：《上海庚子时论中的东南意识述论》，载《史林》，2001(1)；刘学照：《张謇庚子年间东南意识略议》，载《华东师范大学学报》（哲学社会科学版），2007(2)。

对寓沪各商帮的动员是以"乡谊"为号召；汇款至京的发放办法也是由各省"公举一人经理"，因此李鸿章称庚子救援行动是"造端于各人各家亲友之相赈，扩充为同省同旗官民之普济"。以"省籍"意识为底色的庚子救援行动，反过来也大大推动了"省籍"意识的高涨，让以往潜而不彰的"省籍"意识浮出水面，成为清末新政时期"省"意识或"省界"意识勃发的前奏。

第五个关键词是"义赈"。上海作为一个移民城市，移民反客为主，同时又帮派林立，互不统属，较大的几个移民群体还一直处于明争暗斗的状态，如广东籍移民与江浙籍移民之间在经济、政治、文化等各方面都展开了激烈竞争。在这样一种态势下，近代上海的华人社会在很长一段时间内，难以形成一股统一的力量与洋人争衡。一旦某个移民群体与租界当局发生纠纷，起而抗争的只能是这个移民群体本身，如第一次四明公所事件。与之不同，义赈自诞生之初，便是整个江南社会慈善力量的联合行动。在江南义赈事业的发展过程中，义赈活动的中心城市由苏州转变为上海，几乎所有重要的筹赈公所都设在上海，而筹赈公所的主持者也由江南各地的义赈领袖，逐渐转变为上海各移民群体的头面人物。例如，第二代义赈领袖中，既有代表江浙移民群体的两位丝商，也有代表广东移民群体的粤东买办。与此同时，各方义赈力量的联合行动局面一直得以保持，几乎成为一个传统。上海义赈界的统一行动，潜移默化地影响着各个移民群体，久而久之，一个统一的上海华人社会的整体形象慢慢形成。

四、关于"东南各省"和救援经费

关于本书，还有两点内容需要作一下补充说明。第一点是关于"东南"或"东南各省"这两个词语。之所以不用"概念"来称呼，是因为中国传统语汇，很少像现代学术语言一样注重对"概念"外延和内涵精准无误的追求，更多的是追求一种感觉或意境的准确表达，而且一篇好的文章，包括文牍，是很少有同一个词语反复出现的情况。用不同的词语表达同一个意思在中国传统的文章中实在是太平常的一件事。同样，用同一个词语表达不同的意思，也是十分常见的现象。阅读古文，如果过于拘泥字面上的异同，则很可能会误读古人的意思。被后人称之为"东南互保"的那个历史过程，"东南"这个词语所代表的意思在不同的场合便有着不同的表达。即使是保护章程的名称①，在后来人的论述中也有多种说法，如"中西官议定保护长江内地通共章程"②"东南保护约款"③"中外互相保护章程"④"东南保护章程"⑤等。

本书也会经常使用到"东南"或"东南各省"一词，如《救济善会启》中便有"东南各省之旅居京师者"的说法⑥，《救济会章程》中又有"东南各省之被难官商"的表达，与"西北各省难民"相对应⑦。在救济善会的公启和章程里，"东南各省"究竟指哪些省并不清楚。随后成立的济急善局明确表明其救援对象是"江浙人士"，引起"寓沪湖南、福建、江西、湖北、云南、广东、广西、贵州官绅士商"的不满，认为其"只顾江浙，则东南各省未免向隅"，并认为救济善会"凡遇东南各省官商，皆准救济，则庶乎不负初心"。⑧ 于此可见，这里的"东南各省"包括了湖南、福建、江西、湖北、云南、广东、广西、贵州以及江苏、浙江共十省，实际上包括了长江流域上的大部分省份，以及长江以南的几乎全部省份。到东南济急善会时，其开办章程表示"此系东南官绅商民

---

① 与东南互保相关的两个核心文件的正式名称是"保护上海长江内地通共章程"和"保护上海租界城厢内外章程"，参见戴海斌：《"东南互保"究竟有没有"议定"约款》，载《学术月刊》，2013(11)。

② 金家瑞之《论"东南互保"》和谢俊美之《"东南互保"再探讨》均如此表述，见中国义和团运动史研究会编：《义和团运动与近代中国社会》，357、368 页，成都，四川省社会科学院出版社，1987。

③ 陈捷：《义和团运动史》，73 页，上海，商务印书馆，1930；廖一中、李德征、张旋如等编：《义和团运动史》，243 页，北京，人民出版社，1981；刘天路：《"东南互保"述论》，见《义和团运动与近代中国社会》，388 页。

④ 金家瑞：《义和团运动》，92 页，上海，上海人民出版社，1961。

⑤ 马勇：《从戊戌维新到义和团(1895—1900)》，474 页，南京，江苏人民出版社，2006。

⑥ 《救济善会启》，载《申报》，光绪二十六年八月十六日。

⑦ 《救济会章程》，载《申报》，光绪二十六年八月十七日。

⑧ 《救济善会来往信函照录》，载《中外日报》，光绪二十六年闰八月二日。

合力筹办"，援救对象是"现在在京之江苏、江西、安徽、浙江、福建、广东、广西、云南、贵州、四川、山东、河南、湖南、湖北各省绅士商民，及各直省京朝官"。① 此处的"东南"各省，在上述"东南各省"的基础上又增加了山东、河南、安徽和四川四省，范围大为扩张。本书在这里并不打算对"东南各省"应该如何划分发表意见，只是将本书经常出现的"东南"与"东南各省"一词所表达的意思（即所包含的省份）稍作说明。几乎可以这样说，整个长江流域以及长江以南的省份应该都在"东南"的范围内，即"东南各省"与"南省"所表达的意思其实并无太大差别。②

需要补充说明的第二点是，有关庚子救援的经费问题，即庚子救援收到的捐款数目、各种救援活动的花费等细目，本书并没有逐一列举，最后只有两大善会组织各自提供的一个费用总额。③ 之所以没有对费用细目一一列举，最重要的原因是两大善会组织均没有关于这次救援行动的账目征信录。东南济急善会没有刊刻征信录的原因是："当时彼此以垫用经费已巨，已无余力刊刻征信录。"④救济善会虽然刊刻了类似于征信录的《救济文牍》，但其中几乎没有关于救援费用的任何账目，只是在《拟办天津工艺局启》中对于救济善会的"综计所费"数额一笔带过。虽然两大善会组织经常将捐款清单与解款数额刊登于《申

① 《济急公函》，载《申报》，光绪二十六年闰八月七日。

② 实际上，"东南保护约款"是用"长江及苏杭内地"一词指称中国督抚们"允认切实保护"的各省。出现在东南各省督抚电报中的类似用语还有："长江以内上下游""自吴淞以迄长江内地""长江各省""长江内地""长江上下游一带""沿海沿江各省""沿江海"等。盛宣怀曾在致闽浙总督的电报中明确表示："闽浙海疆同在东南，如钧处同此办法，即电商三帅（笔者注：指李鸿章、刘坤一、张之洞）联络，共保大局。"《有关"东南互保"的资料》，见中国近代史资料丛刊《义和团》（三），325～362 页。

③ 陆树藩表示，救济善会"综计所费已几及二十万金"（《拟办天津工艺局启》，见上海图书馆藏：《救济文牍》卷一，19a 页，苏省刷印局，光绪丁未）；东南济急善会表示："截至二月底（笔者注：辛丑年）共收付过银五十万余两，约分专济、指济、公济三项，及散米、施衣、煮粥、赠赈、掩骼等费。"（《李鸿章札任锡汾文》，上海图书馆藏《盛宣怀档案》，档案号：008773－1）

④ 《任锡汾上盛宣怀禀》，上海图书馆藏《盛宣怀档案》，档案号：025794。

报》，似乎利用《申报》上的捐款清单与解款通告也可以对善会捐款、解款数额进行统计。但《申报》上的数据有三个问题：一是《申报》上刊登的捐款、解款信息并不系统也不够完整，如东南济急善会"经收捐款清单"至光绪二十七年正月二十四（1901 年 3 月 14 日）还有发布①，但解款信息在庚子年十月三日（1900 年 11 月 24 日）以《解款声明》的形式发布有关第六批解款的信息之后②，便再也没有发布过。目前所见《申报》所公布的捐款、解款信息截止日期相差将近四个月，说明《申报》刊登的捐款、解款信息并不完整，尤其是解款信息。二是《申报》上的捐款信息存在各种各样的统计障碍，如很多捐款都是款项未到，善会组织便已登报表彰，而款项最终是否到账也并无下文。盛宣怀曾因此向杨文骏抱怨道："各帅允拨之款，复电虽到一半而汇到者尚属寥寥。"③而且不少款项属于"垫拨""借拨"，究竟是否需要偿还，或者最终有无偿还，也均无下文。三是《申报》上虽有解款信息，但是关于款项汇解到京后的花费情况，尤其是善会组织用于援救被难官绅回南的费用、平粜的费用、掩埋的费用、施药的费用等信息均没有在《申报》上公布过。在这样一种情况下，利用《申报》上的捐款、解款数据是很难对庚子救援行动的经费状况有一个全面而准确的把握，而且很有可能受到《申报》所刊登的片面信息的误导。

此外，《申报》所刊由上海解款至京的数额，与李鸿章奏稿所言"汇款数额"存在着巨大差距，这个巨大差距很可能隐藏着一个重要问题。《申报》所刊登的东南济急善会公函显示，东南济急善会在庚子年十月前向北京有六批解款，共计银六万余两、洋六万元④；而李鸿章奏稿表示，东南济急善会至辛丑年二月"先后汇款至五十余万两"⑤。显然，我们可以将这种差距理解为，东南济急善会在庚子年十月至辛丑年二月间向北京汇款四十余万两，但《申报》均没有刊登解款信息。就此一

---

①　《上海北市丝业会馆济急善局经收第六次清单》，载《申报》，光绪二十七年正月二十四日。

②　《解款声明》，载《申报》，光绪二十六年十月三日。

③　《盛宣怀致杨文骏函》，见盛宣怀档案资料选辑之七《义和团运动》，364 页。

④　本书第四章对此有详细叙述。

⑤　《戴鸿慈奏稿》，见盛宣怀档案资料选辑之七《义和团运动》，676 页。

点，足见《申报》在救援款项相关信息的发布上存在着严重不足。而进一步深究，则不得不追问《申报》为何在庚子年十月后便不再公布解款信息？这对慈善组织而言显然是一种很令人费解的做法，因为这样一种做法与慈善赈济必须以公开透明的方式赢得公众信任，从而获取更多捐款的基本原则大相径庭。要解释这个问题，或许应该了解一下李鸿章及其幕府当时在京城的处境。李鸿章进京议和的幕僚之一徐赓陛曾致函张之洞表示，"直隶司局扫地无余，傅相廉俸公费一无可支，而电费、日用皆百倍十倍，故不特公用艰窘，即私用亦支绌"。张之洞因此专门致电盛宣怀表示："李相当此重任难题，困乏如此，恐阁下未知，特奉闻。应如何筹款汇寄，俾免公私交迫，想尊处必有办法。"①不仅李鸿章如此，另一位在京主持议和的全权大臣奕劻也是如此，据赫德庚子年八月十九日（1900 年 9 月 12 日）的一封去函言："所有的衙门都被抢掠一空，庆亲王也得向邻居尽量张罗，才借到二千两银子。现在他来找我想办法，我只得向汇丰银行洽商，从我和衙门朋友的存款中，每月借给他一万两。"②在这种情况下，东南济急善会的北京分局设于贤良寺，由上海汇解至京的救济款项也完全是由李鸿章幕府人员进行管理，因此李鸿章及其幕府人员挪用救济款项以应急是完全可能的事情。在救援行动的过程中，东南济急善会北京分局的几位重要主持人便因款项不清而招致物议纷纷。如京官高枬曾在日记中表示，杨文骏、杨崇伊"为救济船事"，"各赚万余金，各有被骗"，以致京官中"大起嫌言"。③另一位京官赵炳麟更认为"崇伊蚀款逾十万"④。杨文骏、杨崇伊等究竟有无贪占救济款项，或是另有隐情，现在均已无法得知，因为不但《申报》上有关救援款项的信息或语焉不详或严重不足，关于救援行动的征信录也以"垫用经费已巨，已无余力刊刻"为由而无缘面世。随之而来的后果便是，救济款项的具体收支情况根本不可能有一个准确的统计与核实，而这也成为本书的一大遗憾。

---

① 《致上海盛京堂》，见《张之洞全集》第 10 册，8477 页。

② 中国近代经济史资料丛刊编辑委员会主编：帝国主义与中国海关资料丛编之六《中国海关与义和团运动》，11 页，北京，中华书局，1983。

③ 高枬：《高枬日记》，见《庚子记事》，215 页。

④ 赵炳麟：《赵柏岩集》（上），275～276 页，南宁，广西人民出版社，2001。

第一章　庚子国变中的京官

对于每一个生活在庚子年间的中国人而言，庚子国变都意味着不同的生命经历与人生意义。即使同为死亡，方式与感受也各有差异，如陈陆在《拳变系日要录》的序言中写道："大臣如裕禄、李秉衡、聂士成、罗荣光等以作战死，许景澄、袁昶、联元、徐用仪等以直言死，刚毅、崇绮、徐桐等以忧惧死，熙元、寿富、王懿荣等以悲愤死，赵舒翘、英年、毓贤、启秀、徐承煜等以逼迫死。其他士女猝然捐躯，经沟渎罹锋镝者，不可胜数。"① 以往有关庚子国变的研究多关注义和团的起源与发展过程、义和团运动的性质与意义，以及义和团与清政府、外国侵略者的关系等宏大主题，对于这场运动中具体历史人物的命运较少关注。即使关注，也主要集中在慈禧、光绪、载漪、荣禄、裕禄、毓贤、董福祥、李秉衡、聂士成、罗荣光、马玉昆、寿山、徐桐、赵舒翘、李鸿章、张之洞、袁世凯、盛宣怀、刘坤一、杨儒、张德成、赵三多、朱红灯等或主动或被动地推动这个历史过程的重要人物身上，而且也主要是关注这些人物在这场历史剧变中的作用与影响，而对于他们个人及其家族的命运较少关注，那就更不用说他们在这场空前浩劫面前的或彷徨、或愤怒、或挣扎、或得意、或忧惧、或无奈。②

---

① 陈陆辑：《拳变系日要录》，见沈云龙主编：《近代中国史料丛刊》第三十四辑，第 336 号，69 页，台北，文海出版社，1973。

② 以往对于庚子国变的研究，往往以"义和团运动"来指代和概括，有时也会加上"八国联军侵华战争"。而关于"义和团运动"和"八国联军侵华战争"的研究，一直以来是海内外学术界关注的热点，其成果用汗牛充栋来形容丝毫不为过。中国义和团研究会曾在 2000 年出版《义和团研究一百年》一书，对义和团运动的百年研究状况进行总结与述评，其中"百年论著目录"便有近 500 页的篇幅。（转下页注）

本章所关注的对象是在这场巨变中只能被动承受这个历史过程的普通京官。所谓"国家不幸诗家幸"，庚子国变为以翰林词臣为主的京官们提供了一个伤时感事的绝佳契机，恰如王鹏运在庚子国变期间致郑文焯函中所言："尝与古微言，当此时变，我叔问必有数十阕佳词，若杜老天宝、至德间哀时感事之作，开倚声家从来未有之境，但悠悠此生，不识尚能快睹否？不意名章佳问，意外飞来，非性命至契，生死不遗，何以得此。"王鹏运与同居一处的朱祖谋、刘福姚，在被其称为"入棺未盖"这一时期，"每夕拈短调，各赋一两阕"。这些词合编一集，宋育仁又有和作附在其后，是为《庚子秋词》。王鹏运对此集非常自信，称："天公不绝填词种子，但得事定后始死，此集必流传。"①《庚子秋词》

（接上页注）有关义和团运动的方方面面，如义和团的起源、义和团运动的发展过程、义和团思想意识与社会心态、义和团运动与近代社会关系、义和团与清政府及其他派别关系、义和团时期中外关系、义和团时期列强军事侵略、东南互保以及对义和团运动的评价等，大都进行了充分而细致的研究与探讨。参见苏位智、刘天路主编：《义和团研究一百年》（济南，齐鲁书社，2000）。值得注意的是，最近二十年来国内学界对于庚子国变时期普通人的日常生活也开始关注，如张鸣的《世纪末的看客》、胡成的《可是活着那就更好了》和《殖民暴力与顺民旗下的灰色生存》等文章。这些文章主要利用《王大点庚子日记》、仲芳氏《庚子记事》、《恽毓鼎庚子日记》以及《义和团史料》中一些比较私人化的记录，叙述了普通人眼中的庚子国变。这是一个与以往关于义和团运动的宏大叙事完全不同的另一个世界。在这个世界里，我们看到的都是小人物在庚子国变中的生活与感受。这一点也正是本书所关注的，不过本书关注的对象更为集中，即主要是留守京官在庚子国变中的生活与感受。参见张鸣：《世纪末的看客》，载《读书》，1999（5）；胡成：《可是活着那就更好了》，载《读书》，1999（10）；胡成：《殖民暴力与顺民旗下的灰色生存》，载《读书》，2004（3）。另外，日本学者田中辰宜于 2006 年发表的《义和团事件时期北京的南人》一文，利用《申报》《中外日报》和《新闻报》等报刊上的相关资料，对庚子年间寓京南省人士的居住状况、职业状况和逃难状况进行了一番梳理。田中论文所利用的资料，主要是一些被中国救济善会、东南济急善会援救回南的难民的名单，因而与本书所要论述的庚子救援行动关系颇为密切，只不过田中利用这些资料主要是来探索和建构义和团时期居住于北京的"南人"群体的基本状况，对于庚子救援行动本身并不涉及。参见［日］田中辰宜：《义和团事件时期北京的南人》，载《史泉》，第 104 号，2006。

①　黄濬：《〈庚子秋词〉故实》，见黄濬：《花随人圣庵摭忆》上册，414～416页，北京，中华书局，2013。

被誉为"词史",但也正如有研究者所指出的那样,《庚子秋词》走的并
不是真正的"词史"之路,作为困守愁城的亲历者,耳闻目睹种种惨状,
经历前所未有之事变,居然还能墨守词课成规,以藏头露尾为能事,
这也未免太过难以理解了。① 在笔者看来,通过诗词来呈现历史,在
相关历史资料浩如烟海的情况下,未免有点舍近求远。或许,对于历
史研究更有价值的是这些诗词作者坐困愁城的日常生活状态,包括他
们的所作所为和所思所想,这才是本书所要关注的。② 本章主要是根
据京官们留下的各种文字记载,力图建构他们在庚子国变期间的生活

① 马大勇:《留得悲秋残影在:论〈庚子秋词〉》,载《求是学刊》,2013(1)。
② 目前学界对于庚子国变时期的京官已有不少研究,如郭道平的博士论文
《庚子事变的书写与记忆》对陈夔龙、翰林群体以及顽固派京官的关注和探讨。以
陈夔龙为例,郭文关注的重心是陈夔龙的人生轨迹在庚子以后发生了怎样的变化,
由此透视类似社会群体所受到的庚子事变带来的影响,以及由于这一影响而导致
的坐言起行的转变历程。庚子国变可谓陈夔龙仕途转折的关键节点,此前的人生
阶段,被陈夔龙称之为"沉滞时代",此后十余年虽被其命名为"忧患时代",但正
是在此期间陈夔龙从顺天府尹一直做到直隶总督兼北洋大臣,仕途之顺之显赫,
与"沉滞时代"可谓天渊之别。陈夔龙在庚子国变期间的人生经历,就成了解释他
一生命运转折的关键。郭文以陈夔龙的自述为线索,对其在庚子国变时期的活动
进行了详尽叙述,而陈夔龙作为庚子国变时期的顺天府尹,后又作为唯一的汉大
臣被任命为八位留京办事大臣之一,不但亲身经历了庚子国变的整个过程,也全
程参与了解决庚子国变的各项善后工作。陈夔龙在庚子国变期间的作为,充分展
示了自身的才干,为其日后的宦途显达奠定了基础,而这段经历也成为"陈氏最感
骄傲的话题"。参见郭道平:《庚子事变的书写与记忆》,71~100 页,博士学位论
文,北京大学,2011。还有两篇完成于 2016 年的硕士论文,均聚焦于庚子国变期
间的陈璧。陈璧作为留守京官,在庚子国变期间由巡视中城御史升至顺天府尹,
对于北京城在庚子国变中从失序到重建秩序这一过程,不但亲身经历,也是重要
的主持者,因而聚焦于陈璧研究,实际上也就是致力于庚子国变及其后北京城的
社会治理研究。参见毛树华:《庚子事变后陈璧对北京城的恢复》,硕士学位论文,
华中师范大学,2016;孙丽丹:《义和团时期的陈璧研究》,硕士学位论文,河北师
范大学,2016。另外,文学领域对于庚子诗词的研究,如李晓涛的《清代蒙古族诗
人延清及其〈庚子都门纪事诗〉》(硕士学位论文,内蒙古师范大学,2006)、周振荣
的《事核词哀,独抒衷爱——延清〈庚子都门纪事诗〉考评》(硕士学位论文,苏州大
学,2007)、陈正平的《〈庚子秋词〉研究》(龚鹏程主编:《古典诗歌研究汇刊》第四辑
第 18 册,新北,花木兰文化出版社,2008)、卓清芬的《王鹏运等〈庚子秋词〉在"词
史"上的意义》[《河南大学学报》(社会科学版),2010(3)]、陈尤欣的 (转下页注)

世界与精神世界。

第一节 无主之城

学界以往有关庚子国变的研究，虽缺乏专门探讨庚子年北京城乱与治的研究成果①，但大部分对庚子国变进行全面叙述的论著或多或

（接上页注）《〈庚子秋词〉研究》（硕士学位论文，吉林大学，2012）等论文或著作，或多或少都要涉及这些诗词作者（大多是留守京官）进行创作时的生活状态，尤其是心态、思想等方面。需要指出的是，这些研究都集中在某一部作品上，尤以《庚子秋词》相关研究最为集中。还有学者从历史的角度对《庚子事变文学集》中的"国变众生相"进行探讨，其中包括"两宫""官员""洋人""义和团"等章节，参见欧轶松：《文学中的国变众生相——基于阿英〈庚子事变文学集〉的探讨》，硕士学位论文，华中师范大学，2013。上述研究多聚焦于某一位京官，如陈夔龙、陈璧，或京官某一方面的活动，如吟诗作词，缺乏对留守京官群体日常生活世界的整体关照。

① 目前学界对庚子年间北京城的相关研究也有不少，如路云亭对庚子年间北京演剧业的研究[《庚子剧坛——清光绪二十六年北京的演剧业》，载《民俗研究》，2008（3），139～155页]，滕德永对八国联军占领期间安民公所相关情况的探讨[《安民公所与北京近代环卫事业的起步》，载《北京社会科学》，2012（2），88～93页]，张建斌以"四恒"钱庄为中心对庚子国变期间北京金融汇兑状况的考述[《晚清政府的一次救市——以"庚子之变"中"四恒"钱庄为中心的考述》，载《北京史学论丛（2015）》]等；再如郭道平博士论文对正阳门、翰林院的庚子劫难及其意义的深入阐发，对八国联军在北京城的统治及民众对于联军统治印象的细致入微的分析和论述（《庚子事变的书写与记忆》，189～227、315～332页）等。此外，贾琳《庚子事变中的北京城》（王岗主编：《北京历史文化研究》，349～356页，北京，人民出版社，2012）一文，通过"两宫出逃路线考""京城：攻占与开献""京官：走与留"和"天气：晴与阴"四个方面，考察了八国联军占领北京当天，北京城究竟发生了怎样的变故，北京城中活动的人群包括两宫、京官和普通百姓如何应对这一事变；周增光《庚子事变前后北京的社会救济与政府行为》（王岗主编：《北京历史文化研究》，373～383页）一文，则对清政府在庚子事变前后进行的诸如"拨仓米平粜、提前发放旗民钱粮、稳定钱庄票号以稳定市面，以及开设粥厂施粥、发放棉衣裤以赈济贫民"等救济活动进行了一番梳理，表示不能简单地认为清廷在这一时期的社会救济中缺位。上述研究大多专注于某一行业、某一机构、某一时刻、某一现象和某一领域，因而很难让我们对庚子国变期间整个京城的社会秩序及其演变过程有一个清晰而准确的把握。

少都会涉及这一问题，如陈捷《义和团运动史》①、陈功甫《义和团运动与辛丑和约》②、金家瑞《义和团运动》③、廖一中等《义和团运动史》④、马勇《从戊戌维新到义和团(1895—1900)》⑤等。这些论著针对义和团、八国联军带给北京城的混乱和劫掠，各有侧重点不同的描述，但也仅止于描述。北京城的混乱局面始于何时？因何而致？义和团全盛时期的混乱与八国联军占领时期的混乱有无区别？区别何在？区别产生的原因？这些问题的答案，我们无法从上述论著中获悉。而且，这些论著提供的一些已经成为所谓常识的史实，可能也只是部分的历史事实而已。例如，八国联军占领期间发生在北京的疯狂的劫掠，以往都认为这是八国联军所代表的西方列强实施的野蛮行径。海外有学者曾专门就八国联军、西方传教士和外交团成员在庚子国变中对北京城的劫掠行为以及欧美媒体针对这种劫掠行为所作的道德批评进行梳理与探讨。⑥事实上，这些劫掠行为，除了八国联军等在华西方人需要负责外，大量的普通中国人也难辞其咎。庚子国变时身在京城的齐如山甚至表示："平心而论，外国人抢的不过十分之三，本国人抢的总有十分之七。"⑦另外需要说明的是，"混乱"与"秩序"是两个很难用客观标准进行衡量的概念，它更多地反映了人们的一种切身感受，因此本节主要根据

---

①　陈捷：《义和团运动史》，30～35、122～126页。

②　陈功甫编：《义和团运动与辛丑和约》，13～17、34～39页，上海，商务印书馆，1930。

③　金家瑞：《义和团运动》，137～142页。

④　廖一中、李德征、张旋如等编：《义和团运动史》，335～346页。

⑤　马勇：《从戊戌维新到义和团(1895—1900)》，422～423页。

⑥　[美]何伟亚：《道德话语：1900—1901年对北京的劫掠》，载《历史研究》，2002(5)。有关这一主题的探讨，何伟亚在其专著《英国的课业：19世纪中国的帝国主义教程》(北京，社会科学文献出版社，2007)中有着更为详尽的论述。除此之外，本·米德顿《帝国的丑闻：华北的抢掠和日本的公共空间》和刘易斯·伯恩斯坦《沦陷之后：外国占领下的天津，1900—1902》等论文，也是专门探讨八国联军占领京津后的在华抢劫及其所引发的道德辩论。这些论文都被收在2007年出版的《拳民、中国与世界》一书中，被认为是"西方义和团研究的新趋势"。参见姚斌：《西方义和团研究的新趋势——评〈拳民、中国与世界〉》，载《清史研究》，2012(2)。

⑦　齐如山：《齐如山回忆录》，52页，沈阳，辽宁教育出版社，2005。

庚子国变亲历者的叙述来梳理和探讨北京城在庚子国变中的乱与治。

一、"火候渐熟"

出版于 1930 年的陈功甫的《义和团运动与辛丑和约》是较早的以学术视野对义和团运动进行全面论述的综合性著述，其在"朝议之争持及北京大焚杀"一节中写道，光绪二十六年五月十五日（1900 年 6 月 11 日），日本书记生杉山彬出永定门，"福祥遣兵杀之"，"城门昼闭，北京大乱"。① 陈功甫这一表述的最早来源应是李希圣出版于光绪二十八年（1902 年）的《庚子国变记》②。李希圣，字亦园，湖南湘乡人，曾在刑部任职，庚子年间居于北京湘乡会馆。③《庚子国变记》以逐日记录的方式展现了庚子国变的整个过程，作者有着自觉的为后世留信史的意识，自负其著"可追王闿运《湘军志》"④。李希圣将庚子年北京城大乱的开始划定在五月十五日，反映了亲身经历者的直观感受。的确，对于庚子国变的亲历者而言，五月十五日是让他们印象极为深刻的一天。

五月十五日，这一天在众多的庚子年日记中都留下了或惊惶或忧虑的情绪表达。一位在总理衙门工作的左姓文案在日记中记录了杉山彬遇害的过程：五月十五日，日本书记生杉山彬，前往马家堡探事，出永定门，行至桥下，董福祥所部甘军"不知礼"，杀死杉山彬。⑤ 御史高枏从这一天开始写日记："五月十五日，城外杀多人。永定门杀杉山彬。街民狂奔。"⑥这一天是翰林院侍讲学士恽毓鼎伯母的七十六岁寿辰，"傍晚正觞诸客，忽报有日本书记生杉山彬在马家埠为甘军所戕，大衅将起，同人相顾失色，狼狈散去，座客一空"⑦。居于宣武门外椿树胡同二巷的仲芳氏在日记中写道，因杉山彬被杀，"城门关闭数

① 陈功甫编：《义和团运动与辛丑和约》，13 页。

② 李希圣：《庚子国变记》，见中国近代史资料丛刊《义和团》（一），12 页。

③ 祁龙威：《关于〈庚子国变记〉的作者李希圣——读义和团运动史札记》，载《扬州大学学报》（人文社会科学版），1982(1)。

④ 翦伯赞：《义和团书目解题》，见中国近代史资料丛刊《义和团》（四），548 页。

⑤ 《石涛山人见闻志》，见《义和团运动史料丛编》第 1 辑，74 页。

⑥ 高枏：《高枏日记》，见《庚子记事》，144 页。

⑦ 恽毓鼎：《恽毓鼎庚子日记》，见《义和团运动史料丛编》第 1 辑，49 页。

刻始开，由是人心惶惑，举国皆惊"①。时任史官的叶昌炽以史家笔法评论道："闻董军戕一日本书记官，火候渐熟矣。"②所谓"火候渐熟"，在叶昌炽看来，当是指京师大乱。③

---

① 仲芳氏：《庚子记事》，见《庚子记事》，11 页。

② 叶昌炽：《缘督庐日记钞》，见中国近代史资料丛刊《义和团》（二），442 页。

③ 尽管众多庚子国变的中国亲历者将五月十五日当作京城大乱的开始，但客观而言，杉山彬被杀还不足以成为庚子年中外关系走向战争的转折点。杉山彬被杀是在中外冲突日趋严重，尤其是帝国主义列强对华步步紧逼的背景下发生的。义和团兴起后，由于拳民和教民的冲突不断，列强便一再要求清政府大力镇压义和团。光绪二十五年十二月二十七日（1900 年 1 月 27 日），英、法、美德等国驻华公使，针对清政府要对拳民进行区别，不得"概目为会匪"的上谕，联合照会总署，蛮横要挟清政府"对义和拳和大刀会进行全面镇压和取缔"，要求清政府发布上谕，清楚说明"凡加入其中任何一个结社或窝存其任何成员者，均为触犯中国法律的刑事犯罪"。光绪二十六年三月七日（1900 年 4 月 6 日），英、法、美、德四国公使联合照会清政府，要求其在两个月内将义和团一律剿除，"否则将派水陆各军驰入山东、直隶两省，代为剿平"。此后，英法美俄等国舰队陆续集结大沽口，对清政府施压。光绪二十六年五月一日（1900 年 5 月 28 日），各国公使一致决定调兵前来北京"保护各国使馆"，并于五月四日获得了清政府的同意。当天，各国官兵共 356 人便抵达了北京，此后又有部分外国官兵陆续从天津赶赴北京。而与此同时，列强仍不断向华增兵。光绪二十六年五月十一日（1900 年 6 月 7 日），英国政府授予驻华公使窦纳乐在镇压义和团时"酌情处理事务"的全权。随后，其他各国驻华公使也分别从各国政府获得了类似的命令。光绪二十六年五月十三日（1900 年 6 月 9 日），英国驻华公使窦纳乐向驻扎在天津的联军司令西摩"连发三电"，令其迅速率军进京。次日，西摩便率领英、美、奥、意、俄、法、德、日等国联军二千人分批乘火车自津赴京。（上述背景叙述，参见李文海、林敦奎、林克光编著：《义和团运动史事要录》，79、92、115、119、122、133、139 页。）西摩联军在途中遭到义和团阻击拦截，没有按时抵达北京。正是在这种情况下，杉山彬受日本驻华公使之命，前往马家堡车站迎候联军。等候无望，杉山彬打道回府，途中遇到甘军马队。"他不肯让道，甘军士兵大怒，将他从车中拖出。杉山彬竭力抵抗，终被制服并杀害。"其实，当时前往马家堡车站迎候联军的还有意大利公使，以及一些志愿者，但都安然无恙。更值得注意的是，"尽管这是外交官殒命的第一例"，但北京的公使团"并没有受到巨大的震撼"，"窦纳乐的报告非常轻描淡写"，"也许因为杉山彬是黄种人，国际反应也不强烈"。日本使馆也非常克制，驻日公使只是要求清政府归还尸首，"没有用动武来做威胁"。日本外相也不想就此事小题大做，并向英国驻日公使透露，"日本天皇的意见是，日本不应当采取任何英国尚未采取的行动"。所以，有学者认为，"杉山彬事件是偶发事故，并不是中外关系导致战争的转折点"。参见相蓝欣：《义和团战争的起源：跨国研究》，255～258 页，上海，华东师范大学出版社，2003。

正常情况下，京师的治安由步军统领衙门、顺天府与五城御史共同负责。具体而言，内城属步军统领衙门负责，外城由五城御史负责，京畿则由顺天府负责。当面临社会动荡、治安形势严峻之时，神机营、虎神营也会加入到京师治安的维护中。从官方资料来看，早在庚子年二月，五城御史便发布了严密查拿义和拳的告示。"为严行晓谕事：二月二十日接奉稽查保甲大臣片称，本大臣风闻有义和拳教匪分遣党羽在山东、直隶各属煽诱愚民。近因直隶拿办严紧，潜来近畿一带传教惑众，行踪诡秘，日久恐滋蔓延。除饬本公所委员分路侦访外，相应片行贵城，即饬所属于该管地面严密查拿，毋使该匪党等得以窜京，以杜邪教，而安首善等因到城。查教匪聚众滋生事端，大干例禁，况京畿辇毂之下，岂容此辈潜踪。合行出示晓谕。为此谕仰司坊官及练勇局哨弁等无分畛域，严紧访查，遇有此等教匪，即行严拿，从重惩办，以靖地方，而安良善。"①从告示来看，京师当时尚未发现义和团，只是因为近畿一带开始出现团民传教之事，为防患于未然而预作准备。三月六日，御史李擢英奏请严行禁止"赛会迎神"，因担心"乡民麕聚"，"聚众过多，即难免滋事"。②由此可知，二三月间的北京城，尽管尚难寻觅义和团的身影，但义和团在山东、直隶的活动造成的影响及其向京畿乃至京城发展的趋势，已在部分京官心中投下浓重的阴影。

进一步加剧北京城紧张氛围的是义和团揭帖。据以"辑译当时字林西报、文汇报及各国公报所载消息函电而成"③的《拳乱纪闻》所载，三月二十二日，义和团"潜来京师，凡遇教堂，则遍黏招贴，谓三月秒当与教堂为难"④。四月一日，北京西城又出现了内容为"先拆电线，次毁铁路，最后杀尽洋鬼子"⑤的揭帖。两天后，京城西四牌楼羊市南璧

---

① 陈璧：《五城公牍汇存》(选录)，见近代史资料专刊《义和团史料》(下)，700 页。

② 《御史李擢英片》，见《义和团档案史料》上册，71 页。

③ 翦伯赞：《义和团书目解题》，见中国近代史资料丛刊《义和团》(四)，564 页。

④ [日]佐原笃介、浙西沤隐同辑：《拳乱纪闻》，见中国近代史资料丛刊《义和团》(一)，111 页。

⑤ 《英国档案馆所藏有关义和团运动的资料》，王崇武译，载《近代史资料》，1954(2)。

上也出现了义和团揭帖。① 针对这些揭帖，清政府于四月十九日曾专门降旨，命"步军统领衙门、顺天府、五城御史"妥议章程，"防范查禁"。② 但毕竟只是揭帖，义和团在北京城的存在对于大部分京官而言，还是缺乏感觉的。在这些京官眼中，三四月间的北京一如既往，他们的生活也一如既往。军机大臣王文韶在三四月间几乎每天都要在"巳初""入对"，下午"见客"。作为军机大臣，王文韶不可能不知道义和团在直隶乃至京畿地区的蔓延和逐渐渗入京城的趋势，但其日记直到五月十一日才首次提到"义和拳匪"。这表明，三四月间的王文韶根本没有把义和团当回事，在其心目中，这些"拳匪"不过是因为天旱可能导致的饥荒而闹事，这在往年的岁月中屡见不鲜。四月九日的一场雨使具有多年军机大臣阅历的王文韶在日记中写道："风雨竟日，农田望泽正殷，屡经设坛祈祷，获此甘霖，人心大慰。"③

事实上，这种看法在当时相当普遍，包括一些外国人亦如是看。《泰晤士报》的莫理循在当时的日记中表示："拳民的危险正在与日俱增。真正的危险来自干旱，因为天不下雨被认为是洋人干扰风水所致。大雨一到，拳民自然消亡"；英国公使窦纳乐在给英国政府的报告中亦表示："我相信几场透雨就能迅速解除旱情，不管中国政府和外国政府采取什么措施都不如下雨更能平息骚乱"。④ 真正使洋人们感到危机的是，义和团从四月底开始的拆铁路、毁电杆等行动。美国公使康格的夫人在日记中写道："丰台被焚。车站、车厢、商店、太后专列全部被烧毁，在京的外国人群情激动。"⑤在外国公使团的强烈要求下，清政府于五月四日同意各国派兵入京保护使馆，但"每馆以二三十人为率"⑥。当天，各国官兵共三百五十六人乘火车自津抵京。⑦

---

① 孙敬：《义和团揭帖》，载《近代史资料》，1957(1)。

② 《总理各国事务奕劻等摺》，见《义和团档案史料》上册，97 页。

③ 《王文韶日记》，1011 页，北京，中华书局，1989。

④ 相蓝欣：《义和团战争的起源：跨国研究》，181 页。

⑤ 相蓝欣：《义和团战争的起源：跨国研究》，221 页。

⑥ 林学瑊编：《直东剿匪电存》，见《义和团运动史料丛编》第 2 辑，133 页。

⑦ 《直隶总督裕禄致总理各国事务衙门电报》《又电》，见《义和团档案史料》上册，111 页。

　　洋兵入驻京城的同时，团民和教民也在纷纷进入京城。① 据《民教相仇都门闻见录》记载，"十一日，连日义合（和）团民，三五成群，头包红布，手持刀械进城，络绎不绝"；十四日，"教民纷纷而至"。② 因四月间义和团在直隶地区的烧教堂杀教民运动进行得如火如荼，便有教民逃到当时尚属平静的北京避难。据《拳变系日要录》四月二十二日记载："教民之避祸于京师者，踵趾相接。"③随着各方力量或主动或被动地进入北京，这座首善之城的治安形势变得异常复杂。据《庸扰录》记载，五月十四日，"南横街居民忽闻有人大呼'泼水'，一时无论何人无不争往，取水泼之门外，街市尽湿。事后互相骇怪，亦不自知其故"④。同一天，"不知姓名人，沿街飞跑，口中叫喊'上门'，各铺户、住户，误为鬼子作乱，惊惶无错（措），即时罢市。厅官带领官人，劝速开市"⑤。北京城里弥漫着极度紧张的氛围。

　　五月十二日，朝廷首次在谕旨中指出"近来京城地面，往往有无籍之徒，三五成群，执持刀械，游行街市，聚散无常"，因而"谕饬管理神机营、虎神营王大臣"和"步军统领衙门、顺天府、五城""严密巡查"。⑥ 神机营、虎神营加入到京师治安的维护中，也证明北京城正面临着人心动荡、大乱一触即发的局面。五月十三日，在端王、刚毅等"以京城空虚，非有劲旅不足以资守御"为由的奏请下，甘肃提督董福祥率所部甘军由南苑调驻京城。⑦ 正是这样一个举动，直接导致了五

---

　　① 仲芳氏：《庚子记事》，见《庚子记事》，11～12页。朝廷先于五月九日派赵舒翘、何乃莹，次日又加派刚毅前往涿州，"察看"并"劝散"义和团。在李希圣看来，此举正好导致义和团大规模地进入京师。见李希圣：《庚子国变记》，中国近代史资料丛刊《义和团》（一），12页。

　　② 刘以桐：《民教相仇都门闻见录》，见中国近代史资料丛刊《义和团》（二），184页。

　　③ 陈陆辑：《拳变系日要录》，77页。

　　④ 《庸扰录》，见《庚子记事》，251页。

　　⑤ 刘以桐：《民教相仇都门闻见录》，见中国近代史资料丛刊《义和团》（二），184页。

　　⑥ 《巡视中城御史文璪等摺》，见《义和团档案史料》上册，126页。

　　⑦ 《西巡回銮始末记》，见中国历史研究社编：《庚子国变记》，136～137页，上海，上海书店，1982。

月十五日杉山彬的被杀与京城局势的"突变"。①

由上所述，北京城混乱局面的形成，直接原因是多方力量的进入京城。② 四月底五月初，团民、教民均往北京集中；五月三日，三百多名洋兵进入北京；五月十三日，甘军入驻京城。团民与教民的矛盾，团民对洋人的仇视，教民对于团民的恐惧与仇恨，洋兵对于团民的戒心，以及部分甘军与团民的不分彼此，使得这些力量的相互冲突与厮杀几乎在所难免。

二、混乱与秩序

有关义和团全盛时期北京城的混乱状况，不同时期的义和团研究有着不同的态度和视角。民国时期有关义和团研究的专著，大都辟专节叙述义和团对于北京城的扰乱。如陈捷之《义和团运动史》以"义和团肆虐于北京"为专节标题，陈功甫之《义和团运动与辛丑和约》以"朝议之争持及北京大焚杀"为专节标题，讲述义和团全盛时期的北京乱状。两书对北京混乱状况的描述，都特别强调"恣意劫掠"这一点，也都列举"贝子溥伦，大学士孙家鼐、徐桐，尚书陈学棻，阁学贻穀，副都御使曾广銮，太常陈邦瑞皆被掠，仅以身免"为例；且都指出"拳众专杀自如，载勋、刚毅不敢问"，并以都统庆恒为例；所不同者，陈功甫之书特别指出，"武卫军与拳众混合，恣意劫掠"，而陈捷之书对武卫军之劫掠并未提及。③ 1949 年后有关义和团研究的著作，大都也会涉及义和团时期北京城的混乱，不过混乱的制造者变成了清政府。如金家瑞之《义和团运动》如此描述北京城的混乱："那拉氏准备'西巡'的消息传出后，北京人心惶惶，'京中米价每石涨至二十五两'……北京城的混乱情况简直不堪言状了。"④义和团则成为社会秩序的维护者，如义和团对出京官员的查拿。⑤ 民国时期与 1949 年后学界在此问题上观点

---

① 相蓝欣：《义和团战争的起源：跨国研究》，255 页。

② 当然，京师之乱局面的形成，乃至庚子国变的出现，更主要的原因是清廷中枢的决策失误，而更深层的原因则是列强对中国社会日益全面、深入的入侵，及其所必然导致的中西之间的对抗。

③ 参见陈捷：《义和团运动史》，30～35 页；陈功甫：《义和团运动与辛丑和约》，13～17 页。

④ 金家瑞：《义和团运动》，122 页。

⑤ 廖一中、李德征、张旋如等编：《义和团运动史》，336 页。

的截然对立，体现了不同时期学界对于义和团的不同态度：民国时期是否定多于肯定，而 1949 年后刚好相反。近年来，学界对于义和团时期北京城混乱状态的认识又有新变化。如马勇在《从戊戌维新到义和团（1895—1900）》中指出，义和团骚乱"不论对清政府来说，还是对一般老百姓来说，都是一场灾难"，并认为清政府对待"义和拳骚乱"是采取了"比较认真、比较严肃"的平息措施的。①

笔者认为，混乱与秩序从来都是相对而言的。事实上，我们也无法给绝对的混乱与绝对的秩序一个清晰准确的定义，只有在比较中才能获得较为清晰的认知，而比较的对象则应该是庚子国变亲历者的感受。吏部尚书孙家鼐"为武卫军所掠，眷属仅能出险，衣物书籍，抢劫一空，阖家除短衫中衣外无长物"，恽毓鼎由此感叹，"宰相之家，所遭如此，可以觇世变矣"。② 翰林院编修华学澜用一则日记活现出京师乱状及这种乱状对于京官们的心理影响：

> 辛蔚如世叔来，谈五月二十八日吏部看验毕，出门，几被甘军手刃事，甚悉。验看大臣陈桂生少宰学棻车夫被戕，骡马顶帽均被抢去未还，仅以身免。同验看者被戕二人，系由前门行向顺治门，为拳民所杀。谈许久去，见其以武卫军一人为骖乘，可谓惊弓之鸟也。③

陈学棻事件在当时的京官圈中很典型，事发当天，恽毓鼎便在日记中记下了该事件；后一天，叶昌炽也在日记中专门记录了这件事；再后一天，高枏也在日记中提到这件事。④ 类似事件在京官们的日记中还有不少，而这些事件之所以被记录下来，也说明了此类事件的出人意料，超出了他们的心理预期。这些事件的主角历历可数，如前文

---

① 马勇：《从戊戌维新到义和团（1895—1900）》，422～423 页。

② 恽毓鼎：《恽毓鼎庚子日记》，见《义和团运动史料丛编》第 1 辑，57 页。《高枏日记》中对此事亦有记载，见高枏：《高枏日记》，《庚子记事》，152 页。

③ 华学澜：《庚子日记》，见《庚子记事》，109 页。

④ 恽毓鼎：《恽毓鼎庚子日记》，见《义和团运动史料丛编》第 1 辑，53 页；叶昌炽：《缘督庐日记钞》，见中国近代史资料丛刊《义和团》（二），447 页；高枏：《高枏日记》，见《庚子记事》，148 页。

所述"贝子溥伦，大学士孙家鼐、徐桐，尚书陈学棻，阁学贻毂，副都御使曾广銮"等，其实也正表明此类事件的有限性。对于京官们来说，尽管这些劫掠事件历历可数，但毕竟物伤其类，且横祸之来毫无理由、毫无征兆，难免会让长期生活在太平岁月的他们处处心惊。因此，与庚子年五月前的太平岁月相比，义和团全盛时期的北京城毫无疑问是一个乱世。

事实上，七月二十一日联军破城前后，北京城才可谓真正的乱世。七月二十一日前，清军溃勇大肆抢劫；七月二十一日后，联军烧杀抢掠，土匪继之。仲芳氏在《庚子记事》中写道："十八日，各路败兵及武卫各军蜂拥而行，各持洋枪大刀，拧眉立目，通衢僻巷无一处无之，俱已挈车为名，肆行强掳"；"十九日，各街巷兵勇更多，甘军、武卫中军及外路败兵，逐队成群，即最僻静小胡同亦皆有之。城内城外车马驴骡搜劫一空，钱铺粮店被抢大半，被枪击刀砍身受重伤者，不计其数。人心恐怖，日不安生"。[①] 高枏在日记中对此有更为详细具体的记载："甘军、虎军四处拉车骡，到门放洋枪，捶门入，搜至书屋上房，孟甫二骡一马均被牵去"；"又有甘军抢一官车曰，'这个时候，杀两中堂亦不要紧'"；"午刻，轿子胡同有甘军数十人放洋枪，抢一小民家。或曰抢其妇女。孟甫居与邻，写字与其统领方姓，方已赴通州，竟无治之者"。[②]

对比联军入城前夕的京城乱状，又可知五月中旬以来的北京城虽为乱世，但整体而言仍保持了一定的秩序。首先，京城拥有一个统一的权威存在。无论朝廷的谕令得到执行的程度如何，至少对于京城各种事宜的布置与安排，包括对于京师义和团的管理等政令都只可能出自于朝廷。朝廷在京师的存在，对于维系北京城的人心稳定有着不可替代的作用。可以说，作为权力的中心和朝廷的象征，两宫在京城一日，则京城的基本秩序便一日可得维持。恽毓鼎在京城大乱后曾表达"义不容去"的决心，但很快便风闻"六飞有西幸之说"，其在当天的日记中留下了这样的文字："余虽镇定，闻此亦觉不安。"在御前会议上，

----

①　仲芳氏：《庚子记事》，见《庚子记事》，30～31 页。
②　高枏：《高枏日记》，见《庚子记事》，169～170 页。

恽毓鼎专门就此进谏:"风闻銮舆有西幸之说,根本重地,万不可轻动",慈禧太后则"力谕并无此说"。① 此外,金家瑞在其著作中对京师混乱状况的表述,亦反证了两宫所代表的朝廷对于维系京城秩序的重要性。

其次,京师各部院衙门仍维持运转。由于官员纷纷出逃,清廷于六月十八日发布了一道严惩"告假及私自出京各员"的上谕:

> 光绪二十六年六月十八日内阁奉上谕:现在各部院衙门当差人员纷纷告假,殊属不成事体。著各该堂官查明,如未经告假私行出京人员,著即行革职。其已经递呈告假者,将来到署销假,著将各该员前资注销,以示惩儆。钦此。②

六月二十三日,翰林院点到,"实到百二十余人,告假者不及二十人"③。告假者虽不多,但对于每一个告假者而言,惩罚也是相当残酷的,即前资注销。中国封建社会的官场一向注重论资排辈,一旦前资注销,便意味着多年辛苦化为乌有。④ 华学澜的日记中便记载了这样一例:一位天津京官被开缺,"前资皆注销",华学澜大为痛惜,"二十年功夫,一旦仓皇出走,竟成画饼,惜哉!"⑤不过,朝廷对于"告假及私自出京各员"的严厉惩罚,及部分堂官对于清点人数等日常工作的认真与重视,使京师各部院衙门得以正常办公。⑥

其三,对于扰乱京城秩序者,清廷及其统兵大员大都给予了严厉

---

① 恽毓鼎:《恽毓鼎庚子日记》,见《义和团运动史料丛编》第 1 辑,50 页。

② 《著各部院惩戒告假及私自出京各员事上谕》,见《义和团档案史料续编》上册,651 页。

③ 叶昌炽:《缘督庐日记钞》,见中国近代史资料丛刊《义和团》(二),452 页。关于翰林院点到,恽毓鼎、高枬也有相当详细的记录。恽毓鼎:《恽毓鼎庚子日记》,见《义和团运动史料丛编》第 1 辑,57~58 页;高枬:《高枬日记》,见《庚子记事》,154~156 页。

④ 当然,这也不是绝对的。后来,那些因告假而"前资注销"的京官,又因奔赴行在"反得优奖",而留京困守官员则被打压,这一现象颇让恽毓鼎愤愤不平。参见恽毓鼎:《恽毓鼎庚子日记》,见《义和团运动史料丛编》第 1 辑,57 页。

⑤ 华学澜:《庚子日记》,见《庚子记事》,112 页。

⑥ 仲芳氏:《庚子记事》,见《庚子记事》,22 页。

制裁。如《为勇丁抢劫著统兵各员认真约束仍前即按军法从事谕旨》所言："昨日单牌楼、头条胡同、二条胡同，及长安街、王府井一带，有勇丁持械，抢劫住户铺户，情形甚重，当经荣禄派员缉捕，拿获各营勇丁十一名，冒充勇丁土匪二十三名，均经就地正法，号令示众。即著统兵各员，严饬所属，认真约束兵丁，倘仍再有前项情形，即按军法从事。其分统营哨各官，有不严加约束，意存袒庇者，亦著查明，一并从严惩办。"①

其四，则是人心尚未大乱。在义和团时期，虽也有缙绅人家遭劫事件，但总体而言是比较少见的，有之则会立即在京城喧传殆遍，至少在京官圈子中人尽皆知，造成人人自危的局面。但正如前文所述，当时的北京城仍在一定的秩序中运转，而"拳民虽恣睢暴戾，寻仇擅杀，然亦尚知敬重长官"②，故京官常因同僚之遭难而心有戚戚，但绝大部分京官从未有过被抢劫被侮辱的经历。即使有京官被劫，过程亦颇耐人寻味。刘体智《异辞录》曾记载武卫军抢劫情形：

> 巷战既开，武卫中军乘势行劫。兵半旗籍，几不知世情。时孙文正公退职闲居，盗入门，闻主人姓名，逡巡不敢遽进，曰："中堂在衙门耶？抑在家也？"仆对曰："中堂已罢官。"盗不俟言毕而遽入，尽夺取所有而遁。事过，文正笑语人曰："京师贼匪犹畏法禁，询知势位去而后敢动。余乞骸骨且年余，若辈殊不之悉，何其昧于外事之甚也。"③

孙家鼐之"京师贼匪犹畏法禁"虽为讥讽语，但武卫中军"闻主人姓名，逡巡不敢遽进"，与甘军之"这个时候，杀两中堂亦不要紧"也足以形成鲜明对照，证明当时之京城，人心尚未大乱。

三、疯狂的劫掠

七月二十一日，联军破城，两宫仓皇西逃。事发突然，两宫对京城留守事宜没有进行任何布置，所以对于大清臣民而言，北京城某种

---

① 包士杰辑：《拳时上谕》，见中国近代史资料丛刊《义和团》（四），126页。
② 陈夔龙：《梦蕉亭杂记》，36页。
③ 刘体智：《异辞录》，183页，北京，中华书局，1988。

程度上已经成为一座无主之城。① 继清军溃勇之后，八国联军进入北京城，带给这座城市以及它的居民以更大的灾难。以往有关义和团运动及八国联军侵华战争的著作，对此问题多有关注，大都从烧杀掠淫等方面进行概述②，其目的在于揭露或控诉八国联军之罪行。本书将不再仅限于叙述联军所犯下的各种罪行，而是对联军破城后的整个京城乱象进行梳理。

联军破城后困守在北京城的仲芳氏用他的日记留下了这座城市"毫无王法"的一段时光：七月二十三日，"各国洋兵，自二十一日扎队后，纷纷扰掠，俱以捕拏义和团、搜查军械为名。三五成群，身跨洋枪，手持利刃，在各街巷挨户端门而入。卧房密室，无处不至，翻箱倒柜，无处不搜。凡银钱钟表细软值钱之物，劫掳一空，谓之扰城。稍有拦阻，即被戕害"；七月二十四日，"莠民土棍，皆倡言无处换钱，籴粜粮米，纠约匪徒肆行抢掠。钱铺、烟铺、粮店、米铺、当铺、布铺、绸缎、估衣等铺，城内城外均被抢夺一空。即小本生意，各行手艺，不论铺之大小，货之巨细，但凡闭门逃走，仅留一二人看守者，俱被抢掳无遗。甚至将门窗栏柜，亦皆拆抢一空。不独贫穷之人与土匪无赖之辈打劫，就是儒雅体面之人，亦乘间随众抢夺。皆因城陷国亡，地方官隐匿，差弁吏役无踪，毫无王法可畏，故肆无忌惮也"；七月二十九日，"通城各行铺户均被抢尽，渐及住户。凡著名富贵之家，多被

① 李鸿章语，原句为："刻下北京无主，各武员便宜行事，势难遥制。"参见《调补直隶总督李鸿章等摺》，见《义和团档案史料》上册，538 页。

② 如陈捷《义和团运动史》在"联军肆虐"一节中主要讲述了联军抢劫财物、奸淫妇女等暴行及"首祸大臣"被辱之情况，见陈捷：《义和团运动史》，122～126 页；陈功甫《义和团运动与辛丑和约》在"联军陷北京"一节中主要关注北京城破时之"官绅殉难"的状况，见陈功甫：《义和团运动与辛丑和约》，34～39 页；金家瑞《义和团运动》在"帝国主义强盗的滔天罪行"一节中，主要从"烧毁方面""惨杀方面""抢劫方面"及"奸淫罪行"四方面历数联军罪行，尤其关注联军对我国文物方面的掠夺，见金家瑞：《义和团运动》，137～142 页；廖一中等《义和团运动史》在"北京陷落与八国联军的暴行"一节中，亦主要从烧杀掠淫等方面讲述联军的罪行，见廖一中等：《义和团运动史》，335～346 页；马勇《从戊戌维新到义和团（1895—1900）》在"千年古都惨遭蹂躏"一节中，也主要从烧杀淫掠等方面讲述联军的暴行，见马勇：《从戊戌维新到义和团（1895—1900）》，500～506 页。

明火撞门劫掠。连日前后巷居民被盗者，不下十数起。他处可想而知。莠民棍徒，三五成群，沿街侦访富户，洋洋得意，俱以抢夺为荣，抢多者为本领高强，抢少者为力弱无能。贫寒之家居然豪富，富足之家反成四壁皆空。天翻地覆，皆因无王法可畏耳"。①

从仲芳氏的叙述可知，联军破城后，首先是各国洋兵以捕拿义和团、搜查军械为名进行抢劫；其次是"莠民土棍"纠约匪徒抢劫米铺、当铺等商铺；再则是"莠民棍徒"抢劫富户。也就是说，庚子年北京城秩序的彻底崩坏，完全是由于八国联军侵占北京城造成的。何伟亚在《英国的课业：19世纪中国的帝国主义教程》一书中指出："在使馆被解救以后，八国联军、外交官和传教士几乎立刻就开始进行劫掠。"许多历史记载表明，"外国军队和在北京的欧美平民都卷入了抢劫的狂热之中"，"几乎没有人能置身于这场疯狂的抢劫之外"，以至于《悉尼晨报》（*Sydney Morning Herald*）用"劫掠的狂欢"来描绘争先恐后疯狂抢掠的场景。据称，英国公使窦纳乐的夫人就曾率领一队人进行劫掠，她那些"价值连城的财宝"已经装满了87箱，而她还惊叫"还没开始装箱呢"！这种自发性的抢劫在侵略军将领们的默许下持续了好几天，最后由英国军队通过建立奖赏金分配委员会的方式，"率先将劫掠秩序化"。"奖赏金"是通过官方授权的"搜查队"收缴劫掠物品，并公开拍卖而筹集起来的。集中起来的"奖赏金"，按照军衔等级进行分配，如英军的分配标准是：中将指挥官每人10份，少将级军官每人8份，校级军官每人7份，上尉每人6份，中尉、少尉每人5份，准尉和印度军官每人4份，英国军士每人3份，印度军士每人两份，英国士兵每人两份，印度士兵每人1份。每份"奖赏金"的数量，则视总额而定。②显然，这不仅仅是将"劫掠秩序化"，同时也是对劫掠的公开鼓励。

正是在侵略军和洋人疯狂劫掠的示范下，许多中国"莠民土棍"也加入了这场疯狂的劫掠，以冀获得一些残羹冷炙。仲芳氏有关中国"莠民土棍"参与劫掠的记载，在其他许多文献中也可得到印证。恽毓鼎在

---

① 仲芳氏：《庚子记事》，见《庚子记事》，35、37页。

② ［美］何伟亚：《英国的课业：19世纪中国的帝国主义教程》，226～233页。

日记中表示："穷民之抢粮店当铺者，数日而尽；浸及各店，市肆皆不开门。"①高枬也记录道："有买卖不做，但抢小粮食店，搬运空屋木器。回民各负口袋，在街东西望，凡粮店、贸易店无多人，即劫之。"②庚子年间生活在北京的著名戏曲理论家齐如山在回忆录中写道，"平心而论，外国人抢的不过十分之三，本国人抢的总有十分之七，最初是只抢商家，商家抢完，接着就抢住户"，并特别表示"提起抢掠的情形来，真是梦想不到"："所有的买卖，都已被抢，无一幸存，最特别的是当铺及米粮店。各当铺门口扔着的衣服，都是山堆大垛，因当铺中房屋深而黑暗，抢的人多，谁也不能挑拣，背出一捆来，一看不是绸缎或皮衣，就都扔在门口回去另抢。各米粮店门口，洒掉的粮食都成了堤坡，因装入布袋者很少，多数都是用筐篮装走，所以有此现象"。③ 至于抢劫者，除了"各国洋兵""莠民土棍""土匪无赖"之外，大多都是穷民，"儒雅体面之人，亦乘间随众抢夺"。高枬在日记中记录了一个京官的管家在哄抢当铺时，"首先奋勇劫得貂皮花衣等物"④。齐如山则在回忆录中叙述了他在围观抢劫当铺时，面对一件伸手可得的竹布大褂，为取舍而犹豫不决的一段心路历程："我取这件大褂，虽然不能说是抢，也得算白拿，白拿他人的东西总是不应该的。再进一步说，我若白拿，索性就多拿，拿了一件，也是破戒，还是不取的好，遂仍丢下而去。"⑤于此可见，抢劫对于当时的中国人而言，不但是一件司空见惯的事情，也是一件极为容易的事情，是否伸手对于那些"儒雅体面之人"，不过是一念之间。

正因为抢劫太过平常，当时的北京城出现了两种现象。其一是除粮价奇昂之外，"估衣、珠宝、绸缎、古玩"之类的"上等之物"，"价值极廉"。仲芳氏在《庚子记事》中写道："比如值十两银之货，一二两即可买来，多半是抢劫而得，并不知物之贵贱，急于出售，恐防失主认

---

① 恽毓鼎：《恽毓鼎庚子日记》，见《义和团运动史料丛编》第1辑，61页。
② 高枬：《高枬日记》，见《庚子记事》，177页。
③ 齐如山：《齐如山回忆录》，52、54页。
④ 高枬：《高枬日记》，见《庚子记事》，174页。
⑤ 齐如山：《齐如山回忆录》，54页。

赃也。凡有钱有胆之人，莫不争买留存，以备太平之日，可渔数倍之利。"①齐如山放弃"白拿"竹布大褂后，花一元钱买了两件两截大衫，认为这"似乎比着白拿一件竹布衫还便宜"②。其二是"贫者倏然而富，富者家产一空"。这句话是洪寿山据"时事"所编"西江月之歌词"中的一句，并自注曰："余今已六旬矣，自幼至今，都城之变，未闻有如此者也。夫贫者抢掠之物，有盈千逾万之富者多矣。故富者逃出而外伤之，家中余资而内伤之，以致富者家产空空也。"③仲芳氏在《庚子记事》中叙述骡马市大街以南美国占领区的繁华和热闹时，评论道："世面虽丰，大半为抢劫匪徒而设。易得之财，视如粪土。任情挥霍，终日宴乐，尽付嫖赌之区。若安分之人，饔飧难继，焉有闲钱快乐乎。"④

对于抢劫成风、贫富颠倒的原因，仲芳氏认为"皆因无王法可畏"。同仲芳氏一样，洪寿山也感叹因"国无法政"，致使"街市抢夺横行，世界颠倒不分明"。⑤ 实际上，在联军入城之时，虽然地方官大都四散逃命，但亦有坚持职守者，如中城御史陈璧"骑马衣冠巡于市"，并于街衢张贴安民告示："洋兵入城，和好在即；居民官宅，各安生业。匪徒抢掠，格杀勿论；拿送到城，立即正法。"⑥但是，当陈璧遣一差官入前门往东，洋兵阻之，且搜其身，仍不令前行。即使是张贴安民告示，遇到疯癫之人将面糊碗打烂，亦毫无办法。⑦ 陈璧本人甚至曾被德军抓去做苦力，经齐如山前往营救，才被释放。⑧ 于此可见，中国的"王

① 仲芳氏：《庚子记事》，见《庚子记事》，53页。
② 此后齐如山买了很多衣服，价格都极其便宜，如"买了四件绸缎夹袍，每件不到一元，几身皮袄，每件不到三四元，都是九成新以上"，齐如山因此反问，"似此价值，比白拿贵了多少？"参见齐如山：《齐如山回忆录》，54～55页。
③ 洪寿山：《时事志略》，见中国近代史资料丛刊《义和团》（一），95页。
④ 仲芳氏：《庚子记事》，见《庚子记事》，62页。
⑤ 洪寿山：《时事志略》，见中国近代史资料丛刊《义和团》（一），94页。
⑥ 参见陈璧：《望岩堂奏稿》，见沈云龙主编：《近代中国史料丛刊》第十辑，第93号，20～21页，台北，文海出版社，1966；恽毓鼎：《恽毓鼎庚子日记》，见《义和团运动史料丛编》第1辑，61页；高枬：《高枬日记》，见《庚子记事》，175页；叶昌炽：《缘督庐日记钞》，见中国近代史资料丛刊《义和团》（二），458页。
⑦ 高枬：《高枬日记》，见《庚子记事》，175页。
⑧ 齐如山：《齐如山回忆录》，52～53页。

法"和官员对于联军入城后的京城秩序已完全失去作用，有效的只能是
联军的禁令。

据《时事志略》所记，日本于七月二十五日"出示晓谕，而抢掠渐
熄，人心稍定"①。又据《高枏日记》所记，七月二十五日，"洋人出示
安民，嘱居民照常买卖，毋得惊恐，有鸡鸭送先农坛"②。华学澜在日
记中也记载了英国人的安民告示，大致谓"阜成门大街以南、宣武门大
街以西，及前门大街以东地方均暂归其国辖管。所有华民宜各安生业，
照常居住。出售食物，必公平给价，决不勒掯。华人如持枪械及有抢
夺等事，即行正法。如某房内放枪，即将房焚烧。如有武官来索兵器，
有者即刻交出，若有隐匿，一经觉察，即将房焚烧等语"③。对于这份
告示，华学澜的评价是："绝未道及洋人抢夺事，未免偏袒。"④

事实也正是如此。这份英国人的安民告示是七月二十六日张贴的，
次日华学澜的邻居颐菊泉家便有洋兵前来抢劫。此前，华学澜与颐菊
泉刚刚将院墙拆通，"缘前街数家皆已拆通"；不久"洋人到伊家，伊太
夫人来避，其家人被打血出，亦来避。少时闻洋人去，乃归。午前，
伊院洋人又来，老媪携幼孩均来避"。⑤当时之北京居民，邻里之间多
有约定，洋人至甲家，则其家眷到乙家躲避，反之亦然。如仲芳氏《庚
子记事》所载："是以商定如洋人进院，老太太与晓莲及三奶奶均至东
邻冯宅院中藏避；其余并不躲闪，生死由命而已"；"一闻洋人敲门，
举家莫不惊惶，急向东院冯宅茅厕夹道中躲避，烈日之下，熏晒难捱，
百川胆小，望风闪藏，远闻街上犬吠人声，即在院中惊呼'来了！来
了！'使人益觉心摇"。⑥杜某之《庚子日记》亦有类似记载，八月二日，
"将欲食饭，倭人到蔡宅，教渠下人拉胡琴，坐久不走。蔡宅两个小姐

---

① 洪寿山：《时事志略》，见中国近代史资料丛刊《义和团》（一），95 页。
② 高枏：《高枏日记》，见《庚子记事》，176 页。
③ 华学澜：《庚子日记》，见《庚子记事》，116 页。
④ 华学澜：《庚子日记》，见《庚子记事》，117 页。
⑤ 因颐菊泉家境富有，故自七月二十四日至三十日，洋人"已来八次矣"，
此后仍陆续前来。对此，华学澜在《庚子日记》中多有记载。
⑥ 仲芳氏：《庚子记事》，见《庚子记事》，35、42 页。

从窗户到我院"；同日，倭人"快到我大门，余同五妹扒窗到蔡宅"。①

高枬之被劫，也发生在洋人出安民告示之后。《高枬日记》详述了整个被劫过程："茂在案看余日记，闻开门声，扬头一看，曰，'洋人来了。'到客厅，示以毕子明所写字，看后，仍翻理箱物。先指西壁廿二史之宋史一匣，嘱开与看。而钥匙未在，渠坚要看。取匣上佩文韵府开示之，渠乃举宋史匣一摇，似知为书。又开东壁之书箱二口。知书外无物，遂进七兄上房，开箱，而钥匙皆带去昌平，乃锤开一二口，见无可取者。又举一箱，甚重，疑有银，喜甚。又锤开，则在泸带来之响锡在焉。取其一锭，以锤未开之锁，锡软而铜硬，乃弃之。其心不肯舍，复取而锤之。连开十余箱，又开十三房，见箱用麻布麻绳捆裹，益疑有重物。必开，则取双花袖、玟瑁圈、镀金镯、玉圈以去，藏诸腰。适石孙回，急往寻曾袭侯以来，恰搜至学堂，陈仲苏书箱在内。曾侯入，以洋语问其干甚。伊问此何人所居。曾曰，'我朋友。'且指其所拿镯及帕袖等曰，'你们何故犯本国规矩，拿人衣物，还不快走。'洋兵乃行。"②高枬被劫只是联军占据北京期间极其普通的一起抢劫事件，不但史书上不屑记载，即使是在当时的京官圈子中，这样一起抢劫事件也是不值得一提的，因为它实在太平常，损失不大，也无人员伤亡。但正因为它的普通与平常，反而益见当时的北京城秩序之混乱，在京中国人，无论京官或平民，其生命财产之毫无保障。

实际上，正是因为洋兵等西方人的劫掠广泛存在，才使得联军入城之初的北京成为抢劫者的天堂。八国联军彻底摧毁了北京城原有的社会秩序，使得"王法"荡然无存，同时又放任乃至鼓励洋兵、传教士等西方人的劫掠，并将其视作对中国人的复仇。洋兵不仅自己抢劫，而且还处于"抢劫链"的高端，能够对中国抢劫者的"战利品"进行有选择地再次劫掠。高枬曾在日记中记录一处当铺被抢的具体状况："乱民全抢当铺绸店；洋兵旁观，挟物走者，命开包与看，有银则拿去，余则否。"③这表明，当八国联军成为北京城事实上的主宰之后，劫掠似

---

① 杜某：《庚子日记》，见近代史资料专刊《义和团史料》（下），570 页。

② 高枬：《高枬日记》，见《庚子记事》，179 页。

③ 高枬：《高枬日记》，见《庚子记事》，174 页。

乎也成为洋兵和传教士等西方人的一项合法权利。一些中国人,尤其是懂外国语言的华人翻译也正是打着洋人的旗号大肆抢劫疯狂敛财,以至于庚子后担任顺天府府尹的陈璧专门上折参劾同文馆之教习学生:

> 自七月二十一后,内外城各段大小洋官需用华人翻译,遂取材于此。固有一二自好之士,甘于养晦,不为彼族所用者。亦有身虽受雇,而其心尚知有国家,遇事调护藉以保全者。夫以彼挟此片长,值毫无依赖之日,降志辱身以相从,原可无事苛责。乃有倚势作威,不知顾忌,鲜衣怒马,跋扈飞扬,事事蒙混洋员,遂至勾结匪类,讹诈官绅商民,掠取财物,全无心肝;又有谋充翻译而不得,及既充翻译而被黜者,竟敢串通洋兵,始则搜索在京富户,继则潜往近畿州县,藉端诈财,无所不至。①

这些同文馆的教习学生在庚子国变期间的劫掠行为之所以尤为引人瞩目,或许正是因为他们与洋人的紧密关系,使得他们在庚子国变期间的劫掠行为无所顾忌,并因而显得特别猖狂。华人翻译尚且如此,洋人则何须多言!华人翻译在庚子国变期间的"恶名昭著"②,恰好证明了洋兵等西方人的劫掠行为是联军破城之初北京城变为抢劫天堂的罪魁祸首。

第二节　京官的日常生活

陶孟和在给华学澜的《辛丑日记》所作的序言中写道:"自二月十一日至五月十四日的日记,真切地暴露了当时典型的京官生活。职责重要的官吏每日生活常较紧张,如《翁同龢日记》所表示的。至于一般的京官,不过是按着同乡、同衙门或同年而此一组彼一组地常相往还而

---

① 陈璧:《同文馆等项教习学生充当洋官翻译品类不齐急宜严行甄别摺》,见陈璧:《望岩堂奏稿》,《近代中国史料丛刊》第十辑,第93号,157页。

② 仲芳氏:《庚子记事》,见《庚子记事》,53页;高枏:《高枏日记》,见《庚子记事》,199页。

已。就是学者恐也不能外此，越缦堂日记关于在北京的记载便是一例。"①京官们的这种日常生活状态使得他们在庚子国变中形成不同的群体，各行其是。同时，京官们的日常生活开销主要依赖于朝廷俸禄与各省印结银，而两宫西狩之后，京官们曾有将近半年的时间无俸可领，也无印结银可分，可谓完全失去收入来源，生活陷入极度困境。

一、京官的社交及其在联军破城之初的活动

京官可谓是典型的社交群类。一个普通的京官，身上往往会有四重人际网络：一是同乡，二是同年，三是同事，四是师生。其他如家族血缘关系之类且不论。这些人际网络本身并无亲疏之别，京官之间的交往是否密切，也无法以这些人际网络作为标准进行衡量。这些人际网络只是提供了一种京官间相互交往的可能性。京官中既是同乡，又是同年，且是同事，但交往泛泛者比比皆是。反之，京官中既非同乡，又非同年，且非同事，但交往密切者亦不乏其人。但总体而言，京官的社交世界以同乡、同年、同事为主，其中同乡又居主要。

恽毓鼎以"顺天府大兴县附学生民籍"之身份参加会试②，而据其墓志铭所载，祖籍又为"江苏阳湖"③。因此，对于恽毓鼎而言，他拥有两种同乡身份，一为顺直同乡，一为江苏同乡。事实上，也正是如此，无论是顺直京官的活动，还是江苏京官的活动，恽毓鼎一般都会参加。如戊戌年（1898年）正月六日，"德音缓征顺直二十二州县钱粮"，恽毓鼎在日记中写道："同乡官诣干清门外谢恩。"④同年二月，顺直京官公议张淮、李殿图、李鸿藻、张之万"增祀先贤"事，"到者十余人，鹿芝老领袖"，恽毓鼎也参与其事；三月，顺直京官"至畿辅先哲祠演礼"，恽毓鼎"与张篁楼太守（彬）司执爵"。⑤ 同年同月，恽毓鼎

---

① 陶孟和：《辛丑日记序》，见华学澜：《辛丑日记》，《续修四库全书》五八三·史部·传记类，461页，上海，上海古籍出版社，2002。

② 顾廷龙主编：《清代硃卷集成》第65册，403页，台北，成文出版社，1992。

③ 曹允源：《诰授资政大夫赠头品顶戴原任日讲起居注官二品衔翰林院侍读学士恽府君墓志铭》，见恽毓鼎：《恽毓鼎澄斋日记》，史晓风整理，附录三，杭州，浙江古籍出版社，2004。

④ 恽毓鼎：《恽毓鼎澄斋日记》，128页。

⑤ 恽毓鼎：《恽毓鼎澄斋日记》，132～133页。

"与伟臣、作黼、葆良、大哥在广和居为同县公车接场。共列四席，颇为热闹"①。葆良即刘树屏，江苏常州府阳湖县人。② 不久，便又是"常府京官在同丰堂为八邑公车接场，到者四十人"，恽毓鼎在当天的日记中写道："竟日周旋，归寓惫矣"；戊戌年年底，"德音蠲缓江苏被灾州县钱粮"，恽毓鼎又在日记中表示："同乡京官具折谢恩"。③ 虽然恽毓鼎对于顺直同乡、江苏同乡的身份都表认同，但其日记显示，恽毓鼎的社交圈以江苏同乡京官为主。戊戌年考差后，恽毓鼎在日记中写道："刘叔南得分授武阳，考差者五人，唯叔南张吾军矣。"④叔南即刘瞻汉，亦江苏常州府阳湖县人。⑤ 恽毓鼎的社交活动也大多以江苏馆为中心，如在江苏馆请客、赴约、团拜等。其他省籍的京官也会认同恽毓鼎的江苏京官身份，如湖南京官瞿鸿禨便曾向恽毓鼎问及江苏知名之士，并学校利弊。除同乡外，同年之间的交往也是恽毓鼎交往世界中的一个重要组成部分。如其丙申年（1896 年）正月十四日的日记中写道："消寒第七集，余作主人（梁铨院、段春岩、叶鞠裳、张逊之、张季瑞、陈苏生、曾重伯、徐研甫，皆己丑同年也）。"⑥当时京官们的聚会非常之多，如夏天之"消夏"，冬天之"消寒"，各省京官定期之"团拜"，此外还有京官的生日，及其京官父母的生日、祭日等也都可以成为聚会的理由。"消夏"或"消寒"也并不是一次便结束了，而是常在一起"消夏""消寒"的京官们轮流做东。恽毓鼎在日记中对于"消寒"记载颇详，如丙申年正月二十八日，"消寒第九集"；丁酉年（1897 年）正月十八日，"消寒第五回"等，大多数时候恽毓鼎在日记中只有"消寒"二字。⑦

---

① 恽毓鼎：《恽毓鼎澄斋日记》，134 页。

② 顾廷龙主编：《清代硃卷集成》第 70 册，3 页。

③ 恽毓鼎：《恽毓鼎澄斋日记》，135、154 页。

④ 恽毓鼎：《恽毓鼎澄斋日记》，133 页。

⑤ 顾廷龙主编：《清代硃卷集成》第 71 册，211 页。

⑥ 恽毓鼎：《恽毓鼎澄斋日记》，79 页。

⑦ 恽毓鼎：《恽毓鼎澄斋日记》，80、101 页。京官中以"消夏""消寒"为名的交往聚会传统，由来已久，魏泉所著《士林交游与风气变迁：19 世纪宣南的文人群体研究》（北京，北京大学出版社，2008）一书对此有更为详尽地论述。

京官间的这种社交往来，在庚子国变期间展现出更加明显的乡谊性质。如义和团在京全盛时期，京官纷纷出逃。清廷为保证京师各部院衙门的正常运转，发布了严惩"告假及私自出京各员"的上谕。上谕一出，立刻忙坏了诸多留守京官。天津籍京官华学澜在日记中写道："弼叔来，持来十八日未经登报上谕"，"嘱设法为同乡出京者斡旋"。于是，一些尚在京的顺直京官开始分头行动："书庵来、益斋来，到松际云处，烦为国子监五人设法。到陆凤石年伯处，烦为哲臣设法"；"益斋写信，遣人到枚岑处为翰苑诸君设法"。与此同时，"专差为鞠人去信，并专差到津，致范孙、亦香信，令其就近知会统计各署出京者"，"为卫哥写信遣人送去"，"商议为哲臣专差去信"。① 正是在这样一番努力下，翰林院点到才出现"实到百二十余人，告假者不及二十人"的显著成效。与此相反，四川京官则因一笔蜀学堂名下的公款而纠纷不断。蜀学堂是戊戌年间由四川京官杨锐、骆成襄、高枏、王乃征、李稷勋、傅增湘、乔树枏、曾鉴、汪世杰、郭灿、高树、蔡镇藩等奏请设立。② 蜀学堂的公款相当于在京四川籍官商士民的公产，面临京师大乱的局面，四川京官赵翼之表示："学堂公项，凡家眷可走者，均挪以行。"高枏作为公款管理人亦表示："事有轻重，时有缓急，所言极是。"因京津道路不通，家眷欲南归但无路可走，于是挪用公款事作罢论。不过，自此以后在京四川人都对这笔公款虎视眈眈："孟甫信来，言侍卫杜、秦、陈汹汹然向之言，学堂公费任少梁曾用若干，是从翼翁处拨用，伊等亦要用"；"少平来，言：萍三欲送其姑丈去绛州，欲挪银三百"；"夜闻子厚与奂如信，言分则不敢，借则要多借"；"茂萱、

---

① 华学澜：《庚子日记》，见《庚子记事》，105 页。实际上，翰林院点到之后，留守京官仍在为那些点名不到又无人为之告假的京官设法："支继师来信，因早间谈及同乡袁励准庶常，呼名不到，以大宛多寄籍，乡谊不笃，无人代为告假，故适又见清秘堂黄石苏言及之。石苏意在保全一功名，故来问名，并索结，即将酌升印结填名并写数语交来人赍回。"见华学澜：《庚子日记》，《庚子记事》，108 页。

② 《戊戌变法档案史料》，见沈云龙主编：《近代中国史料丛刊》续编第三十二辑，第 317 号，306 页，台北，文海出版社，1976。

金波来，以翼翁欲用七百以上，萍必六百以上"。① 面对这种"饿鬼太多"，均"望分借公款"的局面，高枬作恨恨之言："必欲搅我，则以存款捐入五城团防。"后来由其他四川京官主持，果然"将款及房屋报销"。

联军破城后，两宫仓猝西狩，既未对京城留守事宜作任何布置，又在西逃过程中一度与留守京官失去了联系。对留守京官而言，与朝廷中枢失去联系，实际上便意味着往日朝廷秩序的不复存在。避难于昌平的叶昌炽在八月一日的日记中写道："洋人之陷都城，逾十日矣。中国君臣堕甑不顾，闻洋人颇欲言归于好，举朝无与接谈者。"②恽毓鼎在七月二十九日的日记中表示："洋兵入城已数日，王公大臣无出见者，觅庆王不得，欲得三品以上大员会晤，先通彼此之情。余乃与敬子斋尚书分头纠合满汉诸公。"③高枬在七月二十七日的日记中写道："在京惟昆、敬、那、溥、善等七人。崇礼、阿克丹欲与使臣说话，使臣不理"，"昆、敬等讬贤良祠和尚寻毕子明，请致意使臣，将往会。毕以七人中无王爷，又无全权，不往。"④在此"京师臣工毫无头绪"之时，留守京官们各自为群，各行其是，冀挽大局。叶昌炽在八月十日的日记中这样写道："闻留京大小诸臣，各树标帜，昆相、裕寿田、阿云亭诸公为一班，敬子斋、恽薇孙为一班，郭春畬与枢曹诸君为一班，于羣若、李亦园诸君为一班，徐颂阁太宰与汉员数十人联名具摺请安，并请议抚。"⑤叶昌炽之语得诸传闻，虽不太准确，但也并非空穴来风。

所谓"徐颂阁太宰与汉员数十人联名具摺请安"便是事实，据《清实录》记载，八月十五日，"吏部尚书徐郙等八十三人奏，京都自洋兵入城后，庙社安固，禁门以内亦尚完整。五城地面各国分段驻扎，居民

---

① 高枬：《高枬日记》，见《庚子记事》，148～151 页。

② 叶昌炽：《缘督庐日记钞》，见中国近代史资料丛刊《义和团》（二），459 页。

③ 恽毓鼎：《恽毓鼎庚子日记》，见《义和团运动史料丛编》第 1 辑，62 页。

④ 高枬：《高枬日记》，见《庚子记事》，178 页。

⑤ 叶昌炽：《缘督庐日记钞》，见中国近代史资料丛刊《义和团》（二），461 页。

渐就安谧。报闻"①。有关京官具折请安之事，恽毓鼎、高枏之日记均有记载。恽毓鼎在八月三日的日记中写道："八月初三日，始闻行在真消息，城外大小臣工，拟备折恭请圣安，并陈都城近日大概情形，同人委余主稿。"②高枏在八月三日的日记中也写道："宋芸子与王幼霞等商具折请安，既无留守，又无明文指明行在，折从何递去。"乔树枏来，"以行在确信告之"。于是，高枏等人的意见由乔树枏汇总后转交恽毓鼎。③ 八月六日，恽毓鼎又在日记中写道："自初四至初六日，大小诸臣，愿列安折后衔者，咸来余寓。简不停披，客不离座，出入酬应，体为之疲。"④高枏在八月四日的日记中表示："南城外联衔请安，余亦列名焉。"⑤徐郙领衔之"京官具摺请安"实际上是外城京官之联名请安，与之相对的是内城京官之联名请安，即叶昌炽所谓"昆相、裕寿田、阿云亭诸公为一班"。事实上，正是这一班人在庆亲王、李鸿章进京前"隐然成为办事机关"⑥。

据昆冈等奏折，总理衙门章京舒文于七月二十二日便致函总税务司赫德探询各国意见所在。⑦ 赫德于七月二十四日回复表示："各国并无害国、伤民之主见，如有大臣出头商办，定可转危为安，惟应愈速愈妙，迟则不堪设想矣。"⑧七月二十六日，那桐到舒文处，"昆中堂、敬子斋、崇受之、裕寿田、阿允亭、溥小峰共七人议定，明日申正往晤赫德"⑨。次日，昆冈、裕德、阿克丹同翻译官张德彝前往高井庙总

---

① 《德宗景皇帝实录》卷四六八，光绪二十六年八月上，149a 页，北京，中华书局影印本，1987。据《义和团档案史料》记载，徐郙等请安折记录在案的时间是八月十三日，并非八月十五日。参见《礼部尚书徐郙等摺》，见《义和团档案史料》上册，551 页。

② 恽毓鼎：《恽毓鼎庚子日记》，见《义和团运动史料丛编》第 1 辑，63 页。

③ 高枏：《高枏日记》，见《庚子记事》，183 页。

④ 恽毓鼎：《恽毓鼎庚子日记》，见《义和团运动史料丛编》第 1 辑，63 页。

⑤ 高枏：《高枏日记》，见《庚子记事》，184 页。

⑥ 陈夔龙：《梦蕉亭杂记》，34 页。

⑦ 《大学士昆冈等摺》《照录总税务司赫德复函》，见《义和团档案史料》上册，495～496 页。

⑧ 《照录总税务司赫德复函》，见《义和团档案史料》上册，496 页。

⑨ 北京市档案馆编：《那桐日记》，350 页，北京，新华出版社，2006。

税务公所会晤赫德。赫德表示："必须庆王爷急速回京，李中堂来与不来均可，缘庆王爷在总署办事多年，谨慎和平，为各国所钦佩，是以各国均愿与庆王爷早日商议和局大事。倘若迟迟不来，恐大内一切不堪设想。"①事实上，昆冈等人正是通过与赫德的会晤，开始理清头绪的：一方面是尽快与行在建立联系，转达洋人派庆亲王前来议和的要求；另一方面是函催庆亲王进京议和。据《那桐日记》记载，七位满大臣于七月二十八日再聚舒文处，"具折请派庆邸来京议和"。不过列名者，除了七位满大臣外，还有陈夔龙、许佑身、舒文，共十人。②陈夔龙、许佑身之所以能够列名，前文曾论及，此处不再赘言。该奏折于七月二十九日递出③，八月二日到达行在④。至此，行在开始得到有关京城的信息。八月三日，行在发布上谕"著奕劻即日驰回京城，便宜行事"，并任命昆冈等八人为留京办事大臣。⑤该谕旨于八月九日抵达京师⑥，至此京师也开始得到来自行在的谕令。行在于八月三日还发布上谕，着手在行在与京师之间建立稳定的通讯渠道。⑦行在从此开始遥控京师，而京官们也不再是无主之臣。某种程度而言，京师与行在通信渠道的建立，以及留守大臣的进驻京师或被任命，实际上是在留守京官中重建了往日的朝廷秩序。

叶昌炽所谓"于羣若、李亦园诸君为一班"，当是指于式枚、李希圣、黄曾源、郑沅、高枬等人与美国公使康格联系，"问上起居"之事。事实上，这些人代表的是南城京官。这些南城京官先是致函赫德，"请

---

① 《照录与总税务司赫德问答节略》，见《义和团档案史料》上册，497 页。

② 北京市档案馆编：《那桐日记》，350 页。

③ 北京市档案馆编：《那桐日记》，351 页。

④ 《德宗景皇帝实录》卷四六八，光绪二十六年八月上，135a 页。

⑤ 《军机处寄庆亲王奕劻等上谕》《军机处寄大学士昆冈等上谕》，见《义和团档案史料》上册，513～514 页。

⑥ 参见北京市档案馆编：《那桐日记》，351～352 页；恽毓鼎：《恽毓鼎庚子日记》，见《义和团运动史料丛编》第 1 辑，64 页。

⑦ 《德宗景皇帝实录》卷四六八，光绪二十六年八月上，136a～136b 页。

给执照"以便探两宫①；接着便是通过李佳白等联系美国公使，欲进宫"叩问起居"②；然后就是用南城京官的名义"联名致公使，问上起居"③。南城京官们执意"问上起居"，一方面是出于君臣之义，另一方面则是情势使然。在当时留守诸臣根本没有资格与洋人议和的情况下，高枬等南城京官在还没有确定皇上西狩之前，首先只能将希望寄托在皇上身上，其次便是当时已有全权之名的李鸿章。高枬在七月二十六日的日记中写道："待合肥，人皆翘颈以待。合肥为大臣，当赴国难，授全权，当速来。前之杀戮无理，宜其不来。今则洋兵入城，祸首潜形，拳匪灭迹，更何惧哉。想东南各帅亦必催之"；次日，高枬便"欲同南城京官函请公使电催合肥。"④八月一日，徐郙、李端遇、曾广銮、郭曾炘、张亨嘉、黄均隆、朱祖谋、高枬、杜本崇、柏锦林、刘福姚、郑沅、宋育仁、黄曾源、郑叔忱、汪贻书、王鹏运、陈璧、陈懋鼎、林开章、张嘉猷、于式枚、曾广镕、高树、陈秉崧、李希圣、乔树枏、王世琪、卓孝复、许椿蕃、傅嘉年、高向瀛、劳启捷等三十三名留守京官联名致电李鸿章，催其迅速来京，以挽回大局。⑤ 显然，这三十三名留守京官也是以南城京官为主体。

这些南城京官能够在庚子国变时频频以一个类似团体的声音对外发言，很大程度上来自于这些京官在此前的交往中打下的基础。在华学澜看来，三十三名京官联名电催李鸿章的公函乃"福建公函"："公函系郭春宇、陈玉苍、黄石荪三人主稿，共闽人三十二人，而以徐颂老列首故云三十三人也。"⑥事实上，这三十三名京官中，只有郭曾炘、

①　高枬在日记中如此表述："曾君和、郭春盦、陈玉苍等约同人三十余与赫德信，请给执照，便探两宫，今日送去，尚无回信。"见高枬：《高枬日记》，《庚子记事》，176 页。

②　据《高枬日记》记载，李希圣、黄曾源等"往会李佳白，并会美使康格"，"告以欲探两宫"。见高枬：《高枬日记》，《庚子记事》，180 页。

③　高枬：《高枬日记》，见《庚子记事》，181 页。

④　高枬：《高枬日记》，见《庚子记事》，177～178 页。

⑤　该电由山东巡抚袁世凯转发，参见《附东抚袁转电》，见《李鸿章全集》第27 册，260 页。此一事件在《高枬日记》中亦有记载，并附有李鸿章、刘坤一、张之洞三人复电，参见高枬：《高枬日记》，见《庚子记事》，191～192 页。

⑥　华学澜：《庚子日记》，见《庚子记事》，127 页。

张亨嘉、黄曾源、郑叔忱、陈璧、陈懋鼎、陈秉崧、卓孝复、张嘉猷、傅嘉年、高向瀛等十一人为闽人。其他二十三名京官籍贯分别是：曾广銮、杜本崇、郑沅、汪贻书、黄均隆、曾广镕、李希圣、劳启捷为湖南籍，高枬、宋育仁、高树、乔树枬为四川籍，刘福姚、于式枚、王鹏运为广西籍，李端遇、柏锦林为山东籍，徐郙为江苏籍，朱祖谋为浙江籍。① 虽然这三十三名京官籍贯并不一致，但大体集中在福建、湖南、四川、广西等南部省份。而从高枬的日记中，我们更可以看到，在联军破城前，高枬便与黄曾源、于式枚过从甚密，几乎是隔日一见。② 后来于式枚曾打算为高枬的庚子日记作"笺释"，即因为其乃"同居离乱，日日过从者"也。③ 而联军进城之时，黄曾源便是与高枬兄弟共居一处，三人还有分工："七兄与我及黑居守，石孙则外探，并打杂。"④联军破城后，于式枚仍然非常频繁地来到高枬寓所，且一般是同郑沅一起来，有时还有李希圣、汪贻书等。⑤ 后来因李鸿章进京，于式枚入驻贤良寺，与高枬等人见面变少，汪贻书还"以晦公先生久不

---

① 除林开章、王世琪、许桎藩三人籍贯没有查清之外，其余三十名京官的籍贯，笔者主要通过《清代硃卷集成》《清代官员履历档案汇编》等工具性书籍，以及其他相关资料均逐一查明，即如正文所示。有关这三十三名京官的籍贯情况及资料来源，参见附录三。

② 联军破城前，反映在《高枬日记》中的于式枚与高枬之会面，便有五月十九日、五月廿九日、六月十六日、六月二十日、六月二十四日、七月二日、七月四日、七月五日、七月七日、七月八日、七月十二日、七月十三日、七月二十日共十三次；黄曾源与高枬之会面、通邮，有五月廿一日、六月四日、六月九日、六月十四日、六月二十四日、七月十二日共六次。高枬：《高枬日记》，见《庚子记事》，145～146、148～150、152、155、157～158、160、162～163、165～166、171 页。

③ 高枬：《高枬日记》，见《庚子记事》，144 页。

④ 高枬：《高枬日记》，见《庚子记事》，174 页。

⑤ 据统计，在李鸿章进京前，于式枚等与高枬之会面有七月二十二日、七月二十五日、七月二十九日、八月一日、八月二日、八月三日、八月四日、八月六日、八月九日、八月十日、八月十一日、八月十二日、八月十四日、八月十八日、八月二十日、八月二十四日、八月二十五日、八月二十七日、八月三十日、闰八月一日、闰八月七日、闰八月八日共二十二次之多。参见高枬：《高枬日记》，见《庚子记事》，174、176、180～188、190、192～197 页。

见，欲戏拟公橄榄之"①。或许正是由于黄曾源、于式枚、郑沅、李希圣、高枬、汪贻书等人频繁的交往互动，使得福建、湖南、四川、广西等南城京官在"问上起居"和"电催合肥"等行动上保持了一致。②

二、日渐困顿的生活

联军破城之前，京官们的基本生活还是毫无问题的。到七月十四日，高枬还收到了"俸米，折价八两八钱五分"③。当时困扰京官们的主要是无钱可用，而这与五月二十日的火烧大栅栏有关。大栅栏以东珠宝市为京师精华荟萃之地，"炉房二十余家，均设珠宝市为金融机关，市既被毁，炉房失业，京城内外大小钱庄银号汇划不灵，大受影响"④。恽毓鼎在五月二十九日的日记中写道："京师自大火之后，炉房尽焚，银根大紧，各票号相与闭门，不发一款。"⑤恽毓鼎于六月十日"偕大兄至恒裕筹款，不得一金"，恽由此感叹"银钱艰难如此"。⑥高枬则在六月十五日的日记中记道："何伯卿存款二百在恒裕，往提用，不与，仅与洋元，为可恶。"⑦事实上，正是因为缺钱，许多京官选择了留守京城。

联军破城后，两宫西狩，朝廷已不复存在，京官们无处领俸，生计来源等于断绝。更雪上加霜的是，联军进城之初，抢劫成风，洋兵、京民轮番抢劫当铺、米房、钱铺，导致"街市无行人，菜蔬自此断绝"⑧。仲芳氏在七月二十二日的日记中写道，"粮米蔬菜无处籴买，

---

① 高枬：《高枬日记》，见《庚子记事》，201 页。

② 据王鹏运《庚子秋词》"自序"，联军陷城之时，朱祖谋、刘福姚"先后移榻就余四印斋"，三人朝夕相从，感时惊心，以诗词唱和遣日，后宋育仁亦"和作若干首"。此乃王鹏运自述《庚子秋词》之来历，从中也可一窥王鹏运、朱祖谋、刘福姚等留守京官在庚子国变期间的日常生活状态。由此亦可见，此三人和宋育仁均成为"三十三名京官"中的一员，并非偶然。见阿英编：《庚子事变文学集》上册，197～198 页，北京，中华书局，1962。

③ 高枬：《高枬日记》，见《庚子记事》，166 页。

④ 陈夔龙：《梦蕉亭杂记》，22 页。

⑤ 恽毓鼎：《恽毓鼎庚子日记》，见《义和团运动史料丛编》第 1 辑，53 页。

⑥ 恽毓鼎：《恽毓鼎庚子日记》，见《义和团运动史料丛编》第 1 辑，56 页。

⑦ 高枬：《高枬日记》，见《庚子记事》，152 页。

⑧ 高枬：《高枬日记》，见《庚子记事》，198 页。

有积存柴米之家，尚可自饱。无柴无米之人，只有枵腹哀号而已，更有有钱无处买粮者"，仲芳氏因此庆幸自家"有存储白米四百余斤，煤块二千余斤，藉资糊口，如不被抢，可作两月之粮"。① 恽毓鼎在七月二十三日的日记中也有如此表述："余处幸储两月粮，巷中间有卖菜蔬者，赖免于馁。"②但更多的情况是，家中无余粮或余粮很少。高枏在八月十日的日记中写道："余少平来问子厚行止，言厚走时未与留煤米钱，向米铺挪五十斤，烧木器，吃所剩泡菜。今米已完。而又有郝世兄者跟宋公来京，今宋宅未开火，郝饿两日，央恳来依云云。予曰，'此时只一人可设法，添一人则无法'。"③华学澜家向来将俸米存于广源米店，'陆续取用'。八月十日，华学澜"令人到广源取米，未取来，言其店以无米辞，又遣翁德领人往，勉强取来白米老米共三百斤。翁德亲见其店白米已无，老米亦无多，其店尚有四人，自己亦须食也"④。避难昌平的叶昌炽在八月三日写道："采南同年全家在京，仅存十日粮，市中粮食，抢掠一空，持兼金不能致斗米。"⑤其实，叶昌炽在昌平的日子也不好过。在八月七日的日记中，叶昌炽写道："余家初至昌平，斗米六百，渐增至八百余文，尚不可得。今日籴五斗，每斗价九百二十文，其余油盐蔬果，无不倍蓰，长此迁延，填于沟壑不远矣。"⑥

此时，对于北京官民而言，更迫切的问题在于因粮道不通所引起的缺粮。高枏在七月二十八日的日记中表示："米路若通，在京多住数月何害。大局未定，百里内米商畏劫不来，惟有望火车成，可运津米。"⑦仲芳氏更是在七月二十五日便写道："内城外城各门均有洋兵把守，严禁出入，故连日逃难之人皆不能出城，街市反无弃家逃走之人矣。青菜货物亦不能贩运进城，粮食尽被土匪抢劫一空，民间无处购买粮米谷菜，多有两日仅食一飡者"；八月九日，仲芳氏又写道："近

---

① 仲芳氏：《庚子记事》，见《庚子记事》，34、36 页。
② 恽毓鼎：《恽毓鼎庚子日记》，见《义和团运动史料丛编》第 1 辑，61 页。
③ 高枏：《高枏日记》，见《庚子记事》，187 页。
④ 华学澜：《庚子日记》，见《庚子记事》，121 页。
⑤ 叶昌炽：《缘督庐日记钞》，见中国近代史资料丛刊《义和团》（二），460 页。
⑥ 叶昌炽：《缘督庐日记钞》，见中国近代史资料丛刊《义和团》（二），460 页。
⑦ 高枏：《高枏日记》，见《庚子记事》，178 页。

日乡间青菜，暂能贩运进城内货卖，惟城门把守之洋人须扣留一半，方准放入"。① 因为粮食蔬菜无法进城，导致北京城内物价陡涨。高柟在七月二十六日便观察道："昨今两日，小菜涨价一半。"②仲芳氏则记载了八月四日京城有关粮食买卖的信息："近日偶有住户磨卖一箩到底连麸子之面，每斤大钱五百，其粗糙实不堪下咽。每日只五更出售，买者皆须鸡鸣而往，每人只许秤买二斤。门前拥挤，多有徒手而归。"③为此，仲芳氏感到眼下众民甚有绝粮之虞，但也只能徒唤奈何。

正是在这样一种情况下，八月十一日，庆亲王在与赫德的广化寺会晤中，在商谈和议等国家大事前，"先商之赫德，转诺各兵官，先行开放各城门，俾四乡粮食蔬菜照常入城，以维生计"④。恽毓鼎也访赫德，"商办南粮，赫甚以京津运道梗塞为虑"，"惟就近采办杂粮百货，或有可为"。⑤ 而高柟在八月十六日的日记中写道："洋人亦望市店开张，给一护照，保以洋兵。"⑥事实上，在这样一个物资极度匮乏的时期，也正是经商的大好时机。叶昌炽在八月二十三日的日记中写道："都中百物腾贵，香油尤缺乏，若从昌平贩往，可得倍称之息，粮食蔬果亦堪获利。"⑦仲芳氏在十月二十日亦有类似表述："刻下遍地生意，颇可谋财，凡绅商士庶，大半改作买卖，以图糊口。"⑧高柟便安排其家人从昌平贩油到京来卖，虽然其主观意图是作为出城运货之提倡，兼平粜，但客观上还是"稍资捃拾"，"人己两益"。⑨ 后来因创办《京话日报》而得享大名的前官员彭翼仲，和时为同文馆学生的齐如

---

① 仲芳氏：《庚子记事》，见《庚子记事》，36、39 页。
② 高柟：《高柟日记》，见《庚子记事》，177 页。
③ 仲芳氏：《庚子记事》，见《庚子记事》，38 页。
④ 陈夔龙：《梦蕉亭杂记》，35 页。
⑤ 恽毓鼎：《恽毓鼎庚子日记》，见《义和团运动史料丛编》第 1 辑，65 页。
⑥ 高柟：《高柟日记》，见《庚子记事》，189 页。
⑦ 叶昌炽：《缘督庐日记钞》，见中国近代史资料丛刊《义和团》（二），464 页。
⑧ 仲芳氏：《庚子记事》，见《庚子记事》，63 页。
⑨ 高柟：《高柟日记》，见《庚子记事》，196 页。

山也都在此时尝试着经商。① 当时的北京城，几乎人人都在从事经商贸易。

因从事贸易者日多，货畅其流，物价也得到了控制。高枏在闰八月十九日写道："由津运米来者亦多，米价六两八"；到了九月五日，则又写道："市价白米六两二一包，老米四两，小米三两"。② 仲芳氏也在九月二日的日记中表示："街巷出售估衣、绸缎、珠宝、古玩、粗细器皿、各样吃食，凡百货无一不有，价值且廉。米面杂粮各乡镇店亦多贩运进京。又兼日本开仓平粜，粮价比较上月有减无增，似无绝粒之虞"；但仲芳氏又表示："惟居家分毫进项皆无，即或稍有存储，自五月开兵以来，迄今困耗五月之久，久已坐食山空，粮米虽有，无钱岂能籴买，亦与缺粮何异哉"。③ 如前文所述，当时的北京城之所以出现人人都在经商的局面，"推原其故，皆因旗汉官民人等，人人失业，糊口维艰，故暂作生意，以谋蝇头之利，养赡身家耳"。④

对于一般平民而言，做生意是不需要太多顾虑的，但对于达官贵人而言，则可能有伤体面。困守京城的"王公、贝子、贝勒等"因"财产既尽，俸禄又无从支领，生计日绌"而不得不"自怀其宝石顶，沿街求售"。这类事情被报章登载，并命名为"记诸王公大臣困辱事"。⑤ 显然，官员权贵沦落到靠售物经商来维持生计的程度，实在不是一件体面的事情。高枏让其家人从昌平贩油售卖，一定要特别强调"本平粜之意而为之"，只有如此，才能"心亦安矣"⑥。故大部分京官不屑也不愿靠经商来维持生计，而同时这些京官直到十一月底十二月初才开始领

---

① 参见姜纬堂、彭望宁、彭望克编：《维新志士、爱国报人彭翼仲》，111页，大连，大连出版社，1996；《齐如山回忆录》，56～57页。
② 高枏：《高枏日记》，见《庚子记事》，201、206页。
③ 仲芳氏：《庚子记事》，见《庚子记事》，54页。
④ 仲芳氏：《庚子记事》，见《庚子记事》，61页。
⑤ ［日］佐原笃介、浙西沤隐同辑：《拳事杂记》，见中国近代史资料丛刊《义和团》（一），265页。
⑥ 高枏：《高枏日记》，见《庚子记事》，196页。

到部分俸禄。① 从七月二十一日到十一月底，这将近半年的岁月，靠俸禄为生的京官们毫无收入来源，又何以自活呢？

当然，不少京官也有一些积蓄，这可以帮助他们度过这段艰难岁月。但在联军入城之初的抢劫风潮中，这些京官或多或少都有损失。华学澜在十月一日的日记中便有这样的记载："遇书庵，言适到嵩文恪师处见庶师母，其寓被掠甚苦，几有断炊之势。"②华学澜本人也于七月二十四日被掠去"银洋元貂褂女衣表首饰木箱各一"，还庆幸"前二日用银易钱数百千，不然皆为掠去，何以度日"。③ 当时很多京官将衣物等寄存当铺、镖局，结果当铺、镖局亦被劫，使许多京官遭受较大损失。如高枏在八月三日、五日连续两天记载其亲朋好友因当铺、镖局被劫而遭受之损失："洋兵入春元当搜括银元，土匪乘之，劫物甚多。七兄衣物皆在，甚为焦躁。德先物，皆幼涪拮据而成，不无可悯，然已失，奈何"；"元顺标局存衣箱数百口，皆被日本兵拿去垫睡。子厚颇吃亏，萍三、芸子亦不免，芸不嗟叹，可谓雅量"。④ 逃往外地之京官，在京寓所损失更大。例如，逃往昌平的叶昌炽于闰八月四日得知，其宅"洋兵先至剽掠，教民继之，衣物搜括一空，惟书籍碑版尚未动"；闰八月七日，叶昌炽"至龙王庙寺，僧出迓，引至禅堂，条衣瓶钵，劫掠一空，余寄存翎冠，亦化乌有，满地字纸。据寺僧云，麟书衣裘六十余件，及书籍皆寄此，亦荡为烟尘矣"。⑤

---

　　① 十一月二十九日，恽毓鼎"赴北城柏林寺翰林院公所领俸，三四品俸发四成，仅领到四十金"（恽毓鼎：《恽毓鼎庚子日记》，见《义和团运动史料丛编》第 1 辑，71 页）；十一月二十九日，华学澜"领俸五成"（华学澜：《庚子日记》，见《庚子记事》，139 页）；十二月一日，高枏"到昆师处领俸银廿一两八钱二分"（高枏：《高枏日记》，见《庚子记事》，225 页）。在此前的十一月二十二日，"八旗满蒙汉及绿营兵丁钱粮，均于今日按五成开放。各人虽领饷无多，究沾国帑，更可望以后钱粮不致裁免矣。城内凡在旗之人，人人欢悦"（仲芳氏：《庚子记事》，见《庚子记事》，67 页）。

　　② 华学澜：《庚子日记》，见《庚子记事》，116 页。

　　③ 华学澜：《庚子日记》，见《庚子记事》，135 页。

　　④ 高枏：《高枏日记》，见《庚子记事》，183～184 页。

　　⑤ 叶昌炽：《缘督庐日记钞》，见中国近代史资料丛刊《义和团》（二），465～466 页。

面对这种情况，一些京官只能靠借贷为生。如华学澜在十月二十二日的日记中写道："王少棠来，前向伊通融，今送来银十一两一钱五分，余暂存留为寓中日用之需。"①高枬在十一月四日写道："早饭初毕，房师熙先生来，出客厅见之，师问予况何如，欲挪数十金。予以近况答之，许以如能设法，或有款来，当分数送去。师之官衣全在当铺被劫。言劫者皆左右邻，无一洋人。"②叶昌炽则在九月二十三日的日记中记载了其准备向人还款之事："拟以百金归栩缘昆相款，以百金度岁。"③有时所借还包括其他生活必需品，如米煤之类。如前述余少平靠向米铺"挪五十斤"以度日，吃完后便只能"央恳来依"高枬；华学澜在十二月十六日、十九日分两次共买煤六千七百九十五斤，还邻居五千九百四十五斤。④

更多京官是靠省吃俭用来勉强度日的。高枬在八月二十日的日记中写道："早饭用红薯蕷煨粥，薯蕷一斤值钱九文，可省米一碗"，"昌寓后圃枯井出泉，月省水钱二金"。⑤ 日后，高枬曾表示："今年七八月间，凡陷于城中及寄居外县者，但有包谷面以为窝窝头（用包谷面杂小米面为之，另煮粥以下），小米以为二合饭（先煮小米，后煮大米，同沥起而同蒸之），即谓口食不缺，可以不慌。八口之家，可月省米银十余金。一日京寓买小米，一老翁过门曰，'吃二合饭，何如用白高粱与饭豆同煮，其养人与白米等。'"⑥这还是"口食不缺"的状况，对于高枬而言，这段岁月实际上更加难熬："七月城破后，日食维艰。昌平寓中，皆食小米。七兄勒令京寓吃稀饭。半月后，余手足起泡，奇痒。七兄买红苕五斤，与拱璧同珍，加一条于稀饭，秤其分两而减米焉。"⑦由于难得吃到一顿蒸饭，故高枬曾在八月二十一日的日记中特别记道："十五

① 华学澜：《庚子日记》，见《庚子记事》，136 页。
② 高枬：《高枬日记》，见《庚子记事》，217 页。
③ 叶昌炽：《缘督庐日记钞》，见中国近代史资料丛刊《义和团》（二），471 页。
④ 华学澜：《庚子日记》，见《庚子记事》，140～141 页。
⑤ 高枬：《高枬日记》，见《庚子记事》，190 页。
⑥ 高枬：《高枬日记》，见《庚子记事》，216 页。
⑦ 高枬：《高枬日记》，见《庚子记事》，216 页。

后至今始食蒸饭一顿，虽糙米，甘芳无比。"①叶昌炽日记中也有类似记载："绍甫同年希廉，短衣买盐花生度日，国子先生至此，真不忍闻矣。"②

正是在这种情况下，当宋育仁向高枏表示"大局不可为，南行何如"时，高枏认为："现在钱米烟酒，一时俱罄，若得合肥速来，并添钱若水、米元章、王烟客为全权，或者可为。不然，真不可为。"③在高枏看来，南归与行在，皆非吃饭不行。高枏"日盼"李鸿章来京，除盼其来京议和之外，也希望李鸿章来京，能给京官们的生活带来转机。同高枏一样，一向对李鸿章"恨之入骨"的旗人也日日期盼李鸿章来京。在齐如山看来，旗人们盼李鸿章来京的迫切，超过了京城里的其他人群："自西后光绪走后，他们每月的钱粮，谁也得不到，可是旗人又专靠钱粮吃饭，所以几个月以来，都跟没有娘的孩子一样，听说李鸿章要来，总以为他是跟外国人有勾手的，他来了一定有办法。彼时所有正式饭馆都没有开门，各街上都是搭的席棚小饭铺，尤其东四牌楼一带，旗人吃饭的很多，正喝着酒，忽提李鸿章来了，便高兴地说，再来一壶，盼他来的程度，就如是之高。"④李鸿章来京，的确不仅仅是带来了议和的希望，也给京官尤其是南省京官带来了南下回乡的希望与可能，而这正是本书后面部分将要着力叙述的。

第三节　京官视野中的庚子国变

大半产自于科举考试的京官，在为文论事方面多驾轻就熟。作为读书人中的佼佼者，京官之议论，往往能成为天下士论的典范和标准。但与普通士人相比，京官身在庙堂，其议论便常常又多了一份庙堂意识。

---

① 高枏：《高枏日记》，见《庚子记事》，191 页。
② 叶昌炽：《缘督庐日记钞》，见中国近代史资料丛刊《义和团》(二)，468 页。
③ 高枏：《高枏日记》，见《庚子记事》，192 页。
④ 《齐如山回忆录》，62～63 页。

一、南北与新旧

京官多喜议论，如京官之聚会，除团拜等具有明显集体社交性质的聚会之外，更多是三五好友抵掌剧谈。聚会高谈阔论之外，不少京官更喜欢在日记中点评时事人物。但亦有京官如那桐、王文韶者，日记中只见每日生活的冷静叙述，绝少点评世事人物。华学澜差不多也是这样，很少在日记中表达意见，无论是对世事，还是对人物，甚至感慨也少，不多的几次情绪表达，大都是在京津断邮后对于天津家人的担忧。但在某些时候，日记中的只言片语也能传达出其对于义和团的不屑。七月初七日，义和团传出"七月七日，家家不许动火，方能免灾"的命令，华学澜在日记中写道："内眷恪遵坛令，本日竟寒食饮凉水一日。余与实甫诸人依然火食，真不堪教诲矣。"次日，友人来谈，"言及义和团威令已不行，街上童谣云：'大师兄，大师兄，你拿表，我拿钟，师兄师兄快下体，我抢麦子你抢米'"，华学澜甚至罕见地评价道："民虽愚不能大为所惑，可见左道之不足恃也。"[1]华学澜在对义和团作如此评价之时，义和团的"神威"事实上早已在很多人心目中破产，围攻西什库教堂与东交民巷将近两个月仍未拿下的现实，再加上天津失陷及联军正向北京步步逼近的消息也不断传来，即使再执迷不悟的人也不可能无动于衷。

对于义和团，恽毓鼎一开始便将其斥之为异端"邪术"，主张早为解散："此教起于山东，蔓延及畿辅，名为助清灭洋，专与洋人教堂为难，实白莲之余烬，挟其邪术，煽惑愚民，其说极为不经，而愚民趋之若鹜。乃至辇毂之下，亦明目张胆，聚众为之，可忧实甚，所宜早为解散也。"[2]随着形势的发展，尤其是朝廷决定恃义和团与诸国开战之后，恽毓鼎对于义和团的态度也发生了变化："仲丈信服拳民甚至，所论足发人志气。"不过，恽毓鼎内心深处对于义和团的不信任，又促使其"虔谒关圣帝君前默祷，拳民是否仰邀神佑？洋人能否聚而歼旃？并问京城安危"。求签问卜的结果是，"拳民必可成事"，"苟不坚持战议，国家便致羞辱"。对于恽毓鼎而言，这不能不是一个内在的矛盾：

---

① 华学澜：《庚子日记》，见《庚子记事》，111 页。

② 恽毓鼎：《恽毓鼎庚子日记》，见《义和团运动史料丛编》第 1 辑，48 页。

一方面斥责义和团为"邪术"，另一方面又要通过抽签占卜的方式来确认"拳民是否仰邀神佑"。恽毓鼎的这些举动表明，他终究还是一个停留在传统知识体系中的守旧人士①，但恽之守旧与刚毅、徐桐等守旧派大臣又有不同，即恽坚守的是旧学之正统。正统旧学对于义和团等"怪力乱神"是统统斥之为"异端邪说"的，恽起初对于义和团几乎本能般的不信任，应是正统旧学长期熏染的结果。而正统旧学在应对外患过程中的节节败退，又给了旧学中"异端"以可乘之机，刚毅、徐桐等对于义和团的大力支持正体现了这一点。② 出于各种原因，本应对"异端"极力打压的朝廷启用了"怪力乱神"，而这反过来又极大影响了视朝廷谕旨为天经地义的一些正统旧学中人，使他们部分改变了对于义和团的观感。

相对而言，高枬与叶昌炽对于义和团的态度一直未曾变化。高枬也是一开始便对义和团心存恶感，日记中常称义和团为"王八"。对于那些主张招抚义和团的官员，高枬也多持批判态度。何乃莹奉旨赴涿州"劝散"义和团，致信于式枚，表示义和团"颇有难解之势"，"尚须费不烂之舌劝解之"，同时又"谓其吃小米、苦盐，持戒甚严，故无掳掠"。高枬见信后，直指何"语多骑墙"。③ 赵舒翘"送母眷过山西"，高枬又评论道："当言不言，令其母受暑天道途之苦。"对于主张剿灭义和团者，高枬则颇多欣赏，例如袁世凯，高枬评价道："袁办事与大指歧，而坚守不变可敬。"据此可见，高枬对于义和团的态度非常明确，且一直不变，即主剿。叶昌炽也是首次提到义和团，便认为此乃"邪术惑人"，后又评价义和团有关红灯照的"讹言"是"国家将亡，必有妖

<hr />

　　① 当然不能仅凭恽毓鼎的求神问卜便将其定义为守旧之人，其他更多证据散见于《恽毓鼎澄斋日记》。如到了新政时期的1903年，在举国趋新的状况下，恽毓鼎在日记中表示，"独于理学、史学、古文、诗各书，一见若旧交，深嗜笃好，不忍释手"，同时与友人"于东南新学俱深恶而痛斥之"。关于这一点，后文还有详述。参见恽毓鼎：《恽毓鼎澄斋日记》，176页。

　　② 罗志田曾对这一问题进行了深入探讨，参见罗志田：《异端的正统化：庚子义和团事件表现出的历史转折》，见罗志田：《裂变中的传承》，1~33页，北京，中华书局，2003。

　　③ 高枬：《高枬日记》，见《庚子记事》，145页。

摰";对于力主招抚义和团的"徐相、刚相、崇公"等大臣,叶昌炽指其是"盲人骑瞎马,夜半临深渊";叶昌炽的同年何乃莹、王培佑因支持义和团而得超擢,叶评价二人为"旧学之铮铮者"。① 徐桐、刚毅、崇绮素以守旧而知名,何乃莹、王培佑被叶昌炽认为是"旧学之铮铮者",恽毓鼎则因守旧而对义和团的态度摇摆不定。如此种种,义和团与守旧者之间似乎存在着一种不解之缘。

在高枬、叶昌炽的日记中,与义和团联系更为紧密的是"北人"。五月十八日,叶昌炽在日记中写道:"既闻宣武门人如潮涌,喊杀之声鼎沸,市肆皆焚香以迎,乃知'北人'无一非混小子也。卧后又闻喊杀声,如是者约两次,据云枪炮皆城上所发,有洋谍攀女墙而登。端邸传谕,迎拳匪首领进城抵御,此亦'北人'之言也。"②高枬则在七月二十六日的日记中写道:"南城二十日下午尚有团,次日泯然无迹,'北人'狡狯如此";两日后,高枬又记:"茂之圉人王三犹以为天兵将下,北方愚民如此,安得不乱";八月十六日,高枬又在日记中写道:"芸厨夫言,良乡有'王八'万余。恐未确。'北人'好张'王八'声势"。③ 叶昌炽至辛丑年正月四日尚在日记写道:"'北人'执迷不悟,街谈巷议,依然如醉如狂,杞人之忧,仍未能稍释耳。"④在高枬、叶昌炽的笔下,'北人'几乎"等同于义和团,至少也是义和团的热情支持者或产生义和团的大本营。

即使与义和团无关,在高枬和叶昌炽的眼中,"北人"的形象也是极其不堪的。联军破城时,黄曾源的管家要逃,高枬在日记中记道:"石孙管家'北人'也,要逃。张荣亦焦灼万状,皆怕二毛杀他们。石孙苦口开导……土人之愚,大率如此。团匪烧教偏看得惯,今日却虑难保。"⑤叶昌炽则在闰八月十五日的日记中写道:"洋人在路南小胡同

① 叶昌炽:《缘督庐日记钞》,见中国近代史资料丛刊《义和团》(二),441～442 页。

② 叶昌炽:《缘督庐日记钞》,见中国近代史资料丛刊《义和团》(二),443 页。

③ 高枬:《高枬日记》,见《庚子记事》,177～178、189 页。

④ 叶昌炽:《缘督庐日记钞》,见中国近代史资料丛刊《义和团》(二),477 页。

⑤ 高枬:《高枬日记》,见《庚子记事》,174 页。

中，为疯人械击，旋拘之去。嗟乎！今兹北方蠢蠢之民，皆疯人也，执政亦疯人也。"①又在九月十三日的日记中写道："又闻'北人'无知者，尚有在街溲便，德人见之，即开枪，日有轰毙者。"②高枏和叶昌炽认为，'北人'最大的毛病便是愚蠢，而且正是因为愚蠢才会有义和团之乱。同时，高枏与叶昌炽又偏见地认为'北人'不但自私，而且卑鄙无耻。在六月二十三日的日记中，高枏记道："昨日，派长麟、文润带团往通州挖濠（未明发），团去一百人。昨日，即有疑其未必往者，北民于此等处却不愚，况又无统摄。"③在九月七日的日记中，叶昌炽表示："洋兵之入城也，日本最有纪律，城北之民感之，公送万民伞，美界继之，德兵蹂躏过甚，亦以此愧厉之。城内英界美界，居民铺户，无不纷纷效颦。昔则挟刃寻仇，灭此朝食，今乃忝颜媚敌，载道口碑，'北人'真无心肝矣。"④十月廿二日，高枏还在日记中写道："外省某公，君子人也，与其至交书，言赴秦者约百人，'北人'最多"；此前不久高枏在日记中表示："先逃者鄙，奔赴者卑"。⑤

此外，叶昌炽还常以南北对举的方式，表达其对于"北人"的所谓鄙视，以及对于南北畛域牢不可破的忧虑。如叶昌炽在五月二十六日的日记中写道："大劫骤临，天荆地棘，'北人'惛然若寐，'南人'则不待智者，而知其不可为矣"；七月初一日，阅诋抄得知"李端遇兼署吏左，徐承煜兼署礼左"，叶昌炽感叹，"南北畛域，牢不可破"。⑥高枏的四川同乡乔树枏亦有类似忧虑，于十月六日向高枏表示欲离开京城，理由是"恐南北势成，洋另有所立，或将派事，于名义有碍"⑦。

有意思的是，常在日记中使用"北人"一词的高枏、叶昌炽均为南省人，而作为北省人的那桐、华学澜，在其日记中则几乎找不到"北

---

① 叶昌炽：《缘督庐日记钞》，见中国近代史资料丛刊《义和团》（二），467 页。
② 叶昌炽：《缘督庐日记钞》，见中国近代史资料丛刊《义和团》（二），470 页。
③ 高枏：《高枏日记》，见《庚子记事》，157 页。
④ 叶昌炽：《缘督庐日记钞》，见中国近代史资料丛刊《义和团》（二），469 页。
⑤ 高枏：《高枏日记》，见《庚子记事》，214、195 页。
⑥ 叶昌炽：《缘督庐日记钞》，见中国近代史资料丛刊《义和团》（二），445、455 页。
⑦ 高枏：《高枏日记》，见《庚子记事》，212 页。

人"或"南人"的提法。横跨南北的恽毓鼎在辛亥年(1911年)之前的日记中也几乎不用"北人"或"南人"二词，但言谈议论中往往会涉及对于南北的评价。如在丙申年的一则日记中，恽毓鼎表示："南中子弟极多聪俊者，然往往伤于浮薄，似宜以正心术、励品行为先。"①光绪二十九年(1903年)，恽毓鼎担任癸卯科会试同考官，在日记中评论各省考卷："北四省(山东较好)及云贵等二场最劣，往往强作解事，尤可喷饭。必须每府设学堂，延中西兼通之教习，勤为督课，又多置书籍，纵其浏览，或可稍收开通之益。"②可见，恽毓鼎特论相对公允，对于南北子弟皆有不满，南中子弟病在"心术""品行"，北四省则病在"不通"。

恽毓鼎对于宋儒极其推崇，每日抽两个时辰，看宋儒书数页，作为检摄身心之严师。对于当世附和新学者妄诋宋儒的现象，恽毓鼎则评论此辈为聋瞽丧心者。由此可知，恽毓鼎对南中子弟"心术""品行"之不满，其来有自。同时，恽毓鼎对于新学书籍也并不是完全排斥，在其丁酉年的日记中便有这样的记载："志先送来新出《译书会公报》，每月四册，董绶金同年及诸同人所创也。所译西人记载，多有用之书；采录外国报，亦见精审。不似他报之一意借洋人口气，丑诋父母之邦。即留阅以扩见识。另有《国闻报》，陈陈相因，徒费目力，还之。"③据此亦可知，恽毓鼎在癸卯年提出"必须每府设学堂，延中西兼通之教习"也并非偶然。

但从根本上讲，恽毓鼎如前文所述，仍是一个停留在传统知识体系中的守旧之人。戊戌变法时，朝廷颁旨"汰冗官，谕詹事府，通政司，大理、太仆、光禄、鸿胪四寺，一律裁撤。河督，督抚同城之巡抚，不押运之粮道，无盐场之盐道，不管地方之同通佐贰，均裁去"，恽毓鼎对此表示完全支持："各官有名无实，久应裁并，我皇上毅然废之，一破宋元以来积习。彼失职者横生非议，何足窥变法之精心

---

① 恽毓鼎：《恽毓鼎澄斋日记》，117页。

② 恽毓鼎：《恽毓鼎澄斋日记》，189页。

③ 恽毓鼎：《恽毓鼎澄斋日记》，123页。

哉!"①恽毓鼎支持的原因是,各官有名无实,久应裁并,为宋元以来之积习,也就是说从传统时代的统治经验来看,这些官职也是应该被裁并的,因而恽毓鼎对此毫不犹豫地表示支持。不久,恽毓鼎闻朝议有剪发辫、易西服之意,忧愤填膺,几至食不下咽。此前,有人劝恽毓鼎让其子习外洋语言文字,他则一笑谢之。在对待戊戌政变的态度上,守旧者恽毓鼎最为关心的是皇上的安危,后闻戊戌六君子俱斩西市,惊痛刺心,呕吐大作。恽毓鼎评价戊戌年间事时,表示:"太后素性狠鸷,更事已久,宫中多其耳目,乃安居颐和,佯作不知,迹其所为,直与郑庄之待叔段无异,而以区区书生与之角,庸有幸乎?"②

在庚子国变期间几乎从不使用"北人""南人"等词语的恽毓鼎,在辛亥年间则频繁使用这两个词语。如辛亥年九月七日,面对"南省京官争遁"的局面,恽毓鼎叹道:"甚矣,'南人'之不可用也。余平日持论,用'南人'十,不如用'北人'一,观于此益信。"十一月十六日,"赴同志联合会,皆各省之志存皇室者(究竟'北人'为多,南省寥寥数人而已)"。十一月二十二日,"革党名为共和,而酷暴钳制,过于专制十倍。'南人'偶语君主,即毙以手枪"。在庚子年及其以前的岁月中,多与江苏同乡来往的恽毓鼎在1912年4月致其兄长的信中表示:

> 然弟所以不思南归者,非忍远离先墓也。民国虽建,大难方兴。风俗之奢淫,人心之诈巧,至吾苏而极。劫运之交,殆将不远。直隶淳朴俭苦,犹存老辈典型。恒赵深冀之间,至今尚奉宣统正朔,确守遗经,不知革新为何事。窃以为元气淳厚,一时未易散也。

恽毓鼎因此表示,愿"终其身为'北人',不复作首邱之想矣"。恽毓鼎在辛亥以后抛弃了其曾经更加认同的故乡江苏,证明辛亥年间的恽毓鼎已接受了南北之见,并完全认同北方。由此前推,可知庚子国变期间的恽毓鼎对于南北并无太多成见,而这或许又与庚子国变乃'北人'肇祸有关。思想观念和知识体系仍停留在传统时代的恽毓鼎,从本

---

① 恽毓鼎:《恽毓鼎澄斋日记》,143~144 页。
② 恽毓鼎:《恽毓鼎澄斋日记》,162 页。

质上讲与保守的北方更为亲近。辛亥鼎革被恽毓鼎错误地认为乃"南人"祸国，因此恽毓鼎迸发出极为强烈的南北之见，斥"南人""奢淫""诈巧"。

从叶昌炽、高枬、乔树枬等京官身上，我们可以看到南北之见在庚子年的南省京官身上已有较为明显的体现。而从恽毓鼎身上，我们又可以看到，新旧与南北构成了一种紧密的关联。实际上，叶昌炽对此有非常敏锐的观察，当庚子祸国诸臣被杀时，叶评论道：

> 戊戌所杀者，除杨侍御外，皆"南人"也，今皆"北人"。戊戌皆汉人，今除天水尚书外，皆旗人也。戊戌皆少年新进，今则皆老成旧辅。①

"南人"与"北人"对应的分别是"少年新进"与"老成旧辅"。杨国强在论述庚子年的论文中也指出，"效西法以自强的洋务运动"发轫于东南，"东南遂成先入中西交汇的区域"，"造就了开新的人物与思潮"，这些都使得"新旧之争与南北之分"常常交叠在一起。② 这表明南省京官在庚子年间表现出南北之见，实非一朝一夕之功也。

二、满汉之别与家国之感

在时人的一般印象中，义和团运动与旗人之间也存在着紧密的关联。首先义和团在朝廷中的支持者大多为旗人亲贵。李希圣《庚子国变记》载："太后意既决，载漪、载勋、载濂、载澜、刚毅、崇绮、徐桐、启秀、赵舒翘、徐承煜又力赞之，遂下诏褒拳匪为义民。"③亲历五月二十一日朝议的袁昶在日记中写道："诸王贝勒，及崇绮等二十余人，痛哭合词面奏，云非战不可，皆主张端邸之说。"④从未参与过朝议的高枬在五月二十日的日记中写道："荣、庆、端、澜意见尚不相合。贝子贝勒皆大哭，非哭烧杀之起于京城，乃哭昨日上谕之将拿团也。"⑤

① 叶昌炽：《缘督庐日记钞》，见中国近代史资料丛刊《义和团》(二)，477 页。
② 杨国强：《晚清的士人与世相》，216～217 页，北京，生活·读书·新知三联书店，2008。
③ 李希圣：《庚子国变记》，见中国近代史资料丛刊《义和团》(一)，14 页。
④ 袁昶：《乱中日记残稿》，见中国近代史资料丛刊《义和团》(一)，338 页。
⑤ 高枬：《高枬日记》，见《庚子记事》，146 页。

柴萼之《庚辛纪事》论端王载漪："拳匪起，倡率诸王贝勒，轻举妄言，致肇战衅。"①叶昌炽则在日记中表示，徐桐、刚毅、崇绮主持于内，裕禄、毓贤主持于外，"内外同心"肇祸于国。②《拳事杂记》节录某山东京官之书信曰："京师义和团匪，不独满人奉若神明，即汉人中如徐中堂桐、赵尚书舒翘，亦不能抗疏力争，而徐赵数人，且迎合权要之意，力保团民之足恃。"③在该山东京官眼中，徐桐、赵舒翘的罪责在于"不能抗疏力争"，"且迎合权要之意"；而满人对于义和团则是"奉若神明"。另有"北京来函"亦云："一月以来，京师胡同城阘，竟遍贴该匪百十字之咒，劝人行道，满人崇信颇笃。"④《拳乱纪闻》中甚至还有如此记载："凡属满人，不分大小老少，均系义和团中之人，其腰间均束有红带以作伊党记号。"⑤此则材料节录于报刊，以"北京访事来电"为起首，流布于众，自然会进一步加强时人有关满人与义和团之间存在紧密关系的印象。可以说，在世人眼中，庚子之祸，虽起于义和团，但肇祸者实乃旗人。

其次，"此次旗人肇祸，受祸亦旗人最酷"。在叶昌炽看来，"此次兵祸，旗人职为厉阶，故各国视若仇雠，八旗子弟之隶兵籍者，妇人之旗装者，被祸尤酷"⑥。旗人被祸最惨的具体表现是，旗人向来所居之地"尽付焚如"，"八旗阀阅，无不自内达外，旷无人居"。高枏在日记中也特别提到这一点："颂年言内城旗宅受害已极。"⑦《拳乱纪闻》所摘录的某报七月二十三日烟台来电云："此时北京内外城所有满洲民

①　柴萼：《庚辛纪事》，见中国近代史资料丛刊《义和团》（一），326 页。

②　叶昌炽：《缘督庐日记钞》，见中国近代史资料丛刊《义和团》（二），441 页。

③　［日］佐原笃介、浙西沤隐同辑：《拳事杂记》，见中国近代史资料丛刊《义和团》（一），244 页。

④　［日］佐原笃介、浙西沤隐同辑：《拳事杂记》，见中国近代史资料丛刊《义和团》（一），252 页。

⑤　［日］佐原笃介、浙西沤隐同辑：《拳乱纪闻》，见中国近代史资料丛刊《义和团》（一），124 页。

⑥　叶昌炽：《缘督庐日记钞》，见中国近代史资料丛刊《义和团》（二），458 页。

⑦　高枏：《高枏日记》，见《庚子记事》，178 页。

人，全已逃遁无一存者。"①洪寿山《时事志略》之第二十四段"改旗充民"，对联军入城后旗人之畏祸心态亦有详尽描述：

> 旗民老少妇女，不敢粉饰妆容，素发挽簪鬓蓬松，形如逃荒人等。旗人不敢请安，要学民人打躬，若问尊驾贵何称，便把老姓答应。②

旗人之学民人，是"惟恐洋人知是旗人耳"。从这段材料可见，联军破城后，即使洋人没有明确地对"汉人""旗人"进行区别对待，但至少在旗人心目中，存在着这种区别对待，并因而恐惧，从而殉国。

京师城破之时，"旗人多举火自焚，或阖室雉经，大约禁城之内，百家之中，所全不过十室"③。事后留京办事大臣昆冈等奉上谕详细确查矢志殉国、临难捐躯者。因为京城所有各旗员暨各衙门汉员是否在京，无从查问，昆冈采取"该殉节诸臣家属呈报名口数目，开单具奏"的方式，陆续将"在京各员及家属殉难清单"上奏行在。从庚子年九月十二日（1900年11月3日）第一次呈报，至辛丑年三月六日（1901年4月24日），短短半年便有十次"殉难清单"之呈报。此外，还有一些单独呈奏，如袁世凯之《呈请旌恤王懿荣事摺》、昆冈之《代奏副都统奕功阖家殉节事摺》、寿全之《为辅国公光裕坠井身死并代递遗摺事摺》等。尽管也有汉人殉国者，但庚子年的殉国者大多为旗人则毫无疑问。《庚辛纪事》曾如此叙述庚子殉难者："祭酒王懿荣夫妇子妇，共投井死。主事王铁珊，祭酒熙元，及满官百余人，皆及难，是役满人死数千人。"④张之洞则于庚子年十一月十五日（1901年1月5日）致电李鸿章表示："八旗殉节者，早已入奏，而汉员除王祭酒外尚未有闻，实是阙典。此举关系甚大，当蒙鉴察。"⑤

---

① [日]佐原笃介、浙西沤隐同辑：《拳乱纪闻》，见中国近代史资料丛刊《义和团》（一），164 页。
② 洪寿山：《时事志略》，见中国近代史资料丛刊《义和团》（一），97 页。
③ 叶昌炽：《缘督庐日记钞》，见中国近代史资料丛刊《义和团》（二），471 页。
④ 柴萼：《庚辛纪事》，见中国近代史资料丛刊《义和团》（一），315 页。
⑤ 《致上海盛京堂转李中堂》，见《张之洞全集》第 10 册，8482 页。

旗人殉国者更多，一方面如前文所述，乃恐惧洋人之报复；另一方面，或许是旗人的家国之感来得更为强烈一些。作为旗人中少有的"讲西学"者，宝廷之子寿富视联军破城、社稷成墟为"国破家亡"。作为好友，华学澜亲身经历了寿富之殉国："伯弗送来信一纸，七绝三首，其尊甫竹坡老伯年谱奏议数包，嘱为守护，已有死之志。呜西急往劝伊，少时归。余又到伊处婉劝，据云两宫虽无恙，而社稷为墟，目不忍视，其志甚坚。谈许久归。"①在致华学澜的信中，寿富写道："大势已去，晚国破家亡，万无生理，老前辈如能奔赴行在，敢祈力为表明，晚死于此地此时，虽讲西学并未降敌，家人有不欲死者，尚祈量力照拂，如死亦听之。"②

临死之前，寿富念念不忘的是向朝廷表明其"虽讲西学并未降敌"。由此可知，往日守旧者视讲西学者为汉奸为叛国，的确给趋新士人带来很大的心理压力。对义和团不抱好感的恽毓鼎曾在六月二日的日记中论述如何辨别传言之真伪："大抵言之缓急，视乎人之壮馁。其深恨洋人、意气甚壮者，往往喜谈胜仗。其平日倚重彼族，不以开战为然，恇怯久以遣眷者，则必张皇敌人，幸灾乐祸，冀京师之危，以实其向日之说。"③言下之意，恽毓鼎显然对于"不以开战为然"的趋新士人更多鄙视与不屑。而这种鄙视与不屑是以断然否定趋新士人的家国情怀为前提。高枏听闻"某侍御以未出城者皆汉奸"，愤愤然表示："然则城内如昆、敬、崇、礼、溥，城外未走者尚多，皆汉奸乎。王伯唐不喜洋，最恨团，而毅然自尽，将何以评定。"④一句汉奸引发高枏的如此愤怒，以及寿富殉国之前的谆谆嘱咐，表明寿富等趋新士人内心深处都很难容忍他人对自己家国情怀的怀疑与否定。

殉国当然是京官或士人家国情怀的极致表现。但对于汉人京官而言，殉国又不仅仅是因为家国之感，更有来自传统文化的召唤。例如，对于宋承庠而言，"既读圣贤书，惟有捐躯报国而已"；对于王铁珊，

---

① 华学澜：《庚子日记》，见《庚子记事》，114 页。
② 华学澜：《庚子日记》，见《庚子记事》，115 页。
③ 恽毓鼎：《恽毓鼎庚子日记》，见《义和团运动史料丛编》第 1 辑，54 页。
④ 高枏：《高枏日记》，见《庚子记事》，187 页。

亦是如此："读书所学何事，一旦时势至此，不能出死力与敌相持，已负朝廷而愧学问。若更引身远避，自问何以为人？且在京为大清之官，在籍践大清之土，国若不保，家将属谁？"①在这些汉人京官眼中，殉国乃是国破之时读书人的本分。因为殉国，他们既实现了对清王朝的大义，也实现了对圣贤书所代表的传统文化的忠诚。

事实上，那些不曾殉国的汉人京官在庚子国变中亦不时流露出浓郁的家国情怀。恽毓鼎在闰八月六日的日记中写道："大清门至午门，重门洞开，驰车出入；美督住社稷坛，贸易者皆乘车直入。余每过之，伤心惨目，饬仆夫让绕石栏外行，不敢蹦越尺寸也。"②很少在日记中有情绪表达的华学澜在十一月二十二日的日记中有类似记载："在前门雇车，由正阳门直入大清门，外国虽不禁止，终属中国禁地，臣子何敢废礼。无如暂雇车夫不受约束，禁之不可，闭目低首，心犹惴焉。"③常在日记中流露出南北满汉之见的叶昌炽在十一月六日的日记中亦有如此记载："由东西长安门穿驰道而过，端门洞开，各国兵弁车马纷驰不绝，小臣非敢隄越，御者趋捷径如鹜，虽禁之亦不从也。各处宫墙，往往开一便窦，任人出入，冯轼长叹。"④虽然只是门禁，但代表的是国家礼制，因此对于身为大清臣子的恽毓鼎、华学澜和叶昌炽而言，过禁门即是逾越礼法。因为京城为联军所占，往日的礼法秩序皆荡然无存，过禁门在平民百姓眼中也许无足轻重，但在饱读诗书的恽毓鼎等京官眼中，却是足以引发家国之感的惊心之举。

事实上，因为庚子时期的中国仍是一个君主礼制国家，所以京官士人的家国情怀也多寄托于宗社礼制及君主身上。七月二十七日，尚无留守名义的昆冈等留守京官与赫德会晤，表示"目前最急者，保护宗庙社稷、东西两陵以及禁城以里大内各地方，均为最要。其次则百万生民性命"；庆亲王奕劻与赫德首次会晤，"发议之始，先以保护宗庙、社稷、东西陵寝、大内宫殿等处，以及绥辑官民，弹压地面，均为目

① 《义和团档案史料续编》上册，868~869 页。
② 恽毓鼎：《恽毓鼎庚子日记》，见《义和团运动史料丛编》第 1 辑，69 页。
③ 华学澜：《庚子日记》，见《庚子记事》，138 页。
④ 叶昌炽：《缘督庐日记钞》，见中国近代史资料丛刊《义和团》（二），472 页。

前要义";徐郙等南城汉人京官联衔请安折亦以"宗庙宫廷,安然无恙"
为幸,并据此判断洋人"惟志在和约,以逞其要求"。① 寿富殉国的理
由也是"两宫虽无恙,而社稷为墟,目不忍视",后华学澜"闻昨晚大火
并非大内,系朝阳门楼及各仓,急令鸣西告知伯弗,宗社未动,尚可
缓须臾无死"。② 八月四日,各国公使及八国联军部分队伍由昆冈等陪
同入大内"瞻仰"宫廷。在高枏看来,"兵队入宫,为灭国之礼","各国
到此,有瓜分之意","若魏晋六朝之事将毕见于一朝","晦若先生甚
忧之,芸子所忧更甚","石孙亦以为然"。③ 马勇在其著作中则认为:
"联军的这一举动既有战胜清王朝的象征意义,又为将要进行的议和谈
判留有足够的余地。"④这是研究者的事后论述,对于身处其时的京官
士人们而言,有关宗社的一举一动都能引发他们的家国之忧。

据《恽毓鼎庚子日记》所载,宋承庠"以耻插白旗死",寿富殉国最
终也是"以耻悬白旗死"。⑤ 当然,更多京官选择了插白旗,《高枏日
记》七月二十三日载:"乔宅亦插白旗,擦去街条门对。"⑥华学澜家遭
劫,洋兵"濒行,留白旗一,上书洋字,悬之门首";"颐菊泉在门首执
白布,上书洋字,云悬之门首,即可保护。书庵在街上亦云然。鸣西
即往寻一样来,照书悬之。又写数块分送邻家";"蒋梅生来访酌升,
余亦见之,谈许久。梅生向在大学堂,通洋文,见余门首旗字,以为
无用,为另写一旗"。⑦ 仲芳氏在《庚子记事》中对此亦有详细记载:
"各国既定分界,凡在界内之铺户住户,不拘贫富,各于门前插白布旗
一面。居住某国地界,旗上即用洋文书写'大某国顺民'。又有用汉文

---

① 《义和团档案史料》上册,497、550、552 页。
② 华学澜:《庚子日记》,见《庚子记事》,114~115 页。
③ 高枏:《高枏日记》,见《庚子记事》,186 页。
④ 马勇:《从戊戌维新到义和团(1895—1900)》,502 页。
⑤ 恽毓鼎:《恽毓鼎庚子日记》,见《义和团运动史料丛编》第 1 辑,63 页。
柴萼《庚辛纪事》亦如此记载:"联军入城,喧传若竖白旗者贷死,于是屋外竖某国
顺民旗者,望中皆是,寿与仲弗急仰药。"见柴萼:《庚辛纪事》,中国近代史资料
丛刊《义和团》(一),315 页。
⑥ 高枏:《高枏日记》,见《庚子记事》,175 页。
⑦ 华学澜:《庚子日记》,见《庚子记事》,115~116、122 页。

写'不晓语言，平心恭敬'贴于门前者。"①由此可知，悬挂白旗在当时的京城是一个普遍行为。高枏在日记中记载了乔树枏之"插白旗"，对自己有无插白旗却只字不提；同样，恽毓鼎在日记中记载了宋承庠、寿富因耻悬白旗而殉国，而对于自己是否插白旗亦只字不提；只有华学澜对于自己插白旗的行为进行了详细记载。

高枏、恽毓鼎有无插白旗，我们已无法得知，所以两种可能性都存在：一种是有插白旗，但耻于在日记中提及；另一种是在绝大多数人都插白旗的情况下，坚持不插白旗，刚好也无事。不论何种情况，都可以让人感到，高枏、恽毓鼎均视插白旗为耻。华学澜对于插白旗毫不避讳，或许在他看来，插白旗与否，无所谓耻辱与不耻辱，因为这不过是一种生存策略，无关国家宗社之安危。相对于插白旗与否，他更看重的是禁门洞开所象征的朝廷礼制被践踏，从而"闭目低首，心犹惴焉"。相对而言，洪寿山《时事志略》对插白旗的行为进行了区分：

> 二十一日，大小街巷门前，俱插白旗，上书"大日本帝国顺民"字样，我等小民，所当然也。自古以来，民顺天命，今亦然也。惟旗人与民不同耳。今我国大清未灭，偶然都城失守，而大小旗户，以及官宅府第，亦插白旗而从日本，殊属可笑可耻。②

洪寿山将旗人、京官与一般平民分开，划作一类，某种程度上反映了民间在此问题上的普遍看法，也说明了旗人、京官与清王朝一荣俱荣、一损俱损的紧密关系。所以一些京官尽管在庚子国变上存在着明显的满汉之见，认为旗人乃肇祸之尤，但面对联军入城、山河破碎的局面，这些京官的家国之痛并不轻于旗人。城破之时，避难于昌平的叶昌炽在八月二十六日的日记中完整抄录了日本人招商运货及弹压地面的告示：

> 大日本军事警务长官柴，为明白剀切晓谕事。照得国以民为重，民以食为天，尔号即须速为购买粮食，以便民生。本长官恐

---

① 仲芳氏：《庚子记事》，见《庚子记事》，34 页。
② 洪寿山：《时事志略》，见中国近代史资料丛刊《义和团》(一)，93 页。

有不法之徒，从中滋事，特派兵周流以查，为尔号保护。如有持有粮食之户，以粮食卖尔，尔须收买，不得推诿，买了即将其粮米转卖与小民，以便周转。此事尔号务与持平交易，总以便民为主，不得恃强居奇，本长官实深厚望焉。大日本明治三十三年八月。

叶昌炽之所以在日记中完整记录这份告示，想必是该告示予叶昌炽以深刻触动。在这份告示中，日本人以中国民众"长官"的身份发布告示，表示要派兵保护中国民众正常的经商贸易，最后的日期落款使用的也是日本明治年号。因而，叶昌炽悲叹："嗟乎！'宛其死矣，他人入室。'家国同悲，可为痛哭。"①

———————————

① 叶昌炽：《缘督庐日记钞》，见中国近代史资料丛刊《义和团》（二），464页。"宛其死矣，他人入室"语出《诗经》，宋人范晞文在《对床夜语》卷一中释其意："悲其君有酒食鼓瑟之不能乐，犹有国而弗治，则将为他人之所有也。"

第二章　南北之间的交通与通信

　　任何历史事件都发生在具体的时空情景中，若脱离具体的时空情境去看某次事件，很多问题将无法得到理解。本书所关注的庚子救援事件，更是无法脱离具体的时空情境。例如，救援行动必然要涉及的南北之交通与通信。假如庚子国变时期的南北交通与通信仍然正常，那么救援就没有必要。正是由于南北交通的阻隔，使得救援困守于京津的南省官民成为必要之举；同时由于南北通信的断绝，使得东南士绅在信息极度缺乏中，加剧了对南省官民在北方遭难情形的想象，从而使得救援行动成为东南士绅心目中的迫切之举。

第一节　庚子年间的南北交通

　　庚子年前后的中国在南北交通上正急速远离传统时代的千年古道，迈向近代化。有关传统时代的南北交通状况，清朝嘉道年间的广东举人林伯桐曾以公车赶考的视角进行过细致的考察与记录。据载，从广州城出发赴京，可分为东西两大路线，其中东路又分为三条小路线，西路则分为两条小路线。本书所关注的南北交通，主要是指从长江流域到达北京的交通路线。此亦可分为东西两大道：东大道经山东、直隶到达京师，西大道经河南、直隶到京师，两条大道在涿州会合后，经良乡县到达卢沟桥从而进京。[①] 近代以来，南北交通对传统交通路线的突破首先是海路日益频繁地得到运用。从漕粮海运开始，随着运

---

　　① 林存阳：《赶考路上——林伯桐〈公车见闻录〉小议》，载《科举学论丛》，2007 年第 2 辑，16～25 页。

河的日益淤塞和轮船的日益推广，不仅大宗货物以海运为主，人员往来也逐渐转向海路。至庚子国变前夕，无论是官员，还是士商，南北往来大都以海路为主。其次则是铁路开始出现。意图贯通南北的芦汉铁路于光绪二十三年正式动工兴建①，至庚子国变前夕，芦保段已经通车运行；而连接京津的津芦铁路在光绪二十三年（1897 年）已经完工②，庚子国变前官员士商往来京津之间便已主要依靠铁路。③　这一交通状况，随着义和团在京津地区的暴起而被迅速改变。

一、庚子围城

庚子年四月底五月初，一位官员从山东进京，一路记下了所见所闻：

> 余于四月廿三至德州，均属平顺。廿四到景州，即闻往北州县，皆有义和团匪与奉教人为难，并不伤害行客。廿八至任丘，闻数日前义和团在任丘县东梁州地方，与奉教人开战，杀教民五十余家，共二百余人。房屋烧毁，最奇者，奉教之家，见火即着；中间不奉教者，火即绕道烧去，房屋皆完好。然此时尚未见义和团匪之面。廿九到雄县，则沿途皆有，或三五人、或十人、八人、四五十人不等，皆腰束红带，首帕用红裹，亦有束黄带用黄裹者，旗书"义和团替天行道扶清灭洋"字样。领队之旗有坎字、乾字之分，中皆用刀矛，水行陆行皆向北进发。其中三十岁以上甚少，二十岁以下十二三岁居多，途中相遇，秋毫无犯。

从该官员的叙述来看，四月二十三日前山东境内"均属平顺"。四月二十四日到四月二十八日间，即东大道景州至任丘段，虽有义和团之传闻，但沿途"尚未见义和团匪之面"。至四月二十九日从任丘到雄

---

①　宓汝成编：《近代中国铁路史资料》上册，见沈云龙主编：《近代中国史料丛刊》续编第四十辑，第 391 号，313～314 页，台北，文海出版社，1987。

②　宓汝成：《帝国主义与中国铁路 1847—1949》，75 页，上海，上海人民出版社，1980。

③　天津籍京官华学澜在庚子年四月十七日的日记中记载了当天乘火车由京赴津的经历："车中人不少，强半赴保定者。已正抵京，乘洋车到家。"见华学澜：《庚子日记》，《庚子记事》，99 页。

县则沿途皆是义和团，"皆向北进发"，但对行客"秋毫不犯"。该官员于当日到雄县，"庙中有拳厂，家人等皆往看"。五月初一日到新城，沿途"见车辆纷纷自北而南，车中皆有镖局旗号"。五月初二日，由新城向涿州进发，"见道旁电杆均经拆毁，火车道上烟火蔽天，询之途人，始知马家铺至高保店二百余里铁路，自廿九日烧起，火犹未熄"。当日到涿州，"城上皆红巾黄巾，刀矛林立，屯聚如蚁。城厢内外几二万人，余见之不免心悸，而涿州牧不食已三日矣"。五月初三日，涿州"城门又闭"，"涿州牧促余登程，启北门而出"，是日到良乡。五月初五日到京，"各国洋兵纷纷进城，禁城内外营盘林立"，"官商出京，只许空身，不许携带行李"。①

据《义和团书目解题》所载，《拳事杂记》"系作者辑当时报章所载京官及其友人函牍而成"②，而上述纪闻又以"节录某大令自京来函"为小标题，可知此段叙述出自该京官之函牍。这是一段庚子国变期间京城大乱前夕由南进京之东大道沿途状况的私人化叙述。从后世的全能视角观之，此一时期的京畿地区发生了这些事情：四月二十四日，清军将领杨福同在涞水被义和团设伏刺死；四月二十八日，义和团开始拆毁芦保铁路，并拔去沿路电杆；四月二十九日，义和团占据涿州城，并焚毁京郊琉璃河车站及涿州铁桥，芦保铁路火车不通；五月四日，在各国驻华公使的强烈要求下，清政府同意各国派兵入京保护使馆，当天各国官兵共三百五十六人乘火车自津抵京；五月六日，列强纷纷增兵来华，停泊于大沽口外之各国兵舰已达二十四艘；五月九日，清廷派赵舒翘、何乃莹前往涿州察看义和团，与此同时义和团与清军在通州附近发生战斗；五月十日，清廷加派刚毅前往涿州，同时义和团烧毁落垡车站，京津铁路中断；五月十一日，外州县义和团开始陆续进入京师，同时英、俄、美、德等国驻华公使分别从本国政府得到"酌情处理事务"的全权；五月十四日，英国海军中将西摩率领八国联军二千人分批乘火车自津赴京，至落垡遭义和团民拦截，当日清廷命端王

---

① ［日］佐原笃介、浙西沤隐同辑：《拳事杂记》，见中国近代史资料丛刊《义和团》（一），251 页。

② 翦伯赞：《义和团书目解题》，见中国近代史资料丛刊《义和团》（四），565 页。

载漪兼管总理衙门，与此同时京津间电报中断。①

由上述内容来看，义和团先是阻断了由京师南下的陆路通道。如前文所述，当时连接南北的陆路通道主要有东西两条大道，这两条大道在涿州会合，也就是说涿州是出京南下陆路的必经之地。义和团于四月二十九日占据涿州，实际上等于控制了离京南下的陆路通道，更何况因义和团焚毁涿州铁桥已导致芦保铁路不通。义和团在焚毁铁道的同时，也在拆毁电杆，因此由保定至京城的电报也同时中断。盛宣怀在五月十二日致总理衙门的电报中便指出："京、保沿铁路电线现已不通，京津沪线路设有损毁，南北阻隔，不可不虑。请迅速严饬沿途州县、营汛实力保护，以防未然。"②事实上，此时义和团活动的主要阵地已然转到了京津之间。五月十日京津铁路中断，十四日京津电报中断，这意味着连接南北的海路通道也告中断。至此，南北之间的交通要道、通信要道均已被毁坏，盛宣怀所担心的"南北阻隔"很快便成为事实，北京已经变成一座"围城"。

五月十七日，恽毓鼎在日记中记载，"汪子渊、张啸圃、吕幼龄及徐、郑、陈、毛诸君均遁，会馆为之一空，思召、念谋亦去"，并由此感叹"京官来往者，无复长度，咸谋送眷出都"。恽毓鼎在日记中表示："余义不容去，家累亦过重，听之而已"，但仍难免心绪不宁，于是"偕大兄访张心斋问卜。据云：京城甚安，交小暑节即可渐定。"③也是在这一天，叶昌炽收到时任长芦盐运使的同乡杨宗濂的来函，获悉京津道路尚通。于是，叶昌炽至同乡京官吴郁生处，"并晤药阶，共谈时事"，"药老欲请保送开缺，以便束装"。随后，叶又急访"柯庭"，因"畿辅四乡，皆其所熟"，据云"城中如扰乱，乡间土匪必乘机抢劫，无桃源可避"。④ 此前一日，高枏便在日记中写道："十六日，毁海岱门

① 李文海、林敦奎、林克光编著：《义和团运动史事要录》，109、112～113、115、119～120、122、127～129、131、133、139～141页。

② 《盛宣怀致总理各国事务衙门等电》，见盛宣怀档案资料选辑之七《义和团运动》，41页。

③ 恽毓鼎：《恽毓鼎庚子日记》，见《义和团运动史料丛编》第1辑，49页。

④ 叶昌炽：《缘督庐日记钞》，见中国近代史资料丛刊《义和团》（二），443页。

（崇文门）教堂，刘夏先言当走。答以路赀不易，家小出去亦无安顿处。"①华学澜则在五月十九日的日记中写道："知沈金门已避乱南行"；后又在五月二十四日的日记中写道："酌升频频来信，约同避难。商之许久，主意不决，余终持不行之说"。② 在五月二十五日清廷下诏宣战前，无论是家乡在江苏、四川的恽毓鼎、叶昌炽、高枏，还是家乡在天津的华学澜，身边都有同僚或同乡，或已经或准备离京避难。是否走，能否走，对于庚子年五月中旬还身在京城的京官而言都是一个不得不面对的问题。而走与不走，则体现了京官在生命安全、官位得失与官员职责，乃至朝廷大义之间的权衡。

对于华学澜而言，其在五月"终持不行之说"，原因相对简单，即"道路梗塞"。他的很多天津同乡均因道路梗阻而折回："陈润甫前辈家眷，行至河西务，以杨村有洋兵合战，又折回"；"刘年伯欲回津，以道路梗塞中止"；"金门赴津，行至杨村，以道阻折回，现住通州"。亦有成功回津的，但一路颠沛流离也足令人提心吊胆："亦香、苏雨翁二十二日由水路回津。梯云二十三日由水路回津。星垣二十四日由旱路回津。前为七弟去信，令其访诸人详询路上情形。回信云诸人并未到津。"至六月六日，华学澜才得信，"知诸人三十日始抵家，稍觉放心"。坐火车本来只是一日的行程，现在要走六七日，难怪华学澜在日记中写道："如传闻所云，道路梗塞之故，实可骇惧。此余所以力主不动之说也。"③在这种情况下，华学澜选择不走，不失为一种明智的选择。恽毓鼎的不走，某种程度上也有这种考虑。当友人纷纷遁去，恽毓鼎于六月七日的日记中录下曾国藩书札中的一段话："防守之道，第一要人心镇定，断不宜逃徙出城。去年七月贼匪未来之先，城中居民有逃往湖北而遇害者，有逃往各县各乡而遇害者，可见生死前定，命数应死者，虽逃亦死，命数应生者，不逃亦生也。"恽表示"此语足定人意"。④ 另一个让华学澜不走的原因是，清廷对于出走京官的严厉惩

① 高枏：《高枏日记》，见《庚子记事》，144 页。
② 华学澜：《庚子日记》，见《庚子记事》，101 页。
③ 华学澜：《庚子日记》，见《庚子记事》，103 页。
④ 恽毓鼎：《恽毓鼎庚子日记》，见《义和团运动史料丛编》第 1 辑，55 页。

罚，前文已述，此处不再赘言。对于华学澜及相当一批不走的留守京官而言，仕途正是他们不愿意逃离京师的最重要原因。

官员职责与对朝廷的大义也是许多京官留守不走的重要原因。就整体情况来说，华学澜所供职的翰林院，应算是京师各部院衙门中京官到职情况最好的衙门之一，叶昌炽因此认为"词臣无负朝廷矣"①。如前文所述，恽毓鼎在身边友人纷纷离京之时，便表示"予义不容去"。后听闻天津失守，恽毓鼎又表示："余株守于兹，设使夷兵奄至，惟有朝服坐中堂，以一死报国而已。"联军破城前夕，恽毓鼎在日记中写道："余八口俱寄危城，惟扃门加锁，静待命数而已。"②对于高枏而言，不愿离京出走的原因之一也是如此，"洋兵未到而先逃者，以为开花炮不及我国家宗社之重，僚友胶漆之人于我何干"，高枏据此认为"先逃者鄙"，并表示"予无取也"。③

对于高枏而言，另一层不走的原因是家累太重，缺乏路费。事后在追述五六月不走的原因时，高枏自道衷曲：

> 胡砚生之行也，与我密信一封，言事必决裂，嘱设法出京。宋芸子谓必屠城。余于其时，未尝不慌。遽转念弟兄全家三十口，毫无蓄积，日食且难，更从何处筹借路费。于是死心塌地，守而不走。④

对于当时大多数京官而言，走或不走，也许根本不是一个问题，能不能走才是问题。之所以不能走，最重要的原因便是缺乏路费。同高枏一样，恽毓鼎不走的理由之一也是"家累过重"⑤。叶昌炽第一次谋划送家眷南下失败，在日记中感慨逃难花费之大："南下车夫，欲壑无厌，余两车极驯良，然相形之下，亦不能不破格，先后所费，已逾五十金矣。"⑥高枏也在日记中记载了一位友人逃难路上的花费："砚六

---

① 叶昌炽：《缘督庐日记钞》，见中国近代史资料丛刊《义和团》（二），452 页。
② 恽毓鼎：《恽毓鼎庚子日记》，见《义和团运动史料丛编》第 1 辑，60 页。
③ 高枏：《高枏日记》，见《庚子记事》，195 页。
④ 高枏：《高枏日记》，见《庚子记事》，221 页。
⑤ 恽毓鼎：《恽毓鼎庚子日记》，见《义和团运动史料丛编》第 1 辑，49 页。
⑥ 叶昌炽：《缘督庐日记钞》，见中国近代史资料丛刊《义和团》（二），444～445 页。

月初二由大同走，十二到太原，廿八又由太原入秦，川赀已二竿。"①
叶昌炽的同乡好友陆润庠，在六月中旬则因路费问题导致行程一改再
改，"其初欲至卫辉依李子明，以饷不足，改计至保定府，最后又欲至
行唐依永诗师"。而叶昌炽的另几位好友于六月下旬结伴南下，则采取
了每人负责一段路程费用的办法："子嘉无款，汉于更不名一钱，统归
延陵支应；到兖州后，由子嘉筹款；到扬州后，由汉于筹款，如此通
力合作，不为非策。"②

二、南下之路

起初，大多数京官的逃亡路线都选择了海路，即经通州到天津，
再从大沽登船至上海。这条南下路线，也是正常情况下最方便最快捷
也最省钱的路线。叶昌炽最初送家眷南下，便是这条路线。五月十九
日，当叶昌炽听闻"鞠延自南来，由京至津道路尚平安，明日即与柯庭
挈全家南下"，当即"命南仆雇车，送室人及子沂附其伴同归"。雇车甚
不易，且须加价，亦在所不惜。但一行人至蔡村，"知天津已开仗，不
能前进，在通州住一宵，仍折回京"③。高柟的四川同乡最初选择的也
是这条路线，后因"闻通州无船无车"，"闻天津梗阻"而作罢。④ 恽毓
鼎的"四兄"及同乡好友"志先、叔南、葆良"送眷属南下，也均"因杨村
道路不通"而折回通州。在恽毓鼎的日记中还记载了其江苏同乡刘可毅
的不祥消息："闻刘葆真太史前数日逃往通州，不知下落，有谓其为义
和团所杀者，已十余日无音耗，恐不妙矣。"⑤叶昌炽的日记中也有类
似记载："伯斋有一子，携妇先由津南下，信甚恶。"⑥经天津南下的道
路，已经变成了一条布满荆棘的危险之路。

由于经天津走海路南下的道路已不通，京官们便只能另作筹划。

---

① 一竿，即一千。高柟：《高柟日记》，见《庚子记事》，163 页。
② 叶昌炽：《缘督庐日记钞》，见中国近代史资料丛刊《义和团》（二），452 页。
③ 叶昌炽：《缘督庐日记钞》，见中国近代史资料丛刊《义和团》（二），445 页。
④ 高柟：《高柟日记》，见《庚子记事》，146～147 页。
⑤ 恽毓鼎：《恽毓鼎庚子日记》，见《义和团运动史料丛编》第 1 辑，55 页。
后来证实，刘可毅确实死于拳民之手。
⑥ 叶昌炽：《缘督庐日记钞》，见中国近代史资料丛刊《义和团》（二），448 页。

叶昌炽在五月二十六日的日记中写道："或由旱道南下，或往寿阳依秦介侯。旱道十八站，室人病体必不能支；寿阳车价四套一百金，二十八日有西帮大队可附骥，惟距故乡愈远，粮匮恐不能继。"①西行、南下均有问题，当叶昌炽听闻友人"寄孥于昌平，距京七十里，虽非桃源，较困守危城，尚宽一著"，遂"决计往依之"。次日，叶昌炽便启程送家眷赴昌平。高枬虽然本人决定留守不走，但对家眷很早便作了出京避难的安排。五月二十四日，高枬"雇车五辆"，"送三媳诸女等过昌平"。②五月二十九日，当高枬亲赴昌平安置家眷时，恰逢好友于式枚到昌平为何乃莹安置家眷。当时，在京城西北方向的昌平成为众多京官安置家眷的所在。叶昌炽在日记中这样描述昌平当时的状况："本斗大一城，迁客纷来，房价腾贵，一土室索直至十余金，糙米每斗八百文。"③

那些仍希望南下的京官在海路不通之后便只有改走陆路了，花费也因此大增。恽毓鼎的四兄赴津南下计划失败后，"拟与志先、叔南、葆良诸眷，改由陆路赴德州"，特致函恽毓鼎设法筹款。六月十三日，恽毓鼎的"大嫂附 伴出京，有武卫军护送，可以放心"，不过"车价甚昂，雇至清江浦，板车一辆，价一百二十两，轿车一辆，价八十两"。进入七月后，"清江车价大贱（每车价仅四十金）"，恽毓鼎的大哥遣人"押行李由山东达清江浦"。④于式枚也欲"送其弟媳到沪，轿车到王家

① 叶昌炽：《缘督庐日记钞》，见中国近代史资料丛刊《义和团》（二），445页。
② 高枬：《高枬日记》，见《庚子记事》，147页。
③ 联军破城前夕，叶昌炽本人也奔赴昌平，同行者有友人"淮海父子"。此后，其日记中常有京官或平民到昌平之记载，且行状极为狼狈。二十一日，"见一人哭于道，询之，昨夜洋兵攻齐化门，使馆出柙之虎，鼓噪应之，炮声大作，火光烛天，弃其妻孥，只身徒步至此"。二十三日，廖寿恒至昌平，"行遇溃勇，时避高粱中，三日间关始达此，失去一小僮，无下落，即馈粥一瓯，佐以两肴，不啻芜蒌亭之豆粥矣"。二十五日，"孙子均吏部"亦自都中到昌平；同日，"顾康民来，孑然一身，求绵袍之赠，余与久高，各假以敝衣一袭"。其他到昌平者，还有"左笏卿前辈""朱益斋前辈""葵初昆仲""王聘三""陈孟符"等。见叶昌炽：《缘督庐日记钞》，中国近代史资料丛刊《义和团》（二），447、456~459、461页。
④ 恽毓鼎：《恽毓鼎庚子日记》，见《义和团运动史料丛编》第1辑，59页。

营，每车六十两"。① 由京城经德州到王家营到清江浦，这是当时南北陆路交通的东大道。时任山东巡抚的袁世凯不时便得接济路过山东之京官，据其致张之洞电报所言，"东省自六月后京、津来者，公私筹助计逾三万"。②

叶昌炽常相往来的同乡京官亦准备由陆路南下，在其六月十一日的日记中记载了陆润庠的一封来函："紫东、康民、根生三家眷属，今晨赴保定，莘耕同往，其家望后亦拟赴卫辉，依同乡汲县令李子明。"③陆润庠于六月十日便致函时任保定知府的沈家本，嘱其沿途照拂：

> 今日敝西席朱莘耕（修爵）孝廉赴保，特再奉一言。昨闻保阳民教焚杀，亦复扰扰。究竟如何？望即日见复一言。敝眷欲令其径至卫辉，必由保定经过，尚不致有祸否？倘敝眷过境，欲求派兵护送，想叨在爱末，必无不可。莘耕送同乡曹根生（兵部）、邹紫东（礼部）二君眷属到保，如可照拂，尤感。

陆润庠与沈家本为姻亲，故有此函。④ 由京城至保定府再至卫辉府，这是当时南北陆路交通的西大道。山东人张守炎时在河南当差，其在致姻亲吴重熹的书信中，记录了当时京官南下的情景："符曾于五月十九日全家出京，（京官出京者甚多，日内来汴者络绎不绝。有二十八、九出京者，是以五月内事全知。闻石曾留护眷属，祁叔颂日内可到）至津至胜坊至高阳，暂将全眷留于高阳，（尚拟赴曲阳暂住，与三令郎子久选曲阳训导）而符曾与祁府来汴。"符曾，即李符曾，李鸿藻之子。祁府指山西寿阳祁家。李家祖籍直隶高阳，因此全家出京之后，全眷暂留高阳，由李符曾之弟李石曾保护。而李符曾则与祁寯藻之孙祁孳敏、吴寯川等一起赴汴，"其意本欲赴南，故出京时汇一项至沪"。

---

① 高枏：《高枏日记》，见《庚子记事》，162 页。
② 《袁抚台来电》，见《张之洞全集》第 10 册，8356 页。
③ 叶昌炽：《缘督庐日记钞》，见中国近代史资料丛刊《义和团》（二），447 页。
④ 沈厚鋆：《陆润庠庚子书札笺注》，见苏州市传统文化研究会编：《传统文化研究》第 8 辑，131 页，沈阳，白山出版社，2000。

但至汴后，李符曾又欲作太原之游，张守炎劝其不必远去，"即在曲阳暂住最善，即有可靠之人，亦为回京之地"。李符曾因此派专人赴沪取汇款，自留汴以待。①

不过，河南亦非清静之地。张守炎本来庆幸河南"省垣幸无教堂"，教民亦不多，"拳民仅流及河北，实为福地"，但"上月中丞招来拳民三十余人，住署内箭道，练习一月"，以致"省中习者已遍街衢"，"而乡间已有假托抢劫者，城内官绅夜夜轮查"。张守炎认为"北方拳势已衰，而此地犹狃为可用"，因此托李符曾致函东抚，"为谋一席书院，是其本谋；降而幕府、河工亦可"，并请吴重熹"再致慰帅一书，代为说项，当更得力"。在张守炎看来，"吾东亦非善地，但北方拳焰已衰，慰帅又严搜不贷，冀可伏莽潜消耳"，而"河南实不可一日居也"。不久，张守炎又在书信中表示，"日来亲友来汴者极多"，且"舍下来信，家老姨太太意欲携嗣弟来汴"。张守炎为此叹道："可知东、汴两省，皆有不可一朝居之势，奈何奈何？"②

对于当时的逃难者而言，"一过德州，即无拳匪踪迹。即有之，亦不敢公然帕手持刀"③。而前往德州的逃难者，既有来自北京方向的，又有来自天津方向的。来自北京方向的避难者，即如前文所述，很多是因为京津道路不通，无法走海路南下，不得已由陆路南下者。而来自天津方向的避难者，亦是如此。因为八国联军与中国开战后，津沽出海口便由洋人控制，通过海路南下已经不可能。于是，许多南省籍官商士民由津乘船至沧州再至德州，取道山东而行。一位名叫管鹤的南省人士即是"附舟南下"："舟值极昂，尤不易觅。余一家三人，居一装货小舱内，本是局促，而心中甚畅。午后船上人满，催促开行。河

---

① 后来，李符曾亲自赴沪取汇，再返汴；李石曾也送全家经顺德到汴，赁屋以居。参见《张守炎庚子六月至九月致吴重熹函十二件》，见《义和团档案史料续编》上册，842～860页。

② 参见《张守炎庚子六月至九月致吴重熹函十二件》，见《义和团档案史料续编》上册，842～860页。

③ ［日］佐原笃介、浙西沤隐同辑：《拳事杂记》，见中国近代史资料丛刊《义和团》（一），254页。

下船只，舣栊相接，每船皆数十人，男妇老幼，杂沓拥挤，一律南行。"①时在天津的沪上名妓林颦亦是买舟南下，由天津至静海至独立至麻仓至沧州至新济至东光，最后因天寒河冻而在德州登陆，由旱道南下。②

综上所述，由于津沽出海口被联军掌握，又由于铁路因被拆毁而停运，当时的京津难官难民南下，主要是走传统时代的南北通道。走东大道由山东南下者，德州为必经之枢纽；走西大道由河南南下者，彰德府、卫辉府则为重要枢纽。因为走东大道者，不仅包括来自北京的难官难民，也包括来自天津的难官难民，所以走东大道者，人数相对而言会更多一些。这也成为日后救济善会在德州成立分会的一个重要原因。

三、逃难之旅③

就时人记载而言，逃难路上的危险大多来自京津及直隶地区，尤其是出京之时。在当时的京官圈子中，口耳相传有关京官逃难路上受辱几至丧命的传闻也很多。恽毓鼎在五月二十八日的日记中记载了杜本崇"奉母携眷出京"的遭遇："杜莪生太史护送太夫人及眷属出西便门，遇土匪，全家几遇害，幸免而归。其夫人身被四伤，血流被体。同行之罗姓亦伤。莪生已提发反接，以刀拟颈矣，危哉！"④六月九日又记载了黄思永送家眷出京后，在返京路上被义和团拘送至庄王府并

---

① 管鹤的记载见中国近代史资料丛刊《义和团》（一），478 页。
② 参见林颦：《被难始末记》，见《庚子事变文学集》下册，1075～1081 页。
③ 有学者曾以"逃难之旅"和"拯救之旅"为题，对"叙及庚子之乱的晚清文学文本"中的逃难、拯救等文学书写进行分析和论述，指出传统中国人的想象中，"北上"赴京之旅，往往与"面圣""觐见""赶考""朝贡""呼告""求救"等意义相关联；官员的出京南下之旅，则常常与随扈皇帝浩荡南巡、"钦差"的威风赫赫、出京放赈官员的救灾济民、金榜题名后的衣锦还乡和历经沉浮后的挂冠而去等意义相伴随。然而，到了庚子国变，一切都颠倒过来，"北上"成为"拯救之旅"，"南下"则成为"逃难之旅"。参见林晨：《文学行旅与晚清"庚子之乱"书写》，25、31 页，博士学位论文，南开大学，2006。
④ 恽毓鼎：《恽毓鼎庚子日记》，见《义和团运动史料丛编》第 1 辑，53 页。叶昌炽、高枬的日记均提到过此事，参见叶昌炽：《缘督庐日记钞》，见中国近代史资料丛刊《义和团》（二），448 页；高枬：《高枬日记》，见《庚子记事》，148 页。

"革职监禁"的消息。① 叶昌炽也在日记中记录过好友的可怕经历："伯斋归后，携眷属赴延庆州，经士送蔚若挈同往。出西便门即为团民所执，申辩不释，曳至坛中，伯斋仓皇点香不燃，经士叩头至地，额沾尘土，以为十字，群送至端王府，告以某为户部司员，某为工部司官，车中所坐者福建副主考吴郁生之妇，端邸命婢媪出视，又见老团，始幸而免。"为此，叶昌炽叹道："士大夫之厄至此，可叹也！"叶昌炽本人在送挈至昌平的路途上也亲身遭遇了义和团："途次，遇团民十人，持刀盘诘，室人下帷坐车中，团民遽呼云'二毛子'。二毛子者，'北人'称教民之词也。即搴帷示之，余亦下车，告以吾等系京官良善，出走避兵，将眷属安顿后，仍回京当差耳。始连呼好人好人而去。"②《拳事杂记》记载了贵州巡抚邓华熙出京赴任途中的遭遇："邓小赤中丞在都时，遇义和团，叱问何人，从者对曰，是新放贵州巡抚邓大人。匪叱令下轿，邓未允，即拽之出令跪，邓未即跪，则以数人按之跪。又由二师兄为焚香，香烟直上，挥令去……邓仓皇走二十余里，始遇一仆携一包袱，内有黑布袍等，邓取服之。又步行四十里，始遇某君，假得三百金，以百九十金雇车至德州，沿途地方官多不认其为赴任大员者。后遇某公，又借得数百金始得南行。"③

为了逃亡路上的安全，一些京官被迫向京师义和团交纳保护费。首先对此进行记载的是李杕的《拳祸记》，后陈捷《义和团运动史》、金家瑞《义和团运动》等对此都有叙述。"诸京官纷纷出京，籍隶南省者，向团首领路照，保其至直东二省交界处，不遇险害。其路照之价，视购者资财之多寡以定；少则五两多，多者数百两。"④高枏的庚子日记亦有相关记载："吏部孙某与万薇孙同出彰仪门，请一拳民保护出门。又有别坛拳民阻之"；"江西同年过门，七兄往问，言在炸子桥坛出香

---

① 恽毓鼎：《恽毓鼎庚子日记》，见《义和团运动史料丛编》第1辑，55页。叶昌炽的日记中也提到过这件事，参见叶昌炽：《缘督庐日记钞》，见中国近代史资料丛刊《义和团》(二)，449页。

② 叶昌炽：《缘督庐日记钞》，见中国近代史资料丛刊《义和团》(二)，448页。

③ ［日］佐原笃介、浙西沤隐同辑：《拳事杂记》，见中国近代史资料丛刊《义和团》(一)，253～254页。

④ 陈捷：《义和团运动史》，33～34页。

资四金，给所刊票放行。（注明：某出香资若干，出某门二师兄放行。）谓比当日卢沟桥税卒便易。又言东江巷如故。”[①]天津情况则有所区别，据《拳乱纪闻》所载，五月二十二日，“闻天津官场与团匪议定，凡官绅眷属有避难离津者，无论人口行李，概不得抢劫，团匪亦已应允”[②]。但天津官绅在避难途中，种种惊险亦丝毫不亚于京师。管鹤起初客居天津河东一带，因洋人逐渐进逼河东，遂雇车由河东迁于城内，短短一段路程，屈辱惊险备至：

> 出门后，街头难民拥挤，途为之塞。又值雨后泥泞，举步维艰。妇女皆首戴红袱，莫敢仰视。男子皆襟挂红布数寸，以示信匪。其往来移运物件者，皆手执刀剑，或握小枪。余遇数友人，呼之或不能应，或目余而无言，或向余摇头不语，狼狈情状，大都如此。途值匪众，相率停避。呼曰跪，则皆跪，妇孺有叩头不止者。余为家人故，数屈膝，而肩背尚为匪所击，几扑于地。内人车篷，屡次被匪击刺。且有一匪曰：“车内何人，是直眼否。”余揖而告曰：“车内是第一段保甲局周大老爷小姐也。”此匪点头而去。盖外舅曾膺是差，且在府县署审判案狱，津人多闻其名，幸以此得免。至过东浮桥时，亦甚险。此处匪设要卡，两旁派党执刀排立，口呼捉拿奸细。东洋车过，必挑簾审视，倘指为奸细，即不容置辩。种种危险情形，诚难罄述。[③]

相对而言，此时还不是逃难过程中最危险、最混乱的时刻。最坏的时刻出现在城破之时。天津城破时，坐船南下的林鞶亲眼目睹了这一乱状。“路人遂大呼曰：‘天津城破矣！天津城破矣！速逃速逃！’一时河中俱拔蒿开船，而船多拥塞，寸步不能移。顿时哭声震天，日为之无光。”[④]很多人来不及上船，或从船上挤落下水，在水中呼号求生，

---

① 高枏：《高枏日记》，见《庚子记事》，149 页。

② [日]佐原笃介、浙西沤隐同辑：《拳乱纪闻》，见中国近代史资料丛刊《义和团》(一)，136 页。

③ 管鹤的记载见中国近代史资料丛刊《义和团》(一)，476～477 页。

④ 林鞶：《被难始末记》，见《庚子事变文学集》下册，1075 页。

而船与船之间不免发生碰撞，于是河中人不是被淹死，就是被船挤压而死。"顷刻间，尸积如阜，至碍塞不能行，水为之赤。"①

管鹤一路南下，"凡遇一镇，需每舟举一二人，登岸至大师兄处拈香祷告。谓我舟皆是难民，并无奸细，请大师兄慈悲放行，并请给团贴，俾至下镇坛口，呈验放行"。也有避难者雇镖师保护，但稍不谨慎，便给全船人招来灭顶之灾。② 管鹤南下因为尚在联军破城之前，所以旅途中的危险主要来自义和团，而林辂之南下则是义和团、溃兵、洋兵多重夹击，危险倍增："夜半，忽来数百人，劫夺舟中财物。妇女辈又以为团匪逼至，投河死者又不计其数。风高夜黑，究不知是团匪，是逃勇，即为日间之兵，抑为近地之民"；"洋兵夺沧州，岸上之难民尤不下十万，大呼救命。舟子皆放舢板往拯，舟不过五尺，每船多载至百余人，因有争渡而覆舟溺死者"；"岸上未能渡之难民，遂有被洋兵杀死者，妇女辈皆为其拉去。或三四人共缚一人，又或两人而共牵一女，奸未毕而即手刃之，乃弃其尸于河"。③

如前文所述，义和团全盛时期，便有不少京官陆续离京避难，但更多的京官是在联军破城前后出京的。恽毓鼎在日记中记载了其大哥于七月十八日"单车就道，附谭文老之便赴清江"④。华学澜在七月二十日的日记中记载了其常相往来之京官的出逃："鞠人、信安、德清、允、弼两叔均于十七夜三点钟赴定兴，益斋亦于是时赴固安。"⑤高枏也在日记中记载了身边友人的出逃：七月二十一日，"七兄由孟甫宅归，孟已同谢承皋、吴介甫、陈绍平天明时步行至昌平"。在此前后，"何云帆伙兵走保定。刘星阶充官兵，伙同乱兵走宣化。赵翼之约同余子厚步行送眷出居庸。凌东甫、张尧燊于六月十三以蜀学堂款报效义和团，不收，乃向恒裕大闹，索银五百，瓜分而去。其余大小各官分避城外州县者不少"。故至洋兵破城时，高枏在日记中写道："本街只

① 林辂：《被难始末记》，见《庚子事变文学集》下册，1076 页。
② 管鹤的记载见中国近代史资料丛刊《义和团》（一），478～479 页。
③ 林辂：《被难始末记》，见《庚子事变文学集》下册，1076～1078 页。
④ 恽毓鼎：《恽毓鼎庚子日记》，见《义和团运动史料丛编》第 1 辑，60 页。
⑤ 华学澜：《庚子日记》，见《庚子记事》，114 页。

剩予四人,其余皆行。"①叶昌炽在日记中记载了好友陆润庠城破之后的逃亡经历:"七月二十二日单车出平则门,至黄村遇徐花农、曾慕陶、沈紫梅眷属,皆徒步八日而达保定,家人相见,再庆更生。"②

陆润庠在致顾绂庭的信中详述了其出京过程:"弟复壁藏身一昼夜,廿二已刻,忽有外城馆中长班进平则门来云,门无守者,并可通车。遂即刻登车,呼吸之间(午后洋人即把门),一物未带,只短衫裤两身,银数十两耳。出城一马被掠,转辗于流匪、拳会之中。至晚抵黄村,宿一破店,逐节危险。"七月二十五日,陆润庠与沈能虎等徒步至固安城,致函沈家本求援:

> 急欲到保,所谓"仓皇向家室者"。明知此时或已南行,然不得消息,终不放心。此信由固安王明府用排单奉达,未知能快到否?弟准于明日或后日,由此间至雄县(新城、定兴逃兵充斥,步步荆棘),欲由安州一线赴保,可否派人队至安州一带来迎(保定城外卅里中恐难逃脱,故必用此,且恐便衣不得入城也),俾得见面。生死在此一举(身边川资已尽),望哀而怜之。③

城破前后仓皇出京者,狼狈状况亦大多类似。华学澜便记载了诸多好友在逃难路上的窘状:"益斋前往固安,中途被劫,掠去金首饰数事,银在米包草苴罗内未动。与曾伯广汉结路伴,曾亦被掠。武柱卿已回津,先逃往西山,困饿三日然后归。"好友"酌升"无处可去,只得返京,又是一路折磨:"至新居只食小米二碗,至卢沟已暮,宿于空店,无门无牖无炕席,饥蜇巨蚊,群起而噬。夜深有犬入,气咻咻然,幸尚不敢食生人,天明乃行。路见死人甚多。入彰仪门,止梁巨川同年处,前月之晦日也。在巨川处三日,在庆潭帽店三日,帽店前已被焚,现移住丁次轩给谏之轼空宅。在内隆兴帽店一日,在瑞卿处一日,衣垢不堪着,

---

① 高柟:《高柟日记》,见《庚子记事》,198 页。

② 叶昌炽:《缘督庐日记钞》,见中国近代史资料丛刊《义和团》(二),469 页。

③ 沈厚鋆:《陆润庠庚子书札笺注》,见苏州市传统文化研究会编:《传统文化研究》第 8 辑,133~134 页。

着瑞卿袜,弼叔小衫。"①仲芳氏对出京逃难者亦有详尽描绘:

> 时在孟秋,只穿单纱襖裤,行旅既难多带,银钱不敢多拏,
> 又无车马,又无伴侣,挽老扶幼,徒步而行。窃幸城门未闭,冒
> 险逃出京城。遍地禾稼,一望无边,连天阴雨滑泥积水沾履湿衣。
> 此时前进无投奔之区,退后无复回之理。只得舍死信步前行,腹
> 饥无处买食,沿途偷窃玉米生吃;喝则井无绳罐,拘饮积雨之水;
> 天晚无处安身,惟在青苗丛处露宿;夜间凉风透骨,冷露侵肌,
> 又防路劫之匪,双目不敢交睫。或逢村人怜悯,亦不过为图重谢,
> 藉以生财。每大钱一吊,仅买小米一斤,有米无火亦难作食。终
> 日飘萍无定,囊中资斧断绝,前无所依,后无所附,只得仍回京
> 城,以听天命。②

华学澜作为天津人,仲芳氏作为北京人,其常相往来者也大都为
京津两地之人,他们"前进无投奔之区",最后不得不重返京津。而对
于那些南下的官绅士民而言,他们前进的方向则很明确,即南方的家
乡。不过,他们在逃难路上的窘迫和狼狈却是一样的。陆润庠后来携
家眷赴德州,"适闻召赴行在之旨,集赀得千金,以七百金赡家,三百
金作途费"③。因为是京官,所以沿途州县还可略为筹助,至于一般绅
商士民,若无亲朋好友,则孤苦无依,毫无办法。而且北京城破已在
七月下旬,南下逃难者又多步行,严冬转瞬即至。因在麻仓停留两月、
在沧州停留一月,至十月十五日,林翚一行才至德州,其在《被难始末
记》中如此描述沿途情景:"朔风怒号,对面不闻人语。难民之逃生来
者,携寒衣者,多僵木呼号,辗转以死,至此十去七六矣。冻死者身
如腊,作深红色,有作白蜡色者。生者遂剥死者衣服以御寒。父子兄
弟夫妇之亲,乱时亦不如路人,哀哉!"④对于南下避难的官商士民而
言,回乡之路漫长而且艰难,几乎看不到希望。

---

① 华学澜:《庚子日记》,见《庚子记事》,119~120页。
② 仲芳氏:《庚子记事》,见《庚子记事》,46~47页。
③ 叶昌炽:《缘督庐日记钞》,见中国近代史资料丛刊《义和团》(二),469页。
④ 林翚:《被难始末记》,见《庚子事变文学集》下册,1081页。

第二节 庚子年间的南北通信

闰八月十日，恽毓鼎在日记中写道：

> 、 马升护送大兄行李，自清江浦回京。讹传余眷在房山，因从房邑来，交到八叔信，始知伯母吕夫人于七月二十七日弃养，哀哉痛哉！毓鼎少年孤露，赖伯父母鞠育以生，去秋归省慈颜，稍抒依慕。讵料暌违一载，遽陨慈云，危困之余，忽聆痛耗，真无涕可挥矣。（原注：此耗迟四十余日，若非马升间关而来，尚梦梦也。）又交到三哥七月十八日信、元侄七月二十三日信，信中云慈躬尚康健也，岂猝闻都城不守，为大兄及毓鼎全眷忧虑，遂悲急陨生耶。果因此，尤可恸也。①

恽毓鼎及其家族的经历是庚子国变时期众多个人及其家族经历的缩影。身处乱世，对于信息的需求倍于平时；但又正因为是乱世，平时的通信渠道大多堵塞，因此用"烽火连三月，家书抵万金"来形容乱世之人对于亲人信息的渴求丝毫不为过。对于国家而言，通信有着更加不言而喻的重要性，朝廷中枢对于地方的控制必须借助快捷而有效的通信系统。一旦朝廷中枢与地方的通信渠道被切断，实际上便意味着朝廷失去了对地方的控制。

一、电报与庚子国变时的南北通信

正常情况下，庚子年前后的中国在通信方面有这些渠道：电报、驿站、邮政、民信局以及私人传递。这些通信渠道既有公私之分，也有传统近代之别，这是一个通信处于由传统向近代过渡的时期。传统时代的通信，官府主要依靠驿传体系，民间则主要依靠民信局。但随着电报、轮船、铁路的次第兴起，驿传体系逐渐被取代，正如郑观应所言："盖电报设而驿差轻其半，轮船通而驿差轻其七八，若铁路之干枝渐次告成，而驿传势难再留。"②至庚子年时，官府间的公文往递仍

① 陈陆：《拳变系日要录》，141 页。
② 夏东元编：《郑观应集》上册，677～678 页，上海，上海人民出版社，1988。

是电传、驿传并举。刘文鹏在《清代驿传体系的近代转型》一文中称，电报被使用后，"驿传体系传递紧要文报的功能逐渐被电报所取代"。[1]

事实上，原本对设置电报颇为抵触的清政府，正是在处理对外交涉等紧急事件的过程中，"深感消息阻隔带来的不便"，而对架设电报网开一面。光绪初年，中俄交涉伊犁问题，赴俄改订条约的曾纪泽，曾表示清廷"许臣由电径达总理衙门代奏请旨，已属破格施恩"。[2] 初步感受到电报之便的清政府，于光绪六年（1880 年）批准李鸿章架设津沪线的请求。该电报线路于光绪七年（1881 年）初从上海、天津两端同时开工，至年底便全线竣工。津沪线是沿运河而建，在紫竹林、大沽口、济宁、清江浦、镇江、苏州、上海七处设立了电报分局。在紧随而来的中法战争中，电报通信起到了重要作用。为了保障中法战争的通信需求，清政府专门架设了广州至龙州线；同时，津沪线也由天津延伸到通州，并最终与北京相连。[3]

由于中法战争的推动，清政府大大加快了电报通信网络的建设。光绪九年（1883 年）由左宗棠主持修建的长江线，从镇江经南京到汉口，是横贯中国中部的东西大干线，至光绪十三年（1887 年），又将从汉口经泸州到成都的电线向南延伸，架设了川滇线。天津与奉天之间的电线也于光绪十一年（1885 年）架设完成，光绪十五年（1889 年）电报线又由保定经太原、西安架设到兰州嘉峪关。与此同时，天津至保定

---

① 在刘文鹏看来，"电报并不能完全取代驿传体系"有三个原因：一是"电报费用昂贵，电文必须尽量斟酌，反复压缩，以求简约，对事务的商讨无法展开"；二是电报网络的发展尚需时日，一些边远地区电报设置很晚，"所以与驿传体系有一个互为补充的并行时期"；三是"作为一个新生事物，清朝对电报虽很倚重，但也一直心存顾忌"。夏维奇在其论文《晚清电报的引入对清代谕旨奏折制度的影响》中，亦指出电奏不同于普通奏折的一个基本区别便是：电奏须是"紧要事件"的原则。这一原则的确立也主要是由于"电报花费甚巨"。见刘文鹏：《清代驿传体系的近代转型》，载《清史研究》，2003(4)；夏维奇：《晚清电报的引入对清代谕旨奏折制度的影响》，载《历史档案》，2009(1)。

② 夏维奇：《晚清电报的引入对清代谕旨奏折制度的影响》，载《历史档案》，2009(1)。

③ 参见邮电史编辑室编：《中国近代邮电史》，54～55、63～64 页，北京，人民邮电出版社，1984。

线、济宁至开封线等内地各大城市间的电报线路也逐渐铺设开来。①
至庚子国变前夕，北京对外联系的电报线共有三条，一条由北京经通
州到天津，再由津沪线接通上海，称为"东线"；一条由北京通往保定，
再经太原接至西安，称为"西线"；还有一条由北京经张家口通往库伦，
再接至中俄边境的恰克图，称为"京恰线"。②

　　庚子年五月一日（1900 年 5 月 28 日），时任电报局督办的盛宣怀
致电保定电报局委员张毓树，告知"长辛店路线均被毁"③。同一天，
电报局致电总署总办，"闻琉璃河至涿州铁路、电线，已被匪徒拆毁，
故京保线已阻"。与此同时，北京电报局委员冯敩高为京保线电阻事，
上禀庆王奕劻，指出义和团于四月二十九日午后在琉璃河、涿州一带
拆毁铁道、电线，"故自京至保定电报已经阻隔"，又表示义和团拆毁
铁道及电线的行动"有至长辛店及京城之说"，强调北京电报局"承接钧
署官电，并有各国使署洋文电报，深恐设有阻隔，贻误匪浅"，从而要
求总署对电线"沿途派兵看守，预为防范"。④ 次日，身在武昌的盛宣
怀致电汉口、九江、镇江、上海、清江、济宁、德州、天津、北京、
汉中、襄阳、西安、太原、保定等十四电局："团匪近京滋闹，铁路被
毁，各局全夜勿停，京、津、保各电尤紧要。"⑤

　　在南北通信上，虽然"西线"已断，但"东线""京恰线"尚存，因此
南方督抚与朝廷中枢之间的电报往还保持着通畅。五月十二日，盛宣
怀致电"京总署、顺天府、津直隶护院、济南山东抚院"，指出："京、
保沿铁路电线现已不通，京津沪线路设有损毁，南北阻隔，不可不虑。
请迅速严饬沿途州县、营汛实力保护，以防未然。"⑥话音未落，盛宣

---

　　① 　参见邮电史编辑室编：《中国近代邮电史》，63～65 页。

　　② 　史斌：《论电报通讯与庚子"西巡"——近代中国技术影响政治一例》，载
《科学技术哲学研究》，2011（3）。

　　③ 　《盛宣怀致孙钟祥、张毓树电》，见盛宣怀档案资料选辑之七《义和团运
动》，15 页。

　　④ 　《电局为京保线已阻事致总办电》《冯敩高为京保阻事禀奕劻等文》，见
《义和团档案史料续编》上册，591～592 页。

　　⑤ 　《盛宣怀致汉口等十四电局电》，见盛宣怀档案资料选辑之七《义和团运
动》，17 页。

　　⑥ 　《盛宣怀致总理各国事务衙门等电》，见盛宣怀档案资料选辑之七《义和团
运动》，41 页。

怀便在五月十五日致天津电报局的电报中询问："京线坏在何处？"①在五月十八日致北京电报局委员冯敦高的电报中，盛宣怀又表示："十二后不接京电，虽线阻，何不专差？"②据此可见，"东线"在五月十二日也中断了，"大约线断在通州"。不晚于五月十八日，"京恰线"也中断了，盛宣怀在五月十八日致恰克图程大业的电报中表示："近京土匪滋事，各报即电张家口专马递京"，"恰电报派马拨递京"。③五月二十三日，盛宣怀致电保定电报局，指示："十日内上谕不通，望择要电寄。"④五月二十七日，盛宣怀致电"济南袁中丞、保定孙道台附寄总署总办顾康民兄"，打听京中信息："半月无京信，两宫驻园否？使馆无恙乎？洋兵入城多少？英提督到京乎？董军尚遵荣调否？请告冯道。小女产安否？详细复电交慰帅，专马甚速。"⑤作为电报局的督办，盛宣怀对京城里的这些基本信息也无法获悉，据此可见，五月十二日后，北京中枢与南方督抚在信息通信上已不再如前通畅，而是存在诸多障碍以及不确定的因素。

盛宣怀为保证京津间的正常通信，采取了诸多措施。五月十七日，盛宣怀致电天津电报局，指示道："各省寄京官电，到津应交邮政寄京。如各省电奏均关紧急，务请速寄，如邮政已停，应交督署或关道马拨飞送，切勿片延。"⑥五月十八日，盛宣怀又分别致电天津、北京两电局，表示"目前虽阻，望速专差至落堡换马寄津，每日汇送两次，并录上次副本，下次并寄，以免遗失。各省官京、津电报，切不可退，但须与寄电者说明"。⑦五月十九日，盛宣怀又致电直隶总督裕禄，表示"邮政不收信，各电专差均不能去，但各省电奏，关系紧要，

① 《盛宣怀致天津电局电》，见盛宣怀档案资料选辑之七《义和团运动》，46 页。
② 《盛宣怀致冯敦高电》，见盛宣怀档案资料选辑之七《义和团运动》，52 页。
③ 《盛宣怀致程大业电》，见盛宣怀档案资料选辑之七《义和团运动》，51 页。
④ 《盛宣怀致保定电局电》，见盛宣怀档案资料选辑之七《义和团运动》，73 页。
⑤ 《盛宣怀致袁世凯、孙钟祥等电》，见盛宣怀档案资料选辑之七《义和团运动》，84 页。
⑥ 《盛宣怀致天津电局电》，见盛宣怀档案资料选辑之七《义和团运动》，50 页。
⑦ 《盛宣怀致王继善电》《盛宣怀致冯敦高电》，见盛宣怀档案资料选辑之七《义和团运动》，52 页。

刘、李、张三帅尤急"，请求"随时专马递京，以免延误"。① 同日，盛宣怀致电各电报局："京津线被拆，各省寄京电只能寄津局专差递送，到不到难定。各督抚电奏，请寄交北洋大臣专马递京。"②京津马拨刚设好，津线又不通。③ 天津电报局的负责人在五月二十日致盛宣怀的信函中禀告："一点钟后，马家口电杆全毁，南线不通，积报三百余张未发。"④

　　津线不通，盛宣怀只有另作筹划。因为京津马拨已设，故盛宣怀首先想到的办法是，如何将电报送至天津。在五月二十日致德州、泊头电报局的电报中，盛宣怀指示："所有津电暂由泊头专送，一日两次"⑤；次日又分别致电山东巡抚袁世凯和直隶总督裕禄，请求在泊头至天津之间设马拨。⑥ 同时，又致电烟台电报局，表示："津线不通，各处要报暂寄烟台，即由电局包封交税务司，由轮船寄津。"⑦但"泊头专差、烟台轮递俱慢"⑧，而海兰泡至津线尚通，因此盛宣怀在五月二十一日致"苏鹿中丞、宁刘宫保、皖王中丞、南昌松中丞、鄂张制台、于中丞、长沙俞中丞、成都奎制台、浙刘中丞、闽许制台、粤李中堂"的电报中表示："只有东三省至津线通，要电由大北水线、俄线至海兰泡转津，每字应付洋线费一元二角。两头本线费在外。若由泊头、烟台转寄甚迟。"⑨

---

① 《盛宣怀致裕禄电》，见盛宣怀档案资料选辑之七《义和团运动》，55 页。

② 《盛宣怀致各局电》，见盛宣怀档案资料选辑之七《义和团运动》，56 页。

③ 《盛宣怀致刘坤一电》《盛宣怀致袁世凯电》《盛宣怀致庄□□、李希杰电》，见盛宣怀档案资料选辑之七《义和团运动》，58 页。

④ 《王继善致盛宣怀函》，见盛宣怀档案资料选辑之七《义和团运动》，59 页。

⑤ 《盛宣怀致德州、泊头电局电》，见盛宣怀档案资料选辑之七《义和团运动》，57 页。

⑥ 《盛宣怀致袁世凯电》《盛宣怀致裕禄电》，见盛宣怀档案资料选辑之七《义和团运动》，64 页。

⑦ 《盛宣怀致庄□□、李希杰电》，见盛宣怀档案资料选辑之七《义和团运动》，58 页。

⑧ 《盛宣怀致张之洞电》，见盛宣怀档案资料选辑之七《义和团运动》，64 页。

⑨ 《盛宣怀致鹿传霖等电》，见盛宣怀档案资料选辑之七《义和团运动》，65～66 页。

　　除天津之外，盛宣怀还在北京周边其他办有电报局的城市筹划设立马拨直接送电报至京。五月二十四日，盛宣怀致电山海关电报局，指示"寄关道三电奏，即交宋宫保或都统专送荣相"①；五月二十七日，致电保定，称"京城半月无信，各省人心摇惑，只有保定电通，距京尚近，想文报尚通。李、刘、张、奎、鹿各帅请尊处设法多借快马转递电旨、电奏，各督抚办事，方有率从"②。因为从保定至京"较济南近"，快马"一日可达"③，所以盛宣怀于五月二十七日致电"武昌、汉口、沙市、襄阳、老河口、龙驹寨、西安、潼关、侯马、太原、平遥、获鹿、正定、保定"等电报局，称"各省至京电线，只有保定可通，以后诏奏，均归此路"。④为防止保定线也中断，盛宣怀致电陕西巡抚端方，表示："南北只剩西线可通，军务紧急，乞公电会晋、直抚藩，切实保护"⑤；后又致电廷雍，表示："现今拳民既归顺，请饬各团长保护电线，以通各省入卫军报，亦是要事"⑥。直隶藩司将电报局迁入院署，以"免遭不测"，盛宣怀专门致电感激。⑦盛宣怀因而又致电"各省城督抚将军"："如寄京电，须注明由保定藩台收转。因电局无法递送。"⑧

　　保定虽近，但并不稳定，因此大大延误了递送电旨的时间。盛宣怀在六月十四日致"宁刘宫保、鄂张制台、镇鹿中丞、西安端中丞、成都奎制台、太原毓中丞"的电报中指出："近日紧密电旨，均由保定廷

　　①　《盛宣怀致山海关电局电》，见盛宣怀档案资料选辑之七《义和团运动》，76页。

　　②　《盛宣怀致廷雍、孙钟祥电》，见盛宣怀档案资料选辑之七《义和团运动》，84页。

　　③　《盛宣怀致张之洞电》，见盛宣怀档案资料选辑之七《义和团运动》，82页。

　　④　《盛宣怀致武昌、汉口等电局电》，见盛宣怀档案资料选辑之七《义和团运动》，82页。

　　⑤　《盛宣怀致端方电》，见盛宣怀档案资料选辑之七《义和团运动》，86页。

　　⑥　《盛宣怀致廷雍电》，见盛宣怀档案资料选辑之七《义和团运动》，106页。

　　⑦　《盛宣怀致廷杰、廷雍电》，见盛宣怀档案资料选辑之七《义和团运动》，97页。

　　⑧　《盛宣怀致各省督抚将军电》，见盛宣怀档案资料选辑之七《义和团运动》，105页。

藩司转各省。五天、八天始转到。初七据太原电局禀，'省南省东线杆，均被拳童锯断，各毁各村，自称奉师命来，见电局巡勇即砍。请示抚宪，尚未奉谕，势难修理'等语。查京都危险，海道不通，诏奏若通保定，两日可到，利害实关大局。应请各帅电商毓中丞，能否晓谕地方，电线关系国事，业非洋人所办，官民允许保护，方能修理。"①同日在致刘坤一、张之洞的电报中，盛宣怀表示，"晋线多被匪断，晋抚不肯保护，致难修复"。② 次日，盛宣怀又通过济南转电总理衙门、军机处，禀告山西省电线为拳民砍断，"地方官不肯保护"，"屡电山西大吏，不复"，指出"电旨请暂递济南袁抚转递，较速"，因为"直藩初八递件，沪道十四、五方接到"。③ 在六月二十九日致伦敦《日日新闻报》报馆的电报中，盛宣怀公开表示："电线最近通至济南府，距北京八百华里，专快马须四日夜，兵部火票两日夜到。"④

此后，盛宣怀主要将山东作为朝廷与全国各省进行电报通信的中转站。从山东至北京又有两条通信渠道：一是由济南专马递京；二是由德州转递保定，再由保定递京。七月十一日，盛宣怀致电保定电报局委员张毓树，表示"德州至各省线畅通，望即回明廷方伯，赶设马拨"⑤，同时致电济宁、泰安等电报局，"派京局领班一名、报生三名赴德"⑥，以加强德州电报局人手。至七月二十日，保定至德州的马拨设立⑦；次日，盛宣怀致电各电报局："保定至德州已设马拨，如寄保

---

① 《盛宣怀致刘坤一、张之洞等电》，见盛宣怀档案资料选辑之七《义和团运动》，116 页。

② 《盛宣怀致刘坤一、张之洞电》，见盛宣怀档案资料选辑之七《义和团运动》，118 页。

③ 《盛宣怀致总理各国事务衙门、军机处电》，见盛宣怀档案资料选辑之七《义和团运动》，118 页。

④ 《盛宣怀致伦敦〈日日新闻报〉馆电》，见盛宣怀档案资料选辑之七《义和团运动》，143 页。

⑤ 《盛宣怀致张毓树电》，见盛宣怀档案资料选辑之七《义和团运动》，164 页。

⑥ 《盛宣怀致济宁、泰安等电局电》，见盛宣怀档案资料选辑之七《义和团运动》，164 页。

⑦ 《盛宣怀致保定电局电》，见盛宣怀档案资料选辑之七《义和团运动》，189 页。

定、京城各电，可寄德州。"①

济南则成为各国公使与各国政府往来密电的中转站。六月二十七日，驻英公使罗丰禄致电袁世凯，"祈转总署庆王爷，顷得康电，英、比外部均盼窦、屠两使耗，祈饬取两使密电寄洋"②；七月五日，罗丰禄再次致电袁世凯，"请转总署"，称英政府表示"现在拟解之法，自以令各使与各国通电为第一义"。③ 驻日公使李盛铎致奕劻、荣禄之电报亦是通过济南转递。④ 总税务司赫德家人的致京电报也是由盛宣怀亲自叮嘱袁世凯"寄呈庆王爷饬交总税司赫德亲阅"。⑤ 在各国政府的强烈要求下，清廷于七月十一日下旨"准各使与其本国往来密电"。⑥ 盛宣怀因此专门致函各国驻沪总领事，"如有电报寄京，请即迳送上海电报局，递至济南专送"。⑦ 与此同时，盛宣怀致电袁世凯："各国至京城往来电报日多，接件递抚署太繁琐，以后拟仍由各局电交济南局抄号，每日汇送抚署，包封附递总署，并拟每封酌贴车马费，由局呈院。"⑧由于"在京官商，久不通报"，盛宣怀致电袁世凯，请求"包封寄京"，并表示已饬令济南电报局，"每日分作两封：一使馆洋报，请交总署；一系官商报，请交尊处留京员弁分送"。⑨ 至此，南北之间的电

① 《盛宣怀致各电局电》，见盛宣怀档案资料选辑之七《义和团运动》，190～191 页。
② 《罗丰禄致袁世凯电》，见盛宣怀档案资料选辑之七《义和团运动》，140 页。
③ 其间，六月二十八日，罗丰禄又两次致电袁世凯，表示英、意、比三国外交部极盼"窦、萨、屠三使密电，祈准照美例，饬取寄洋"。参见《罗丰禄致袁世凯电》，见盛宣怀档案资料选辑之七《义和团运动》，144～156 页。
④ 《李盛铎致奕劻、荣禄电》，见盛宣怀档案资料选辑之七《义和团运动》，156～157 页。
⑤ 《盛宣怀致袁世凯电》，见盛宣怀档案资料选辑之七《义和团运动》，159～160 页。
⑥ 《盛宣怀致杨儒、罗丰禄等电》，见盛宣怀档案资料选辑之七《义和团运动》，174 页。
⑦ 《盛宣怀致各国驻沪总领事和江海关税务司函》《盛宣怀致来觉福函》《盛宣怀致克纳贝函》《盛宣怀致霍必澜函》，见盛宣怀档案资料选辑之七《义和团运动》，175～179 页。
⑧ 《盛宣怀致袁世凯电》，见盛宣怀档案资料选辑之七《义和团运动》，180 页。
⑨ 《盛宣怀致袁世凯电》，见盛宣怀档案资料选辑之七《义和团运动》，184 页。

报通信渠道基本稳定下来。

从五月十二日至六月底七月初，南北之间的电报通信状况不断恶化，朝廷的电旨和督抚的电奏不但不能准时递达，而且能否递达也成为一个问题。盛宣怀曾于六月六日致电保定电报局："迭次专差送京电信，某电送到，某电送不到，有无回信？即分析查明速复。"①盛宣怀因此一再表示："上谕难通""十日内上谕不通""半月无京信""京信、电俱阻，七日无信"，而与此同时，地方督抚办事，须有电旨，"方有率从"。朝廷中枢与地方督抚在信息沟通上存在着相当严重的障碍与混乱，但也正因为这种障碍与混乱，使得东南督抚有一定的操作空间去谋划东南互保。②特别是当一些不利于东南互保的谕旨或电奏出现时，"负责接收京津各省电报消息"的盛宣怀，能有充分的理由，或延缓或屏蔽相关信息。③

在盛宣怀的一手操控下，东南督抚还与奕劻、荣禄、王文韶建立了秘密的沟通渠道。六月十七日，盛宣怀致电袁世凯，表示："揣摩诏旨两歧，大家觑破。疆臣把握全局，转圜均在此，但必须请得一密旨，方有率从。督抚未便出名，某是闲曹，谨用虎城密电，请庆邸独对。此电颇有关系，乞照录三份，分速递京，分送庆王爷、荣中堂、王中堂拆。"④在致奕劻、荣禄、王文韶的虎城密电中，盛宣怀表达了与朝廷谕旨大相径庭的看法，并表示，该电"与江、鄂、闽、粤往返电商，意见相同，但疆臣不敢显言，某以闲曹，受恩深重，敢冒斧钺，乞代密陈"，最后特别强调"如有密旨，请用虎城电码，分递济南、保定递上海道分转最妥"⑤。七月五日，盛宣怀在致袁世凯的电报中，再次强调紧要电报需用密码："九五号微电，暨尊处致粤督九八号歌电，皆系

---

① 《盛宣怀致保定电局电》，见盛宣怀档案资料选辑之七《义和团运动》，105 页。

② 有关电报通信不畅对东南互保的影响，可参看本书导论相关分析。

③ 类似的电报除"宣战诏书"外，还有不少，如六月二十八日，盛宣怀两次致电各电报局，要求撤销"与东南大局甚有关系"的"挂林沁电"。参见盛宣怀档案资料选辑之七《义和团运动》，140~143 页。

④ 《盛宣怀致袁世凯电》，见盛宣怀档案资料选辑之七《义和团运动》，122 页。

⑤ 《盛宣怀致奕劻、荣禄、王文韶电》，见盛宣怀档案资料选辑之七《义和团运动》，123 页。

用新编，恐有泄露，转碍全局。以后务饬凡要紧报，均用密码为要。"①

　　由于这些密电均要通过山东转递，在督抚中资历甚轻的袁世凯得以参与李鸿章、刘坤一、张之洞等疆臣领袖与荣禄等中枢重臣的往来密谋，无形中大大提升了袁世凯的地位。例如刘坤一、张之洞六月一日的会奏便是由"东抚代为具摺"②。此前，盛宣怀在致张之洞的电报中表示："会奏已由洋线递榆关，东抚专马，四日到京最稳速，请另寄慰廷一份，并可请其列名。"③前文曾述联军进城后，徐郙等三十三名南城京官，联名函催李鸿章进京议和的电报，也是通过袁世凯转发的。庚子国变时期南北通信的重重阻隔，使得袁世凯因祸得福。此一时期，山东不但是地理上连接南北的枢纽，也成为信息通信上连接南北的枢纽。袁世凯作为山东巡抚，在此期间为各方所瞩目，亦得以参与机要，为其日后之显达积累了政治资本。

　　二、烽火连三月，家书抵万金

　　传统社会的民间通信，很晚才出现比较固定的专门机构。关于民信局的产生时间，一般有两种说法，一种认为是在明永乐年间④，一种则认为是在清嘉道年间⑤。民信局发展的鼎盛时期则是在步入近代后的同光时期，据《清稗类钞》记载，从同治年间开始，全国已达到"大而都会，小而镇市"，"东西南北，无不设立"的程度⑥；而根据《中国邮驿史料》所载，至光绪二十一年（1895 年）"全国大小信局有数千家"⑦。具体到北京，据《北京邮史》所载："在北京，自鸦片战争后，陆续开设了全泰盛、森昌盛、立成、三义成、正大、三盛、三顺昌、福和等十几家民信局。其中全泰盛、森昌盛专寄三江、两湖、云贵、四川的信。立成、三义成专寄天津、保定的信。正大、三盛、三顺昌、

---

①　《盛宣怀致袁世凯电》，见盛宣怀档案资料选辑之七《义和团运动》，155 页。
②　《袁世凯转两江总督刘坤一等摺》，见《义和团档案史料》上册，194～195 页。
③　《盛宣怀致张之洞电》，见盛宣怀档案资料选辑之七《义和团运动》，80 页。
④　徐建国：《近代民信局的寄递网络研究》，载《安徽史学》，2009(3)。
⑤　黄鉴晖：《民信局兴亡简史》，载《浙江学刊》，1986(6)。
⑥　徐珂编撰：《清稗类钞》第 5 册，2290 页，北京，中华书局，2010。
⑦　楼祖诒：《中国邮驿史料》，55 页，北京，人民邮电出版社，1958。

福和等专寄奉天、吉林、黑龙江的信。这些民信局多设在商业繁盛的
前门外打磨厂一带。"①

　　同治四年(1865年)，海关总税务司署移设北京；次年，总理衙门
把递送各国使领馆文件工作交总税务司赫德办理，这便成为海关兼办
邮政的开始。② 同治六年(1867年)，在北京设置的海关邮局公布了邮
件封发时刻表，"当时从北京寄往天津、上海的邮件，每星期封发一
次"。光绪四年(1878年)，北京邮政正式试办。③ 据黄福才《试论近代
海关邮政与民信局的关系》记载，同光之交，"海关邮政与民信局尚未
发生利益冲突，两者处于各行其事的状况"④。而据《北京邮史》记载，
"北京的海关邮局正式试办后，在很长时间内，除洋人前往投递邮件
外，中国的老百姓对它似乎不屑一顾。对此，连德璀琳也承认：'由于
没有收寄中国人邮件的有效办法'，北京海关邮局的经济亏损日见增
多。"⑤光绪二十二年(1896年)，以海关试办的邮政机构为基础，大清
邮政官局正式成立。自此邮政官局采用多种方法控制、排挤民信局，
特别是于光绪二十五年(1899年)颁布《大清邮政民局章程》，对民信局
进行重新登记，并就挂号领据、民间信函等方面作出多项规定。此外
又加强对水上邮政、火车邮政、陆上邮政的控制，"除中国邮政局交来
信件之外，其余无论何人及何信局交来往来中国各码头之华洋文信件，
招商局一概不得接带"。邮政官局的诸种限制政策"切断了通商口岸与
内地民信局的联系，迫使商民依靠邮政官局"⑥。不过，由于邮政官局
打击民信局的这些政策大都是在光绪二十二年之后才纷纷出台，尤其
是《大清邮政民局章程》至光绪二十五年才颁布。政策的推广实施存在

---

　　① 马骏昌、周新棠、阎荣贵、宋福祥：《北京邮史》，34页，北京，北京出
版社，1987。

　　② 邮电史编辑室编：《中国近代邮电史》，23～24页。

　　③ 马骏昌、周新棠、阎荣贵、宋福祥：《北京邮史》，32页。

　　④ 黄鉴晖：《试论近代海关邮政与民信局的关系》，载《中国社会经济史研
究》，1996(3)。

　　⑤ 马骏昌、周新棠、阎荣贵、宋福祥：《北京邮史》，34页。

　　⑥ 黄鉴晖：《试论近代海关邮政与民信局的关系》，载《中国社会经济史研
究》，1996(3)。

一个过程①，这使得庚子年间的南北民间通信仍然是民信局与邮政并行，而且由于民间长期依靠民信局通信，而这样的通信习惯也不是轻易可以改变的，所以庚子国变前后的民间通信应该仍以民信局为主。

庚子年五月间北京乱起，与电报的中断有明显的时间节点相比，民信局之邮信则视各信局具体情况而定，无法一概而论。五月十七日，叶昌炽得"栩缘书"："摺差自津沽航海带来。又得艺芳丈书，寄书邮云：京津道路尚通。"②六月二日，那桐"接到锡弟由杨柳青来书，知全眷由津逃出往南皮，幸勿恙。即日复其一信，交原人带回"③。家眷主要在天津的华学澜④自五月二十日后几乎每天都在收寄家信中度过：五月二十日，"龙文穆来，将家信交伊，讬其代送"；五月二十三日，"峻山去时，家信交伊烦代送"；五月二十五日，"卫哥又接家信，知天津洋人义和团在河东大战，房舍均烧，居民逃遁，城内尚属安静"；五月二十八日，"接家信，知大沽炮台失守。罗军门退至天津，即写一信，交送信人带回"；六月一日，"接家信，知天津尚未大乱，只每日必须坐夜防火，李信夫妹丈因絮村姻伯在张家湾，久未见信，信局捎信，不能到张家湾，嘱余由京为去一信，催其为家中寄信，晚写信，并李姻伯信"；六月六日，"接家信，即于卫哥回信附注数语，交送信人捎回"；六月十六日，"接家信，十三所发，知七弟得子，四弟由杨村回家。训平信，言天津鼓楼南、城楼各署，均被洋人用炮打缺。并云天成韩宅有致死者，焚去四合房六所，意甚仓皇，欲行逃避。七弟

---

① 事实上，从光绪二十六年至三十一年(1900年至1905年)，邮政官局与民信局还处于相当激烈的竞争之中，尽管邮政官局在政策方面占尽优势，但毕竟民信局拥有数百年的历史积累，在内地铺开的规模和深度都是起步不久的邮政官局难以企及的。光绪三十二年(1906年)后，"由于邮政局的机构大量增加，业务所涉范围扩大，并改善或增设了多项邮递服务项目"，邮政官局才在与民信局的竞争中逐渐获得越来越明显的优势。参见黄鉴晖：《试论近代海关邮政与民信局的关系》，载《中国社会经济史研究》，1996(3)。

② 叶昌炽：《缘督庐日记钞》，见中国近代史资料丛刊《义和团》(二)，443页。

③ 北京市档案馆编：《那桐日记》，347页。

④ 据陶孟和之《辛丑日记序》记载，华学澜因家贫，不能独立门户，"在京馆金寿家"。庚子后，华学澜得放黔省试差，"逾年，家眷始迁京"。陶孟和：《辛丑日记序》，见华学澜：《辛丑日记》，451、453页。

信甚安闲镇定耶，恐余悬系耶，不得而知。唯见家信知家人均尚无恙，即足慰耳"；六月十七日，"实甫归，携来弼叔家信，知大沽口及东局均已恢复，天成韩宅死却小孩二个……炮弹几于无家不有。危哉！"；六月十八日，"聚兴杜记报房来取家信，信系十六日接信后所写，原为送信人顺便带回，乃伊不耐久等，先往他处送信，至今日始来取酒资取信，因迟日已多，在信后又赘数语，然后交伊"。①

由上可知，在六月十八日天津沦陷前，京津间的通信并未中断，除托人代送外，专门的送信机构也仍在运转中。五月中旬时，航海而来的南方书信亦可由津沽送到。互有来往的天津京官收到家信后，会互相传观。身在南方的翁同龢对于北方状况的了解，主要来自报纸，此外便是家书。其所观之家书，亦多是传观他人之家书：六月十一日，"李玉舟家书，廿一发，云城内外焚烧千余家，同乡人均已迁避，此确信"；六月二十一日，"得郎亭函，传抄李家驹家书，详上月下旬京师事，即复之"。② 当时南北之间的通信因华北之乱，已存在较大障碍，所以叶昌炽于六月四日"作南信一函，寄康吉、允之、心葵，属后事"，但又担忧此信"能达与否，未敢必也"。③ 其实，此时南北之间亦有成功通信者，如华学澜于七月四日"接一叔信，十七日自清江浦发"；七月十日，又"接一叔信，前月二十三日由清江浦发者，较前三信加详，已闻天津失守，尚未知乡试改期"。④ 华学澜的"一叔"即华金寿，时派为福建乡试主考官。华学澜于七月四日收到华金寿于六月十七日发自清江浦的书信，后又于七月十日收到六月二十三日发自清江浦的书信，可见当时南北通信亦有可能，书信从清江浦至北京约需半月以上的时间。这或许也与华金寿时为福建乡试主考官的身份有关，其信可以通过国家驿传体系送达，因此更有保障。

实际上，对于那些位高权重者而言，即使身处乱世，想要获得家人的信息，仍是不太困难的。庚子国变时，盛宣怀的二女儿及女婿姚

---

① 华学澜：《庚子日记》，见《庚子记事》，101～105 页。

② 翁同龢：《翁同龢日记》，陈义杰整理，第 6 册，3276～3277 页，北京，中华书局，1998。

③ 叶昌炽：《缘督庐日记钞》，见中国近代史资料丛刊《义和团》（二），448 页。

④ 华学澜：《庚子日记》，见《庚子记事》，110～111 页。

赓韶正在北京，且女儿将要产子，因此在盛宣怀的多封电报中，可见其对于女儿女婿状况的询问与安排。如盛宣怀在五月十九日致北京电局电报委员冯赦高的电报中，询问"小女产否"，且嘱咐"外耗切勿告之，恐一惊又病"；五月二十七日致总署总办顾康民的电报中，又询问"小女产安否"，并要求"详细复电交慰帅，专马甚速"；六月三日致姚赓韶的电报中，再次询问"二女产安否"，并指示"汝等应避西城，望速复电，交专差保定发"；六月十一日，致电已逃到德州的冯赦高，"小女是否同到德州？何以不提？速据实电示"。① 身处乱世，人们对于信息的需求急剧增加，再加上消息隔绝，更激发了人们对于信息的渴求。即使是掌握中国电报系统的盛宣怀，要了解家人的信息，也不得不一再通过询问他人来获悉。即便如此，也已属幸运。更多的人，包括普通官员，则是完全无法得知家人信息，以致常在担心恐惧之中，甚者忧虑而死，恽毓鼎伯母便是如此，而恽毓鼎获此噩耗，已在其伯母去世四十日后。高枬也有类似经历，其在十一月八日的日记中表示："自三月以后，未接家函，寿侄以即用到湘，初得小厘差，到局而殁（四月初一）。至九月初八，予乃得信，大局未宁，内忧遂迫。"② 当华学澜于七月四日收到华金寿于六月十七日发自清江浦的书信时，华金寿已于七月一日因酷热异常，"忽得痧症不及施救"而在常州去世。③

　　相对而言，此时更让华学澜揪心的是，其在天津的家眷自六月十八日后便再也没有任何家信寄来。六月二十日，华学澜听说天津失守的传闻，"未知确否，心甚悬系，然亦无可奈何"。次日，"遣李二到弼叔处询问接家信否"，"未见家信，只知天津北门已插俄国旗"。六月二十二日，"何清由大德通回，言伊处无便寄山东信，天津信局亦不收，两信均转回"，"见实甫，知洋人入天津城，系以教民扮作义和团，赚城而入。城外同乡亦均未接到家信，此系得之传闻"。无可奈何之下，一些天津京官决定各派家仆结伴回津"探听确耗"。七月二日，"表姐丈邴君自津来，言二十八日伊尚进城，城内焚掠不堪"，"无论男女皆掳

---

①　盛宣怀档案资料选辑之七《义和团运动》，55、84、100、114 页。

②　高枬：《高枬日记》，见《庚子记事》，221 页。

③　《中外日报》光绪二十六年七月六日。华金寿之子华石斧则于七月十八日起程前往南方料理其父后事，参见华学澜：《庚子日记》，见《庚子记事》，114 页。

往紫竹林，勒令入教，剪去发辫，为之执役"，华学澜"闻之令人心悸欲死。然其人素好过言，亦未敢深信，然心不能不摇摇如悬旌也"。直到七月二十七日，华学澜家的仆人从天津来京，其询知家中全眷皆无恙，其在当天的日记中写道"喜可知矣"①。身在湖南的杨度在六月七日的日记中写道："伯父独在朝阳，伯母与两幼弟在天津，道阻千里，两不相顾。笃哥又独在张家口，流离分散，忧心如煎。"②杨度遣人往朝阳发电，"问家眷消息"，"电断不能达"；再发电往天津，"亦不能达"。杨度之母令其"由清江大道晨夜兼驰，趋赴天津，以迎家室"，但"恐其避乱南归，中途相左"，只能作书先探消息，须"眷未归，路可通，然后往"。于是又遣人"至县发信，归云可去，但局中无北方来书"，杨度为此叹道"亦可忧也"。直至七月五日，"得朝阳书，知天津家属尽避丰台，笃哥亦往，虽暂不能归，合家闻之，已皆狂喜不寐"。

无论是身处北京的华学澜，还是身在湖南的杨度，或者是身在上海的盛宣怀，以及身在常州的恽毓鼎伯母，他们的多方询问以及忧心如焚，都是因为他们有家人身在众所周知的危难之中。同样，对于身处危城者，他们也非常理解家人想要获悉自身信息的迫切性。华学澜在八月七日的日记中表示："耀卿来，拟觅一人往胜芳送信，其家现在胜芳。天津人在彼避乱者甚多，恐音信不通，以讹传讹，不知说京城若何糜烂，思去信以慰之，用心良是。"③同一天，恽毓鼎也托人"带家信一纸，报眷口平安，使伯母诸兄弟知余全家尚在也"；八月三十日，又托"士斋访赫德"，"将家信托其寄南，赫君即日交邮局寄去"，恽毓鼎感叹"家书抵万金，信然"。④此时，对于更多的人而言，寄信还是得托人转递。如华学澜在八月二十三日记道："世月舫来，闻有赴津人便，烦为其尊人往湖北寄信"，"铭宝臣亦送来一信，托寄往浙江湖州府"。⑤九月廿五日，因为汪贻书将要回南，高柟"持东垣信往浏阳

---

① 华学澜：《庚子日记》，见《庚子记事》，114 页。

② 参见北京市档案馆编：《杨度日记（1896—1900）》，173 页，北京，新华出版社，2001。

③ 华学澜：《庚子日记》，见《庚子记事》，118～119 页。

④ 八月二十八日，赫德便向恽毓鼎表示，"可以代寄南信"。见恽毓鼎：《恽毓鼎庚子日记》，《义和团运动史料丛编》第 1 辑，64、67～68 页。

⑤ 华学澜：《庚子日记》，见《庚子记事》，124～125 页。

馆"，"面交颂年"。① 京官们"思去信以慰"远在家乡的亲人，是因为他们担心"音信不通，以讹传讹，不知说京城若何糜烂"，使得亲人倍加忧虑。这些远在家乡的亲人们何以认为"京城若何糜烂"呢？除了"音信不通，以讹传讹"之外，报刊的推波助澜应该也是重要原因。

三、报刊与南方对北方乱象的了解及想象

庚子年间东南地区的中文报刊，销量最广的是《申报》《新闻报》与《中外日报》。② 这些报纸对义和团运动均有大量报道与评论，学界对此已有不少研究。③ 这些研究基本上只是关注义和团运动时期的社会舆论，对于当时的交通、通信以及官商士民的离乱等社会生活方面的内容较少涉及。事实上，报刊除了评论之外，更重要的功能是提供新闻消息。就此而言，这三家报刊为我们保留了大量的有关庚子国变时期的社会生活史料。对于当时的南方人而言，在南北通信几乎断绝的情况下，他们要了解北方的状况，一般都要通过报刊。④

---

① 高枬：《高枬日记》，见《庚子记事》，210 页。

② 廖梅：《汪康年：从民权论到文化保守主义》，242 页，上海，上海古籍出版社，2001。《汪穰卿先生传记》亦有类似记载，《中外日报》"至庚子夏秋间，北方拳匪肇衅，始复增至万余"，而"是时上海之报纸，最流行者为《申报》及《新闻报》"。参见汪诒年纂辑：《汪穰卿先生传记》，79 页，北京，中华书局，2007。

③ 参见岑洪：《义和团运动期间的〈申报〉舆论》，硕士学位论文，华东师范大学，2004；况落华：《〈新闻报〉视野下的义和团运动》，硕士学位论文，华东师范大学，2007；钱秀飞：《〈中外日报〉视野下的义和团运动》，硕士学位论文，华东师范大学，2008；邵雍、王惠怡：《〈申报〉对义和团运动的舆论导向》，载《安徽大学学报》（哲学社会科学版），2011(2)。

④ 庚子国变时，在武汉就读铁路学堂的曹汝霖，曾在回忆录中表示，"余只看报章，实情不甚了了，史称为庚子之役"，参见《曹汝霖一生之回忆》，14 页，北京，中国大百科全书出版社，2009；湖北鄂城人朱峙三得知有关京城的消息，主要来自其父，而其父订有《申报》，此外另有其师"自武昌寄回《新闻报》"，参见胡香生辑录、严昌洪编：《朱峙三日记(1893—1919)》，56、69~70 页，武汉，华中师范大学出版社，2011；时在云南蒙自任文案的满人天主教徒英敛之从友人处得知"北京被拳匪围城"，后至越南河内"向纪司铎借《汇报》八张，归阅，津、京乱甚，消息难详，为之忧闷，不知家中安否"，参见方豪编录：《英敛之先生日记遗稿》，见沈云龙主编：《近代中国史料丛刊》续编第三辑，第 21~23 号，120、133 页，台北，文海出版社，1974；身在湖南的杨度在六月二十日的日记中也详细记载了其通过"阅报"所获得各种军国大事信息，并表示"南北已成分局"，参见北京市档案馆编：《杨度日记(1896—1900)》，175 页。

　　时居常熟的翁同龢在五月十二日的日记中首次表达对于义和团运动的忧虑，即在阅读了《申报》的新闻之后："《申报》拳匪日炽，烧狼房车栈，杀比国工匠，又云夷兵陆续入京保护使馆。此可忧事，如何如何"；六月三日记："报纸有十七、十九日谕旨，严拿戕日本书记官之犯，又宣布拳民在涿州等处具结毁棚，又严九门之禁，有昨夜仍有喊杀焚抢之语，则京师之乱可知矣，阅之头眩心悸不可支，奈何奈何"；六月二十四日又记："天津城于十八日失守，聂士成阵亡，山海关洋兵上岸，皆报纸所传，然惊心动魄矣"；七月二十五日再记："报传西兵于廿一入京师，虽未确，然惊魂飞越，我两宫圣驾如何，羁臣无状，撼不执戈扦揱也。竟夕不寐"。①

　　《申报》与《中外日报》均于七月二十五日报道了联军入京之事。《申报》于头版论说之后，以《联军入京》为题进行报道：

　　　　昨日西人由天津电致烟台转达上海云，东西各国联军已于华历本月十九日行至北通州，旋于二十一日薄京城。当在通时，华军略为抵御，然亦不甚勇猛。及抵京，即由东直门入。在京各营不复与之鏖战，是以联军亦并未以枪炮从事，诚人民之大幸也。至于各国公使，类皆幸获安全。此外官绅商贾千余人，则若存若亡，一时尚难查悉云。②

　　由此可知，《申报》是七月二十四日才从西人处得知京城沦陷；同样，《中外日报》也是七月二十四日才得知相关消息："昨日得烟台友人专电，内开二十一日西兵至北京城外攻击竟日。傍晚日本兵用炮攻破东直门及朝阳门，各西兵即乘势入城。日本兵由东便门入城，各公使均无恙。"③两报消息来源均是烟台。事实上，当时中国掌握信息最迅速的盛宣怀得知联军入京的消息也是来自"烟电"，其在七月二十三日

---

① 翁同龢：《翁同龢日记》第6册，3271、3274、3277、3282页。
② 《联军入京》，载《申报》，光绪二十六年七月二十五日。
③ 《警信六十五志》，载《中外日报》，光绪二十六年七月二十五日。

便已得知。① 前文曾述当时盛宣怀安排的电报线路是由各电局致电济南或德州电局，再由专马递送至京，这是中国方面最快捷的通信渠道。联军方面南北之间的最快捷通信渠道是，在京津之间设军用电报线，然后"由天津派快艇将电报送到烟台，由烟台中国电报局拍至上海"。② 联军入京后，对于中国方面而言，京城无主，山东与京城之间的联系实际上已经中断；而在联军方面，则可以迅速将占领北京的消息由行军电报传至天津，再由天津送至烟台，然后电达上海。联军七月二十一日攻占北京，盛宣怀七月二十三日得知此信，由此可知联军的这种信息传递方式，快捷程度或更优于济南之转递。也正因为如此，上海的报刊采用来自烟台的电报，在新闻报道的时效性上是非常有力的。

不过，对于当时的报刊而言，类似的电报新闻毕竟只是少数，大部分消息得自友人来函及传闻，因此消息不准确者也非常之多。如《中外日报》七月十三日在头版"紧要新闻"中有这样一则报道："探得初三日被祸之大员，除许侍郎、袁京卿外，尚有五人。闻朱古微阁学祖谋、恽薇孙阁学毓鼎均在其列。"七月二十七日的"紧要新闻"中，又如此更正："探得荣中堂及朱阁学祖谋、恽阁学毓鼎、黄翰讲思永均下刑部监禁。按：据此，则前报所登朱恽二阁学与袁许二公同时赐死之说，的系讹传。"③本节开头所述恽毓鼎伯母于七月二十七日去世，或许也与当时的报刊误传信息有关。事实上，《申报》还曾针对不确信息发表过相当于社论性质的评论文字，如六月三日在头版刊登的新闻："探闻昨日苏松太兵备道余晋珊观察接北方确电云，拳匪已平，大沽西人守东炮台，华兵守西炮台，西兵舰均泊口外，电线已接，惟火车尚未通行。"④次日，便发表论说，表示："北方匪已渐平，自可信为确凿。非

---

① 七月二十二日，盛宣怀曾致电"各省电局、将军、督抚"，告知"联军十九据通州，拟攻东直门，另由河西务赴京西南"；七月二十三日致电驻日公使李盛铎，称"烟电，敌廿一到京，各使无恙"。参见《盛宣怀致各省电局、将军、督抚电》《盛宣怀致李盛铎电》，见盛宣怀档案资料选辑之七《义和团运动》，192～193 页。

② 邮电史编辑室编：《中国近代邮电史》，72 页。

③ 《警信五十二志》《警信六十七志》，载《中外日报》，光绪二十年七月十三日、七月二十七日。

④ 《申报》，光绪二十六年六月三日。

但北方浩劫从此可消，而南方人心亦可以定，沪上之市面亦即可有转机，杞人之忧遂瓦解冰消，不禁为之喜而不寐。"①正因为如此，翁同龢在日记中多次表示，"报纸皆谣言"，"报传多妄"，但同时又离不开报纸，对于某日报纸之有无甚为上心，在日记中也不忘记录。总体而言，翁同龢对于报纸上的新闻采取半信半疑的态度，如八月二日所记："报传銮舆还京，疑信参半，苦不得确音"；又于闰八月九日记："日报刊某大臣于扈从出都日记，其真伪莫知，然于六飞在途情形甚详备，自恨羁囚，不能奔赴，饮泣而已"。②虽然对于报纸上的新闻半信半疑，但这些新闻终究还是极大地影响了翁同龢的心境乃至生活，如七月二十五日从报上得知联军入京师的信息后，翁同龢于次日"晨入城"，"中怀郁结，耳鸣如雷"，二十七日"头旋欲仆，胸中搅扰作恶"，因而不得不请人诊治，更表示"值此事势，祈死不得"。

对于南省一般读者而言，尤其是有亲人有困处北方者，报刊上有关南省官商士民的新闻报道，一定也会极大影响他们的情绪与生活。这样的新闻报道在当时的报刊上并不少见。其中，既有对北方乱象生灵涂炭的概述性呈现，也有对某些人物个人命运的具体关注。如天津失陷后，《中外日报》曾于七月一日以《记津地近状》为题对天津兵灾后生灵涂炭的状况进行白描，"城中各处，遍地瓦砾，情景凄凉，殊形惨目"，"男女老少，尸骸满地"；七月二日，又以"津电照译"为题再次进行描述："天津城内情形，伤心惨目，殊非笔墨所能尽述。街巷间尸骸横陈多以千计。"③《申报》亦于七月二日以《函述天津乱事》为题，登载了由津回沪之人口述的天津乱状，其中也有这样的描述："死亡甚众，尸积满河，又有多尸从上游流下……间有被洋人轰击屋宇中弹而毙者。沿河臭秽异常，河水不可供饮食。"④

北京失陷后，有关北京的类似报道也有不少，如《中外日报》八月二十四日以《行纪照录》为题登载了"寓居日本友人"提供的"日本人植松

---

① 《申报》，光绪二十六年六月四日。
② 翁同龢：《翁同龢日记》第6册，3282~3289页。
③ 《中外日报》，光绪二十六年七月一、二日。
④ 《函述天津乱事》，载《申报》，光绪二十六年七月二日。

良三所著北京行纪":"城内外惨遭兵燹，街市毁失十分二三，居民四面逃遁，兄弟妻子离散，面目惨淡。货财任人掠夺者有之，妇女任人凌辱者有之，不能自保。此次入京之联军，已非复昔日之纪律严明。将校率军士，军士约同辈，白昼公然大肆掠夺，此我等所亲见。计京城内富豪大官之居宅，竟无一不遭此难者，决非过论。"①植松良三之所以特别强调"此我等所亲见"，联军"已非复昔日之纪律严明"，乃是因为当时的一般国际舆论，包括南方一些报刊均认为联军纪律严明，不会出现"公然大肆掠夺"等现象。当时《中外日报》《申报》等南省报刊关于北方的新闻又多转译自西报，因此报纸上关于联军进入北京之后大肆抢劫的报道极少，至八月十六日南省某读者致函《中外日报》，仍称"联军入都""颇有纪律"。②南省报刊与读者对于联军的这种印象，一方面来自于西方人的长期自我标榜，另一方面则是由于信息的极度缺乏。南省报刊有关北方战乱的新闻信息很大程度上来自于西电、西报、西人来函，因此难免对于北方乱状产生不准确的想象。③

　　因为缺乏更多更准确的有关京津乱状的信息来源，报纸上更多的是一些具体到个人的乱世遭遇。这些信息多出自"各地来函"，即那些从北方逃回南方者的口述，或者各地访事人有关各地官绅士商自京津逃回南方传说的耳闻，其中以访事人的耳闻居多。《中外日报》七月十日刊登了一则"苏州来函":"某观察哲嗣昆季三人素在北洋学堂肄业，当天津租界失守时，被俄兵掳去三日，充当包尸苦工。继经西教习丁君设法救出，仍回学堂暂住，直至上月二十日始由丁君护送上轮，乃得生还吴地，亦险矣哉。"八月十日报道:"有友来自津郡者，述及扬郡李毓如部郎全家惨死之状，令人发指。"八月二十一日，又报道:"湖北京官范郎中德镕、胡主政大崇，均在京寓为枪炮之声震惊毙命";"铁政局委员查大令有铨，于四月间奉解京饷，并请咨引见。到京后……

---

①　《行纪照录》，载《中外日报》，光绪二十六年八月二十四日。
②　《慈谿王君来函照录》，载《中外日报》，光绪二十六年八月十六日。
③　当然，这也并不意味着西方报刊对于联军的抢劫行为没有报道，事实上不但有报道，还有评论，何伟亚等海外学者的有关研究，正是基于此。只是相对而言，西方媒体不会太过关注这个有损自身形象的话题。

大令进退维谷，忧闷成疾，殁于京邸"。① 前文所述有关朱祖谋、恽毓鼎的报道，也正是大量类似报道中的普通一例。

除南省人在京津遭难的报道之外，还有一类报道也非常之多，即南省人逃难路上的遭遇。《中外日报》于七月十三日在"紧要新闻"栏中以《记京电局冯君遇险事》为题，详细报道了北京电报局委员冯敦高离京南下行程之艰险："行至通州，雇舟将行，突有义和团数十人聚而询其姓氏。紫仙应之曰冯，团匪意似甚怒，即曳至岸上询其即洋报局总办否，紫仙见势不佳，诡称并非洋报局总办，再三恳求，团匪始释之去。复行至沧州一带，又有团匪高声询有洋报局总办冯某否，紫仙已预嘱舟人勿应，始获安抵济南，现已雇车赴清江矣。"② 当日该报又云："近日凡苏人之自北归来者，类皆行李全无，仓皇失措。"七月十五日又以"山东友人来函"的形式，报道"有自天津来之某观察家眷船数号，行李颇多，该匪故借查验为名，登舟行劫，继竟肆意杀人，计各船上共死百余人，夺去什物计值千余金"。③ 以"某观察"为名而不指名道姓的报道，在这些报刊中还是比较少见的，大部分逃难者均有名有姓，如"前任顺天府府尹胡云楣侍郎""前工部尚书钱子密大司空""海运局总办王旭庄太守""黄学士思永家眷""太平王主政""陆凤石侍郎眷属""秦太史家眷""山东学政眷属"④"前任江宁藩司瑞方伯璋"⑤"彭子介主政""吴蔚若宫允之夫人"⑥等。

报纸除了报道南下逃难者可能遭遇到的危险之外，还详细报道了一些逃难者在旅途中的困窘之状。如《申报》对瑞璋南下行程的报道："当各国联军入京之际，乘机挈眷而南，途中迭遇匪徒，以致行李被掠

---

① 《中外日报》，光绪二十六年七月十日、八月十一日、八月二十一日。

② 《记京电局冯君遇险事》，载《中外日报》，光绪二十六年七月十三日。

③ 《中外日报》，光绪二十六年七月十五日。

④ 《中外日报》，光绪二十六年七月十五日、七月十七日、七月十八日、七月二十五日、七月二十七日、八月十八日、八月二十三日、八月二十七日。

⑤ 据报道，刘坤一向其"寄银五百两以济急用"，又"函讬漕督以下各官推情资助"，参见《中外日报》，光绪二十六年八月二十八日。《申报》于闰八月一日也以《宦海飘零》为题对此事进行了报道。

⑥ 《中外日报》，光绪二十六年闰八月十一日。

无遗，瀛眷亦均散失，不得已沿途典质，始能竭蹶抵清江。"①《中外日报》于七月六日便以《常州来函》的形式报道："本郡宦官家眷现在流寓德州济南者，均以旅费缺乏电嘱汇款应用，而本城庄家因银根紧亟，竟不能如数汇出，是以各家甚为焦急。"八月二十六日，《中外日报》又在"紧要新闻"中报道："探得陆凤石祭酒之眷属，虽在昌平州避难，然困苦殊甚，而祭酒又杳无踪迹，现其亲友拟派妥人携资前往接济。"更甚者，恐怕还是"查无下落者"。如《中外日报》于八月十一日报道了《李毓如部郎全家惨死》的新闻后又云："李侄名桐生者，先期逃难南来，至今尚未抵家"；八月二十七日报道，徐用仪之子"号毓臣者，随侍在京，自尚书被逮后，生死存亡，至今家中未得信息"；闰八月七日又报道："闻浙省粮道派赴津局各员，当津地变起之时，虽皆陆续由陆路狼狈遁回，然迄今查无下落者尚有五人；苏省津局各员，查无下落者，且不止此数"。②

这类新闻信息的刊诸报端，势必加剧南省人士对于困处北方之亲人安危的担忧。《申报》于八月一日刊登了一则题为《招寻孙仲英》的广告："孙君仲英自端午前返天津公馆，津郡失守后有见孙君于五月中即买舟避难他处，惟迄今查无确信。伊有家眷在申，屡欲自尽，经友人暂为劝止，为此登报，凡有亲朋如知孙君下落，即乞速寄一信至申。"③《中外日报》在闰八月六日也有类似报道："南乡某甲向在天津设肆售卖广货，其母及妻均留居故里。五月间甲寄家信云，已避难至京华。迩有各国联军入京，甲久无消息，母忧成疾，妻年甫二十，惊惧尤甚。刻已讬人赴北往探，未识能得其存殁确耗否？"同一天的《中外日报》上，还有这样一则报道："邵绅之在津直一带者，殊不乏人。近自拳匪扰乱以来，类皆音信杳然，家属人等恐有疏虞，咸深疑虑，或传电探问，或驰书访觅，终难得实。兹特由各家属互筹，得川资洋百余元，公雇一熟悉北道可靠之家丁，前往都中遍行探访，未识能悉庆平

---

① 《宦海飘零》，载《申报》，光绪二十六闰八月一日。
② 《中外日报》，光绪八月十一日、八月二十七日、闰八月七日。
③ 《招寻孙仲英》，载《申报》，光绪二十六年八月一日。

安否?"①

从这些散见于报刊的新闻报道中可以看出,东南士绅在庚子国变时成立救援组织,前往北方援救遭难之东南官绅士商,在东南地区是存在着广泛的社会基础的,甚至可以说是东南诸省上下一致的迫切要求。

① 《中外日报》,光绪二十六年闰八月六日。

第三章 从"江浙"到"东南"：
救援组织的成立

　　庚子救援最重要的两个组织，一个是由陆树藩、潘炳南领头主持的救济善会，一个则是由江南义赈领袖严信厚、杨廷杲、庞元济、施则敬、席裕福等出面主持的济急善局①。其成立的时间若以善会组织在报纸上公开发布启事的时间为准，则救济善会成立于庚子年八月十六日（1900 年 9 月 9 日）②，济急善局则成立于庚子年八月二十五日（1900 年 9 月 18 日）③。在两大救援组织成立之前，陆树藩曾与严信厚等义赈领袖进行过沟通，但并未达成一致，陆树藩因此自立门户，创办了救济善会。

第一节　救济善会的成立与东南意识的表达

　　虽然庚子救援行动中最重要的两个救援组织都成立于上海，并以上海为中心展开各种救援行动。但就南方诸省而言，救援之举并非始于上海。在救济善会成立之前的一个多月，即七月初，广东便有一些慈善组织展开了接济旅津粤人回籍的救援行动。

一、"谊笃梓桑"与"粤人好义"

　　七月三日，《申报》刊登了一则题为《欣回故土》的新闻："华历七月初一日香港来电云，港督电达驻天津武员，请设法备船，将在津粤人之愿回桑梓者一律送回，其费以洋银五千圆为止，业已由香港粤商集

① 济急善局此后扩展为东南济急善会，盛宣怀成为该善会最重要的主持者，本书第四章将详述。

② 《救济善会启》，载《申报》，光绪二十六年八月十六日。

③ 《济急善局公启》，载《申报》，光绪二十六年八月二十五日。

有成数矣。"①十一天后,《申报》又以《谊笃梓桑》为题对此事进行了详细报道:

> 香港循环日报云,拳匪肇祸,洋兵深入,天津战斗频仍,所伤不少。旅津粤人之得保生命者,大都避匿地窖,以期残喘苟延。前经香港东华医院诸绅,禀蒙卜制军,致电英国统兵官,将遇难粤人约二千名保护出口,所有费用胥由港绅支出,制军愿担保洋银五千圆。兹者东华医院诸绅,复函商省垣各善堂,协筹经费。旋由广济医院拨出洋银三千圆、崇正善堂拨出洋银二千圆,并刊发小启劝捐。闻自六月中旬,英国统兵官已准租界华人南下,故连日轮船到港,粤人之归自七十二沽间者,已络绎不绝。第多属自备资斧,至于资财荡尽逗留津郡糊口无资者,尚不乏人。斯则专望诸善董竭力扶持,俾出水火而登衽席也。②

由上可知,救济在津粤人回故里的计划是由香港东华医院诸绅首先倡议。香港东华医院长期以来是香港首屈一指的华人慈善机构,成立于同治九年(1870年),取名"东华医院",寓意"广东华人医院"。③据《东华医院与近代香港华人社会》一文记载:"东华医院的值事是从各行业商会挑选出来的,代表了香港整个华人商业社会,故东华医院的主席及值事均由全港最财雄势大而又德高望重的商人担任。"④由于东华医院绅董本身具有的地位,再加上从事慈善事业的光环,因此东华医院在香港的华人社会中享有崇高的威望,甚至一些华人间的纠纷也会找东华医院调解、仲裁,因此有人称"东华医院主席可以被认为是香港华人的非正式的市长"⑤。同时,在港府缺乏华人代表的情况下,东华医院"又充当了港府与华人之间的主要联系机构"⑥。所谓"卜制军",

---

① 《欣回故土》,载《申报》,光绪二十六年七月三日。

② 《谊笃梓桑》,载《申报》,光绪二十六年七月十四日。

③ 周秋光:《近代中国慈善论稿》,215页,北京,人民出版社,2010。

④ 余迅翎:《东华医院与近代香港华人社会》,12页,硕士学位论文,暨南大学,2008。

⑤ 张晓辉主编:《百年香港大事快览》,70页,成都,天地出版社,2007。

⑥ 张晓辉:《近代香港的华商社团》,载《档案与史学》,1998(1)。

即时任香港总督卜立。东华医院诸绅即通过香港总督卜立，“致电英国统兵官”，将“在津粤人之愿回桑梓者一律送回”，而费用“由港绅支出”。这笔费用如引文所述，实由广州的慈善组织广济医院与崇正善堂拨出。《申报》于七月十七日对此事有后续报道：

> 广东访事友人来函云，近日粤省崇正善堂绅董，出有传单，沿户分派。内开接到香港东华医院来电，称天津开仗后，广东官绅商众无处栖身者，二三千人。幸英官力为保护，但米饭不敷，危在旦夕，速即雇船，前往接济难人运回原籍，免至失所，嘱本堂请殷商富户捐助银两拯救。本堂刻不容缓，即于本月初一日早，先垫银二千两汇缴东华医院代收，以后随收随汇，成此美举。如有善士乐助，不拘多少，缴到本堂账房，奉回收条，以免假冒云云。粤人真可谓见义勇为矣。①

崇正善堂成立于光绪二十二年，由商人陈基建、陈启沅等设立②，主要从事“赠医小儿、宣讲圣谕”等活动。③ 崇正善堂的活动并不仅限于此，它于光绪二十四年还参与了《粤省平粜》等活动。④ 己亥、庚子年间，崇正善堂绅董陈启沅等具禀粤督李鸿章，指“联和公司贩米出洋，专利病民”，得到李的重视，将“该公司革退，以示惩儆”。⑤ 后来，李鸿章奉召入京议和，崇正善堂“约各街绅商齐赴督辕禀留”⑥。可以说，庚子年间的崇正善堂表现极为活跃，俨然成为广东绅商界的领袖。

---

① 《粤人好义》，载《申报》，光绪二十六年七月十七日。
② 贺跃夫：《晚清广州的社团及其近代变迁》，载《近代史研究》，1998(2)。《广州简史》认为创办人是“朱寅初、陈启沅等”，见杨万秀、钟卓安主编：《广州简史》，332 页，广州，广东人民出版社，1996。
③ 杨万秀、钟卓安主编：《广州简史》，332 页。《申报》光绪二十三年正月二十一日以《粤海春波》为题对此亦有报道，指出其“专为儿科一门而设”。
④ 《粤省平粜》，载《申报》，光绪二十四年三月十二日。
⑤ 《关心民食》，载《申报》，光绪二十六年三月十一日；《局示照录》，载《申报》，光绪二十六年三月二十一日。
⑥ 《傅相批牍》，载《申报》，光绪二十六年六月六日。

　　清末广州有"九大善堂"，崇正善堂只是其中之一，参与了救援行动的广济医院也是其中之一。"九大善堂之冠"是"得到商人行会支持的方便医院"。① 据《广州简史》记载，广济医院约成立于光绪十九年（1893 年），方便医院成立于光绪二十年（1894 年），均由七十二行商创设。② 而"七十二行"这个名目，"始成于科场之供应，继彰于商包厘金"。"科场之供应"已不可考，而"商包厘金"是指光绪二十五年刚毅南下筹饷，广州商人岑敬舆等以七十二行的名义承包厘金。正是在这个过程中，"社会和官府实际上承认了七十二行是广州商人全体的代称"③。

　　无论是"代表香港整个华人商业社会"的东华医院，还是代表"广州商人全体"的九大善堂，在庚子年的兵灾面前，很快便达成一致，联合开展援救旅津粤人的行动。这一事实充分展现了桑梓之谊对于广东绅商的号召力，同时由于这些绅商主持的善会组织在广东民间拥有的社会影响，某种程度上也可以说，救援行动的快速实施也充分体现了对于旅津粤人的乡谊在整个广东社会都拥有着强大的感召力。

　　援救旅津粤人的行动能够顺利实施，有两点重要的原因。一是，东华医院诸绅与香港总督卜立的顺畅沟通。在当时津沽出海口完全掌握在联军手中的情况下，要援救旅津粤人回籍，没有联军的协助，或者许可，几乎是不可能的。要取得联军的协助，最好是通过洋人来居中搭桥。香港东华医院成立后，便"充当了港府与华人之间的主要联系机构"，因此由东华医院诸绅来联系港督卜立是再自然不过的事情了，这一环节因此顺利实现。其次则是东华医院、崇正善堂、广济医院等善堂善会此前的慈善活动，及其影响的积累。无论是援救倡议的提出，还是救济经费的迅速到位，或者救援工作的协调，这些救援活动都是完全围绕东华医院等慈善机构展开的。

　　不过，援救旅津粤人的行动虽然很早便展开，行动也很迅速，但

---

　　① 贺跃夫：《晚清广州的社团及其近代变迁》，载《近代史研究》，1998(2)。
　　② 杨万秀、钟卓安主编：《广州简史》，332 页。
　　③ 邱捷：《清末广州的"七十二行"》，载《中山大学学报》（社会科学版），2004(6)。

可能持续时间不是太长，也没有延及旅京粤人。九月二十一日的《申报》刊登了济急会的第九号公函，其中有这样一段话："弟又接广东广济医院函，托寄交广东人陈子砺太史伯陶规银五百两，并托陈子砺太史代送尹庆举孝廉规银二百两。"①至九月间，广济医院对于旅京粤人的救济也只能通过东南济急善会来实现。这或许与东华医院、广济医院等慈善机构并非专为庚子救援而设立有关。庚子国变突如其来，在大多数人毫无心理准备的情况下，京津便已沦陷，因此大量南省人士困处北地。想要把这些南省人士援救回籍，这样一个庞大的救援计划，绝非一两家善堂善会可以完成的，它需要专门性的救援组织，并设法动员整个南方社会的力量才能完成。

二、救济善会的创办者

救济善会的创办者主要有两个人：陆树藩和潘炳南。陆树藩，字纯伯，号毅轩，浙江归安县人，清末著名藏书家陆心源之子。② 陆心源，字子稼，一字刚父（甫），号存斋，晚号潜园老人，为晚清四大藏书楼之一、浙江皕宋楼主人。③ 陆家向有行善传统，丁丑、戊寅年间，华北奇荒，时任直隶总督的李鸿章致函陆心源表示，"湖郡丝利甚大，绅富为浙西之最，又得台端乡望凤隆，代呼将伯，必有闻风兴起踊跃乐输者"，但同时也认识到，"本地绅士劝济他省赈捐，本极难事，所望妥善劝谕，涓滴归公"。④ 据《潜园遗事》记载，在赈济"丁戊奇荒"的过程中，陆心源先是带头"捐金一千"，后又"促湖郡乡绅捐款达数万"。

---

① 《济急第九号公函》，载《申报》，光绪二十六年九月二十一日。

② 徐桢基口述：《陆树藩其人与皕宋楼藏书售日事》，虞云国整理，载《史林》，2007(S1)。关于陆树藩的经历和研究，除了《陆树藩其人与皕宋楼藏书售日事》一文外，还有顾志兴《关于皕宋楼藏书之出售原因及评价—〈藏书家陆心源〉的序外文》、来新夏《关于"皕宋楼事件"罪责之我见》、虞云国《皕宋楼藏书去国原因新探》等文，这些文章或多或少都提及过庚子救援事件，但目的基本上都是为了探询陆树藩出售皕宋楼藏书的原因，因而有关庚子救援的叙述都极为简略。顾志兴、来新夏、虞云国三文均见于王绍仁主编：《江南藏书史话》，上海，上海古籍出版社，2009。

③ 徐桢基：《潜园遗事——藏书家陆心源生平及其他》，1页，上海，上海三联书店，1996。

④ 上海图书馆藏：《潜园友朋书札》卷一，5～6页。

此前，陆心源因被人奏劾"擅自改税使盐务亏损"而被革职，此次因助赈有功，"由李鸿章及曾国荃共上奏后赏还原衔"。[①] 光绪十七年（1891年），因陆心源捐助山东赈银一万两，经山东巡抚张曜上奏朝廷"开复原官"[②]。"浙抚松骏，亦叙心源公对浙省筹赈之功，为他奏加二品顶戴。"[③] 光绪十八年（1892年），清廷又以陆心源"捐助巨款"，予其"以道员记名简放"。[④] 除了"各地有灾（特别是浙江省）必为捐赈"外，对于"故里事业"亦多有赞助，"在湖郡创立教忠义庄，独自兴建升山桥"等。[⑤]

陆树藩在组织庚子救援行动之前，虽也偶有善举，但完全无法与其父相提并论。据《清代官员履历档案全编》记载，陆树藩于光绪十四年（1888年）因陆心源"捐送国子监书籍"，而"赏给国子监学正衔"；光绪十五年，考中己丑恩科举人；光绪十六年（1890年），先是"报捐内阁中书"，后又"因办理浙江义赈出力奉旨赏加侍读衔"；光绪二十一年，"捐升郎中，签分户部"，旋告假回籍丁父忧。[⑥] 所谓"办理浙江义赈出力赏加侍读衔"，徐桢基在《陆树藩其人与皕宋楼藏书售日事》一文中指出，此乃"在父执提携下得加侍读衔，赏戴蓝翎"。自京回籍后，陆树藩"除在家中守孝，也常去苏、沪二地探亲访友，并料理陆氏在沪的企业与房地产"。[⑦] 据顾志兴的研究，"陆心源在世时，在上海曾办有缫丝厂、钱庄，在湖州亦有当铺多家。陆心源于光绪二十年逝世后，

① 徐桢基：《潜园遗事——藏书家陆心源生平及其他》，7页。
② 《德宗景皇帝实录》卷二九五，光绪十七年三月，922a页。
③ 徐桢基：《潜园遗事——藏书家陆心源生平及其他》，32页。
④ 《德宗景皇帝实录》卷三一六，光绪十八年九月，95b~96a页。
⑤ 徐桢基：《潜园遗事——藏书家陆心源生平及其他》，31页。周越然在《言言斋书话》中亦表示："存斋先生归湖后，好做公益之事；积谷、育婴、造桥诸事，无不任之。"见周越然：《言言斋书话》，95页，西安，陕西师范大学出版社，1998。
⑥ 该履历为光绪二十八年所编，陆树藩此后履历为："二十六年七月，拳匪变起，出资创办救济善会；二十七年六月经直隶总督李鸿章委办江浙一带顺直善后赈捐，集款五十余万金，于顺直赈捐案内报捐花翎，捐升道员，指分直隶试用，并加三品衔；十二月初九日奉旨赏加二品衔，并交军机处存记。"参见秦国经主编：《清代官员履历档案全编》第6册，604~605页，上海，华东师范大学出版社，1997。
⑦ 徐桢基口述：《陆树藩其人与皕宋楼藏书售日事》，虞云国整理，载《史林》，2007(S1)。

开始家产未分，后由陆树藩做主，上海缫丝厂由陆树藩经营，上海钱庄由其大弟树屏经营，当铺则由湖州管家配合二弟树声经管"①。陆树藩为方便管理在沪家业，常逗留沪滨，"并在沪娶妾徐氏"②。

戊戌年间，陆树藩与其弟曾欲办湖州中西学堂，并在《申报》上刊登《募助湖州中西学堂启》："本年叠奉谕旨，开办京师大学堂，并各省府厅州县一律开办中学小学，以广造就。伏念浙西为人文渊薮，吴兴乃富有名邦，亟应实力振兴，遍开风气，广设学校，培养成材。况值此天步艰难，民心浮动，多财适足以贾祸，毁家即所以保身。今树藩等，敬遵先荣禄公遗命，将守先阁所藏中西书籍，全数归公，捐入学堂，并再措捐巨款，备器建堂。惟延聘教习，供给学生，常年需费，独力难支，不得不广为募助。想诸君子情关桑梓，自必乐于成全，慷慨输将，多多益善。倘他日教化有成，人才蔚起，不独乡里增光，兼为朝廷生色，此树藩等所私心祷祝者耳。光绪二十四年天贶日，归安陆树藩同弟敬启。"③可能是响应者不多，此事未见下文。不过据此也可见，陆树藩受其父影响，对于公益事业也颇为热心。④ 而这也表明陆树藩于庚子国变之时，挺身而出组织救援活动，并非偶然。

不过，首先提出救援行动者并非陆树藩，而是潘炳南。⑤ 陆树藩曾在致友人的信中如此叙述其创办救济善会的缘起："弟沪江混迹，风鹤频惊，人事迁变，中心如焚，前月以事赴杭，有鼎记钱庄执事潘赤文先生大发善愿，拟救济北京被难官商，先垫巨款。弟因见同乡亲戚

---

① 顾志兴：《关于皕宋楼藏书之出售原因及评价——〈藏书家陆心源〉的序外文》，见王绍仁主编：《江南藏书史话》，15 页。

② 徐桢基口述：《陆树藩其人与皕宋楼藏书售日事》，虞云国整理，载《史林》，2007(S1)。

③ 《募助湖州中西学堂启》，载《申报》，光绪二十四年六月八日。

④ 陆树藩曾数次参加上海仁济善堂组织的"寿仪移赈"活动，载《申报》，二十三年四月十九日；二十五年十二月十七日。

⑤ 徐桢基认为救援行动乃陆树藩首先提出："陆树藩很为在京浙籍旧同事担忧，便与在沪的一些在职和归里京官及名人乡绅、商界朋友相商，准备成立一机构，行使国外红十字会的职能，募捐救助南返及留京欲归之南方官员。这一设想一开始未获沪上官绅商的支持，后去杭获潘赤文赞同，遂返沪筹备。"参见徐桢基口述：《陆树藩其人与皕宋楼藏书售日事》，虞云国整理，载《史林》，2007(S1)。

流离长安查无音信者不知凡几，日后严冬势将饥寒交迫，我辈幸居乐土，温饱无忧，不知能否免刀兵之厄，中心为之怦怦。回申后即与余晋珊观察、李伯行星使及彝卿、笙郊诸公商议，均极以为然。现拟创立救济善会，先行筹垫数万金，水陆两路救赈难民。"①潘炳南，字赤文，浙江上虞人，太平天国之后，在杭州开设鼎记钱庄，素以行善出名，有"潘善士"之称。②从"丁戊奇荒""晋赈"开始，鼎记钱庄便参与到义赈之中。③不过，鼎记钱庄长期只是捐款者的角色，有时也会承担募款的任务，但次数较少，范围有限。④

光绪二十五年六月十五日，浙江"百官江一带江塘溃决"，致使余杭、上虞等地蒙受"数十年来所未有之巨祲"，沪上绅商陈笙郊、经元善、谢纶辉等创办"余上乞振公所"以为救济。⑤潘炳南致函余上乞振公所诸善长，提出筹款以"改筑石塘"作为一劳永逸之计："环海之区，一日不改石塘，则害一日不弭，蒿坝曹娥是其明证。第经费浩繁，所谓言之非艰，行之实艰也。今者幸蒙恽藩宪造福苍生，阖邑尊吴公代

---

① 陆树藩：《致王晋叔、倪锡畴》，见上海图书馆藏：《救济文牍》卷四，6a～6b 页。

② 参见吴彝生：《杭州钱庄业的回忆》，见浙江省政协文史资料委员会编：《浙江文史集粹·经济卷》下，253 页，杭州，浙江人民出版社，1996；程心锦：《旧时代的杭州商会》，见中国人民政治协商会议浙江省委员会文史资料研究委员会编印：《浙江文史资料选辑》第九辑，122 页，杭州，1964。

③ 原文："鼎记庄省请客费洋十员。"见《浙江杭州同善堂八月十六日起二十九日止经收晋赈捐数目》，载《申报》，光绪五年九月十六日。

④ 光绪十二年四月，上海三马路与昌丝栈陈竹坪经募山东赈捐，"杭州鼎记庄洋两元"，载《申报》，光绪十二年四月二十九日；光绪十五年五月，上海四马路文报局内协赈公所经收山东奉天赈捐，"杭省鼎记庄募求免灾三元，罗丙魁二元，廉卿、潘赤文、宋式斋三人各一元"，载《申报》，光绪十五年五月十八日；光绪十五年七月，苏州安节局代赎协赈公所经收捐款，"浙省鼎记庄二元"，载《申报》，光绪十五年七月十五日；光绪二十四年五月，上海北市丝业会馆筹赈公所施子英经收顺直山东湖北安东淮徐赈捐，"鼎记庄潘赤文洋五十元"，载《申报》，光绪二十四年五月十日。

⑤ 《余上乞振公函》，载《申报》，光绪二十五年六月二十九日；《惠济邻封》，载《申报》，光绪二十五年七月三日；《新嵊会三邑水灾募赈公启》，载《申报》，光绪二十五年七月十七日。

崧人某所上条陈，有筹款五万金即可改筑石塘之议，深荷嘉许。因寓书于陈廉访，嘱晚遍告两邑都人士，如能集款举行，司中当搜括库储，力任其半。此固千载一时之盛业，微吾二翁及贵局诸善长先生，谁能任此非常之功耶！故不揣冒昧，为两邑民生请命，以祈嘉惠桑梓，力任艰巨，舒粲花之妙舌，挽既倒之狂澜，代向沪滨寓公暨京师江汉闽粤乡先生处劝令资助。苟能先集一二万金，即可动支公款。方伯书中亦谓趁此隆冬天气，赶紧开工，明年春水生时，新堤屹立，从此永庆安澜。"余上乞振公所表示，"此次灾振输将，皆悉索敝赋，余力不遗者多。现在粥厂平粜之后，冬抚已难为继等云，此外更可想见。上好仁而下未能好义，惭悚无地，但事关余上慈溪等邑田畴水利，不敢安于缄默，用特登报布告寓沪同乡暨官商于京外各省者，如荷仁人君子闻风兴起，慨解囊金，俾得以工代振，成此石塘工程，永免梓乡祸害，功德何可思议！"①据《新编浙江百年大事记1840—1949》记载："上虞士绅潘炳南倡修上虞县境沿江塘堤，计建造石塘盘头1140丈，坦水960丈，工程始于1900年2月，告成于1901年1月，费用十万余两，经官绅分别筹捐而来。"②由此事可见，潘炳南在推动地方公益事业上已经具有较为成熟的运作能力。

不过，潘炳南毕竟只是商人出身，而且从事公益事业的资历也还较浅，在推动上虞石塘建设的过程中，其上书浙藩恽祖翼，还要由"邑尊吴公"代陈；要"先集一二万金"，也只能求助余上乞振公所广为劝募。尽管潘炳南有行善的愿望以及很好的行善计划，但身份与资历决定了他不可能单独去实施这样一个计划。他必须找到一个既有身份又有行善意愿的人一起合作，才能把一个好的想法变成现实，而户部郎中陆树藩正是潘炳南所需要的这样一个人。除陆树藩、潘炳南外，丁绍芬也时常作为救济善会的创办者与主持者出现于报刊中。丁绍芬，字晓芳，浙江湖州人，经商于杭州，其庆福绸庄曾作为上海北市丝业

① 《照录杭垣潘君赤文致余上乞振公所书》，载《申报》，光绪二十五年十一月五日。

② 浙江省政协文史资料委员会：《新编浙江百年大事记1840—1949》，96页，杭州，浙江人民出版社，1990。

会馆筹赈公所在杭州的筹捐处而出现于《申报》中。① 这表明，丁绍芬成为救济善会的创办者与主持者之一，也并非偶然。丁绍芬此前参与义赈筹捐的经历，不仅为其参与创办救济善会奠定了基础，也为其后来同陆树藩、潘炳南等共同主持善会的日常工作积累了丰富的经验。

三、"上李傅相禀"与救济善会的筹备

救济善会成立之后，陆树藩在致苏松太道余联沅的信函中曾颇为得意地表示：

> 藩不揣愚陋，为援救北地被难亲友起见，创设救济善会，曾向严小舫诸公商议，均不甚为然，婉辞谢绝。藩自顾德薄力微，恐难担此巨任，不得已乞合肥相国劝谕诸公，略为接济。昨日往送傅相，谕以诸公颇有蜚语，必须赶紧开办，并蒙奖以小子可造，令人惭感交萦。兹将傅相札谕及呈复稿录奉，不值大方一笑也。②

据此可见，陆树藩在创办救济善会前，曾与严信厚等义赈领袖进行过商议，但这些义赈领袖"均不以为然"。不得已的情况下，陆树藩只好求助于时在上海的李鸿章。陆树藩的父亲陆心源与李鸿章颇有交情，且在多次赈捐中协助过李鸿章，并蒙李鸿章一再向朝廷上奏奖叙。据徐桢基《陆树藩其人与皕宋楼藏书售日事》一文，陆树藩本人也曾受

---

① 参见《助赈撮要》，载《申报》，光绪十九年四月二十八日；《助赈撮要》，载《申报》，光绪十九年六月一日；《上海北市丝业会馆筹赈公所施少钦经收顺直山东河南山西赈捐四月廿四五日第三千五百六十九至七十次清单》，载《申报》，光绪十九年六月二十五日；《助赈撮要》，载《申报》，光绪十九年九月十四日；《上海北市丝业会馆筹赈公所施少钦经收顺直山东河南山西赈捐六月十四至十八日第三千六百十六至廿次清单》，载《申报》，光绪十九年十一月十一日；《上海北市丝业会馆筹赈公所施少钦经收顺直山东赈捐十二月二十至三十日第三千八百至八百十次清单》，载《申报》，光绪二十年正月十四日，等等。

② 《致余晋珊观察附启》，见上海图书馆藏：《救济文牍》卷四，8a～8b 页。陆树藩在致江苏布政使陆元鼎的信中亦有类似表达："侄不揣愚陋，为援救亲友起见，创立红十字会，曾向济急局诸君子商议，均不以为然，婉辞谢绝。侄自顾德薄力微，恐难担此巨任，不得已乞合肥相国劝谕诸公略为接济，往来公牍均已登报，想邀钧鉴。合肥临行时，谕以诸公颇有蜚语，必须赶紧开办，并蒙奖以小子可造等语，实深惭感。"见《复陆春江方伯》，上海图书馆藏：《救济文牍》卷四，4a 页。

李鸿章提携，因此在李鸿章由粤北上议和停驻上海期间，"专程由湖赴沪拜见"①。据《申报》《傅相行辕纪事》记载，李鸿章暂住上海期间，陆树藩曾三次前往拜访，第一次是在七月十六日，第二次是在八月十二日，第三次则是在八月十四日。②据《救济文牍》记载，陆树藩上李鸿章禀，于"八月十四日奉批"：

> 据禀已悉，具见好善之忱，已分别咨行劝谕筹办，此批。③

陆树藩很有可能是在第二次拜见李鸿章时，上禀提出创办救济善会的主张。据《中外日报》八月二十五日所刊登《陆部郎等上李傅相禀》可知，正是在该禀中，陆树藩请求李鸿章"劝谕盛京卿宣怀、候选道严信厚、候补府施则敬、刑部郎中庞元济等筹款济助"。④获悉此事后，严信厚等向李鸿章表示："司员等虽早经筹及，彼时道路梗阻，无法可施，况值上海银根奇紧，商货滞销，艰窘万分，颇难筹集巨资"；同时向李鸿章建议："迅饬陆树藩等克日派人带款先行往办，不得任意延缓负厥初心，一面即由司员等分投竭力劝助，陆续接济，如因一时无人可延，卑府则敬情愿约友往办，不假他人之手，致有不实不尽情弊"。⑤由这些建议可知，严信厚等人对于陆树藩张罗救援之举显然是不信任的。为此，严信厚等通过李鸿章催促陆树藩"克日派人带款先行往办，不得任意延缓"，甚至有"札饬陆树藩等，于三日内，赶将先行筹集之银贰万两，连同德总领事允给护照一并发给，即当乘轮北上，

---

① 徐桢基口述：《陆树藩其人与皕宋楼藏书售日事》，虞云国整理，载《史林》，2007(S1)。

② 《傅相行辕纪事》，载《申报》，光绪二十六年七月十七日、八月十三日、八月十五日。

③ 《八月十四日奉批》，见上海图书馆藏：《救济文牍》卷三，2b页。《申报》于八月二十二日"照录李中堂救济会批"："户部陆郎中筹呈，拟立会筹款援救北京被难官商各情。据呈已悉，具见好善之忱，已分别咨行劝谕筹办，此批。"见《照录李中堂救济会批》，载《申报》，光绪二十六年八月二十二日。《中外日报》则于八月二十五日刊登《陆部郎等上李傅相禀》之后，紧接着便刊登了此则《李傅相批示》。见《李傅相批示》，载《中外日报》，光绪二十六年八月二十五日。

④ 《陆部郎等上李傅相禀》，载《中外日报》，光绪二十六年八月二十五日。

⑤ 《照录李傅相札文》，载《申报》，光绪二十六年八月二十八日。

实力举行"之语。①

　　当然，这样一种催促的态度主要还是为了防范陆树藩"徒讬空言"，但催迫如此之急，则又显示出严信厚等人对于陆树藩的毫无信任，欲使其陷入难堪之境。另一方面，施则敬又以"情愿约友往办，不假他人之手，致有不实不尽情弊"来对陆树藩施压。因为在陆树藩上李鸿章禀中，赴津沽一带援救难民是"拟派妥实华人"；由清江浦至德州一带沿途赈救难民，也是"拟即日遣人"。② 施则敬因而针锋相对地表示，情愿亲自出马往办，"不假他人之手，致有不实不尽情弊"。这样一种姿态，显然会对陆树藩"遣人"往救的救援方式造成压力。为此，陆树藩在《覆呈李中堂禀稿》中表示："一俟护照颁到后，树藩当约同司事人等迅速往办，有一分力尽一分心做一分事。此次往北各友，均出自愿，谅不至假手他人，有不实不尽情弊。"此外，针对严信厚等人对于自己出面组织救援行动的不信任，陆树藩再述衷肠："树藩等因见时局一变至此，富贵浮云，人生幻梦，不如实力行善，为子孙留一余地，绝不敢徒讬空言，改厥初心，有负中堂保卫官商成全善举之美意。"在《覆呈李中堂禀稿》的最后，陆树藩"仍请札饬候选道严信厚等，分投劝助，陆续接济，实为德便"③。由此可见，陆树藩的打算是，由严信厚等义赈领袖广为劝募，"陆续接济"其所创办的救济善会的救援工作；而在严信厚等人向李鸿章提出的建议中，亦有类似表达，即要求李鸿章"迅饬陆树藩""先行往办"，"一面即由司员等分投竭力劝助，陆续接济"。④

　　在上李鸿章的禀稿中，陆树藩还希望李鸿章能"恩准札饬招商、电报两局，免收水脚、报费"，"倘能拨借一船，由善会酌贴煤油工食尤美"。此外，陆树藩还在禀稿中向李鸿章报告了自己正在做或准备做的各项筹备工作："先行筹集银二万两，拟派妥实华人，并延请洋医、华医，赴津沽一带，遇有难民，广为救援"；"呈请上海道，照会各国领事"，"已

---

① 《八月十七日奉李中堂札》，见上海图书馆藏：《救济文牍》卷三，4a～5a 页。

② 《陆部郎禀李傅相稿》，载《申报》，光绪二十六年八月二十八日。

③ 《覆呈李中堂禀稿》，载《申报》，光绪二十六年八月三十日。

④ 《照录李傅相札文》，载《申报》，光绪二十六年八月二十八日。不过，严信厚等人最终还是不愿意将自己所募之款交给陆树藩的救济善会来使用，而是另外成立了"济急善局"。有关济急善局成立的具体情况，后文将详述。

蒙各国领事会议，允由德领事发给护照，俾善会之人携向军前救护"；"拟即日遣人，由清江浦至德州一带，沿途接济盘川，赈救难民"。①

陆树藩等人主要从两方面展开救援前的筹备工作：一方面是通过上海道余联沅照会各国领事，以获取护照，为赴津沽一带救援难民作准备；另一方面则是准备派人"由清江浦至德州一带，沿途接济盘川，赈救难民"。也就是说，陆树藩等成立救济善会，一开始便准备陆路、海路双管齐下进行救援。在八月十二日上禀李鸿章之前，陆树藩或许便已咨请余联沅，"照会德总领事"，请颁护照。因为在八月十四日得到李鸿章的批示之后，陆树藩又一次咨会余联沅表示："业经禀奉北洋大臣李批饬筹办，并请贵道照会德国总领事准予给发护照各在案。"②在八月十六日《申报》正式刊登《救济善会启》之前，余联沅便已照会各国领事，但直到八月十九日才得到回复。③

与此同时，潘炳南通过浙江布政使恽祖翼开始布置陆路救援。潘炳南曾上书恽祖翼筹款改建上虞石塘，或许正是因为这种关系，潘炳南向恽祖翼表达了其援救江浙士商的心愿，并获得支持。《申报》于八月二十二日曾刊登《浙江藩宪恽方伯为救济会事致陶君铨生电》，表示："江浙士商流落在德不得归者无数，无人援手。今由浙江潘赤文兄先集银三千两，此后源源募济。资银集成，非求声望素著、勇于好义、熟悉情形，不能当此巨任。众推吾兄可力保此事，弟以为亦兄素志。求即起身赴德设局速办，银两咨文即刻派员解来，望速复。"④后来，驻清江粮台督办恽祖祁致电恽祖翼告知，"潘赤文义举，陶铨毫不愿做"⑤。《中外日报》在八月二十四日刊登《救济善会公启并章程》之前，便于八月十八日在"紧要新闻"栏中以《清江专函》的形式报道了"浙藩恽松耘方伯、前福建兴泉永道恽莘耘观察及浙省绅商潘赤文等筹集巨款解赴德州，拟将

① 《陆部郎等上李傅相禀》，载《中外日报》，光绪二十六年八月二十五日。
② 《咨上海道余》，见上海图书馆藏：《救济文牍》卷二，1a～2a 页。
③ 《上海道致陆部郎函会》，载《中外日报》，光绪二十六年八月二十七日。
④ 《浙江藩宪恽方伯为救济会事致陶君铨生电》，载《申报》，光绪二十六年八月二十二日。
⑤ 《驻清江粮台督办恽莘耘观察致浙江藩宪电》，载《申报》，光绪二十六年八月二十七日。

是项灾民迁徙南回"①的新闻。此时,在《中外日报》的视野中,还看不到陆树藩的身影;在恽祖祁的眼中,救援也只是"潘赤文义举"。

或许,在救济善会公开宣布成立前的筹备工作中,二人有所分工,即陆树藩负责疏通海路,而潘炳南则布置陆路;两人同时都要想法争取更多更大的支持。陆树藩与严信厚等义赈领袖的沟通,正是寻求支持的一种努力。在这种努力失败之后,陆树藩径直上禀李鸿章,终于获得了认可与支持。或许正是由于李鸿章八月十四日的批示,陆树藩、潘炳南等便决定正式公开宣布救济善会的成立,于是便有了《申报》八月十六日的"救济善会启"。

四、救济善会的公启、章程与东南意识的表达

《申报》于八月十六日刊登《救济善会启》,正式公开宣布救济善会的成立:

> 敬启者:近因京师拳匪为非,激成大变,列国师船连樯北上,竟以全球兵力决胜中原。炮火环轰,生灵涂炭,兵刃交接,血肉横飞。最可怜者,中外商民寄居斯土,进无门退无路,不死于枪林弹雨之中,即死于饥渴沟壑之内。身家尽毁,几如釜底之鱼;玉石俱焚,枉作他乡之鬼,呜呼痛哉,能无冤乎!某等不忍坐视,先集同志筹捐举办,拟派妥实华人,并延请洋医华医赴津沽一带,遇有难民,广为救援,名曰中国救济善会。呈请上海道,照会各国领事,声明此系东南各善士募资创办,亦如外国红十字会之例,为救各国难民及受伤兵士起见。已蒙各国领事会议,允由德总领事发给护照,俾善会中人携向军前救护,并拟即日遣人由清江浦至德州一带沿途接济盘川赈救难民,一面先请法总领事电达各国领兵官,如遇中国被难官商军民,必须妥为救护,倘有费用,将来如数由善会缴还。窃念东南各省之旅居京师者,或官或贾,不知凡几,父母倚闾,妻儿问卜,其存其没,家莫闻知,凄凉之状,真令人耳不忍闻,目不忍睹。惟是北方之遭难者甚众,广为救济,需费浩繁,为此不惮烦劳,遍呼将伯,倘能多募一金,即可多救一命。方今海疆多故,中外骚然,与其埋藏黄白以贾祸为忧,何

---

① 《中外日报》,光绪二十六年八月十八日。

如布施金钱为造福之计。所有善会办理章程明日附刊于报，倘蒙诸君子好行其德慷慨解囊，伏祈惠赐敝所转解地北，是则某等所馨香祷祝者尔。尚有章程十则及上海道照会等件，容俟明后两日续登。①

这则《救济善会启》刊登于报刊，一方面是为了公开宣布救济善会的成立，而更重要的目的是募款。募款的对象自然是《申报》的读者群，而《申报》的读者群自然又是以东南各省官绅士商为主。在致各国领事的照会中，称中国救济善会"系东南各善士募资创办"，"亦如外国红十字会之例，为救各国难民及受伤兵士起见"。所谓"救各国难民及受伤兵士"的表态，显然只是救济善会面对各国领事的一种说辞，其真正想要救援的对象主要是"东南各省之旅居京师者"。因此，该启先在开头部分特别指出，此次北方兵灾"最可怜者"，乃"寄居斯土"之"中外商民"，"进无门退无路，不死于枪林弹雨之中，即死于饥渴沟壑之内；身家尽毁，几如釜底之鱼；玉石俱焚，枉作他乡之鬼"；后又直接强调，"东南各省之旅居京师者，或官或贾，不知凡几，父母倚闾，妻儿问卜，其存其没，家莫闻知，凄凉之状，真令人耳不忍闻，目不忍睹"。一方面是对寄居京津者遭难惨状的细致刻画，另一方面则是对"南人"为身在北方之亲友担心忧虑的描述。前一方面因为缺乏相关的北方信息，所以不免带有对乱世进行夸张想象的成分；而后一方面，则是对当时亲友尚在北方之家庭的真实写照。不管是哪一方面，这些叙述都可以唤起和激发东南人士的桑梓之谊。实际上也正是这一点构成了救济善会向东南官绅士商募款的最重要理由。这也表明，救济善会是以东南各省官绅士商救"东南各省之旅居京师者"为基本内容而获得存在理由的。救济善会随后公布的章程也充分地体现了这一东南意识：

一、议此举虽为救各国难民及受伤兵士起见，然中国之遭难者甚众，不得不略示区分。现拟派轮船往津专济东南各省之被难

---

① 《救济善会启》，载《申报》，光绪二十六年八月十六日。八月十七日，《申报》刊登《救济会章程》；八月十八日，《申报》刊登《照录上海道照会各国领事创兴（救）济善会稿》。

官商。所有西北各省难民，恐有匪人混迹其间，概不济渡。如遇有饥饿贫民，当在京津设立难民局，妥为赈恤。

一、议在清江浦设立难民总局，派妥实华人至德州一带沿途查察，如遇有东南各省被难官商，拟向恽莘耘观察商酌，即由运粮车带回；倘遇西北各省难民，或酌给盘川，或量为抚恤，随时体察情形妥善办理。

一、议东南各省如有被难官商不知下落者，可由其家族或亲戚开具姓名、年貌、里贯，寄交善会，代为查访；倘欲汇盘费，亦可寄交善会代为转递。

一、议派赴京津救济难民之华人，由德国领事给照保护，并由德提督商请洋人喜士会随同照料。此外，华医以及帮同查赈董事，必须请精神强干众所信服之人。所有司事仆役，亦须有妥实保荐人方能派往。

一、议在上海设立筹办救济善会公所，杭州、苏州、广东等省设立代收救济善会捐款分所。此外，各省垣以及各府县，如有好善君子愿为劝募，再行随时添设分所。

一、议所有捐款，各处即由分所代收，付给收条为凭，寄存钱庄票号转解上海公所汇收，仍由公所分存上海庄号，随时支用。上海公所收到捐款，亦付收条为凭。

一、议呈请李中堂札饬招商局委员，凡有救济善会董事以及司事仆役人等来往清江、天津各处，均准免收轮船水脚。如有救出难民，或由清江，或由天津回南，一概不收川资作为捐助。倘能拨借一轮船，由善会酌贴煤油工食尤善。兼请札饬电报局委员，凡有救济善会往来电报，援照办理灾赈成案，一概不收报费。

一、议上海公所所收捐款，逐日录请登报；各处分所所收捐款，逐批录请登报。一切开销，每月结总后，请详细登报以昭大信。

一、议难民既入轮船，或已登车，不幸在半途病故者，拟将尸身载至上海及清江浦备棺成殓，不得依西例投之于海或弃之半途。其棺木设法暂厝，俟冬令运送本籍以安幽魂。倘沿途遇有暴露死尸，当就地雇人为之埋葬。

一、议官幕商民遇救者，如有随身箱物，均准装轮船及车辆。船伙车夫，以及会中丁役人等，概不准向索分文。

事系创设，头绪繁多，有难悬揣。以上拟定十条乃其大概，尚有未尽各事，必须因地制宜。事所必办者，随时相机妥筹，务期款不虚糜、功归实济。①

《救济会章程》的第一条便是对救援对象进行区分："专济东南各省之被难官商；所有西北各省难民，恐有匪人混迹其间，概不济渡。"第三条则再次加强其为东南各省人士进行服务的色彩："东南各省如有被难官商不知下落者，可由其家族或亲戚开具姓名、年貌、里贯，寄交善会，代为查访；倘欲汇盘费，亦可寄交善会代为转递。"第二条对于陆路救援的筹划，第四条对于海路救援的筹划，第七条拟向招商局、电报局所争取之优惠条件，第九条对于回南途中死难者的处理方式，以及第十条对于遇救者回南路上相关细节的具体规定，都充分表明救济善会的成立目的只是在于将"东南各省之旅居京师者"救援回南。第五条所列举的善会公所所在地上海，以及"代收救济善会捐款分所"所在地杭州、苏州、广东等也充分显示了其东南色彩；第六条规定以上海公所作为各处分所转解捐款的目的地，表明上海是号召东南各省士绅商民的中心所在，尽管两江总督、两广总督、湖广总督的治所均不在此。《申报》于八月十九日更详细地公布了救济善会的捐款处：

上海交北京路庆顺里救济善会公所、申报馆协振所；杭州交清和坊巷鼎记钱庄；苏州交东大街同元钱庄；广东交源丰润票号；宁波交北江下富康钱庄；绍兴交保昌钱庄。又杭州庆福绸庄、江苏中市仁和钱庄，亦可代收。湖州未定，候陆纯翁示悉再补。陆纯伯、樊介轩、席子佩、胡二梅、杨允之、胡仲巽、寿康庄屠云峯、中国银行陈笙郊、崇馀庄袁联清、承裕庄谢纶辉、源丰润王眉伯、广东源丰润王晋叔、苏葆生、丁小舫、苏州仁和庄倪锡畴、同元庄陈瀚如、延元庄卢少棠、杭州保泰庄丁信之、宁波富康庄彭集龄、绍兴保昌庄高云卿、煤炭公司陈乐庭、杭州鼎记庄潘赤

① 《救济会章程》，载《申报》，光绪二十六年八月十七日。

文、镇江申义善源票号焦乐山、浙绍绍厚孚钱庄许笑云同启。①

这些代收捐款处集中于浙江、江苏、广东三省，其中又以浙江代收处为最多，包括杭州、宁波、绍兴、湖州等城市，当然这也与救济善会的创办人陆树藩、潘炳南均为浙江人有关。从救济善会的劝捐启、章程以及代收捐款处的设置，均可明显看出救济善会的东南底色。说到底，救济善会就是由东南士绅发起的依靠东南各省之捐款来救援东南各省之旅居京师者的一个善会组织。

从《救济善会启》与《救济会章程》又可知，救济善会的救援行动将从海路与陆路同时展开。陆树藩、潘炳南此前分别从海路、陆路所进行的救援筹备工作，正是这一救援计划的实施与体现。救济善会公开宣布成立后不久，海路与陆路救援的准备工作均取得实质性进展。海路方面，上海道于"八月十九日接准德总领事克照复"，"以此项救济会之人，嗣后如北上救济，应请饬将该会中之姓名，开列清单送署，以便本总领事缮给执照"。② 也就是说，救济善会已经扫除了海路救援的基本障碍。陆路方面，在"陶铨毫不愿做"的情况下，驻清江粮台督办恽祖祁致电山东粮道尚会臣，求其主持，得其"慨然应允"。与此同时，时任驻保定粮台督办杨宗濂亦参与其事。③ 潘炳南于八月二十日便"起解库纹三千两"请恽祖翼转解尚会臣④；八月二十四日，陆树藩致电恽祖祁，表示由"同仁源庄"再解漕平银五千两，请其"迅速转解德州"⑤。恽祖祁在致陆树藩的信中表示："前由同仁源汇到漕平五千金，已付收到，并潘赤翁三千金，派员转解赴德，而尚会翁观察来电，许以先垫，弟则请其放手放胆为之，谅可不负所托，杨艺翁运使亦已到德。"⑥虽然救济善会通过恽祖翼、恽祖祁找到尚会臣、杨宗濂在德州设局，但

---

① 《代收救济北省被难士商捐款处》，载《申报》，光绪二十六年八月十九日。

② 《上海道致陆部郎照会》，载《中外日报》，光绪二十六年八月二十七日。

③ 《驻清江粮台督办恽莘耘观察致浙江藩宪电》，载《申报》，光绪二十六年八月二十七日。

④ 《杭州潘君赤文致德州粮道尚观察电》，载《中外日报》，光绪二十六年八月三十日。

⑤ 《陆部郎致恽观察电信二则》，载《中外日报》，光绪二十六年八月二十七日。

⑥ 《恽莘耘观察来书》，见上海图书馆藏：《救济文牍》卷五，6b 页。

恽祖祁在致陆树藩的电报中仍要求，"派一妥当人，赴德会商粮道尚观察、同乡杨艺翁办理"。陆树藩在致恽祖祁的电报中，表示"济宁亦应设一局"；对此，恽祖祁表示，"请亦选一人前来，弟准予在济同乡中恳同会办"。① 后来由刘兰阶前往山东主持救援事宜，不过刘兰阶是由济急善局派出。济急善局于八月二十五日在《申报》刊登启事，公开宣布成立。济急善局成立后，改变了由救济善会一家主持救援行动的局面，也改变了救济善会此前确定的海路、陆路并举的救援计划。

第二节　济急善局的成立与陆路救援

济急善局宣布成立之后，《申报》于八月二十九日刊登了一则名为《分头办理》的告启：

> 启者湖州丁君晓芳、杭州潘君赤文，俯念江浙人士之南旋乏资者，留滞中途，情形困苦，当经筹集款项，并经陆君纯伯分头募助，议设救济善会，敦请妥友，前赴津东一带查明接济。上海各协振所严君筱舫、席君子佩、杨君子萱、庞君莱臣、施君子英复经设立济急善局，延请刘君兰阶，邀约同仁，驰赴清江至德州等处，酌核办理。彼此同办一事，自愿不分畛域。现经公同议定，清江等处归严君筱舫诸公筹办，京津一带归陆君纯伯诸公筹办，庶几事有专责，款不虚糜。惟款项则各归经手，不得互相牵溷，所有潘君赤文、陆君纯伯已经解交恽心耘观察代收转运之款，即由陆君纯伯电请拨归刘君兰阶查收，严君筱舫诸君俟恽观察复电到日，立即照数就近拨还，以期两便。谨钞乞登报，布告同仁，伏乞公鉴。②

由该则告启可知，救济善会与济急善局作为两个互相独立的救援组织已然定局，二者款项"各归经手，不得互相牵溷"，且对于救援路线也有明确分工。对于两个救援组织的创办者，在这则告启里也分别

---

① 《恽莘耘观察致陆纯伯部郎电》，载《中外日报》，光绪二十六年八月三十日。

② 《分头办理》，载《申报》，光绪二十六年八月二十九日。

认定为：救济善会是丁绍芬、潘炳南和陆树藩；济急善局是严信厚、席裕福、杨廷杲、庞元济、施则敬。救济善会的创办者陆树藩、潘炳南、丁绍芬此前或多或少都与义赈有些关联，但均从未成为过义赈的主持者，即使作为劝募处，也仅限于杭州城的部分区域；而济急善局的创办者严信厚、席裕福、杨廷杲、施则敬等人，则是当时江南地区义赈界公认的领军人物。

一、济急善局的创办与江南义赈传统

济急善局正式成立时，严信厚、席裕福、杨廷杲、庞元济、施则敬五人曾联名在《申报》上发布《济急善局公启》：

> 启者：本年京津一带自四五月间拳匪扰乱，惨被兵灾，江浙人士在北方游宦经商毙于枪炮之中者，不可胜数。其余乘间逃出孑然一身妻子分离沿途留滞者，亦不知凡几。人生至此，惨目伤心！信厚等昨奉合肥相国面谕，并接同乡好善诸君函嘱，集资往救以尽桑梓之情。因议在上海三马路申报馆、后马路源通官银号、陈家木桥电报局、六马路仁济善堂、盆汤弄丝业会馆设立济急善局，即由信厚等分别筹办。一面函恳杭州同善堂樊介轩、高白叔两先生，苏州吴君景萱、潘君祖谦、尤君先甲、郭君熙光、焦君发昱、徐君俊元、俞君兆莅、吴君理杲、尹君思纶、倪君思九，江西丁少兰观察，镇江招商局朱君煦庭诸善长，暨则敬胞兄汉口招商局紫卿二家兄，随缘劝助，源源接济。并由信厚等敦请多年放赈之刘兰阶先生，恳约同仁分赴津东一带，查明被难官商苦无盘费者，或酌送川资，或代雇船车，并请沿途地方官妥为照料回南，免致流离失所。至应送川资若干，议由承收之人出具收条，注明某省某县某官某商，以昭信实。惟事甚急迫，需款又巨，苟非迅速开办，恐北地早寒，筹办更难为力。特请登报疾呼，伏祈好善诸君子慨解囊金，多多益善，并乞同乡中之好行其德者分头募助，以冀积少成多。信厚等谬可收解，不胜急切待命之至。再此举，恐经费不敷，仅指救济江浙人士而言。如有别省善绅捐款，指明救助某省官商，亦当一律核办，以期推广。至所收捐款，仍照向章抄请登报声明。收条格式：某官某商某姓某名，系某省某县人，携同家眷大小几人，向在某署当差，或某行某号经商，某

月某日由某处起程，行至某省某县某村，缺少川资。由济急局代雇船几只，车几辆，计银钱若干，并交来现银钱若干，当即照收。俟到原籍后，即将此条寄至上海济急局缴销。某年某月某日立收条，某某存根同式济字第几号。上海后马路源通官银号严信厚、三马路申报馆席裕福、陈家木桥电报局杨廷杲、六马路仁济善堂、盆汤弄丝业会馆庞元济、施则敬等谨志。①

由上可知，济急善局公启不仅是由严信厚、席裕福、杨廷杲、庞元济、施则敬等五人出面发起，而且济急善局即设立于上海三马路申报馆、后马路源通官银号、陈家木桥电报局、六马路仁济善堂、盆汤弄丝业会馆等处，而这些堂馆局所也刚好一一对应这些发起人，即上海后马路源通官银号严信厚、三马路申报馆席裕福、陈家木桥电报局杨廷杲、六马路仁济善堂、盆汤弄丝业会馆庞元济、施则敬。实际上，这些堂馆局所也正是严信厚等人往日办理义赈，各自经收赈捐的收捐处。所谓"义赈"，乃19世纪70年代最先在江南社会兴起的一种新型的慈善赈济模式。"按照公认的看法，义赈生成之初就具有的一个基本特征，就是对救助对象的选择并不以其对江南有无直接影响为标准。"简言之，即"隔省"助赈，且"民捐民办"，"不必受制于官吏，而听其指挥"。据朱浒的研究，义赈之所以能够兴起，乃是江南的地方性慈善传统在对抗西方赈济丁戊奇荒的过程中被激发出来的。此后，这种赈济模式便成为江南社会的一种常态，并形成了稳定的义赈主持群体。至庚子年间，江南社会的义赈活动主要由严信厚、施则敬、杨廷杲、席裕福四人主导。②

施则敬，字子英，祖籍浙江钱塘，生于吴江震泽③，后随父施善昌迁居上海，经营商业，为上海丝业董事。④ 施则敬于光绪元年（1875年）考中乙亥恩科举人，"后又在丁丑科考取咸安宫官学汉教习第一名，

① 《济急善局公启》，载《申报》，光绪二十六年八月二十五日。
② 参见朱浒：《地方性流动及其超越——晚清义赈与近代中国的新陈代谢》，27、97、100、101、339页。
③ 金天翮：《贞惠先生碑》，见《笠泽施氏支谱》，http://nj-yhml.cn/00jp12b.htm，2010-08-27。
④ 池子华：《施则敬与中国红十字会的创始》，见池子华：《中国红十字运动史散论》，10页，合肥，安徽人民出版社，2009。

期满引见以知县用"。施则敬将主要精力用于义赈等公益慈善活动，其仕途也随之水涨船高。据《笠泽施氏支谱》记载，施则敬"在国难民灾之际，赴山东堵筑黄河漫口出力，保升知州加四品衔；又筹办顺直工赈出力，特旨以知州留于直隶补用；堵筑永定河南七工漫口出力，保俟补缺，以知府用，加三品衔；又助办晋边义赈出力，保俟补缺，以道员用；为劝办江南海防捐输出力，保俟归道员，后加二品顶戴。历办山东、顺直、江苏、河南、安徽等地抗洪劝捐义赈，并修筑房山县煤道工程出力有功，先后九次奉旨嘉奖"。① 施则敬投入义赈事业，与其父施善昌的引领有莫大关系。

施善昌，字少钦，在"丁戊奇荒"时期"仅是众多协助筹赈的普通善士之一"。光绪九年五月，因其家乡江苏震泽一带受灾，施善昌随即在自己主持的上海丝业会馆内设立了收捐处，专门募款救济震泽灾民，这是施善昌首次独立主持救荒活动。此后，由施善昌主持的丝业会馆筹赈公所便长期存在，成为上海筹赈公所中的一支重要力量。光绪十五年九月，施善昌又开设了仁济堂赈所，因此形成了他一人长期独立主持两家赈所的局面，"这在当时是独一无二的"。施善昌强大的筹赈能力，使其继谢家福、经元善、郑观应等人之后，成为义赈主持群体

---

① 《中国红十字会创始人—施则敬》，见《笠泽施氏支谱》，http://nj-yhml.cn/00jp12.htm，2010-08-27。施则敬因办赈受朝廷嘉奖情况在《清实录》中多有记载：光绪九年，山东利津水灾，"举人施则敬"同"拣选知县潘民表、候选训导严作霖"，"分赴利津齐东齐河等处"散赈，同"设法劝捐"之盛宣怀、徐润、沈善登、郑观应、李培松、经元善、谢家福、杨家杲等，"均属心存利济，见义勇为，著传旨嘉奖"，见《德宗景皇帝实录》卷一七〇，光绪九年九月，382b 页；光绪十三年，"以筹办直赈，予知府施则敬留直补用"，见《德宗景皇帝实录》卷二四七，光绪十三年九月，318a 页；光绪十四年，李鸿章以"永定河漫口合龙"，"请将出力各员给奖"，"知州施则敬，著赏戴花翎"，见《德宗景皇帝实录》卷二五四，光绪十四年四月，424b 页；光绪十六年，"以遵命捐赈"，予"直隶补用知州施则敬""为其父母""建坊"，见《德宗景皇帝实录》卷二八七，光绪十六年七月，821a～821b 页；光绪十七年，"以办赈出力，予前陕西凤邠盐法道顾肇熙、军机处存记留直补用知州施则敬，俟服阕后送部引见"，见《德宗景皇帝实录》卷三〇二，光绪十七年十月，998a 页；光绪二十四年，"以见义勇为，河南办赈员绅直隶候补知府施则敬等，传旨嘉奖"，见《德宗景皇帝实录》卷四三一，光绪二十四年十月上，667b 页。

的领军人物之一。由于施善昌的引领，施则敬很早就在义赈活动中多所历练，从光绪二十年起，便开始在上海独立主持一部分筹赈事宜，光绪二十一年，施则敬已能够与其父在义赈公启上共同署名，至光绪二十二年施善昌去世后，施则敬便"全面继承了其父打下的基业"，成为义赈领军人物之一。①

严信厚，字筱舫，浙江慈溪人。同治初年，由胡光墉介绍入李鸿章幕，曾任河南盐务督销、长芦盐务督办，"以盐务起家，从事商业，集资巨富"。② 严信厚在上海设立源丰润票号总店，并在江南各省及京津两地设立源丰润分店 10 余处，经营存放汇兑及清王公大臣的存款，"一时业务鼎盛，逞雄南北"。③ 严信厚约在光绪十九年八月间，因顺直水灾而在上海源通官银号内开设了收捐处，从此开始办理义赈事务。④ 严信厚曾于光绪十六年，以捐资助赈而得赏二品顶戴。⑤ 朱浒认为，严信厚参与义赈，是其融入上海社会，并在上海积累社会声望的一个重要途径。由于严信厚强大的经济实力，至光绪二十一年，他就已能够与施善昌等人在筹捐公启中共同署名，"从而跃居义赈头面人物的行列"。施善昌逝世后，严信厚便开始承担义赈的一些统筹工作，成为继施善昌之后的义赈领军人物之一。⑥

---

① 参见朱浒：《地方性流动及其超越——晚清义赈与近代中国的新陈代谢》，328～329、334、336～338 页。

② 陈旭麓、方诗铭、魏建猷等编著：《中国近代史辞典》，286 页，上海，上海辞书出版社，1982。

③ 陈述曾：《上海早期亦官亦商的人物——严信厚》，载《上海经济研究》，1981(7)；王遂今：《宁波帮"开山祖师"严信厚》，载《民国春秋》，1994(2)；沈雨梧：《为"宁波帮"开路的严信厚》，见浙江省政协文史资料委员会编：浙江文史资料选辑第 39 辑《宁波帮企业家的崛起》，66 页，杭州，浙江人民出版社，1989；谢振生编著：《严信厚及其家族》，286～287 页，宁波，宁波出版社，2013。

④ 朱浒：《地方性流动及其超越——晚清义赈与近代中国的新陈代谢》，337 页。

⑤ 《德宗景皇帝实录》卷二八二，光绪十六年闰二月，766a 页。

⑥ 朱浒：《地方性流动及其超越——晚清义赈与近代中国的新陈代谢》，337 页。

与严信厚较晚才介入义赈不同，杨廷杲从光绪三年（1877 年）起就积极参与义赈。杨廷杲，字子萱，江苏常州武进人，其一生经历多与洋务企业及义赈相关。先是受委经理荆门矿务沪局销售煤炭事务；接着参与电报沿江、沿海线路的铺设，后更主持江苏境内各电报线路的铺设工作，并担任上海电报局提调；此外还是华盛纺织厂的七位董事之一；光绪二十三年中国通商银行成立之时，杨廷杲列名十总董之一。① 在义赈事业方面，杨廷杲虽然起步很早，但在义赈活动中的地位始终不是很高，直到光绪二十二年独立开办了上海陈家木桥电报局赈所，其义赈领军人物的地位才逐渐得到认可。② 至于席裕福成为义赈领军人物，主要依靠继承其兄席裕麒所主持的《申报》馆协赈所而来。③

除了这四位长期主持义赈活动的人物之外，济急善局的发起人还有一位，即庞元济。庞元济，字莱臣，号虚斋，原籍安徽，后迁居浙江南浔。④ 庞家为著名的"南浔四象"之一。所谓"象"，系指财产达百万（两）以上者。南浔"四象八牛"皆因治丝而起家致富，所谓浔商集团，其形成的标志正是上海丝业会馆与南浔丝业公所的成立。庞家以丝业起家沪上，善同洋行周旋，开设有庞怡太丝行。致富后，庞家曾放弃

---

① 陈旭麓、顾廷龙、汪熙主编：盛宣怀档案资料选辑之二《湖北开采煤铁总局·荆门矿务总局》，425 页，上海，上海人民出版社，1981；陈旭麓、顾廷龙、汪熙主编：盛宣怀档案资料选辑之五《中国通商银行》，60～61 页，上海，上海人民出版社，2000；朱浒：《地方性流动及其超越：晚清义赈与近代中国的新陈代谢》，339 页；朱浒：《从赈务到洋务：江南绅商在洋务企业中的崛起》，载《清史研究》，2009(1)。

② 朱浒：《地方性流动及其超越——晚清义赈与近代中国的新陈代谢》，338～339 页。

③ 席裕麒于光绪十五年独立开设《申报》馆协赈所，与施善昌等义赈领袖一起开展义赈活动；至光绪二十三年席裕麒逝世之时，《申报》馆协赈所与严信厚、施则敬等新一批义赈领袖的合作几乎已经成为惯例，因此当席裕福接手《申报》馆协赈所之后，能很快跻身于义赈主持群体的行列。参见朱浒：《地方性流动及其超越——晚清义赈与近代中国的新陈代谢》，335、339 页。

④ 姚沐：《庞元济虚斋书画收藏研究》，11 页，硕士学位论文，中央美术学院，2011。

丝业，进军药业，在南浔开设庞滋德国药店。① 庞元济于光绪六年考中秀才，光绪十四年其父以庞元济之名捐款十万两银子赈灾，因此庞元济被补为博士弟子，获赏候补四品京堂。② 因家资巨富，庞元济多次凭借赈捐获得朝廷奖赏：光绪十六年七月，朝廷以捐赈巨万，"予候选员外郎庞元济""奖叙"③；同年九月，朝廷"以捐助巨款，赏浙江乌程县廪生庞元济举人"④；光绪十八年十一月，朝廷以捐银助赈，赏"刑部郎中庞元济四品卿衔"⑤；光绪二十一年闰五月，朝廷"以捐饷万两，予刑部郎中庞元济军机处存记"⑥。庞元济虽然多次因巨额捐款获朝廷奖赏，以至获赏举人，但这些捐款可能多属官赈，与义赈关系不大。⑦

不过，庞元济与义赈也并非毫无关系，二者的联系主要体现在上海丝业会馆上。上海丝业会馆由沪上"丝业领袖"浔商陈竹坪发起，多位浔商列名董事，这体现了浔商在上海丝业界地位的举足轻重。⑧ 陈竹坪很早便参与义赈活动，且拥有自己独立主持的收捐处，即陈与昌丝栈筹赈公所。陈竹坪生前在义赈界的地位，与施善昌等，亦为义赈主持群体的领军人物。⑨ 庞元济于光绪二十一年不顾其父不准从事丝业的遗训，与杭绅丁丙等合资白银三十万两，在杭州创办世经缫丝厂；

---

① 李学功：《南浔现象——晚清民国江南市镇变迁研究》，152 页，北京，中国社会科学出版社，2010。

② 姚沐：《庞元济虚斋书画收藏研究》，13 页。捐款"十万两银子"，恐有误，笔者注。

③ 《德宗景皇帝实录》卷二八七，光绪十六年七月，821a 页。

④ 《德宗景皇帝实录》卷二八九，光绪十六年九月，846b 页。

⑤ 《德宗景皇帝实录》卷三一八，光绪十八年十一月，125a 页。

⑥ 《德宗景皇帝实录》卷三六九，光绪二十一年闰五月，837b 页。

⑦ 官赈是指由官方主办的筹赈局主持的筹赈活动，个人通过赈捐可向朝廷请奖；义赈则是由民间义赈组织主持的筹赈活动，捐款纯属义举。参见朱浒：《地方性流动及其超越——晚清义赈与近代中国的新陈代谢》，146 页。

⑧ 李学功：《南浔现象——晚清民国江南市镇变迁研究》，144 页。

⑨ 朱浒：《地方性流动及其超越——晚清义赈与近代中国的新陈代谢》，331、334 页。

次年又在塘栖办大纶丝厂，同年在南浔创办南浔汽机缫丝厂等。① 重新进入丝业的庞元济，与上海丝业会馆建立联系当非难事，且庞元济长期助赈，深得赈捐之益，故当庚子年的救援行动被提上议事日程时，庞元济与施则敬共同作为仁济善堂与丝业会馆的筹赈人，也实属正常。

以上所述济急善局的创办者，或长于劝捐，或雄于资财，均是长期与义赈、官赈等慈善赈捐活动相关的人物，且均与李鸿章有着千丝万缕的联系。严信厚曾入李鸿章幕府，其能以盐务起家乃拜李鸿章所赐。杨廷杲长期供职于电报局等洋务企业，而这些洋务企业正是李鸿章一生最重要的事业之一。施则敬办赈得奖，也多与李鸿章有关。② 庞元济亦是如此，其因赈捐获朝廷奖赏，多由李鸿章向朝廷奏请，特别是光绪十六年(1890年)庞元济之蒙赏举人，乃李鸿章力请朝廷"破格施恩"而来。③ 更重要的是，严信厚、杨廷杲、施则敬等义赈领袖与洋务企业的紧密关系，如三人均为中国通商银行总董，施则敬在庚子

---

① 姚沐：《庞元济虚斋书画收藏研究》，13 页。

② 《德宗景皇帝实录》卷二五四，光绪十四年四月，424b 页。

③ 李鸿章在上奏朝廷请"将该绅庞元济赏给举人一体会试"的折子中写道："查庞元济早年入学，优等补廪，屡应乡试，敦品励学。今慨念时艰，乐捐巨款，实与寻常报效不同。从前捐例，捐银一万两，蒙赏给举人。该绅此次所捐，又增两倍，可否酌援旧案，破格奏乞恩施。在士林则多一好善之人，在灾区则活数万之命，于赈务深有裨益，即异数亦非滥邀，详请具奏前来。臣查从前两淮盐商、广东洋商，并有报捐银两，奖给举人成案。军兴以后，援例者多，旋经言官条奏停止。科第为士子进身之路，本不应捐纳开门，惟念该绅庞元济独捐赈款实银至三万两之多，迥非寻常所有，此非悬格可招之事，自无援引冒滥之虞。该绅本系优等廪生，富而好义，急公向上，志尤可嘉。自各省劝办赈捐以来，罕有一人助赈如该绅之巨者。若蒙破格奖励，愈足见科名进取之重，亦可励群士向慕之忱。合无仰恳天恩，可否将该绅庞元济赏给举人一体会试之处，出自慈施，特嗣后如有捐及此数者，仍应随时酌量请旨，不得援以为例。"参见《光绪十六年九月廿四日京报全录》，载《申报》，光绪十六年十月六日。《申报》对此评论道："朝廷为赈济灾黎起见，不惜破格施恩，此例一开，吾知坐拥多金者，必当踊跃输将，以冀非常宠遇，于赈岂小补哉!"参见《赏给举人》，载《申报》，光绪十六年九月十六日。除此之外，《申报》还就此事专门发表论说《书廪贡生庞元济赏给举人后》，足见此事对时人之震动。参见《申报》，光绪十六年十月十三日。

后还曾担任轮船招商局汉口分局经理。① 义赈兴起后不久，因为办理直隶河间赈务，李鸿章、盛宣怀便与江南义赈士绅建立了联系。与此同时，民用洋务企业正处在筹议、筹建的起步阶段。因此，正如易惠莉在《郑观应评传》中所指出的，盛宣怀与江南义赈领袖"在赈务活动中建立起来的同人关系，转化为创办企业活动的合作关系"②，其中最突出的例子便是光绪六年津沪电报的创办。盛宣怀确定的上海电报分局的领导机构由郑观应、谢家福和经元善三人组成，而这三人加上盛宣怀正是光绪九年江南义赈同人向外界公布的四位"义赈经理人"。盛宣怀将创办电报与赈务活动的因果关系视为"吾侪数人以赈务始，相期并不仅以电务终，道义之交甘苦与共"。正是由于江南义赈主持群体与李鸿章的这种紧密联系，尤其是李鸿章对于这些义赈领袖的巨大影响力，因而在李鸿章"面谕"之后，严信厚等很快便发起成立了济急善局。

二、"江浙""东南"与"南省北省本属一体"

当然，李鸿章的"面谕"只是严信厚等创办济急善局的原因之一，从《济急善局公启》来看，同乡之谊也是一个很重要的原因。与《救济善会启》一样，《济急善局公启》刊登于报纸，主要目的也在于募款。与《救济善会启》特别强调"东南各省"不同，《济急善局公启》将救援对象局限于"江浙人士"。在公启开头，对于遭受北方兵灾者的描述，也仅限于"江浙人士"，即"江浙人士在北方游宦经商毙于枪炮之中者，不可胜数"；接着叙述创办济急善局之缘由，除"合肥相国面谕"之外，便是因为"接同乡好善诸君函嘱，集资往救以尽桑梓之情"；然后列举接收捐款之处所，以及函请各地"随缘劝助"之人士，基本上是以上海、苏州、杭州等江浙城市为主；最后更直接表示，"此举恐经费不敷，仅指救济江浙人士而言"。可以说，济急善局是一个由江浙同乡发起的，依

---

① 陈旭麓、顾廷龙、汪熙主编：盛宣怀档案资料选辑之五《中国通商银行》，60～61 页。中国通商银行为盛宣怀所创办，与轮船招商局、中国电报局、华盛纺织厂等洋务企业关系更密切的也是盛宣怀。不过，如果没有李鸿章的支持，盛宣怀是很难有机会创办并主持这些洋务企业的。在朱浒看来，李鸿章是"洋务企业建设最重要的领导者"，盛宣怀则是"其最积极的追随者"。参见朱浒：《从赈务到洋务：江南绅商在洋务企业中的崛起》，载《清史研究》，2009(1)。

② 易惠莉：《郑观应评传》，222 页。

靠江浙捐款，来救援江浙人士之旅居京师者的善会组织，具有浓郁的乡谊性质。

这一点引起了其他寓沪南省官绅士商的疑虑和不满。闰八月二日，载《中外日报》，刊登《救济善会来往信函》，其中一封被陆树藩命名为《湖南福建江西湖北云南广东广西贵州官绅士商来书》，收录于《救济文牍》中：

> 京津乱起，涂炭生灵，东南各省官商被难惨不忍闻，幸得大善长领袖群贤，提倡义举，连日读所登告白公启章程，安置妥帖无平不颇，仰见仁恕为怀一视同仁之至意。近见某某等复有济急善局之举，闻风兴起，感佩同深。虽某某等专顾桑梓，以江浙两省为重，不及其他，然善与人同，其用意固无歧异，至可信也。顷见本日报登济急善局告白三则，有云湖州丁君晓芳、杭州潘君赤文俯念江浙人士之南旋乏资者留滞中途，情形困苦，当经筹集款项并经陆君纯伯分头募助，议设救济善会，敦请妥友前赴津东一带查明接济。上海各协赈所严君、席君、杨君、庞君、施君复经设立救急善局，延请刘君兰阶邀约同仁驰赴清江，至德州等处酌核办理。彼此同办一事，自应不分畛域，现经公同议定清江等处归严君筹办，京津一带归陆君筹办，庶几事有专责款不虚靡云云。益见同寅和衷之雅。惟查济急善局公启之末有"再此举恐经费不敷，仅指救济江浙人士而言，如有别省善绅指明救助某省官商，亦当一律核办"等语。而此次善局告白未经申明，一似公同议定，而清江德州一路前归大善长筹办，东南各省尚可泽及，今改归严刘诸君，诚恐仍守定章，只顾江浙，则东南各省未免向隅。中国大病在区域太多，血脉不通，痛痒无关，以有今日。故读大善长公启，为东南各省救济起见，大道为公，令人钦仰。京津之间，西兵汇屯，官商南来，必由德州。敬请大善长谆嘱某某诸君仍照原议，凡遇东南各省官商，皆准救济，则庶乎不负初心，而他省好善之人亦愿乐助捐矣。如能补登告白，尤为妥当。此事所关至重，妄贡刍尧采纳而恕谅之，幸甚幸甚！专泐奉布，敬请善安。寓沪湖南、福建、江西、湖北、云南、广东、广西、贵州官绅士

商公启。①

在这个署名为"寓沪湖南、福建、江西、湖北、云南、广东、广西、贵州官绅士商"的公启中，"江浙"与"东南"显然是两个完全不同的地域概念。该公启中，"江浙"专指江苏、浙江，而"东南"，则除江苏、浙江外，"湖南、福建、江西、湖北、云南、广东、广西、贵州"均包括在内。因此，当救济善会表示其救援对象为"东南各省之被难官商"时，这些江浙以外的官绅士商表示"东南各省尚可泽及"；而当济急善局宣告其救济对象"仅指救济江浙人士而言"时，这些江浙以外的官绅士商则表示，诚恐"严刘诸君""只顾江浙，则东南各省未免向隅"。该公启也表明，救济善会与济急善局在当时人的心目中，拥有着不同的形象：济急善局是"专顾桑梓，以江浙两省为重，不及其他"；而救济善会则是"为东南各省救济起见，大道为公，令人钦仰"。因为济急善局的"只顾江浙"，这些"寓沪湖南、福建、江西、湖北、云南、广东、广西、贵州官绅士商"甚而愤言："中国大病在区域太多，血脉不通，痛痒无关，以有今日。"②这一点，也正符合《中外日报》的一贯主张。

同《申报》一样，《中外日报》也是救援行动的积极报道者与鼓吹者。不过，《中外日报》比《申报》晚了八天才刊登《救济善会公启并章程》。③这表明，《中外日报》得知救援计划的时间要晚于《申报》，但是《中外日报》对于救援行动的呼吁却几乎与《申报》同时。八月十六日，在《申报》刊登《救济善会启》的同一天，《中外日报》刊登《慈谿王君来函》④，越

---

① 此函《中外日报》《救济文牍》均有载，文字略有差异，此处文字以《中外日报》为准。参见《救济善会来往信函照录》，载《中外日报》，光绪二十六年闰八月二日；《湖南、福建、江西、湖北、云南、广东、广西、贵州官绅士商来书》，见上海图书馆藏：《救济文牍》卷五，40b～42a 页。

② 救济善会在回复中表示："承示中国大病在痛痒不关，至有今日。诚如尊论，所以树藩等初意不独东南各省被难官商一律救济，即遇西北各省被难饥民，亦拟赈恤"，且承诺"树藩当转商严筱翁并谆嘱赴德各友，凡遇东南各省被难官商，一视同仁，尽为援救，决不稍分畛域。"参见《救济善会来往信函照录》，载《中外日报》，光绪二十六年闰八月二日。

③ 《救济善会公启并章程》，载《中外日报》，光绪二十六年八月二十四日。

④ 《慈谿王君来函照录》，载《中外日报》，光绪二十六年八月十六日。

一日便针对此则来函发表题为《论赈救直隶兵难会用意之善》的论说，大力呼吁展开救援行动，深度阐发救援行动之意义。① 《慈谿王君来函》简直等同于一份成立善会的公启，既有救援的起因，又有救援行动的具体计划，还有救援经费的筹集方式，以及对救援意义和价值的阐发。② 从救援的起因来看，"慈谿王君"期望中的救援对象似乎不分南北，"古人救灾恤邻，虽本系敌国，犹输粟相救，况南省北省本属一体"，其救援目标指向的是"京内外官民"。但从救援的具体计划与筹款方式来看，救援的目标似乎又只是京内外官绅士商中的"南人"，让他们"搭轮南下"，且因为是援救"南人"，所以"凡我南省官商士庶，轸痛同气，必乐于输助，集资似非所难"。而从救援想要彰显的意义来看，"王君"似乎又认为南省北省均要一体救援，因为"我中国大患，在视同

_____

① 《论赈救直隶兵难会用意之善》，载《中外日报》，光绪二十六年八月十八日。

② 《慈谿王君来函》全文："敬启者：窃谓今日至危至苦颠连号泣于水火之中者，莫如京畿一带官商吏民矣。始受拳匪土匪戕害，已经死伤百万；联军入都，虽颇有纪律，而现闻京师街巷积尸如山，呜呼惨矣。永定河决，田无人种，凡四路厅所辖皆已荒歉，通州仓为敌所据，粮米一空。前闻京中米一石需银二十五两，今则百两，亦无处可买矣。诸官商大都逃避于近京诸小州县，北方早寒，金风已厉，烽火四惊，饥寒交逼，欲归无路。然则京内外官民不死于拳匪，必死于盗贼；不死于洋人，必死于饥饿；不死于饥饿，必死于秽恶之疫疠，深可痛也。古人救灾恤邻，虽本系敌国，犹输粟相救，况南省北省本属一体，而我南人不得归者尤众。其存其没，家莫闻知，哭望天涯，奋飞不得，此真凡有血气者所痛心蹙额寝食不甘者也。贵馆与沪上诸大善士并属同气相求，希面商诸善士，公立一赈救直隶兵灾善会，鸠集资财，雇定招商局轮船若干只，往大沽招致京内外官绅士商，一体搭轮南下。有资者，按旧例收票钱；无资者，送给船票。此事须公议章程，后禀明各当道，照会各国领事，令各国在京诸军一体保护，给与护照，庶由京至津直达无碍。先救回若干人至沪，回轮再往，更番拯救，则被难者渐次得离水火，功德安有涯量。此事倘得诸大善士创始，凡我南省官商士庶，轸痛同气，必乐于输助，集资似非所难。惟现在则不得不先筹垫款，方能济急耳。今日在位大吏，方急图保卫，行在馈饷挽输，力不遑暇，安有余心余力念及此等。然则燕都救灾恤患之事，非诸善士，孰能创之。至既创有规模，则诸大吏必能嘉许助力，照会各国以成善举。凡办大事，独立则难，群力则易。就我中国大患，在视同气如秦越，痛痒绝不相关。此举亦痛痒相关之一端。伏惟贵馆与诸善士商定章程，变通尽利，以期可行，或登诸报章以备采择，不胜企望之至。"见《慈谿王君来函照录》，载《中外日报》，光绪二十六年八月十六日。

气如秦越，痛痒绝不相关"，而救援之举便是"痛痒相关之一端也"。

《中外日报》针对《慈谿王君来函》发表的论说，主要是"表其用意"。文章一开头，便大力赞叹："善矣哉，王君之论，能握今日国民相爱之根赅，而固国民自立之基础也，其用意可谓知本矣。"在《中外日报》看来，"国民自立之道""在于众力之集成"，而"众力之集成在于相亲相爱之力相维结，而相结之力不可无所丽以显之也"。于是，"自家而族而宗而种以成为国，于是以生以死以饥以乱而交相恤"，"此力结于一地则为民力，此力结于全邦则为国力"。由此，《中外日报》认为此次庚子之祸的根本原因，便是中国官民缺乏"爱力"："假使中国官民深于爱力，平日之交维有素，则北直一隅虽遭震惊，而有义师义会勇于急难，当机立赴，外兵既无夺权之机，神京两宫亦无震惊之事矣。"时至今日，"虽事机已失"，而王君之来函"发明国民相爱急难之义，大声疾呼为当世告，使善士仁人能闻声觉悟，毁财纾难，仿前者绅集义赈之成例，于赈难之外，再广存多款，以设教工院，使流离愚鲁之余生，得有所资以营生，则树民望、表国华，而所以消绝乱萌者，亦寓其中"。这些事情要"自唤起国民之爱念固结始"，而"能唤民爱念者，又莫若拯难善举为得其要领也"。①《中外日报》之所以重视该则来函，是因为该则来函的"用意之善"。而在《中外日报》看来，"王君来函"的用意是以救难之举，激发"国民相爱急难之义"，而这一点正是《中外日报》眼中当时中国问题的症结所在。可以说，单从这一点来看，"慈谿王君"与《中外日报》所见完全相同。因此，《中外日报》在接到该则来函后大为兴奋，表示"今得见王君来函，抑何先得吾心之所欲言，宛如笙磬也"。

"王君来函"虽表达了"南省北省本属一体"的理念，但透露出的却是南省北省"痛痒绝不相关"的现实；同样，《中外日报》一再强调要以救援行动激发国民之"爱念"，映照出的现实，或者说是《中外日报》眼中的现实，却是中国官民缺乏"爱力"。《中外日报》眼中的中国官民缺乏"爱力"，也是以南省北省对立作为立论基础。当义和团暴起之时，"东南有志之士轸念国恤，相与谋所以纾难自存之方，忆某适在座，作而向众言曰，今日我中国国民自存之方，有目前之事，有后日之事。

————————

① 《论赈救直隶兵难会用意之善》，载《中外日报》，光绪二十六年八月十八日。

目前之事，有官责有民义。官责何在乎？连师北上，力靖国难。民义何在乎？设立保安会，多练团卒，代官守土，以实践互保之约，并与东西各国红十字会立约，随联军北上，吊伤扶死。诚以官不靖难，无以平匪徒贼臣而谢邻邦；民不从事于保安，无以树文明之望而免隶属之辱"。但是，"大吏徒恃成约以自保，而不闻远略之施；士民徒闻虚论大言，妄逞时难之举，而不闻有固结国民之局，无不与鄙见大为抵触"①。

事实上，在东南互保定局后，《中外日报》曾发表《论保东南宜创立国会》一文，大力鼓吹"七省督抚立公共政府，布设国宪"，"乘此画分南北而图自立"。② 庚子年间，因为清政府的一系列愚蠢之举，"自乱天下，引起内外矛盾大爆发，造成空前危局"③，而清政府本身或存或亡还不一定，因此天下人心大乱，四方之士云集东南，尤其是上海，或联为一气，或各出其谋、各自为政。《中外日报》的主持者汪康年此时极为活跃，先是极力鼓吹东南互保，进而要求南北分治，同时又游说湖广总督张之洞、两江总督刘坤一，请求"举兵入都护卫两宫"，或"迎接光绪南下"。④ 南北分治与"北上尊王"看似矛盾，但"二者并行不悖，似分实合"，正如桑兵之分析，"北上尊王为手段，南方自立则是立国根基"。⑤ 汪康年在《固南援北策》一文中，亦明确表示："固南亦当以援北为先。"⑥无论是"划分南北而图自立"，还是"固南亦当以援北为先"，背后的南北意识均显而易见。至八月中旬两宫已然西幸的情况下，"迎銮南下"和"北上尊王"均"事机已失"，而"慈豀王君"提出北上援救被困之"南人"，"此举亦痛痒相关之一端"，因此被《中外日报》叹

<hr>

① 《论赈救直隶兵难会用意之善》，载《中外日报》，光绪二十六年八月十八日。

② 廖梅：《汪康年：从民权论到文化保守主义》，257 页。

③ 桑兵：《庚子勤王与晚清政局》，133 页，北京，北京大学出版社，2004。

④ 廖梅：《汪康年：从民权论到文化保守主义》，260～261 页。

⑤ 桑兵：《庚子勤王与晚清政局》，119～120 页。张之洞在致驻英公使的电报中论及唐才常案时指出，"其往来逆信中于皇上蒙尘西幸目为'西窜'，有'此时此机万不可失'等语"，"又有'欲国自立，必先自借尊皇权始'之语"，并特别强调"'借'字可恶，明说是借保皇为名以作乱矣。悖逆诈伪，何尝丝毫有为皇上、为中国之心？"参见《致轮墩罗钦差》，见《张之洞全集》第 10 册，8375～8376 页。

⑥ 廖梅：《汪康年：从民权论到文化保守主义》，258 页。

为"见本知源之论"。救援行动被《中外日报》赋予了如此重大的政治意义，但对于救援行动的大多数主持者与捐款者而言，救援行动更主要的还是一次以乡谊为基础的慈善之举。

闰八月二日的《申报》上刊登了一则济急善局的告启，载录了"游君必方、欧阳君本、王君蕴如、刘君延龄、刘君庆汾、朱君宗藩、丁君泰、陈君作霖"等非江浙士绅致济急善局的公函，表示"各善长此次美举，仅为江浙诸贵同乡，然亦实因经费不敷，致难一视同仁，并非显分畛域，是以贵启内开，如有别省善绅指明救助某省官商，亦当一律核办，以期推广等语，为难之隐，人所共谅"。与救济善会在《中外日报》上刊登的"寓沪湖南、福建、江西、湖北、云南、广东、广西、贵州官绅士商"的公启不同，此则公函对于济急善局仅救济"江浙人士"表示了谅解。这些非江浙士绅之所以能够理解济急善局的做法，显然是对乡谊逻辑的认同。也正是由于这一点，这些非江浙士绅表示，"桑梓关怀，不忍坐视，其侨寓各省同乡诸大君子，闻此惨状，谅亦咸有援手之心"，但"辗转需时，缓不济急，惟有吁恳各善长垂念同胞，推广惠泽，且各善长素来乐善，历年各省灾振，莫不仰赖荩筹，务求一体周施，均沾仁惠"，而"弟等各竭绵力，仅就四川江西云贵同乡会商，筹捐五千金，顷先垫规元三千两，附呈台收，顺寄前途，酌量拯救"。这些非江浙士绅还是希望济急善局能够"一体周施"，使各省同胞"均沾仁惠"，但在捐款方面，又表示"仅就四川江西云贵同乡会商，筹捐五千金"。显然，由四川、江西、云贵同乡筹捐之五千金，乃是"指济"四川、江西、云贵之被难官绅，并想以此作为其他"各省之蜀豫云贵官商诸公"之提倡，因此该函末尾又有这样的呼吁："若有在各省之蜀豫云贵官商诸公，及他省仁人善士，倘欲共扶斯举，或随缘乐助，或向人募捐，其银请速汇上海观音阁马头天顺祥票号代收，转交济急善局，缮给收条，一面请登日报，用彰诸公善施而明经手者之心迹。"由此看来，该来函作者是想向各省仁人善士募款，以供济急善局"一体周施"，而募款又是建立在"各省同乡诸大君子"之"桑梓关怀"的基础上。故济急善局在此则来函后附文表示，于此可见来函诸公之"谊重梓乡"。①

---

① 《善与人同》，载《申报》，光绪二十六年闰八月二日。

其实，"寓沪湖南、福建、江西、湖北、云南、广东、广西、贵州官绅士商"的公启，在某种程度上也表达了对于济急善局"专顾桑梓，以江浙两省为重"之乡谊逻辑的认同，认为其"善与人同，其用意固无歧异"。也就是说，救济善会之救济东南各省，与济急善局之专济江浙，"用意固无歧异"，均是"善与人同"。不同的是，这种善念或是"爱念"所施展之范围大小的问题：济急善局只是在江浙同乡中施展这种善念；而救济善会与"寓沪湖南、福建、江西、湖北、云南、广东、广西、贵州官绅士商"则是希望在东南各省官绅士商中施展这种善念；"慈谿王君"和《中外日报》更是希望对"本属一体"的"南省北省"均施展这种善念。救援行动不仅是这样一种善念或爱念的呈现，同时它又可以激发更多的善念或爱念，而这也是《中外日报》特别重视救援行动的原因所在。不过，这样一种善念或爱念，最可靠的载体毫无疑问还是乡谊。济急善局对此有着非常清醒的认识，故在公启中明白宣称："恐经费不敷，仅指救济江浙人士而言。如有别省善绅捐款指明救助某省官商，亦当一律核办，以期推广。"这表明济急善局就是要通过乡谊来激发各省捐款的热情。或许，济急善局主观上并没有这种目的，但客观上达到了这种效果。

在"游君必方"等来函后，济急善局同仁"邀约各省绅董在一品香公同筹议"，"先后惠临"者有："刘太守子桢，招商局顾观察缉庭、严君芝楣，福余南曾君少卿，汇业左君庆先、白君星五，四川王君瑞卿，安徽汪君翰池，京江顾君紫霞，江西朱君拱之，锡金周君舜卿，洋货许君春荣，茶业梁君玉堂、袁君咏笙，平江陈君养泉，四明朱君葆三，天顺祥陈君润夫，钱业陈君笙郊、刘君杏林、孙君荻洲、谢君纶辉、袁君联清、丝业黄君佐卿、杨君景庭、陆君幼堂诸善长。"在此次会议上，"刘太守子桢、王君瑞卿、陈君润夫、朱君拱之，慨认四川江西云贵集捐规元五千两，先垫元三千两；朱君葆三，暨信厚等，认募四明公所诸君规元二千两；袁君咏笙认募英洋五百元；余均允即转商同业，再行分别筹助"。此外，"如广东唐君杰臣，福建李君郁斋，潮州李君光琴，两湖刘君缙三、宋君紫珊，亦经分函奉恳，必蒙设法维持，同襄善举"①。表面

---

① 《众擎易举》，载《申报》，光绪二十六年闰八月三日。

上看，济急善局已不再是专济江浙人士的具有强烈乡谊色彩的救援组织了，因为其面向全国各省募款，救济对象也自然变成各省之被难官商。但事实上，济急善局的本质仍然是以乡谊为核心价值的一个善会，这在救援被难京官时表现得淋漓尽致。对于留守京官的救援，也正是庚子年救援行动的重点所在，本书第四章将对此进行详细叙述。

三、陆路救援与协济善会的创办

《济急善局公启》还传达出济急善局不同于救济善会的另一点，即济急善局只是专注于陆路救援。公启表示："敦请多年放赈之刘兰阶先生，恳约同仁分赴津东一带，查明被难官商苦无盘费者，或酌送川资，或代雇船车，并请沿途地方官妥为照料回南，免致流离失所。"所谓"代雇船车"以及"请沿途地方官妥为照料"，显然是指由陆路回南。其"收条格式"为："某官某商某姓某名，系某省某县人，携同家眷大小几人，向在某署当差，或某行某号经商，某月某日由某处起程，行至某省某县某村，缺少川资。由济急局代雇船几只，车几辆，计银钱若干，并交来现银钱若干，当即照收。"很明显，只有陆路救援才可能是这种"收条格式"。济急善局的承办章程，也完全是针对陆路救援而制定的：

> 一、议同人等自申赴镇，即请招商局给发免票；由镇至清江或坐小轮或雇船只前往，照给价值；到清江后往拜恽莘耘观察，详询情形，并恳设法保护前进。一面即由沪局同人电禀袁中丞，通饬沿途经过各属，先于大道上出示晓谕，届时一体照料，以期周知而免意外。
>
> 一、议恽观察在清江督办转运局，必雇备长车，不时往返。即由同人商明，遇有回空车辆，酌给价值，附送回南，以期撙节。
>
> 一、议自清江起旱，沿途查探核办，至德州沿河一带为止。德州以上至津京一带，另延妥友分头举办。
>
> 一、议沪局刊有两联册，即交同人带往，遇有被难官商查明，代雇舟车发价若干，另给川资若干，即由同人分别办理。仍请承收之人亲笔填写收条存根签字画押为凭。存根上注明何人经付，以便将来查核。
>
> 一、议册子骑缝应盖印信，如在某州县应用时，即可就近送

请某州县地方借印，并乞会同核办以昭信实。

一、议同人等于接济官商川资之后，即函知沪局声明官商姓名，原籍何处，人数若干，代雇舟车资若干，交现银钱若干，分别开示，以便抄登日报。设有不符，惟经手人是问。盖经手银钱必须处处可查，方足取信于人。同人高明，必蒙鉴宥。

一、议此项济急经费，同人等只能每车约带银四五百两，余存恽观察转运局中，或由沪局同人分别电汇济南、济宁州等处，听候随时拨用。至德州一处，只有电局，并无票号，拟请电报沪局电知局员，如遇急需，可向电局拨用，仍分电知照沪局，就近照数划还。

一、议此次承办同人，仍延历届助振诸君，以期得力而归实济。

一、议同人等前往清江以上等处设局开办，一切经费由沪局经办人分别捐助，不得动支正项分文。

一、议镇江为官商南旋必由之路，即请招商局朱煦庭先生妥为照料，并按名给发免票，即以收条所书人数为凭。

一、议沿途经过处，所用人等必须随时随处查询，有无被难官商流落本地者，以便设法往晤商办。

一、议遇有抱病官商急切不能南旋者，即送就近州县城中延医调治，一切经费汇总核实支销，仍由官商家属填写收条，俟痊愈后再行起程。如本人情愿速归，能雇骡轿船只最妙，否则仍用车辆，以期稳妥。

一、议遇官商眷属有身孕者，设将临盆，势难就道，亦只能安顿就近靠处所，即由官商自行保护，经费由局酌给，仍取官商收条为凭，俟分娩后再行送回。

一、议沿途医药难求，即由沪局配购正气丸、辟瘟丹等，携带前往，以期利人利己。

一、议被难官商当时仓猝就道，难免有衣服单薄不足御寒者，即由同人查明实在，就近酌购棉衣，免致因寒成疾。

一、议设有被难官商不幸中途病故，灵榇寄停沿途庙宇客店者，一律查明，代雇车辆，派人押送清江，转运回南。

一、议沪上各局所收捐款，均各按旬钞乞登报，仍随时会同转解，以清经手。

一、议沿途被难官商不过偶缺川资，经同人等酌量接济回南后，拟请照数缴还，以便续办，否则移助振需，同襄善举，无力者听。

以上十八条，系公议大致办法，中有每车酌带银四五百两一条，尚须斟酌。盖不带则不便，分带又恐遭意外也。其余未尽事宜，容再随时酌议。仍祈阅报诸君，详细指示，藉匡不逮为幸。济急善局同人启。①

显然，济急善局专为陆路救援而设立，本节开头所引之"分头办理"实际上便已清楚显示了这一点。只不过《济急善局公启》与《承办济急善局章程》在《申报》上刊登的时间是八月二十五日、八月二十七日；而《分头办理》在《申报》上刊登的日期是八月二十九日，且《分头办理》也明确指出"复经设立济急善局"。这表明，是在济急善局成立之后，由救济善会与济急善局"公同议定"各自的救援范围。但济急善局的公启与章程，又显示严信厚等，是在与陆树藩等协商之前，便已决定专门从事清江至德州一线的陆路救援。不过，也有可能是严信厚等在济急善局成立之前，便与陆树藩等协商好了二者的分工范围，只是济急善局的成立公布在前，二者的"分头办理"公布在后。为表示两家善会各负其责，款项"各归经手"，《分头办理》还特别声明，救济善会"已经解交恽莘耘观察代收转运之款"，即由陆树藩"电请拨归刘君兰阶查收"，而严信厚等"俟恽观察复电到日，立即照数就近拨还，以期两便"。② 由此可见，救济善会与济急善局在款项收支上的独立自主和互不统属。比较救济善会、济急善局的办事章程，济急善局的细致、周全，显然是救济善会无法比拟的。针对陆路救援，救济善会只是表示在清江浦设立难民总局，"派妥实华人至德州一带沿途查察，如遇有东

① 《承办济急善局章程》，载《申报》，光绪二十六年八月二十七日。
② 《分头办理》，载《申报》，光绪二十六年八月二十九日。

南各省被难官商，拟向恽莘耘观察商酌，即由运粮车带回"，而济急善局则制定出十八条具体办法，考虑到被难官商生病、死亡、缺医少药、官商眷属怀孕生产等各种情况。尤其是在经费的支用上，济急善局的规定极为细密，以防止滥用滥支，这充分显示了济急善局创办诸公赈济经验之丰富老到，也表明江南社会的义赈传统功不可没。这样一种赈济经验的积累和传承，是陆树藩等赈济新手无法想象的，更是难以做到的，因而救济善会在庚子救援行动结束后，陷入账目不清、大量亏空的局面，便在所难免。由此反观，救济善会与济急善局"分头办理"，且款项"各归经手"，"不得互相牵溷"的协议，极有可能是济急善局的提议。

无论是救济善会，还是济急善局，在陆路救援行动上都须大力仰仗从清江浦至德州一带的相关官员，尤其是驻清江粮台督办恽祖祁，以至于济急善局章程第一条竟规定"到清江后往拜恽莘耘观察，详询情形，并恳设法保护前进"。另外，济急善局也同救济善会一样，借用转运局"回空车辆"；此外还表示要将济急经费"存恽观察转运局"，这一点与救济善会托恽祖祁转解银两至德州，颇为类似。救济善会与济急善局的陆路救援，均要借重恽祖祁，最主要的原因是恽时任驻清江粮台督办。恽祖祁任此职，始于庚子年六月九日（1900 年 7 月 5 日）。[1]对于救济善会和济急善局而言，有恽祖祁的协助，从清江浦至德州会便利许多。作为江苏同乡的恽祖祁对救援行动也非常支持，曾替救济善会觅人在德州设局并转解银两。但不久，恽祖祁便调任他处。在致陆树藩的信中，恽祖祁表示："尊处创始之难，前途展布亦复不易，弟本拟居中筹划转运，不意奉旨銮舆西幸，移局汉襄，国事至急，未敢少延，数日内部署清楚，便当就道矣。浦上应否派人，乞再与诸公斟酌而行可也。盛举愿襄，有志未逮，怅甚！"[2]据《义和团档案史料》记载，至闰八月九日，清廷还谕令恽祖祁将"清江转运局所拨直隶赈米十

---

① 《军机处寄各省督抚上谕》，见《义和团档案史料》上册，242 页。该上谕，"著刘坤一于清江浦一带设立转运总局，委派前福建兴泉永道恽祖祁督办，将各处粮食妥筹采买，由内地水陆分运到京，以资接济"。

② 《恽莘耘观察来书》，见上海图书馆藏：《救济文牍》卷五，6b 页。

万石"运至德州；同日又谕令将"其余十万石及本届截存海运漕粮二十余万石，即著一并取道汉口，改由襄河运赴行在"。至闰八月二十八日，清廷上谕显示，刘坤一已经饬令恽祖祁"改道由汉口襄阳运至龙驹寨"①。至九月二十八日，在清廷上谕中，才有明确表述："恽祖祁既已移局汉口，即著专办此路。"②这表明，至少在闰八月中旬，恽祖祁仍驻扎清江浦，即在救济善会公开宣布成立之后的至少一个月内，恽祖祁在清江浦承担了"居中筹划转运"的工作。济急善局公开宣布成立的时间是八月二十五日，因此在最初筹划陆上救援时特别借重恽祖祁。

除借重恽祖祁外，济急善局还特别借重袁世凯。这不仅体现在济急善局同人"电禀袁中丞"，希望他"通饬沿途经过各属，先于大道上出示晓谕，届时一体照料，以期周知而免意外"，还表现在请求袁世凯为济急善局垫款助赈上。济急善局成立后，派"放赈老手"刘兰阶前往津东一带办理救援事宜，同时电禀袁世凯，请其"垫发银五千两以便及时接济"③。袁世凯在致济急善局的电报中表示："垫款五竿已饬局备齐，俟刘绅到即付。"济急善局听闻有官商数十人困于山东，便又致电袁世凯表示："电托陆守安清查明后，禀请在五竿内酌提接济，并乞照准。"袁世凯回电称："困东官绅，已据陆守查明二十余姓，只身居半。现又有在弟处具禀之十八员，行局转饬陆守查对，即在已经查明二十余员之内。兹仍由局饬陆守再行确查实在，应如何周济，即由陆守电商。"④袁世凯管辖之山东，北接直隶，南联江苏，为南北陆路交通之要冲。被难官商由陆路南下，多半要路过山东，也正因为这一点，救

---

① 清政府于闰八月九日寄两江总督等电旨，"至清江转运局所拨直隶赈米十万石，仍著该督等饬令恽祖祁运至德州，由直隶总督派员接运。其余十万石及本届截存海运漕粮二十余万石，即著一并取道汉口，改由襄河运赴行在"。见《军机处寄两江总督刘坤一等电旨》，《义和团档案史料》上册，663页。清廷闰八月二十八日的上谕中，有如此表述："刘坤一电称，所有漕粮、采买等米石，业经饬令道员恽祖祁改道由汉口、襄阳运至龙驹寨，请饬陕省派员接运等语。"见《军机处寄两江总督刘坤一等上谕》，《义和团档案史料》下册，720页。

② 《军机处寄两江总督刘坤一等上谕》，见《义和团档案史料》下册，781页。

③ 《济急公函》，载《申报》，光绪二十六年闰八月七日。

④ 《济急电音》，载《申报》，光绪二十六年闰八月十九日。

济善会和济急善局的陆路救援均选择了由清江浦至德州一路。于是，陆路救援的南段倚重恽祖祁，北段则借重袁世凯。恽祖祁专司粮台，权限和精力都在南北转运上，因而承担"居中筹划转运"的工作适得其所；而袁世凯作为山东巡抚，政务、军务均纷繁，不可能如恽祖祁一样对救援行动付出心力。但京官南下路过山东，求救于袁世凯，他也不可能不伸出援手。袁世凯在闰八月二十九日致张之洞的电报中便表示："东省自六月后京、津来者，公私筹助计逾三万，嗣后仍须接济。"①救济善会与济急善局的救援行动，某种程度上也为袁世凯分担了不少压力。救济善会曾在《申报》上发布这样一则消息："兹接山东抚宪袁慰帅来书，知青齐一带南人之留滞者，饥寒困苦，悽惨万状。爰由敝善会再拨汇银四千两、现洋银五百元、棉衣裤六千件、面粉一千一百包，派友姚君少明、王君培元等四人于本月十七日赴济宁。"②

庚子年的救援行动中，除了救济善会、济急善局之外，还有一个名叫协济善会的救援组织表现得也比较活跃，而协济善会的成立，很重要的一个原因便是袁世凯的求援：

> 谨启者：北方惨遭大劫，为生灵之奇变，自沪上创设救济、济急两善会，设法援救，俾避难官绅商民共庆更生，其输款之踊跃，办理之精详，均称无憾矣。惟近阅报章，知保定不守，某方伯等大员，竟遭残害，其间官绅商民人等势难安处，向南逃避者，必纷纷拥至直东交界之处，若不添人增款、分投办理，与两会相辅而行，恐乡僻小邑流落难归者，进退两难，吁天无告。兹又接奉山东巡抚袁中丞覆蔡观察电信云，京津保三处逃难来此者日多，如有南方善士，望切速来援救，否则转瞬严冬，饥寒堪虞等语。同人因设协济善会，集资敦请徐觉生农部、朱润生大令及诸善友，赶赴德州以上，择其逃难最多之区，或给资南归，或分给衣食，因地制宜，相机从事。然同人集款无多，杯水车薪，恐难为继，不得不仰求诸大善长慨解囊金，以资接济，不胜祷切盼切，是为

---

① 《袁抚台来电》，见《张之洞全集》第 10 册，8356 页。
② 《救济电音》，载《申报》，光绪二十六年九月二十日。

启。上海三马路泰康祥丝栈内协济善会同人杨兆鏊、杨兆鋆、尤炯、□炳南、丁绍芬等公启。①

协济善会主要由杨兆鏊、杨兆鋆两兄弟创办。杨兆鏊，字信之，浙江归安人，太平天国攻占湖州时，逃至上海，"习英吉利语，卒以此起家"。当时，"湖州之丝称衣被天下，自中外通商，所求给亦益多"，"诸鬻丝者皆集上海，以君长者，习情伪，属纲纪其事"，"君亦自置缫丝场于上海、苏州，持业六十年"。② 协济善会所在之泰康祥丝栈，即杨兆鏊之产业。③ 杨兆鋆，字诚之，号须圃，杨兆鏊之弟，同治六年就读于上海广方言馆；同治十年(1871 年)被时任两江总督曾国藩咨送到京师同文馆学习，毕业后任苏松太道公署翻译；光绪十年(1884 年)随许景澄出使德、法等欧洲国家，回国后历任金陵同文馆、江南储才学堂、江南高等学堂教习。④ 同庞元济、施则敬一样，杨兆鏊也是以丝业起家，且"乐振贷"，"道逢饥人，必称所乞与之"。章太炎叹之为"其性喜周急如此！"⑤光绪二十五年，杨兆鏊曾与严信厚、施则敬、杨廷杲、经元善、席裕福等人共同发布公启，为遭受水灾的诸暨绅民募款。⑥

从《协济善会启》可知，杨氏兄弟发起协济善会，乃是补救济、济急两善会救援所不及，即"德州以上"。本来，负责陆路救援的济急善局曾表示，"德州以上至津京一带，另延妥友分头举办"，但所谓"另延妥友分头举办"，不过是托词而已。从现有资料来看，"德州以上至津京一带"，济急善局并没有作出救援安排。事实上，即便是清江至德州

① 《协济善会启》，载《申报》，光绪二十六年十月一日。

② 章炳麟：《二等嘉禾章农商部顾问杨君行状》，见钱仲联主编：《广清碑传集》，1087 页，苏州，苏州大学出版社，1999。

③ 唐力行：《商人与中国近世社会》，278 页，杭州，浙江人民出版社，1993。

④ 参见王全来：《同文馆毕业生杨兆鋆及其数学工作》，4 页，硕士学位论文，天津师范大学，2001；闵杰编著：《晚清七百名人图鉴》，646 页，上海，上海书店出版社，2007。

⑤ 章炳麟：《二等嘉禾章农商部顾问杨君行状》，见钱仲联主编：《广清碑传集》，1088 页。

⑥ 《照录诸暨绅士灾函》，载《申报》，光绪二十五年十月二十三日。

一带，济急善局的救援行动也很快便告结束。这一带的救援，济急善局是安排刘兰阶负责。据《申报》闰八月十七日的一则报道可知，刘兰阶当时已到清江，"闻泰安一带官商坐困较多，立即星驰往办"①。从《申报》上刊登的济急善局上海总局与山东分局之间的来往电报，基本上可以勾画出济急善局陆路救援的面貌。从救援具体实施情况来看：刘兰阶先是到泰安，表示"泰安来往甚少，不设分局"；接着到济南，与"河防局提调陆似翁"覆查"困东官绅三十余户"，"给三千七百金"；然后再至德州，与之前在此设局之尚会臣观察"分济一百三十余名"，后"又给五十余户"。② 大概不到一个月，在九月十六日前，济急善局便告知刘兰阶，"京员愿回南多，已电请傅相幕府设法送归，议和可望"，"兄候至月底，无续到，即南旋"。在《申报》九月二十八日的《德州往来电音》中，刘兰阶致电沪局表示，"现来者寥寥，拟月杪动身"，并表示救济款项"尚余三竿"，请示沪局如何处理。

对于解往山东的救济款项，《申报》登载的济急电报中，多有记录：刘兰阶在济南时便致电沪局表示，"承续解五竿，甚感"；刘兰阶赴德州后，济急善局又致电"济南电局徐孟翁、河防局提调陆似翁"，表示济急善局"先后解万金，运存淮扬道库"，"求回明慰帅，派员赴浦迎提"；刘兰阶至德州后曾致电沪局表示，"恽观察八竿已解济南，不日来德"，自己随身带德之一千三百金"如不敷，先向尚观察支付"；此后刘兰阶又致电沪局表示，"恽方伯夫人病愈，助一竿，指交芬"。③ 对于"尚余三竿"，济急善局上海总局作了如下安排："一竿交尚观察，请随时查济，将来汇总钞示姓名、银数，以便报销；一竿添给现尚在省之不能行者，茅观察人多，请优给；一竿能分带存清江最妙，防有人由汴来。"④

值得注意的是，有不少南下者并不需要救济，但仍向济急善局求救。刘兰阶在致沪局的电报中曾表示"假冒甚多"，"某营送单十一人，

① 《解款声明》，载《申报》，光绪二十六年闰八月十七日。
② 《济急东电汇登》，载《申报》，光绪二十六年九月十六日。
③ 《济急东电汇登》，载《申报》，光绪二十六年九月十六日。
④ 《德州往来电音》，载《申报》，光绪二十六年九月二十八日。

详查俱不确。内有三人回南，拟代雇车至济宁，函请谢佩翁给银雇舟送清江，并函托朱煦翁给票回籍，均不要舟车，要银，其意可知"。[1]
陆树藩在致"上海本会诸同人"的信函中曾提及一事："且有晏振卿观察之公子，领去济款，徒供滥费，以致山东人士啧有烦言。当此乱离之时，尚以敷衍为事，殊负沪上诸公之善愿。初聆此言，未敢遽达，近又有被难人士来自济南德州一带者，向津局乞援，所言符合。"陆树藩因此表示："可否转恳严小舫诸公将解汇德州之款，拨助津局。德州济南一带被难官商亦由津局设法一律援救"。[2] 对于兵灾难官难民的救援，毕竟不同于以往对于水旱灾害的救援，尤其是被救援的对象，很多都是达官贵人，与以往基本上都是贫苦灾民完全不同，即便是"放赈老手"，面对这种新情况，难免也会有为难、疏忽之处。

济急善局在清江至德州一带的陆路救援，于九月底十月初便已撤回主持者刘兰阶。也许在济急善局看来，李鸿章已入京，"议和可望"，留守京官若要返回南方，可由"傅相幕府设法送归"，因而德州一路的救援行动可以就此结束。然而，袁世凯在此时又表示："京津保三处逃难来此者日多，如有南方善士，望切速来援救"。于是救济善会派人带着钱粮赶赴济宁，而杨兆鋆兄弟更是因此成立了协济善会。在致两江总督刘坤一的禀稿中，协济善会表示："惟近来保定不靖，其间官商人等势难安处"，"近悉山东抚宪袁电覆前苏松太蔡道，京津保三处逃难来者日多"，"饥寒堪虞"，"职道等目击时艰，不忍坐视，另设协济善会，集资万金，商延户部主事徐信善、候选知县朱孝威，及诸善士携资，并各带意国领事官护照，赶赴德州以上，择其逃难最多之区，或给资南归，或给衣食，因地制宜，相机从事"。显然，禀稿之表述与《协济善会启》大致相同。刘坤一对此批示道："该员等因东省地方，近来京津等处逃难官商日多，特另设协济善会，筹集巨款，邀请善士，携往查散川资，或给衣食，俾可南归，实属乐善好义、造福无穷。"[3]

① 《济急东电汇登》，载《申报》，光绪二十六年九月十六日。

② 《致上海本会诸同人》，见上海图书馆藏：《救济文牍》卷四，24a～24b页。

③ 《照录协济善会禀南北洋大臣稿并两江督部堂刘批词》，载《申报》，光绪二十六年十月二十四日。

李鸿章也对该禀稿有过专门批示。① 后来，协济善会也以《济南来电》等形式在《申报》上公布他们的救援行动与成果："到德州，难民果多。回济南，先资送在济廿余家回南，用款千五百两。俟款到，再赴德景察办。"②

可以说，在陆路救援方面，当济急善局的力量退出之后，协济善会起而填补了这个空白。就实力而言，协济善会与济急善局、救济善会都无法比拟，而其之所以能够填补这个救援空白，乃是因为当时救援的重心已经转移到京津一带："天津"一路是由陆树藩的救济善会负责；而所谓"京城"一路，即对留守京官的救援，主要是由济急善局负责。③

---

① 《宪批照录》，载《申报》，光绪二十六年十一月五日。

② 《济南来电》，载《申报》，光绪二十六年十一月八日。

③ 因为捐款"往往互相错递"，济急善局曾在《申报》上刊登声明，再次表示其与救济善会的区别，及各自负责救援的范围。"启者：东南诸同志所设救济会及济急会，分济京津被难官商。其救济会系陆纯伯部郎，专办天津一路；济急会系盛京堂及诸同仁，专办京城、德州两路。现蒙四方善长邮寄信件及捐款银两，往往互相错递，特此登报声明，以免转折，伏乞公鉴。上海源通银号严信厚、丝业会馆庞元济、施则敬启。"见《济急会声明》，载《申报》，光绪二十六年十月十六日。

第四章 "泽被宣南":
对于京官的救援

所谓"宣南",从字面意思来讲,是指明清时期北京城宣武门以南的地区。因为大部分汉族京官居住于宣南,加上进京赶考的外省士子也多居停于宣南,"士流题咏率署宣南",因此"宣南"这一地理概念的人文意义便日趋突出,以至于"宣南"几乎可以成为在京汉官与士大夫的代称。① 所谓"泽被宣南",即是庚子年间东南各省对于留守京官士人的救援行动。参与庚子年救援行动的刘鹗,曾在致陆树藩的信中这样叙述庚子之难与救援之举:

> 窃谓此次京师大难,与寻常水旱偏灾不同,平民之受害也轻,而士大夫之受害也重。良民宜惜,良士尤宜惜。难民可怜,难官更可怜。京官苦况,平时且不免支绌,当此大难猝兴,走则无资,留则无食。月初有西友自京师来,云见京官宅中,有陈设依然而男子逃走女子自尽尸横遍地者,有大门紧闭而举家相对饿死者,闻之不自知,其泪下涔涔也。人才为国之元气,京师为人才渊薮,救京师之士商,即所以保国家之元气。办法当以护送被困官商人口出京为第一要义,平粜为第二要义,其余尤其次矣!是否有当,尚祈裁察。以地而论,北京为最急;以事而论,北京为最难。

刘鹗不仅仅是发议论,还付诸行动,"摒挡一切,愿凑捐银五千两,又筹借垫款银七千两,共一万二千两送呈贵会,伏希察入,惟此款愿专作救济北京之用"。此外,刘鹗还表示,如无人前往北京,"弟愿执役为诸君前驱可乎?所有随带翻译人等川资、薪水,均由弟捐款

---

① 魏泉:《士林交游与风气变迁:19 世纪宣南的文人群体研究》,1~3 页。

发给，不支善会分文"①。这是施救者对于援救京官重要性与迫切性的表述。对于被救者而言，心情则十分复杂。在听说李鸿章与盛宣怀准备将留守京官搭救回南的消息后，叶昌炽在日记中表示："昔闻难民，今为难官，两公高谊，诚可感。但如此还故乡，与魏公昼锦何如？虽首邱，非所愿也"；后又听说，不愿回南者，亦有"辛盘之费"，"实则抚恤而已"，叶因此又叹道："昔闻难民，今有难官，能无短气？"②

诚如刘鹗所言，庚子之难，与"寻常水旱偏灾不同"；同样，庚子救援，与往常赈灾也不同。赈灾乃是救民，而庚子救援则主要是救官，而且是救京官。这一点，将庚子救援与一般赈灾救济区别开来；同样，也是这一点赋予了庚子救援不同于以往救援的内涵与意义。

第一节　东南济急善会

庚子年闰八月七日（1900 年 9 月 30 日），《申报》以较大篇幅刊登了一则《济急公函》。公函最后是"东南救急会开办大略章程四条"：

一、此系仿照红十字会意办理，各省集款汇交上海中国通商银行暂收，由同人妥商划拨，至少以十万金为度；

一、现在在京之江苏、江西、安徽、浙江、福建、广东、广西、云南、贵州、四川、山东、河南、湖南、湖北各省绅士商民，及各直省京朝官，均应接济，即请各该省公举一人经理，酌量人数匀济，至多每一人不得过一百金；

一、收受此款者，或即出京，或仍留京，均听自便，其有出京而百金仍不敷者，天津由救济善会，德州由济急善局随时添助；

一、此系东南官绅商民合力筹办，其收受此款者，将来归还与否，均听其便，有则全数拨充振需。

① 《刘铁云太守来书》，见上海图书馆藏：《救济文牍》第五卷，40a～40b 页。
② 叶昌炽：《缘督庐日记钞》，见中国近代史资料丛刊《义和团》（二），468～469 页。

以上四条，系开办大略，如有未尽事宜，随时续议。至各省同人，如有专款济其亲友者，请将在京住址详细开示，不论多少均可代寄。

不知是笔误，还是其他原因，该章程在《申报》与《中外日报》上均被称为《东南救急会开办大略章程》①，但也仅此一次，此后均称"东南济急善会"或"东南济急会"②。无论是"东南救急会"，还是"东南济急会"，"东南"二字都成为着力强调的字眼，如该章程第四条特别表示"此系东南官绅商民合力筹办"；第二条之援救对象，所列举之"江苏、江西、安徽、浙江、福建、广东、广西、云南、贵州、四川、山东、河南、湖南、湖北各省"，也是以东南各省为主。这表明济急善局成立之后，其专济江浙人士的公启和章程所引起的争议，对东南济急善会的发起者产生了必要的影响与作用，故变"江浙"为"东南"。在救援对象上，并不仅限于"各直省京朝官"，也包括"各省绅士商民"。

此外，章程还值得注意的地方有三点：其一，该章程指出东南济急善会"系仿照红十字会意办理"，而济急善局成立时，无论是公启，还是章程，均未提及"红十字会"。这种差别当由救济区域的不同所造

---

① 《济急公函》，载《申报》，光绪二十六年闰八月七日；《济急善局公函》，载《中外日报》，光绪二十六年闰八月十三日。

② 《济急第二号公函》，载《申报》，光绪二十六年闰八月十日；《济急第三号公函》，载《申报》，光绪二十六年闰八月十三日；《济急第四号公函》，载《申报》，光绪二十六年闰八月二十一日；《济急第五号公函》，载《申报》，光绪二十六年闰八月二十五日；《济急第六号公函》，载《申报》，光绪二十六年九月三日；《济急第七号公函》，载《申报》，光绪二十六年九月七日；《济急第八号公函》，载《申报》，光绪二十六年九月十五日；《济急第九号公函》，载《申报》，光绪二十六年九月二十一日。《济急善局第二号公函》，载《中外日报》，光绪二十六年闰八月十四日；《济急第四号公函》，载《中外日报》，光绪二十六年闰八月二十三日；《济急第五号公函》，载《中外日报》，光绪二十六年闰八月二十五日；《济急第六号公函》，载《中外日报》，光绪二十六年九月七日；《济急第七号公函》，载《中外日报》，光绪二十六年九月十日；《济急第八号公函》，载《中外日报》，光绪二十六年九月十二日；《济急第九号公函》，载《中外日报》，光绪二十六年九月二十四日。上海图书馆藏《东南济急善会开办大略章程》亦称"东南济急善会"，见《东南济急善会开办大略章程》，上海图书馆《盛宣怀档案》，档案号：024222-1。

成，济急善局成立之初主要致力于清江至德州一带的陆路救援，与各国无涉，故不需借用"红十字会"之名；东南济急善会则主要在北京活动，而京城尚处于联军控制下，故不得不借用"红十字会"的名义。救济善会创办时，无论是公启，还是章程，均特别强调"红十字会"，也正是因为海路救援必然要涉及与各国尤其联军的接触，故特以"红十字会"相标榜。其二，该章程第二条"请各该省公举一人经理，酌量人数匀济"，表明东南济急善会虽名为"东南"，但善款之分配仍由各省各负其责。不仅如此，善款之来源也主要是以各省为单位筹集而来的，后文对此将详述。其三，该章程第三条"收受此款者，或即出京，或仍留京，均听自便"，表明东南济急善会对于留守京官的救援，乃是以散发赈款为主要方式。这一点，与第二条"至多每一人不得过一百金"的规定很快便宣告失效，而代之以更符合实际的救援办法。

诚如该章程所说："以上四条，系开办大略，如有未尽事宜，随时续议。"事实上，东南济急善会开办大略章程的制订确实相当仓促。据《济急公函》可知，严信厚等济急善局主持者于闰八月二日同盛宣怀等"公同商酌"，认为"各省官绅商民困守都门无可如何者，较在津德必更多更苦"，从而表示"同类之伤，何堪设想，尤应设法接济"，"徒以道路既多梗阻，情形亦未深知，只能筹款汇京，即托各省同志京官，各号所知，分别等差妥办，以期实在"。① 次日，在东南济急善会致"合肥相国幕府诸君子"的公函中，便已附上该章程。由此可知，东南济急善会的发起者与主持者，在制订该章程时，对于"都下情形"只是"悬揣"，故各项措施与细节规定，多有不切实际者，因而很快便被修改。于此亦可见，东南济急善会初创之时的急迫与几乎毫无准备。

一、东南济急善会的主持者：济急善局的扩展

东南济急善会并非一个独立于救济善会与济急善局的救援组织，因此并没有"公启"等公开宣示其成立的文告。东南济急善会更像是一个集合各方力量共同致力于北京救援的组织，其在致李鸿章"幕府诸君子"的信中，表示"树藩创议救济善会，拟即赴津开办；信厚、元济、

---

① 《济急公函》，载《申报》，光绪二十六年闰八月七日。

则敬、裕福、廷杲亦即约友驰赴德州添设济急善局"，而北京被难官绅"较在津德必更多更苦"，故决定专门在北京实施救援。① 也就是说，在东南济急善会看来，陆树藩之救济善会主要是在天津一路展开救援，严信厚等所设之济急善局则主要是在德州一路展开救援，因此东南济急善会便主要是针对北京救援而设立。

东南济急善会的主持者可通过东南济急善会上海总会与北京分会之间来往公函的署名及相关内容确定。东南济急善会上海总会致函北京分会共有九号公函，而北京分会致上海总会则共有四号公函。这些公函的落款时间分别是：《济急公函》为闰八月三日，《济急第二号公函》为闰八月五日，《济急第三号公函》为闰八月十日，《济急第四号公函》为闰八月十五日，《济急第五号公函》为闰八月二十日，《济急第六号公函》为闰八月二十九日，《济急第七号公函》为九月四日，《济急第八号公函》为九月十一日，《济急第九号公函》为九月十八日；《济急第一次京函》为闰八月二十九日，《第二号京函》为九月三日，《第三号京函》为九月十日，《第四号京函》为九月十三日。②

在上海致北京的前三号公函中，署名均为"盛宣怀、顾肇熙、任锡汾、郑官应、严信厚、庞元济、陆树藩、杨廷杲、施则敬、席裕福"；在后六号公函中的署名，"严作霖"替换了"陆树藩"。在"济急第三号公函"中，对于陆树藩此后不再列名还有解释："再陆纯伯兄现已料理赴津，此后沪寄公函即不列名。"据此可知，东南济急善会的主持者基本上是以济急善局的主持者为班底而构成的，如济急善局的五名主持者

---

① 《济急公函》，载《申报》，光绪二十六年闰八月七日。

② 因为席裕福积极参与救援行动，故这些公函多在《申报》首发，而首发时间与落款时间并不一致，前面注释中已列举了东南济急善会上海总局致北京分局各公函在《申报》上刊登的时间，此处不再赘言，仅列举济急"京函"在《申报》上刊登之时间：《济急第一次京函》，载《申报》，光绪二十六年九月二十二日；《济急善局得第二号京函》，载《申报》，光绪二十六年九月二十四日；《济急善局第三号京函济急善局施子英录》，载《申报》，光绪二十六年九月二十八日；《济急善会接第四号京函》，载《申报》，光绪二十六年九月二十九日。之所以逐一列举公函的落款时间，是因为在下文有关东南济急善会救援活动的叙述中，经常会引用这些公函，而确定了公函的落款时间，就能确定这些救援活动的大致时间。

严信厚、庞元济、杨廷杲、施则敬、席裕福均列名"沪寄公函"。陆树藩列名其中，可视为东南济急善会对陆树藩首倡之功的认可，或许也有联合救济善会、济急善局等"东南官绅商民"之力共同实施北京救援的象征意味。主持者中新增之"盛宣怀、顾肇熙、任锡汾、郑官应、严作霖"等人，与严信厚等义赈领袖关系更为紧密，其身份、地位也更具号召力。

作为领衔署名者，盛宣怀实际上是东南济急善会最重要的主持者，其工作包括接受李鸿章的指示，向东南各省督抚官员等发电募款，与各界函电往来，领衔沪局诸公与京局同人函电协商救济事宜，与道胜、汇丰等外国银行协商汇款等，内容涉及募款、汇款，以及援救京官之具体措施等。盛宣怀之所以能够成为东南济急善会最重要的主持者，乃是由于其身份、地位、经历所决定的。盛宣怀，字杏荪，江苏武进人，"以诸生起监司"，"最受知李文忠公"。可以说，自同治九年盛宣怀经杨宗濂介绍入李鸿章幕府起①，至李鸿章于光绪二十七年（1901年）逝世止，盛宣怀大半生的经历都是在追随李鸿章中度过的，而盛宣怀毕生事业也是主要依靠李鸿章达成的，故陈三立在给盛宣怀撰写的墓志铭中如此叙述："时文忠为直隶总督，务输海国新法图富强，尤重外交兵备，公则议辅以路矿、电线、航船诸大端为立国之要，与文忠意合。于是朝廷用文忠言，次第任公以四者，公亦终其身以四者自效。"②

洋务事业以外，赈务也是盛宣怀终生从事并卓有成效的一项事业。据盛宣怀"行述"所言，盛宣怀办理赈务之始，乃同治十年"畿辅大水"，盛宣怀之父盛康"倡捐棉衣赈米，命府君诣淮南北劝募集资购粮，由沪赴津散放"。同治十三年（1874年），盛宣怀"以直属水灾赈抚案叙劳"，赏加布政使衔。③ 盛宣怀的赈务活动也大都与李鸿章有关，如光绪四

① 《诰授光禄大夫太子少保邮传大臣显考杏荪府君行述》，见盛宣怀：《愚斋存稿》"卷首"，8b 页。

② 陈三立：《皇清诰授光禄大夫太子少保邮传大臣盛公墓志铭》，见盛宣怀：《愚斋存稿》"卷首"，5b 页。

③ 《诰授光禄大夫太子少保邮传部大臣显考杏荪府君行述》，见盛宣怀：《愚斋存稿》"卷首"，8b～9a 页。

年由盛宣怀与吴大澂、李金镛共同主持的河间赈灾，便是在李鸿章的命令下进行的。① 正是在办理河间赈务的过程中，盛宣怀与江南义赈士绅建立了紧密的联系，而这种联系又为盛宣怀的洋务事业走向辉煌打开了通道。② 由于盛宣怀的洋务企业与江南义赈之间的紧密关联，使得洋务企业的负责人与义赈的主持者往往高度重合。《沪寄公函》的列名者中，严信厚、施则敬、杨廷杲三人，均为中国通商银行总董；顾肇熙、郑观应时任轮船招商局会办③；严作霖曾是华盛纺织总厂负责银钱的董事④。也就是说，东南济急善会的主持群体中，包括盛宣怀在内，有七人与盛氏洋务企业存在着紧密关系。这七人中，严信厚、施则敬、杨廷杲三人乃庚子年前后的义赈领袖，盛宣怀、郑观应在光绪九年便是四位"义赈经理人"中的两位，严作霖更是被《清史稿》列名为义赈发起人之一⑤。据此亦可见，东南济急善会与江南义赈传统的紧密关系。

顾肇熙，字韠民，号缉庭，江苏吴县人，"由监生中式同治甲子科本省乡试举人"，光绪八年（1882 年）"补授吉林分巡道"，光绪十二年（1886 年）授"陕西凤邠道"⑥，光绪十七年，李鸿章"以办赈出力"，奏

---

① 光绪五年，盛宣怀又接受李鸿章的命令，主持直隶筹赈局的工作。见朱浒：《从插曲到序曲：河间赈务与盛宣怀洋务事业初期的转危为安》，载《近代史研究》，2008(6)。

② 朱浒：《从插曲到序曲：河间赈务与盛宣怀洋务事业初期的转危为安》，载《近代史研究》，2008(6)；朱浒：《从赈务到洋务：江南绅商在洋务企业中的崛起》，载《清史研究》，2009(1)。

③ ［美］费维恺：《中国早期工业化：盛宣怀(1844—1916)和官督商办企业》，虞和平译，138 页，北京，中国社会科学出版社，1990。

④ 朱浒：《从赈务到洋务：江南绅商在洋务企业中的崛起》，载《清史研究》，2009(1)。

⑤ 《申报》也将严作霖列为义赈的发起人之一，而《清史稿》与《申报》均未将盛宣怀、郑观应列入义赈发起人行列。朱浒认为严作霖"位列发起群体，是毫无疑问的"，同时认为郑观应具有"作为义赈发起人的资格"，但认为将盛宣怀列入发起人群体是不合适的，因为盛宣怀办理直隶河间赈务，"是李鸿章委派的结果"，"根本没有越出官赈的范围"。见朱浒：《地方性流动及其超越：晚清义赈与近代中国的新陈代谢》，150～153 页。

⑥ 秦国经主编：《清代官员履历档案全编》第 4 册，491～492 页。

请朝廷"予前陕西凤邠盐法道顾肇熙军机处存记，留直补用"。① 大概因为顾肇熙的这种经历，使得马昌华在《淮系人物列传——文职·北洋海军·洋员》一书中，将顾肇熙列为李鸿章的文职幕僚，其"职务与活动"则是"襄办赈务"。② 由此可见，顾肇熙参与东南济急善会，并紧随盛宣怀之后列名《沪寄公函》，是不难理解的。任锡汾，字逢辛，江苏宜兴人，光绪二年(1876年)举人。是年恰逢"丁戊奇荒"，任锡汾积极协助县里父老筹集资金救灾；光绪五年(1879年)，"京都附近一带水灾"，任锡汾又慨然劝募赈灾资金十余万两。光绪十六年春，由于上年江浙一带受灾严重，两江总督曾国荃派任锡汾"以十六万至浙江各属加赈"。在放赈过程中，任锡汾"亲自散票，亲自给赈，丝毫不假胥吏之手"，因而在其"由浙回宁时"，"灾民沿路执香跪谢皇恩者颇不乏人"。次年，任锡汾"以道员发往浙江补用"。③ 后来，任锡汾曾任四川川东道，于光绪二十五年"因办理案件贻误地方，谕令开缺送部引见，乃竟藉词乞养"，被朝廷"即行革职"。④ 任锡汾的经历，尤其是办赈的资历也足以使其列名"沪寄公函"，成为东南济急善会的主持人之一。

由上可知，东南济急善会的主持者均是东南乃至全国闻名的义赈或官赈领袖。在救援工作中，这些主持者分别居于何种地位，承担何种职责，并无明确规定。庚子救援后，任锡汾曾在《上盛宣怀禀》中表示："东南济急善会系尊处及丝业会馆经收各处来款，敝处仅司函电。"⑤ 在东南济急善会的章程中，第一条便规定"各省集款汇交上海中国通商银行

---

① 《德宗景皇帝实录》卷三〇二，光绪十七年十月，998a页。

② 马昌华主编：《淮系人物列传——文职·北洋海军·洋员》，252页，合肥，黄山书社，1995。

③ 参见王定安编：《曾忠襄公(国荃)批牍·年谱》，见沈云龙主编：《近代中国史料丛刊》第十一辑，第103号，696页，台北，文海出版社，1967；曾国荃：《江浙春赈完竣疏》，见《曾国荃全集》，梁小进整理，第二册"奏疏"，533～534页，长沙，岳麓书社，2006；中国第一历史档案馆编：《光绪朝硃批奏摺》第七辑，783页，北京，中华书局，1995；宜兴市政协文史资料委员会编：宜兴文史资料第22辑《宜兴人物志》上册，185～186页，南京，《江苏文史资料》编辑部，1995。

④ 《德宗景皇帝实录》卷四四一，光绪二十五年三月上，802b页。

⑤ 《任锡汾上盛宣怀禀》，上海图书馆藏《盛宣怀档案》，档案号：025794。

暂收"，而在《申报》与《中外日报》所刊登的捐款清单中，丝业会馆①、源
通官银号②、申报馆协赈所③、仁济善堂④、陈家木桥电报总局⑤均有
接受捐款的记录。⑥ 从《申报》刊发的有关东南济急善会的各种文稿，

---

① 《上海丝业会馆济急善局经收第一次清单》，载《申报》，光绪二十六年闰
八月十七日；《上海北市丝业会馆济急善局经收第二次清单》，载《申报》，光绪二
十六年九月二十五日；《上海北市丝业会馆济急善局经收第三次清单》，载《申
报》，光绪二十六年十一月八日；《上海北市丝业会馆济急善局经收第四次清单》，载《申
报》，光绪二十六年十一月二十五日；《上海北市丝业会馆济急善局经收第五次清
单》，载《申报》，光绪二十六年十二月二十五日等。《丝业会馆济急善局经收第一
次清单》，载《中外日报》，光绪二十六年闰八月二十四日；《上海北市丝业会馆济
急善局经收第二次清单》，载《中外日报》，光绪二十六年九月二十日等。
② 《来函照登》，载《申报》，光绪二十六年九月十二日；《来电照登》，载《申报》，
光绪二十六年九月十六日；《垂念灾民》，载《申报》，光绪二十六年十月五日等。
③ 《申报馆协赈所经收救济善会捐款八月十七日至三十日止第一次清单》，
载《申报》，光绪二十六年闰八月二日；《申报馆协赈所经收救济善会捐款闰八月初
一日至十五日止第二次清单》，载《申报》，光绪二十六年闰八月十七日；《申报馆
协赈所经收救济善会捐款闰八月十六日至二十九日止第三次清单》，载《申报》，光
绪二十六年九月二日；《申报馆协赈所经收济急善会捐款九月初一日至十五日止第
四次清单》，载《申报》，光绪二十六年九月十七日；《申报馆协赈所经收济急善会
捐款九月十六日至三十日止第五次清单》，载《申报》，光绪二十六年十月三日；
《申报馆协赈所经收济急善会捐款十月初一日至十五日止第六次清单》，载《申报》，
光绪二十六年十月十八日；《申报馆协赈所经收济急善会捐款十月十六日至三十日
止第七次清单》，载《申报》，光绪二十六年十一月四日；《申报馆协赈所经收济急
善会捐款十一月初一日至二十九日止第八次清单》，载《申报》，光绪二十六年十二
月三日等。申报馆协赈所经收的救援兵灾之善款，从其发布清单之名称来看，前
三次是为救济善会代收，后五次则都是为济急善局代收。救济善会与济急善局尽
管在救援行动上多有协助，但在接受捐款与使用捐款上，均完全独立运行。
④ 《任恤风高》，载《申报》，光绪二十六年闰八月十五日；《高谊可风》，载
《申报》，光绪二十六年九月十一日；《种种阴功》，载《申报》，光绪二十六年九月
二十二日；《上海六马路仁济善堂经收济急善局资遣京津被难捐八月廿八至九月三
十日第一次清单》，载《申报》，光绪二十六年十月六日等。
⑤ 《上海陈家木桥电报总局内筹赈公所经收济急善捐清单》，载《中外日报》，
光绪二十六年九月二十二日。
⑥ 也有以丝业会馆、源通官银号、申报馆协赈所、仁济善堂、陈家木桥电
报总局共同名义接受捐款的记录，如《筹助巨款》《众擎易举》，载《申报》，光绪二
十六年闰八月三日。

如"公函""京函""公电""电信""京电"等资料来看，由庞元济、施则敬负责的丝业会馆似乎是东南济急善会的日常办事机构。因为东南济急善会的这些文稿几乎都是"上海北市丝业会馆济急善局庞元济、施则敬钞登"。《申报》曾刊登施则敬的一则声明，亦透露出丝业会馆为东南济急善会日常办公之地：

> 启者：则敬随同盛京卿诸公承办济急善局事宜，适寒舍有喜庆事，拟自十月初二日起，暂交后马路源通官银号严筱舫老伯暨严渔珊先生代办七日，俾免稽延贻误。敝寓近在咫尺，必当拨冗前往会商，不敢漠然不顾。至初八日后，仍在丝业会馆亲自办理，谨乞登报奉闻。济急善局施则敬谨启。①

从某种意义而言，东南济急善会又可被看作由济急善局扩充发展而来，二者之间存在着直接而紧密的承继关系。可以作为证明的，除了善会日常工作的主持者没有发生变化外，还有济急善局与救济善会之间在救援分工上的承续与变化。在东南济急善会成立之前，济急善局与救济善会经过协商，"公同议定清江等处归严君筱舫诸公筹办，京津一带归陆君纯伯诸公筹办"；而在东南济急善会成立之后，严信厚、庞元济、施则敬专门发表声明，又表示"救济会系陆纯伯部郎，专办天津一路；济急会系盛京堂及诸同仁，专办京城、德州两路"。② 施则敬在《声明代办》中称"则敬随同盛京卿诸公承办济急善局事宜"，这表明在施则敬眼中，盛宣怀领衔承办之东南济急善会，即济急善局。③ 但在盛宣怀的往来信函中，盛宣怀从来不称"济急善

---

① 《声明代办》，载《申报》，光绪二十六年十月二日。

② 《济急会声明》，载《申报》，光绪二十六年十月十六日。

③ 实际上，在东南济急善会宣告成立之前，在有关济急善局的各种史料中，如在《济急善局公启》《承办济急善局章程》，乃至《照录李傅相札文》和《覆呈李中堂禀稿》等有关济急善局成立的文献中，均完全不见盛宣怀的踪影，出面领头者是"信厚等"。假如济急善局为盛宣怀所承办，则这些文稿必定会以盛宣怀为号召，一如其在东南济急善会致北京分局的公函中领头署名。或许可以这样理解，在济急善局的发起人严信厚、施则敬等人看来，东南济急善会与济急善局本无区别，即东南济急善会便是济急善局，而济急善局也就是东南济急善会，因此在严信厚、施则敬等人所撰写的文稿中，多以济急善局自称。

局"，而是称"东南济急善会""东南济急会"或"济急会"。戴鸿慈在为庚子救援行动向朝廷请奖的奏稿中，也只是称"东南济急善会"，并表示该善会"提纲挈领则任锡汾、施则敬之力居多"。① 事实上，提纲挈领、总揽其成者应为盛宣怀，任锡汾、施则敬主要为日常工作的主持者。因为东南济急善会只是盛宣怀庚子年间诸多事务中的一项，且属于关系并不重大的"极形烦琐"之事②，故盛宣怀不会在此事上花费过多精力。任锡汾、施则敬则是以专职工作的形式负责东南济急善会的日常工作，因此在戴鸿慈的奏稿中，专门替"尤为出力之员"的任锡汾、施则敬请奖。这是东南济急善会在上海的主持群体的大致情况。

东南济急善会在北京的主持者，主要是辅佐李鸿章庚子议和的"幕府诸君子"。东南济急善会之所以能够成立并在北京展开救援工作，与盛宣怀等借助李鸿章进京议和之机，请其"幕府诸君子"在北京设立分会襄办善举的筹划是分不开的。在东南济急善会沪局致京局的九号公函中，前六号公函的接收者均为"彝卿、莲甫、次舟、莘伯仁兄大人"。"彝卿"，即杨文骏，彝卿为其字，云南蒙自县人，"由监生报捐州同，投效本省军营"，"于派往朝鲜历年防护定乱案内，经李鸿章保奏，俟选缺后以直隶州用"。光绪十九年，"因委办顺直赈捐，保奏俟补知府后，以道员遇缺题奏"，"复因倡捐巨款筹办香山县义仓，保奏赏给从二品封典"。光绪二十年，杨文骏一度"署理广东按察使"，不久即经广东巡抚奏参"革职永不叙用"。光绪二十三年，杨文骏经王文韶、张之洞、盛宣怀"会奏"，"派充协理汉口铁路分局"；光绪二十六年又经李鸿章"派充议约随员"。③ 由此可知，杨文骏很早便入李鸿章幕府，其间也有办赈的经历，与洋务企业也颇有关系，除了协理汉口铁路分局

① 《戴鸿慈奏稿》，见盛宣怀档案资料选辑之七《义和团运动》，676 页。该奏稿可疑之处颇多，笔者认为该奏稿应为"李鸿章奏稿"，详见后文。
② 在盛宣怀等致李鸿章幕府"诸君子"的公函中，表示"此次诸君子幕府襄献，攸关重大，而此事极形烦琐"。见《济急第四号公函》，载《申报》，光绪二十六年闰八月二十一日。
③ 秦国经主编：《清代官员履历档案汇编》第 6 册，607～608 页。

外，也是中国通商银行的十位总董之一。① 杨文骏的经历，与盛宣怀、顾肇熙、严信厚等人多有交集，均曾入李鸿章幕府，且曾主持或参与过赈灾，并在洋务企业中任职。这样的共同经历使得杨文骏与盛宣怀、顾肇熙等当有一定交谊存在，而这种交谊又使得东南济急善会在北京的救援行动具有了较为可靠的人力支持。

"莲甫"，即杨士骧，安徽泗州人，光绪十二年"以进士第改翰林院庶吉士，授编修"。杨士骧曾入李鸿章兄长李瀚章之幕府，"凡所执持大政可不可，瀚章不能夺"。后充国史馆纂修，甲午充顺天乡试同考官，戊戌年间以道员分发直隶，至庚子年李鸿章"入都议和约，以士骧从"。② 杨士骧入李鸿章幕府的时间可谓相当之晚，《淮系人物列传——文职·北洋海军·洋员》将杨士骧入李鸿章幕府的时间定在光绪末年；李志茗所著《晚清四大幕府》将杨士骧入李鸿章幕府的时间定在光绪二十五年，主要活动便是"佐李鸿章庚子议和"。③ "次舟"，即徐赓陛，浙江乌程人，"尝以候补通判宦粤，权南海等县，精干而著酷吏之名"。李鸿章督粤时，"欲以峻法治盗"，遂招徐赓陛入幕，"俾以毒攻毒也"，"追鸿章北上主和议，挈之入京"。④ 由此可知，徐赓陛入李鸿章幕府的时间也相当晚，活动也主要是辅佐李鸿章庚子议和。"莘伯"，即杨崇伊，江苏常熟人，光绪六年恩科进士，授职编修，曾充光绪十二年丙戌科、十六年庚寅科会试同考官，也曾"因办理苏浙赈捐案内奖叙赏戴花翎"。⑤ 戊戌年间，杨崇伊上奏弹劾新党，成为引发戊戌政变的导火线，杨因此为新党所不齿。戊戌后，杨崇伊回到南方，至庚子年间李鸿章北上议和，作为李鸿章姻亲的杨崇伊随行北上。⑥

东南济急善会致杨文骏、杨士骧、徐赓陛、杨崇伊四人的公函，

---

① 盛宣怀档案资料选辑之五《中国通商银行》，61 页。

② 金天翮：《杨士骧传》，见钱仲联主编：《广清碑传集》，1234 页。

③ 马昌华主编：《淮系人物列传——文职·北洋海军·洋员》，250 页；李志茗：《晚清四大幕府》，219 页，上海，上海人民出版社，2002。

④ 朱德裳：《三十年闻见录》，188 页，长沙，岳麓书社，1985。

⑤ 秦国经主编：《清代官员履历档案汇编》，第 6 册，372 页。

⑥ 戴海斌：《1900 年李鸿章与佐佐友房会晤考论》，载《安徽史学》，2011(6)。

从第七号开始，变为"燕谋、彝卿、味春、莲甫、晦若、次舟、莘伯仁兄大人阁下"。这是因为东南济急善会在发出第七号公函之前，接到京电"知燕翁、晦翁、味翁出而援手""襄办会事"。① "燕谋"，即张翼，顺天府通州人，"由材武起家"，"十六岁投效神机营"，为醇亲王所赏识，"以营员入邸供职"，成为醇王府的管家。张翼在醇王府供职十余年，"荐升屡陟"，"癸未始以道员发江苏，旋调直隶"，"戊戌特旨以四品京堂候补帮办关内外铁路事，己亥授内阁侍读学士"，庚子时"随办和议"。② 据《荣禄存札》记载，张翼在庚子年间是随李鸿章一同由上海入京，并将李鸿章在京议和的各种情况密呈荣禄，言语之间对李鸿章颇多不满。据此可见，张翼与荣禄关系非同寻常。③ "味春"，即杨士燮，为杨士骧长兄，光绪二十年甲午恩科进士，此前便一直在工部任职，光绪二十二年"补授员外郎"，庚子年"题升郎中"，曾在直隶赈捐局报捐花翎。④ "晦若"，即于式枚，广西贺县人，祖籍四川，光绪六年进士，入翰林院为庶吉士。自光绪十一年入李鸿章幕府起，至光绪二十五年李鸿章署两广总督止，于式枚几乎一直在李鸿章幕府担任文案。⑤ 据刘体智言，"文忠谢恩诸奏"，"望而知为"于式枚所作。⑥ 庚子时于式枚留守京城，李鸿章入京议和，于式枚便再次入幕协助。

① 《济急第七号公函》，载《申报》，光绪二十六年九月七日。杨文骏在《济急第一次京函》中亦有叙及："现已约燕谋京卿、晦若礼部，及莲甫老史、味春工部襄办会事。"见《济急第一次京函》，载《申报》，光绪二十六年九月二十二日。
② 章钰：《通州张侍郎墓志铭》，见汪兆镛纂录：《碑传集》三编卷八，471～479 页，见周骏富辑：《清代传记丛刊·综录类⑥》，台北，明文书局，1985；[澳]乔·厄·莫理循：《清末民初政情内幕——〈泰晤士报〉驻北京记者、袁世凯政治顾问乔·厄·莫理循书信集》上卷(1895—1912)，[澳]骆惠敏编，131 页，北京，知识出版社，1986。
③ 在密札中，张翼称荣禄为"吾师大人"，自称"受业"。张翼出身于神机营，而荣禄曾为管理神机营大臣。参见《张翼札》，见杜春和、耿来金、张秀清编：义和团资料丛编《荣禄存札》，48～56 页，济南，齐鲁书社，1986。
④ 秦国经主编：《清代官员履历档案全编》第 7 册，280～281 页。
⑤ 曾凡亮：《晚清贺县籍名臣于式枚生平研究》，载《贺州学院学报》，2008(1)。
⑥ 刘体智：《异辞录》，211 页。

李鸿章庚子议和的幕府诸人中，张翼、杨士燮、杨士骧、徐赓陛等人多是在庚子议和时才开始协助李鸿章的；杨崇伊虽为李鸿章亲信，但因其戊戌年间的举动而声名颇恶；杨文骏、于式枚则长期佐幕李鸿章，但于式枚只是负责文案，而杨文骏曾被"委办顺直赈捐"，又"协理汉口铁路分局"，且为中国通商银行总董，与盛宣怀等人素有交谊，因此东南济急善会在北京的活动主要由杨文骏负责。实际上，东南济急善会北京方面与上海方面的函电往来，也主要是由杨文骏署名。善会沪局致京局的九号公函中，前五号公函发出时，上海没有收到来自北京的任何回复，无论是信函，还是电报。上海方面完全不清楚北京方面是由谁在主持救济事宜，因此盛宣怀等在第四号公函中表示，救济之事"极形烦琐，往来笔墨亦必甚多"，"现在由沪解款至京，无论如何办法，不能不经洋人之手，即不能不渎请傅相察收，亦即重烦诸君子之神"，因而要求"一切往来接洽之事，最好在京议明由何人汇总经理，以后弟等即径与此人函电往来，庶几事省而举并"。① 在第五号公函中，上海方面再一次表达了这个要求："此事烦琐，四号公函内请将在京由何人汇总，弟等径与函电往来，乞从速禀商傅相核示祗遵。此与汇款同关紧要，尊处妥商后，务祈迅赐电示，至为盼。"②

在闰八月二十九日寄出的第一号京函中，杨文骏便表示，"傅相事冗心烦"，救济事宜"只可由弟等办好，随时禀闻"。③ 在第二号和第四号京函中，北京方面直接回应了上海第四号公函的要求。在第二号京函中，杨文骏表示"又奉济急会第四号函，敬悉一一，现在贤良寺中收拾两间屋为公所"，公函"须弟属稿，同人事冗，无暇及此，银折亦存弟处，取时必偕一同事前往"。④ 在第四号京函中，杨文骏又详细介绍了北京方面的状况：

> 此间并未另设公局，即在寺中假两间屋，用司事二人、送信

---

① 《济急第四号公函》，载《申报》，光绪二十六年闰八月二十一日。
② 《济急第五号公函》，载《申报》，光绪二十六年闰八月二十五日。
③ 《济急第一次京函》，载《申报》，光绪二十六年九月二十二日。
④ 《济急善局得第二号京函》，载《申报》，光绪二十六年九月二十四日。

一人，以杨味春管理杂件，一切分函、送函及取款、存款，皆骏经理。既任劳又任怨，而无可如何，此中情形，难形笔墨。阅公函"在京由何人汇总""禀商相示"等语，相云为款过钜，仍由汝等总理，并可节省用费，骏只得力任其难。第每日京官之来探问，着日不暇给，夜间又须赴相处陪谈会议，须九下钟乃退，故复函不能随到随办，多半须夜间挥毫，尚希原谅，但求委件一一照办不误而已。①

据此可知，北京方面的救援工作主要是，处理东南济急善会沪局委托办理的各项事务。当然，一些重要举措也须随时向李鸿章请示。事实上，东南济急善会沪局致京局的公函，几乎每一号都特别强调"乞代陈傅相"或"傅相前仍请代陈一切"或"乞代陈傅相核示祗遵"等。这表明，对于盛宣怀等人而言，创办东南济急善会并开展救援行动，主要是因为李鸿章的指示。据杨文骏所言："傅相前电各省协济，系文骏拟稿，请由尊处发电。"②某种程度而言，东南济急善会实际上是由李鸿章倡导成立并随时加以指示和给以援手的救援组织，因而东南济急善会在上海的主持者多为长期追随李鸿章的幕僚，而在北京的主持者则都是李鸿章庚子议和时的"幕府诸君子"，甚至北京的办事公所也是设在李鸿章下榻的贤良寺。

二、东南济急善会的救援活动

东南济急善会虽然是在李鸿章的指示下成立并展开救援工作的，但具体的救援举措仍主要由在上海的主持者筹划。在致李鸿章幕府诸公的第一号公函中，盛宣怀等说明了救援京官的具体办法："徒以道路既多梗阻，情形亦未深知，只能筹款汇京，即托各省同志京官，各号所知，分别等差妥办，以期实在。"也就是说，东南济急善会最初设想的救济京官的办法，只是"筹款汇京"，以各省为单位接济京官相应款项，"每一人不得过一百金"。为了实施这个救援计划，盛宣怀等请求杨文骏等人"一面代陈傅相，于便晤各使时说明此事，一面设法遍访各

---

① 《济急善会接第四号京函》，载《申报》，光绪二十六年九月三十日。
② 《济急善局得第二号京函》，载《申报》，光绪二十六年九月二十四日。

省现尚在京之京官，先行接洽，款到即办"。至于汇款之法，盛宣怀表示："弟等已向汇丰熟商，刻间尚无成议，必当设法为之。因思赫税司各使馆及联军入都后，必各有余资，其意亦必以汇沪为是，如能就近划兑，尤为便捷。"①事实上，此后的救援工作便主要是围绕汇款以及如何更好地救济京官而展开。

在上海致北京的第二号公函中，盛宣怀等表示："由道胜银行汇奉九八规银二万两，即托该行代买英洋五千元，约合规银三千七百两左右，余即尽数连洋一并汇上，作为东南济急善会第一批解款。"在公函的附启中，庞元济、施则敬指出这笔钱的来源："前项规元二万两，系蒙盛杏荪京卿筹垫五千两，天顺祥陈君润夫另垫三千两，元济筹垫二千两，并与则敬集捐一万两，即于初六日照数汇京以便及时开办。"②即东南济急善会的第一批解款，主要是由善会的主持者"筹垫"而成，作为在北京展开救援行动的启动资金，此后陆续解往北京的善款便主要是来自东南各省的捐款。在上海致北京的第三号公函中，东南济急善会在附启中表示："此项济急经费，查照原议，至少以十万金为度，极应迅筹续解，免致办理为难。惟杨彝卿观察诸公，甫于十一日随同傅相入都，应俟抵京后奉有电音，再行续解。"③

在闰八月十五日上海致北京的第四号公函中，盛宣怀等表示："相节抵都后，在京中外人士次第接见，济急会事谅承转致各省同乡分别办理。既经开办，需款必亟，现在筹款固难，犹可竭力设法，而汇款尤难。第一号函内所商就近划兑一节，弟宣昨晤询裴式楷副税司，据称以赫税司处论，实无余款"，"划款一层，在都西号不知曾否开市，汇丰、道胜等行，能否通融划拨，熟商尚未允洽，日内当由电奉商一切"。盛宣怀原本指望总税务司赫德或北京各使馆及联军将有款项汇沪，可"就近划兑"，但询问"裴式楷副税司"之后，知赫德处已无可指望。④ 在闰八月二十日的第五号公函中，盛宣怀又详述了其在汇款方

① 《济急公函》，载《申报》，光绪二十六年闰八月七日。
② 《济急第二号公函》，载《申报》，光绪二十六年闰八月十日。
③ 《济急第三号公函》，载《申报》，光绪二十六年闰八月十三日。
④ 《济急第四号公函》，载《申报》，光绪二十六年闰八月二十一日。

面的种种努力："弟宣昨晤道胜京行大班璞科第，详述其在京困守情形，日内仍即赴京，在京洋兵现尚不免搜掠，京城通用洋钱等语。因将济急汇款与之婉商，允先代带英洋一万五千元，准在京交付，并允交付后，如以京城现尚搜掠可虑，仍可暂存该行，陆续支取。兹即凑集英洋一万五千元作为东南济急会第二批解款"；"现在捐款渐集，而汇款之难，不难于到津，而难于到京。在京西号、南号，不知有无划款。一号函内奉商就近划用一节，不知如何"；"此次道胜大班璞君先仅允带一万五千元，以后汇款，虽未回绝，亦未确允。汇丰大班，昨与熟商，亦称汇津易而汇京难，允即电询京行，如有款，必可汇，今日尚无回音也"。①

在尚未接到京中回复之前，东南济急善会便已向京城汇出两批款项。这两批款项均是通过道胜汇往北京，其中第二批是由道胜京行大班璞科第亲自带到京城。在盛宣怀看来，"筹款固难"，而"汇款尤难"；"而汇款之难，不难于到津，而难于到京"。盛宣怀最希望的是能够"就近划兑"，即将款项存入西号或南号的沪行，杨文骏等便可从该号的京行提款。要实现"就近划兑"，前提条件便是西号或南号的京行有足够的款项，所以盛宣怀一方面与汇丰沪行大班熟商，请其"电询京行"是否有款，另一方面请杨文骏等询问"在京西号、南号""有无划款"。杨文骏等在闰八月二十二日由京城致上海的"济急京电"中表示："与汇丰吴幼舲商，请先拨二三万存沪汇丰，待电拨。"②盛宣怀接电后，"随赴汇丰沪行面商"，但汇丰沪行表示"尚未接洽，前允电京商酌，亦尚无回音"。当时东南济急善会刚好收到捐款五千金，于是"径商汇丰大班，允可汇京，当将银交去"，这便是东南济急善会第三批解款。盛宣怀等在第六号公函中表示："现在捐款渐集，截至昨日止，未汇者约二万余金。弟等仍竭力设法，可汇即汇，仍请尊处一体设法。倘尊处所议拨存汇丰二三万之说，果属可行，务请嘱该京行大班电嘱沪行，俾两相接洽，即可源源而来，办事者不致有断手之虞。"③

---

① 《济急第五号公函》，载《申报》，光绪二十六年闰八月二十五日。
② 《济急京电》，载《申报》，光绪二十六年闰八月二十六日。
③ 《济急第六号公函》，载《申报》，光绪二十六年九月三日。

　　杨文骏在九月三日致上海的第二号京函中，再次表示："至汇款，据汇丰吴幼龄兄云，该行现银甚多，只要将银交存上海汇丰，由该行发一电来，即可交银，祈就近酌办。"①不过，该号京函在盛宣怀等于九月十八日发出第九号公函之时尚未收到，因此在第七号公函中，盛宣怀等仍表示："与汇丰沪行商妥，在沪交与规元一万零七百两，议明到京兑付公砝足银一万两。此间业于初三日将银两交付该行，允即日电汇至京，到祈察收京公砝足银一万两，作为东南济急会第四批解款，转致各省同乡。此后敝处仍当与汇丰等行婉商，能汇即汇。"②在第八号公函中，东南济急善会因"现在都下已无炉房，洋元闻可通用"，认为"居者用洋相宜，行者仍恐非银不可"，且"各处汇来捐项，亦银款居多"，故"以后汇划，拟银洋相间而行"，并表示"兹与汇丰沪行商明，在此交收规元一万零七百两、洋一万零二百五十元，该行即日电京将公砝足纹一万两、洋一万元交至尊处，请即察收，作为东南济急会第五批解款转致各省同乡"。③

　　针对第五批解款，杨文骏致电上海表示："汇丰三批，银一万两、洋一万元到后，仍汇银合用。"④盛宣怀因此在九月十八日寄出的第九号公函中表示："第六批解款，原议仍银洋并汇，已多方筹凑银洋各二万，仍商由汇丰分期电汇。昨弟宣寄复彝翁电业经提及，兹承示仍汇银合用，遵即照办，须又与汇丰商明。此间付规元四万二千八百两，在京兑公砝足银四万两，汇丰已允于此数日内，分两次电其京行，兑交尊处，到请作为东南济急会第六批解款。"东南济急善会在汇解第六批款项之前，便已得知前五批"共解银四万两有奇、洋三万元均已到

---

　　①　《济急善局得第二号京函》，载《申报》，光绪二十六年九月二十四日。
　　②　《济急第七号公函》，载《申报》，光绪二十六年九月七日。
　　③　《济急第八号公函》，载《申报》，光绪二十六年九月十五日。
　　④　《济急三电》，载《申报》，光绪二十六年九月十九日。实际上，在《济急第一次京函》中，杨文骏便向上海报告了北京银洋比价的变化："此间银价换京钱十三吊左右，洋元换八吊，先时洋贵，每元同银一两，以银易洋须八钱五六，今则七钱五六矣。"见《济急第一次京函》，载《申报》，光绪二十六年九月二十二日。

京"，"其有必须汇费之处亦均已在沪核付"，"到京祇须照兑"。① 杨文骏则在九月十三日寄出的第四号京函中便表示："济急会汇款已收到道胜两批、汇丰三批，计公砝足银四万六百三十二两三钱三分、洋四万元。汇丰此间收各军存银甚多，均系汇解回津，是以吴幼舲云尽可拨用，只要上海交存汇丰，电知此间，即可划拨，并属该京行大班电知沪行大班查照。又华俄银行已做买卖，询知该买办云可以汇款，前函已陈及。惟据幼舲云，此间汇款，仍以银合用。近来洋钱日跌，每元作七钱二分，换京钱只八吊二百文，银价每两仍换十二吊零也，乞诸公酌之。"②至此，盛宣怀所希望的"就近划兑"已完全变成现实。从此，由沪至京汇款已不再是问题。

在救援京官的具体措施上，盛宣怀等最初的设想，仅仅是"筹款汇京"发放给京官，但杨文骏等于闰八月二十二日首次致电上海便表示："京官愿回南多，拟由日本护送塘沽，请嘱局轮往接"③；在闰八月二十五日发出的"济急续电"中又表示："傅相派杨莘伯兄赴津办理转送上轮船。"④ 在闰八月二十九日寄出的第一号京函中，杨文骏等针对当时京官遭难的状况，提出了他们援救京官的初步设想：

> 十八日入齐化门抵贤良寺，连日公同筹议，并查询一切所有在京官商，有未迁而遭抢掳一空者，有因迁失其辎重者，有未迁而安然无恙者，其情不一，大约苦者十居八九，仅可自给者十之一二耳。转瞬天寒，无衣无食，告贷无从，赊欠无地，将何以卒岁？值此米珠薪桂，即按每家百金，亦恐难以存活。现公拟，先设法保送有家可归，及南中有亲友可赖者，先行回南，以后再议接济留京各人办法。否则势必两误，一经封河，更无法可想矣。保送办法，已将火车议定，惟过州运船办法，尚难大定，非派洋兵不可。终日奔驰商酌，尚未成议。

---

① 《济急第九号公函》，载《申报》，光绪二十六年九月二十一日。
② 《济急善会接第四号京函》，载《申报》，光绪二十六年九月三十日。
③ 《济急京电》，载《申报》，光绪二十六年闰八月二十六日。
④ 《济急续电》，载《申报》，光绪二十六年闰八月二十九日。

杨文骏等将援救京官南下放在首位，所以托各省京官"先分查回南人数"，结果是"大约在千人以外"。该号京函又表示："燕翁请其派矿局洋人白乐文专办塘沽上轮事，人到并可暂住矿局。"①九月三日，杨文骏等又将该救援办法电知上海："京官窘且多，若照来章，每百两款，恐不济，得者亦难卒岁。公拟先送愿回南者起程，再议济留京者，来章缓送。"②所谓"来章缓送"，是指沪局致京局第四号公函，特"附上章程一百张，并祈察收转交各省同乡察阅"。该章程即东南济急善会开办大略章程，以向京官散金为主。在该公函中，盛宣怀等还特别强调："此系弟等在外筹款接济办法，至在京情形，本不深知，亦未敢悬拟，应请各省同乡随时变通，彼此必无触背。"③因此在接获九月三日的京电后，上海方面再次表示："原议章程每人至多不得过一百金，语意本极放活，全赖诸公因时因地各制其宜，弟等未敢遥拟。第一条至少十万金之说，论现在情形似已微有把握，如托庇大局早定，人事别无枝节，弟等竭尽心力，或者集款不止十万金。第在京如何相宜，如何均沾实惠，是在诸公卓识大力，下风翘首，曷胜拜祷。"④

杨文骏在致上海的京函中一再为救济之难大吐苦水，而救济之难的关键在于京官或留守或南下的不确定性。在第二号京函中，杨文骏指出："凡留京者有两种，一种必光景可以支持，一种必奇窘极苦，回

① 《济急第一次京函》，载《申报》，光绪二十六年九月二十二日。光绪十八年，李鸿章委派张翼担任开平矿务局督办；至庚子年间，虽然英商墨林公司已从张翼手中骗得开平矿务局，但名义上张翼仍为开平办办，故有此表示。见马勇：《严复学术思想评传》，168～182页，北京，北京图书馆出版社，2001。

② 《济急三电》，载《申报》，光绪二十六年九月六日。后来在第三号京函中，杨文骏又特别解释，为何要将愿回南者先行送回："济急会事，公议先将愿回南者送回，再议留京者办法。论此时京官情形来，米煤无可赊欠，无亲友可告贷，无印结可分，无俸米俸银可领，无炭敬别敬可望，开门七件，无一非要现钱。其有抢掠一空乾皮绵衣等已荡然，更不知如何措备，是以劝其回南。即照会章每家以百金为度，际此米珠薪桂，八口之家何能支持岁底，即度岁矣，来岁又复如何。京官会中公款能集十万已属万难，以之救急尚可，以之救贫其何能支？"见《济急善会第三号京函济急善局施子英录》，载《申报》，光绪二十六年九月二十八日。

③ 《济急第四号公函》，载《申报》，光绪二十六年闰八月二十一日。

④ 《济急第七号公函》，载《申报》，光绪二十六年九月七日。

南亦无法想者，彼时始能辨别，此较查灾放振为尤难，弟等既承委任，不敢不慎。"①在第三号京函中，杨文骏表示因为"行李不能多带"，京官中"有不愿弃物而归者，亦有系念回銮仍可补缺升官者，亦有闻纯伯会章可以酌借者，稍存观望"。又特别指出"济急会所收各省专济之款"引发的种种为难之处："再济急会所收各省专济之款，京官闻之，咸引领以待，若不各归各省，又恐该省喷有烦言，且有候专济之款到手，然后南归者。如各归各省，则现送回南经费将何所出，且有已捐入会中协济，而另有专济本省者，此又不能不分别。骏等互筹，迄无妥善之法，是以电请商之诸公，妥议示遵。"②后来施则敬接到徐赓陛手书，示以救济浙江京官办法之三大端："一资送官眷南旋，一津贴奔赴行在各员，一接济留京度岁之资。"盛宣怀等因此表示："浙帮如此办法，他省不知何如，大致当不甚相远，事贵因时因地各制其宜，断非数千里外所能遥揣，惟望诸公硕画茋筹，弟等尽心竭力筹款以济，各为其所能为而已。"③

在确定救济京官大致办法的同时，杨文骏等对于护送官商回南的办法也多方筹划。在第二号京函中，杨文骏表示："至运送回南者，连商民亦有，即直京人愿来南者亦允之。火车已议定，惟通州至扬村船只，尚未议妥。"④所谓"火车已议定"，是指"由杨村火车至塘沽，俄已允保护"⑤，而"通州至杨村"则因为日本的反复而尚未定议。在第三号京函中，杨文骏向上海详细报告了由北京护送官商至塘沽登轮的具体办法：

现在护送章程，由杨村至塘沽火车，早已向俄议妥；其由通至杨村民船，先商日本，亦已允诺，后以兵少船小，又复诿辞。现仍议由我自行雇船，由俄派兵护送至通，由日派兵护送至杨村。

① 《济急善局得第二号京函》，载《申报》，光绪二十六年九月二十四日。
② 《济急善会第三号京函济急善局施子英录》，载《申报》，光绪二十六年九月二十八日。
③ 《济急第八号公函》，载《申报》，光绪二十六年九月十五日。
④ 《济急善局得第二号京函》，载《申报》，光绪二十六年九月二十四日。
⑤ 《济急第八号公函》，载《申报》，光绪二十六年九月十五日。

莘伯带翻译等，赴杨村照料，李幼山、董遇春带翻译赴通州照料。俟雇船人回，即可定期，电请派轮，大约总在十五后可运头批。塘沽由燕谋京卿派矿局洋人白乐文照料，如轮未泊马头，即暂住矿局，因塘沽马头多为洋人占用，必须临时商借，是以不能轮船一到，即泊马头也。①

在第四号京函中，杨文骏对保护办法又作了补充说明："由京至通，车归俄日保护；通至杨村，船亦归俄日保护；杨村至塘沽，火车专归俄保护。"对于"此间车船及火车一切价值，及洋兵酬费"，杨文骏亦有报告："车价每辆约五两余一次，船四十余元一次，火车俟事竣，俄员开来方知。"与第三号京函不同的是，要求"轮船必须早到塘沽，以便火车一到即上轮船"，因为"虽有矿务局空屋，近闻有德兵占住，则又不便矣"。②

需要补充的是，杨文骏在第四号京函中对于援救被难官商士民是否一视同仁，亦颇为苦恼："此次南旋诸人中，有外官流滞京师，或解饷、或赴引、或放缺未得出京者，情形虽不窘，而急于出京不得，是同一急也。旁人初拟令捐经费，然后准往，骏等以收费不知多寡，勒派事属不情，且车船皆不免拥挤。万一人皆情愿出费而求舒服、多带辎重，其势必办不到，转贻人口实，仍概准搭往。惟面嘱如以受济急之费为不安，请至沪酌量捐助公费于上海济急会交收，庶几两尽其道，想诸公闻之亦必喟然。"③这一细节亦充分显示，庚子救援远不同于一般之赈灾救荒，它需要救援人员更多的考虑与更精细的筹划。

汇款救人之外，东南济急善会还承担了"托寄信件"等工作。东南济急善会曾公开声明："所有托寄信函等件，亦即一并附请设法探投矣。"④此后在上海致北京的各号公函中，均有托寄信函、托查"同乡京官姓名住址"的相关内容。在第七号公函中，盛宣怀等还特别表示：

---

① 《济急善会第三号京函济急善局施子英录》，载《申报》，光绪二十六年九月二十八日。

② 《济急善会接第四号京函》，载《申报》，光绪二十六年九月三十日。

③ 《济急善会接第四号京函》，载《申报》，光绪二十六年九月三十日。

④ 《济急公函》，载《申报》，光绪二十六年闰八月七日。

"敝处接到各处信函日有十数封,弟等深恐事多,或有疏忽,拟此后每五日发信一次,托寄信件均另开清单,分晰注明,以清眉目而免遗误。"①因为托寄信件太多,施则敬在《申报》上特别刊登《寄信须知》:

现因托寄信件太多,包封不能附入,不得已改交邮局挂号转递,以期妥速而免稽延。惟来件既大且厚,终觉有所不便,此后托寄京信,务祈改用薄纸小封,并删除一切客套闲话,方可代为递寄。又如有托查在京亲友,并乞于函外,另书密行小字清单两纸,注明何人托查,即当以一纸寄京,一纸存局,免致另行钞写,耽延时日。其有托查流寓京外各县官绅,现在道途梗阻实属无法转寄,谨乞赐登报章,统乞阅者鉴原为幸。②

每隔一段时间,东南济急善会还会在《申报》上公布"托寄信件汇款清单"③。陆树藩的救济善会也会定期在《申报》上公布"托查覆音"④,因陆树藩亲自带领一批人员赴北方援救被难官商,故救济善会在京津地区的工作人员远较东南济急善会为多,所以救济善会对于京津周边地区,包括保定、沧州等地,均派人前往探查,因此托寄信件、托查京官下落等事务,救济善会承担得更多。有关救济善会在京津地区的活动情况,本书第五章将详述。

此外,东南济急善会还曾筹划向北方运送棉衣和粮食。在上海致北京的第六号公函中,盛宣怀等表示:"奉傅相敬电,以陈京兆意,饬办棉衣裤五千套,运津交杜税司胡良驹接收转运,遵已垫款赶办,俟办成,随时由电或函驰陈。"⑤到第九号公函时,上海方面表示:"前承傅相电传陈京兆意,赶办棉衣五千套,则敬承办,现已告成,运存招

---

① 《济急第七号公函》,载《申报》,光绪二十六年九月七日。
② 《寄信须知》,载《申报》,光绪二十六年九月十四日。
③ 《托寄信件汇款清单》,载《申报》,光绪二十六年九月七日;《托寄银洋信件第二次清单》,载《申报》,光绪二十六年九月十九日;《托寄信件银两第三次清单》,载《申报》,光绪二十六年九月二十一日等。
④ 例如《救济善会第一批托查覆音》,载《申报》,光绪二十六年十月一日。
⑤ 《济急第六号公函》,载《申报》,光绪二十六年九月三日。

商局栈房，陆续轮运到津转解，即请代陈傅相，转致陈京兆。"①东南济急善会在上海的主持者们由运送棉衣想到能否"如棉衣办法"运送粮食。此前在上海致北京的第四号公函中，盛宣怀便谈及其"晤询各国沪领，第据称都城粮食太少，必须设法接济，惟京津道路不通，未敢贸然购运，祇可留作后图"②。此后，东南济急善会于九月三日接京电，获悉"日本放仓米平粜，每石二两五，白米市无定价，现每石约七八九两不等"；次日便致函北京表示："米价如此，亟拟购济，无如由津运京竟属无法，倘尊处能如棉衣办法，请即电示酌购为盼。"③杨文骏等因而再次表示："米价都中尚未开市，无一定之价，有极便宜者白米七两一石，约重一百三四十斤，极贵者至九两一石。直隶今年甚丰稔，无如各国不许人割，恐土匪夹杂其中，殊为可惜。已向日本说过，不知能从中为力否。"④盛宣怀等则在致北京的第九号公函中也再次表示："棉衣既可转运，米粮究竟何如。次翁上书香帅，请购米粮十万石运津，必可转运到京。此说果否能行，务新迅赐电示。"⑤东南济急善会的购粮计划还没有付诸实践，严信厚、施则敬等义赈领袖便将精力和工作重心转移到对陕西灾荒的赈济上⑥，在京城办理平粜赈灾等事宜的便主要是陆树藩的救济善会了。

第二节 "各省同乡济各省同乡"

盛宣怀档案资料选辑之七《义和团运动》中收录了一份名为《戴鸿慈奏稿》的文稿，该奏稿实际上是以李鸿章的口吻，"敬陈东南济急善会

---

① 《济急第九号公函》，载《申报》，光绪二十六年九月二十一日。

② 《济急第四号公函》，载《申报》，光绪二十六年闰八月二十一日。

③ 《济急三电》，载《申报》，光绪二十六年九月六日；《济急第七号公函》，载《申报》，光绪二十六年九月七日。

④ 《济急善局得第二号京函》，载《申报》，光绪二十六年九月二十四日。

⑤ 《济急第九号公函》，载《申报》，光绪二十六年九月二十一日。

⑥ 朱浒：《地方系谱向国家场域的蔓延——1900—1901 年的陕西旱灾与义赈》，载《清史研究》，2006(2)。

办理情形，欲恳恩施酌加奖励"①。奏稿指出庚子救援行动，"造端于各人各家亲友之相赈，扩充为同省同旗官民之普济"，论述相当精辟。庚子救援正在举办之时，四川布政使周馥调补直藩，路过上海，误认为东南济急善会"即系捐局"，"再三坚嘱就此扩充接办善后"，任锡汾告以"此系各省同乡济各省同乡之款"，"善后系国家之事，应另起炉灶，不可牵混"，周馥始恍然。② 于此可见，庚子年对于京官的救援本质上也是以乡谊为基础的一场救援行动。

一、粤籍绅商与粤籍京官之救援

庚子年闰八月十八日（1900 年 10 月 11 日），《申报》刊登了一则公函：

> 广肇公所诸位乡先生大人公鉴：敬启者，迩因中外构衅，神京陆沉，大劫骤临，生灵涂炭。款议未易就绪，还定安集，未知何时？我粤东同乡仕宦行商在京者，计八十余家，男女数百口，遭此变故，困厄不堪言状。祸之始作，铁路先断，轮船不通，虽欲逃生而无路，或转徙而流离，或束手而坐困。加以乱兵乱民遍地焚掠，银肆尽毁，质库全空，既无复典借之路，南粮不来，民食日缺，且将为无米之炊。虽洋兵入城，幸免屠戮，而苟延残喘，毫无生机。此时妙手空空，而饔飧不给御寒无具者，盖十室而八九。若不亟筹接济，再延时日，何堪设想！伏维诸公博施济众，

---

① 《戴鸿慈奏稿》，见盛宣怀档案资料选辑之七《义和团运动》，676、677 页。该奏稿疑点颇多，如称东南济急善会的创办乃因其指令："臣鸿入都以后，目睹情形，然即电筹款项，酌发俸饷，以资全济，无奈疮痍满目，噢咻难周，妥更电商，臣宛札饬前四川川东道任锡汾、直隶候补府施则敬，会合沪上官绅，倡设东南济急善会于中国银行中。沪上由该道等经理，都中由臣鸿处随员人等经理。"而据《清史列传》"戴鸿慈"篇所言，庚子年间戴鸿慈正在福建学政任上，"是年冬，学政报满，乞假回籍修墓"，"明年假满，赴西安行在"，后随扈两宫还京。参见《戴鸿慈》，见清国史馆原编：《清史列传》卷六十四，53a 页，见周骏富辑：《清代传记丛刊·综录类②》，台北，明文书局，1985。由此可知，庚子年间戴鸿慈根本不可能出现在北京，也不可能札饬任锡汾、施则敬创办东南济急善会。这份署名戴鸿慈的奏稿，叙述的实乃李鸿章的事迹，该奏稿应为"李鸿章奏稿"。

② 《任锡汾上盛宣怀禀》，上海图书馆藏《盛宣怀档案》，档案号：025794。

素所钦佩，平日恤灾救患，虽邻乡异省，尚沾施予，矧在同梓。现同乡在京者，微特商贩之家、候选应试赋闲之人，此际无可谋生；即缙绅中人，荡析播迁，经此数月，非遇险而丧资，亦坐食而悬磬，道阻讯梗，辄唤奈何！惟冀诸公念关乡谊，慨倡善举，酌拨巨款，从速设法寄京，以资振贷，则不啻涸辙之鲋得分润于西江，大旱之苗庆更苏于膏雨矣。谨肃公函，吁恳察夺，迅筹办法，愈速愈妙。倘沾德便，衔感靡既，虔请勋安，惟希惠照不备。

乡愚弟陈庆桂、吴桂丹、陈伯陶、关以镛、区湛森、张学华、桂坫、梁士诒、尹庆举、胡蓉第、张丕基、陈德驹、邬质义、罗凤华、区震任、文灿、何藻翔、曾文玉、曾习经、饶宝书、李晋熙、冯咏蒨、王光昭、冯懋勤、冯镜廉、梁旭培、胡彤恩、孔昭莱、朱汝珍、蔡植勋、张宝琛、郑文杰、李学芬、岑锦沂、温宗羲、林天崶、黄应国、韩绍云、张铭勋、韩保准、何若水、吴瀚徵、杨典诰、李平西、郑瀚光、麦鸿威、张标云、方廷珍等顿首。

附启者：沪上距京较近，平日京中粮食，因北地素不产稻，全由沪商运米来京。自五月乱后，海道梗阻，米运不至，刻下都中斗米需银两余，尚且不易购，家家有陈蔡之忧。倘能设法请洋人护照，运米至京接济各同乡，则尤为善策。枵腹而待，务以速办为妙，再叩。①

广肇公所收到这封被《申报》命名为《京都粤东会馆各京官公函》的求援信应是在闰八月十五日前，因为在东南济急善会于闰八月十五日寄出的《济急第四号公函》中有这样一段内容：

兹据广肇公所董事徐雨之兄等联名函称，接京都同乡四十八人公缄，乞筹赀汇寄，救急回南。兹由敝公所筹银五千两，另湖州会馆集捐若干两，汇呈尊处，代汇燕京陈香轮给谏、吴秋帆、陈子厉、关咏琴太史等照收，请同乡刘吉六、吴云樵附轮前往会同商办等语，并据交到英洋一万元。②

---

① 《京都粤东会馆各京官公函》，载《申报》，光绪二十六年闰八月十八日。
② 《济急第四号公函》，载《申报》，光绪二十六年闰八月二十一日。

　　显然，上述内容是广肇公所收到《京都粤东会馆各京官公函》后的反应。"陈香轮"即陈庆桂，香轮为其字，广东番禺县人，光绪六年（1880年）庚辰科进士，历任户部主事、户部员外郎，庚子年间任福建道监察御史，故称"陈香轮给谏"。① "吴秋帆"应为"吴秋舫"，即吴桂丹，字万程，号秋舫，广东高要县人，光绪十五年己丑科进士，选翰林院庶吉士，散馆授职编修，历任国史馆协修、功臣馆纂修官。② "陈子厉"即陈伯陶，字象华，一字子砺，广东东莞县人，光绪十八年壬辰科第三名进士，授职编修，曾充云南乡试副考官、贵州乡试副考官，庚子年间时任国史馆协修。③ "关咏琴"即关以镛，广东开平县人，光绪二年丙子科顺天乡试举人，光绪九年考取总理衙门章京，曾在总理衙门、刑部任职，光绪二十三年六月充总理衙门同文馆提调，庚子年三月"经总理衙门奏请照章交军机处记名以海关道员用"。④ 很明显，广肇公所指名"照收"汇款的四人即"京都粤东会馆京官公函"中署名前四位者。

　　北京粤东会馆与上海广肇公所虽然都是广东同乡组织，但二者由于组织者身份的差异与所处城市的不同，在以往的历史中交集并不多。北京城里的粤东会馆创建于明代，至晚清已历时久远，"风雨其零，榛莽不翦"，"都中士夫，每逢高会，则假别馆"。于是光绪八九年间，"乃谋建新馆于南横街"；光绪十九年冬，粤东新馆"动土以待"，由"云南抚军黄植亭、江西粮道邓莲裳、署津海关道黄花农、福建候补道何碧疏、在籍候选道刘问刍，先后捐集七千六百余金"；光绪二十二年，新馆竣工。"自斯馆兴工后，戴少怀、丁伯厚大考开坊，许筠丈由仓场擢总宪晋工部尚书，杨蓉浦以副宪擢兵部侍郎，黄植亭以桂藩开府滇池，邓小赤以苏藩开府皖江"，撰写《重修粤东旧馆碑记》的张荫桓本人

---

　　① 秦国经主编：《清代官员履历档案汇编》第7册，28页。
　　② 吴知难：《吴桂丹史略》，见中国人民政治协商会议高要县委员会文史资料研究委员会编：《高要文史资料》第二辑，33～34页，1986年9月。
　　③ 秦国经主编：《清代官员履历档案汇编》第7册，586页。
　　④ 秦国经主编：《清代官员履历档案汇编》第7册，284～285页；茅海建：《从甲午到戊戌：康有为〈我史〉鉴注》，294页，北京，生活·读书·新知三联书店，2009。

则"年甫六十，辄蒙赐朝马，渥膺异数"。张荫桓因此颇为得意："余维吾粤缨弁，近始萌颖，山高水长，正复无量。"①在张荫桓眼中，粤东会馆的兴衰沉浮甚至成为粤籍京官群体仕途显达与否的预示与象征。由此可见，粤东会馆主要是粤籍京官出资兴建并进行聚会活动的固定场所，广义上等同于粤籍京官的同乡会组织。与粤东会馆以官员为中心不同，上海广肇公所的中心是商人。上海广肇公所初建年代不详，同治元年（1862 年）毁于小刀会战乱，同治十一年（1872 年）由"广州、肇庆两郡旅沪同乡集资重建"②。虽然"首倡作重新之举"的是时任上海知县的粤籍官员叶顾之，但慷慨解囊的主要是徐荣邨、潘爵臣、唐廷枢、唐茂枝、徐润、韦文圃等粤籍商人。③ 不但出资者主要是商人，管理者也主要是商人：广肇公所由"董事负责所务进行"，而重建广肇公所的二十四位董事中，除叶顾之外，其余均为商人。④ 广肇公所从成立到光绪九年，所有账目都是由徐润管理，此后其也拥有很大的话语权。⑤ 可以说，广肇公所在 19 世纪末的事务几乎都是由唐廷枢、徐润、韦文圃等大商人掌控的。⑥

作为以官员为主的同乡组织，粤东会馆常常扮演施救者的角色，很少乞援于人，更不用说代表整个粤籍京官向外乞援。迫使粤籍京官发出求救函的是：因为铁路被毁、轮船不通导致的"虽欲逃生而无路"，或"转徙而流离"，或"束手而坐困"的危局。《民国梁燕孙先生士诒年谱》详细记载了梁士诒及其同乡"虽欲逃生而无路"，只得"转徙而流离"或"束手而坐困"的情形：

---

① 张荫桓：《重修粤东旧馆碑记》，见北京市档案馆编：《北京会馆档案史料》，1390～1391 页，北京，北京出版社，1997。

② 上海博物馆图书资料室编：《上海碑刻资料选辑》，511 页，上海，上海人民出版社，1980。

③ 《上海广肇会馆序》，见彭泽益主编：《中国工商行会史料集》，878 页，北京，中华书局，1995。

④ 《上海广肇公所略历》，上海档案馆藏，档案号：Q118-12-140；《广肇公所关于捐建广肇会馆事项》，上海档案馆藏，档案号：Q118-12-133。

⑤ 徐润：《清徐雨之先生润自叙年谱》，见王云五主编：《新编中国名人年谱集成》第二十辑，32、33 页，台北，台湾商务印书馆，1986。

⑥ 刘正刚：《广东会馆论稿》，97～104 页，上海，上海古籍出版社，2006。

是月(笔者注:五月)二十一日,先生偕高夫人携妾潘氏,子定蓟、定吴及女仆一出京,由陆路先至通州,沿运河乘船南下。同行者关伯珩(冕钧),颜伯襄(廷佐),陈子励(伯陶),尹翔墀(庆举),麦蕙农(鸿钧),区鹏霄(湛森),凌润台(福鹏)等男女老幼共百余人。甫抵木庄,已炮火连天,不能通过,迫得赴河西务。居船上时,沿途无村非坛,无人非拳,所过辄被迫拜坛、焚黄,凡焚黄时纸灰不扬,即目为汉奸,杀无赦。先生以在暴力下无如何也,乃服宽博之衣,每拜起拂袖,灰辄飞扬,以是多次幸免。一日关伯珩拜时,纸灰不起,将执之,伯珩色变,先生大呼曰:"关老爷不怕。"团素信关壮缪,多称为关老爷,闻是言,乃释之,伯珩汗浃背矣。留滞河西务之三日,有土匪三十余人,列械要索,每船缴费三百两,众惶骇无策,先生出而婉言曰:"船过此得保护,纳费应尔,第无如许银,着人往津措缴何如?"匪首肯,坐以待。先生乃挥函致津海关道黄花农观察(建元)。黄立派步队数十名,携银来。匪遥见官军,弃船逃。官军拟追捕,先生止之曰:"世乱至此,勿种恶因也。"遂改北行,往怀柔。途中数遇匪,均以智免……先生自六月间居怀柔县城,日探京中消息,常只身步至都门。至是闻局势稍缓,思作归计。忽大股匪窜入怀境,于是月(笔者注:闰八月)十八日破县城,杀县官招立奎全家,踞城搜劫。麦蕙农作工人装逃出,夜宿马槽。陈子励欲挈眷逃,为匪所截。直至京中派大队及新县令至,匪乃逃散。①

由上可知,梁士诒是与粤籍同乡京官结伴南逃,并结伴避居怀柔的,遇到危险时也首先是请在天津做官的同乡出手相救。乞援于同乡是一件很自然的事情,有意思的是,这些粤籍京官为何是向设于上海的广肇公所乞援,而不是向广东省内的善堂善会求救?从公函来看,原因有两点:一是广肇公所"平日恤灾救患,虽邻乡异省,尚沾施予",更何况是"同梓";二是"沪上距京较近,平日京中粮食,因北地素不产稻,全由沪商运米来京",而现在京城最主要的问题又是"海道梗阻,

---

① 凤冈及门弟子编:《民国梁燕孙先生士诒年谱》,见王云五主编:《新编中国名人年谱集成》第三辑,43~44页,台北,台湾商务印书馆,1978。

米运不至"导致的"都中斗米需银两余,尚且不易购",因此"倘能设法请洋人护照,运米至京接济各同乡,则尤为善策"。毫无疑问,这两点理由都是成立的:就第二点而言,自漕粮改为海运以来,京城消耗的稻米便主要是从上海运过去的;就第一点而言,则涉及广肇公所成立以来的慈善活动。

广肇公所成立后,对于慈善事业颇多助益。光绪十一年五六月间,广东发生水灾,广肇公所同丝业会馆筹赈公所、陈与昌丝栈筹赈公所、高易公馆筹赈公所、果育善堂等当时上海主要的义赈机构一起对灾区进行筹捐赈济。① 在赈灾过程中,《申报》刊登了一则署名"广肇旅沪同人"的《致谢江浙诸大善士赈款》的启示:"粤省此次水灾,实为数百年所未有,况常筹办海防之后,捐助尤难,设非外省救援,则昏垫余生,真匪有孑遗矣。即蒙江浙诸大善士救灾恤邻,不分畛域,现仍鼎力劝募,所谓生死而肉骨也。"② 当时上海的"广东帮赈所",主要是李秋坪的高易公馆筹赈公所,与丝业会馆筹赈公所、陈与昌丝栈筹赈公所齐名。李秋坪是广东香山买办群体的重要成员,而"高易赈所的董事几乎囊括了当时寓沪广东帮中的知名人士"。③ 李秋坪于光绪十四年初去世,高易公馆筹赈公所于光绪十七年冬裁撤。次年,粤籍绅商在广肇公所内"复设振所","仿昔日高易公馆章程"经收赈捐,"协赈一切费用自备,不动赈款分毫"。④ 自此,广肇公所协赈所成为上海义赈队伍中的一支重要力量,在许多义赈活动中都能见到它的身影。⑤ 或许正是

① 《上海四马路浦滩文报局内协赈公所粤闽江浙募赈册启》,载《申报》,光绪十一年七月十二日;朱浒:《地方性流动及其超越——晚清义赈与近代中国的新陈代谢》,331 页。

② 《致谢江浙诸大善士赈款》,载《申报》,光绪十一年六月十日。

③ 朱浒:《地方性流动及其超越——晚清义赈与近代中国的新陈代谢》,332 页。

④ 《复设赈所》,载《申报》,光绪十八年十二月十日。

⑤ 《振捐汇志》,载《申报》,光绪十九年正月十九日;《广肇公所协赈所清单》,载《申报》,光绪十九年六月二十五日;《广肇公所内顺直协赈所清单》,载《申报》,光绪十九年十二月十六日;《收解清单》,载《申报》,光绪二十一年正月二十二日;《敬谢分施》,载《申报》,光绪二十一年九月二十八日等;《电请筹赈》,载《申报》,光绪二十二年三月十七日;《谨将本公所筹赈广西捐数第三批汇项银两各宝号善士芳名刊列报端以倡善举其余容俟续录》,载《申报》,光绪二十二年六月二十二日等。

由于这一点，"粤东会馆各京官"在致"广肇公所诸位乡先生大人"的公函中有这样的表述："伏维诸公博施济众，素所钦佩，平日恤灾救患，虽邻乡异省，尚沾施予。"

当然，"粤东会馆各京官"之所以向上海广肇公所致函求援，最重要的原因是"乡谊"："惟冀诸公念关乡谊，慨倡善举，酌拨巨款，从速设法寄京，以资振贷。"诚如香港东华医院发起对旅津粤人的救助一样，"乡谊"无论是对求救者，还是对施救者，都拥有着巨大的号召力，广肇公所的迅速作出反应可以再次证明这一点：广肇公所很快就将筹得的"英洋一万元"交给东南济急善会，托其代为汇京散发，并拟派专人前往救援。广肇公所之所以很快行动起来，除了"粤东会馆各京官"的函催之外，还因为粤籍买办商人郑观应的大力推动，而且正是在郑观应力促之下，广肇公所决定派专人前往京津地区展开救援。

郑观应虽为粤籍绅商，但因为很早便参与义赈，因而在江浙绅商中建立了广泛的人脉关系，尤其是与盛宣怀的关系。因为这种关系，郑观应全面参与到电报局、轮船招商局等洋务企业的经营管理中，成为盛宣怀的主要助手。虽然郑观应以江浙绅商社会为其"活动重心"，但"他与粤东商帮之间仍维持着基本的社会关系"。[1] 郑观应的这种特殊身份，使他成为沟通东南济急善会与广肇公所的桥梁。在东南济急善会成立之后，作为主持者之一的郑观应曾专门致函广肇公所诸董事，要求迅速参与救援：

> 江浙寓沪官商创设济急善会，东南各省均派有人，乘本局爱人轮船（应为"爱仁轮船"，笔者注）北上，招呼京、津落难者回南。未悉广肇公所与潮州会馆会商派定何人前往，若不派人，于同乡失色，况落难者盼救孔亟，宜速勿迟。弟已捐资协助济急会陆君纯伯、施君子英，早办粮食药料矣。如集议举定何人，当知照济急会诸董接洽。如未举办，即嘱公所司理韦君玉墀速拟捐启，请同乡会议，仍须办粮食、药料，举人同往，并电请各埠同乡捐助。此亦无量功德也。闻香港早有捐款解交津郡，英统帅装运吾乡商

---

① 参见易惠莉：《郑观应评传》，214～232 页。

民回南不甚得力。目下各省善士会商办法，虽吾乡落难者亦在其内。惟寓沪同乡甚众，岂可无人同往。各同乡不捐资、不举人同往招呼南旋，必为外人所笑矣。弟除送济急会外，另捐二百元先为之倡，幸勿迟延。如举定何人，仍希示悉。当函日本领事，托其天津领事招呼可也。①

郑观应函催广肇公所参与救援行动，主要是因为"东南各省均派有人"，广东"若不派人"，"于同乡失色"。尽管东南济急善会的救援对象涵括东南各省，郑观应也清楚这一点，即"吾乡落难者亦在其内"，但他坚持认为广东"寓沪同乡甚众，岂可无人同往"，"各同乡不捐资、不举人同往招呼南旋，必为外人所笑矣"。如果说出于乡谊的救援本应该是一种自愿自发的行为，而在郑观应这里，出于乡谊的救援已然成为一种必须为之的义务，否则"必为外人所笑"。事实上，各省之中最后只有广东另外专门派人前往京津地区进行救援。

本来对于广肇公所交来的善款"英洋一万元"，东南济急善会认为"此数较巨"，准备将其"作为东南济急会第二批解款"，"仍与道胜熟商，汇至天津，由津设法运京"，"转交陈香轮给谏等收明示复"。② 但这种由东南济急善会统筹汇款的方式很快发生变化，在东南济急善会上海致北京的第五号公函中，有这样一段文字：

> 兹弟官应据广肇同人面称，第四号函内托汇之广东同乡集款，已自行商明道胜汇寄，刘吉六等亦已附轮北上自行收放，第四号函内所称各节应无庸议。③

---

① 《致上海广肇公所董事韦、陈、梁、唐诸君书》，见夏东元编：《郑观应集》下册，1139页。作为东南济急善会的主持者之一，郑观应在信里将中国救济善会与东南济急善会混为一谈，颇令人费解。

② 《济急第四号公函》，载《申报》，光绪二十六年闰八月二十一日。

③ 《济急第五号公函》，载《申报》，光绪二十六年闰八月二十五日。东南济急善会在第八号公函中有过再次说明："广帮先有一万元托汇，第四号信据该帮公函声叙，信已封发，刘吉六等又将此万元自行携往再托汇，第五号信随即声明作为罢论，应请查照。"见《济急第八号公函》，载《申报》，光绪二十六年九月十五日。

善款"自行商明道胜汇寄",并派人"北上自行收放",表明广肇公所将依靠自身的关系和力量独自展开对被困于京津地区的粤籍官绅商民的救援行动。在这个过程中,郑观应依然起到了无可代替的重要作用。广肇公所选定刘吉六、吴云樵前赴京津救援后,此二人北上事宜便主要由郑观应安排。在致陆树藩、潘炳南的信中,郑观应表示因为爱仁轮船"舱位少、搭客多",故"敝同乡公举刘吉六、吴云樵二君先坐'广济'轮船"前往京津招呼。郑观应时任轮船招商局会办,作此安排应为易事。对于刘、吴二人在京津地区的安全事宜,郑观应也多方筹划:一是托陆树藩代请"刘、吴二君护照","如不能即日交来,请代带至天津面交刘、吴二君可也";二是请日本驻沪领事①"函托天津领事招呼";三是致函陆树藩等,希望其"求英法领事函致其天津领事照应"②。可以说,郑观应的关系网为粤籍绅商的庚子援救行动提供了关键性的支持。

刘吉六,即刘光廉,吉六为其字,广东香山县人,在唐廷枢、徐润执掌轮船招商局时,曾任招商局芜湖分局委员。当盛宣怀入主招商局后,曾致函唐廷枢表示:"芜局委员刘光廉结欠一款,虽于去年结账时销去,然总办以次欠款均已清厘,未便独于刘光廉从宽免追,致使后人效尤,关系颇大。曾经雨之兄担当数千金了事,又隔一年,杳无消息,亦祈阁下会同雨翁速为催缴,总须面子下得过去。"③此后,刘光廉还追随唐廷枢、徐润积极参与了开平矿务局设局广州事。④ 于此可见,刘光廉与唐廷枢、徐润的光系非同一般,而唐、徐二人又是广肇公所的创办者与长期的主持者,因此刘光廉应当也是广肇公所的骨

① 即小田切万寿之助。郑观应与小田切私谊颇笃,二人曾于戊戌前后在沪共建上海亚细亚协会,庚子年间由于轮船招商局"换旗"等事,互动更为密切。参见戴海斌:《再论"东南互保"时期的郑观应》,载《华东师范大学学报》(哲学社会科学版),2014(3)。

② 《致上海救济善会陆君纯伯、潘君赤文书》,见夏东元编:《郑观应集》下册,1139~1140页。

③ 《盛宣怀致唐廷枢函》,见陈旭麓、顾廷龙、汪熙主编:盛宣怀档案资料选辑之八《轮船招商局》,239页,上海,上海人民出版社,2002。

④ 郑观应:《致督办开平矿务局张燕谋京卿书》,见夏东元编:《郑观应集》下册,972页。

干成员。

关于刘光廉等在京津地区的救援活动，其在致徐润等人的函中比较详细地进行过叙述：

> 廉等初二日由津起行，初七日抵京，日兵护送，沿途当无窒碍。惟河西务架有浮桥，必须洋兵知照始准放行耳。到京后，住李铁拐斜街广元客栈。在京同乡业经晤面，大约合官、商、男、妇、老、幼百人左右，避住外县者亦有数十人。现拟请在京者先行一批，一则船车难雇；二则人多究属难行。惟其间当有三数公不愿南下，亦有家属先行，本人不允离京者，各听其便。至避住外县者回京颇难，亦即去信往迎，约以月底为期，逾期不至则封河，伊迩，廉等亦不能久候也。天津日领事派三人护送入京、出京之路。现下同住相候，但恐出京人少，不足以资保卫，拟明日往谒日公使，请其添派洋兵。倘即应允，便欲于月半前后，先发头批出京。住外县者只可候其回京续发也。陆纯伯兄，初二日尚不见其到津。将来设局何处，暂尚未详。今日见杨彝卿，据云：抵京后极力办此事。先托俄人，仅允护送，而不得船，转托日人，亦辞难办，至今尚无实在善法，缘其人数二三千人，颇非易事也……敬请雨之、纶卿、文圃、善亭、雨田、干臣、陶齐①、杰臣先生既各善长钧安。刘光廉、吴大铨顿首。重阳节。②

这封信落款日期是九月初九日，故"初二日由津起行，初七日抵京"应是指刘光廉等是九月初二日由天津出发，九月初七日到达北京。这说明刘光廉等在九月初二日前已经到达天津，此时陆树藩等尚未抵达天津。据陆树藩《救济日记》，陆树藩率领的救济善会北上救援团于闰八月二十二日"登爱仁轮船"，闰八月二十六日即到达大沽口，二十七日"进口停泊塘沽"，但因为善会人员的安全问题、居住问题和救援物资的存放问题等尚未解决，便一直停留到九月五日才"全行登岸"，

---

① 原书有误，应为"陶斋"，指郑观应。

② 《刘光廉、吴大铨致徐润等函》，见盛宣怀档案资料选辑之七《义和团运动》，351 页。

陆树藩本人也在当天乘火车由塘沽到津。① 以此作为参照，刘光廉等乘坐"广济轮船"先于"爱仁轮船"从上海出发，则刘光廉等是在闰八月二十一日或以前便起程北上的，按轮船正常行驶速度，其抵达天津大沽口的时间应是闰八月二十五日或以前，距闰八月十五日东南济急善会第四号公函中首次提到广肇公所接到《京都粤东会馆各京官公函》并筹集善款之事仅仅十日，于此可见广肇公所的救援行动开展得十分迅速。

刘光廉等在天津停留了一段时间后，由日本驻天津领事派人护送前往北京，这应该是此前郑观应请日本驻沪领事"函托天津领事招呼"的结果。刘光廉等到达北京后，即与"在京同乡"晤面，了解情况，并筹划具体的救援方案。一方面因为人数较多，而"车船难雇"，另一方面因为还有不少人"避住外县"，刘光廉准备将在京粤人分两批护送出京，一批是"月半前后"，另一批则是九月底。刘光廉还同东南济急善会的在京负责人杨文骏晤谈，而他们这次谈话的内容，除了刘光廉的信中有所反映外，在东南济急善会九月十日北京致上海的第三号公函也有所体现：

> 广东之刘吉六、吴云樵已到京，询其如何办法，渠亦系将同乡运送回南，或由渠等另觅保护，或仍归我等会中护送，俟渠酌定。所指之陈香轮给谏、吴秋舫诸太史，皆逃避出京，尚未回来，大约日内亦即归也。②

与该函相呼应，梁士诒的年谱记载了其返回京城、到达天津并前往上海的整个过程：

> 九月九日，先生同避难诸家眷属回京。十一日六时，车抵虎坊桥湖广会馆门前，侧室潘氏生第三女于舆中，因名舆生（后适番禺郭锦仙）。七时后始返保安寺街三水会馆……居会馆三日，即南

---

① 陆树藩：《救济日记》，1a～4a页，上海，上海图书馆藏光绪庚子仲冬石印本。

② 《济急善会第三号京函济急善局施子英录》，载《申报》，光绪二十六年九月二十八日。

归。十五日至津。二十二日附救济善会轮船安平号往沪。同船被难官商一百余人。①

梁士诒年谱中的记载可能有误：因为梁士诒九月十一日回京，"居会馆三日"，便已经是九月十四日，"十五日至津"，则是从北京到天津仅仅用了一天时间，这在当时是绝对不可能的。当时京津间铁路不通，往返主要是通过水路，单程至少也要三天。② 东南济急善会京局在九月十三日致上海的第四号京函中，谈及刘光廉在护送梁士诒等前往天津前与杨文骏的晤谈，应该可以确定梁士诒等启程前往天津的时间应该是九月十二日：

> 广东已据刘吉六等云归其自办。昨来云，今日有二百余人，分雇船只，由日本保护至塘沽，附爱仁轮船回沪，以后尚有三百余人仍欲归我等保护前往，大约日本只允送渠等一次也。③

九月十二日从北京出发，九月十五日抵达天津，路上花费的时间与陆树藩后来护送"被难官商二百余人"由京至津的时间一致。爱仁轮船九月十一日便已经从天津启航返沪④，刘光廉和杨文骏身在京城，对天津的情况不了解，因而错以为是附搭爱仁轮船。该则史料也表明，需要援救的在京粤人并非刘光廉在致徐润等函中所说的一百多人，而是五百余人。梁士诒等粤籍官商乘坐安平轮船返沪，在陆树藩的《救济日记》中也有记载：

> 二十二日，安平轮船开往上海，装回被难士商一百余人。午后杨莘伯、刘吉六（名光廉，广东人）来访。吉六谈及由津坐火车

---

① 凤冈及门弟子编：《民国梁燕孙先生士诒年谱》，45 页。
② 前文曾述刘光廉等由津入京，"初二日由津起行，初七日抵京"，花了五天；陆树藩一行人由津进京则是九月二十三日由津起行，九月二十九日进京，共花了六天；后来陆树藩护送"被难官商二百余人"由京至津，于十月十日起行，十月十三日到达天津，共花了三天。参见陆树藩：《救济日记》，13b～15a，19b～20b 页。
③ 《济急善会接第四号京函》，载《申报》，光绪二十六年九月三十日。
④ 陆树藩：《救济日记》，6b 页。

至塘沽甚属危险，惟见我会中司友刘锡九来往无阻，极赞其办事能干，不易多得。[1]

安平轮船于九月二十二日从天津启程返沪，与梁士诒年谱的记载吻合。由此则日记还可知，刘光廉并没有跟随梁士诒等一道乘船返沪，这或许是因为还有粤籍官绅士商和难民陆续前往天津，需要一并照料返沪。

《申报》的报道记录下了安平轮船抵达上海时的情形：

> 启者：二十六日下午三点，安平轮船行抵金利源码头。任逢辛观察、丁晓芳世叔偕则敬前往查看，约计搭客三百余人，除刘吉六太守送回在京广东同乡一百七十八人，内有六人情形较苦，已由广肇公所同人妥为安插外，尚余各省官绅一百余人。凡有家可归及有亲友可依者，均各自设法……谨钞乞登报，布告同仁。至各客籍贯姓名，广帮即由广肇公所录登，其余各省官商，救济会有同事两人回申，亦已钞有清单请刊，不再赘陈，合并声明。济急善局施子英谨志。[2]

安平轮船搭载回申的并非都是粤人，也包括了中国救济善会和东南济急善会援救回南的各省人士，因而救济善会的一位主持者"丁晓芳世叔"和济急善会的两位主持者"任逢辛观察"和"施子英"会前往查看和照料。援救回南的"在京广东同乡"不但由广肇公所"妥为安插"，亦由广肇公所登录姓名，充分证明了广肇公所救援行动的独立性。这些被救粤人大部分又是在广肇公所的资助下返回广东的：

> 前日安平轮船抵沪，载回粤中官商工匠之在京遭难者。旋由广肇公所发给水脚、盘川，乘广利轮船返粤。所有大小男女七十四员名口胪列于后：刘启云，六十四岁，携有女眷小孩各一口；陈鸿南，四十一岁，携有女眷一口、小孩二口；潘耀南，三十六岁，携有女眷一口、小孩二口；谭宝臣，三十六岁，携有女眷小

---

① 陆树藩：《救济日记》，13a 页。
② 《同庆生还》，载《申报》，光绪二十六年九月二十八日。

孩各一口；关耀西，三十七岁，携有女眷一口；潘柱庆，二十八岁，携有女眷一口；郭应，二十岁；叶恩，二十二岁；麦柱，十八岁；陈标，三十岁；梁仁，四十七岁；陈舫，二十四岁；刘仁，二十八岁；以上皆南海人。林雪棠，五十四岁；吴龈纯，五十一岁；唐近，十九岁；卢权，四十三岁；宋宝山，十七岁；乔国兰，二十七岁；苏勤，五十八岁；陈远祥，三十三岁；吴恭甫，五十一岁；以上皆高要人。郭康，五十二岁，番禺人。卢凤山，三十七岁，花县人。杨胜，十九岁；坤樱氏，三十六岁；潘鑑全，三十岁，携有女眷二口、小孩一口；潘紫芳，二十六岁，携有女眷一口；汪德，三十岁；薛彭年，十四岁；梅兰生，三十二岁；谢绍侬，二十二岁；以上皆广州驻防。陈氏，三十七岁，顺德人。雷祖根，二十四岁；雷国衡，三十五岁；曾材，二十一岁；何玉伦，二十三岁；温应章，十二岁，携有女眷小孩各二口；以上皆新宁人。曾阿九，三十四岁，化州人。黄阿生，四十八岁，茂名人。钟阿五，二十五岁，石城人。符昌年，三十七岁；戴四通，二十八岁；曾阿秋，四十八岁；以上皆遂溪人。吴贞祥，十四岁，高州人，携有女眷二口、小孩三口。苏邦，五十二岁，携有女眷一口、小孩二口。

此外，京官之不需公所资送者为：罗凤华、颜廷佐、孔昭莱、陈庆和、麦鸿钧、蔡植勋、韩日初、梁士诒、骆椿湘、何藻翔、区湛森、饶宝书、温守义、邬质义、潘广霈、张宝森，连家眷共大小男女六十余员名口。①

这些粤籍京官由上海返回广东，虽然不需要广肇公所"资送"，但其由京津地区返回上海则不能不说是仰仗了广肇公所的大力援助。当然，必须指出的是，广肇公所的救援行动虽然是独立进行的，但其在诸多方面都得到了中国救济善会和东南济急善会的协助：如安平轮船

---

① 《幸获生还》，载《申报》，光绪二十六年十月一日。

正是通过杨文骏与东南济急善会的协调，才拨作救援之用的①。刘光廉送粤籍被难官商由津坐火车至塘沽，则得到了中国救济善会"会中司友刘锡九"的协助；甚至，刘光廉将第二批粤籍被难官商"三百余人"由京城护送到天津的重任托付给东南济急善会的京局；事实上，中国救济善会对于京津以外被难粤人的救助也是颇为尽心尽力：

> 惟闻唐山芦台一带被难南省人士有三四百家，其间尤以广帮为多，均向在铁路公司充当司事及工匠者。昨已派人前往察访，接济南旋，但途遥费巨，绵力无几，可否仰恳转商广帮诸善长拨款接济，以竟全功。其经理广帮事务之刘君吉六前赴京师，至今未旋津沽。②

其实，在此之前"广东善后局各宪"便已捐银三千两汇交救济善会③；此后，广帮各商号又陆续向救济善会捐银若干④。同样，东南济急善会也得到了广东方面的大力援助，如"善后局各宪"续捐"洋银二千两"，与"广东盐务统纲各商"捐助的"洋银一千两"，是汇交济急善会的。⑤ 以广肇公所为代表的粤籍绅商虽然独立展开了救援行动，但他们在对中国救济善会和东南济急善会等统一性救援组织的捐助中并没有缺席；而广肇公所在京津地区的救援行动若没有救济善会和济急善会等统一性救援组织的协助，也是很难顺利展开并取得较大成效的。

除了广肇公所发起并组织的对粤籍京官的整体性援救行动之外，还有不少针对部分粤籍京官的定点救济。如香港通商银行董事冯厚光

---

① 先是杨文骏致电济急善会，要求上海方面"速派两火轮"到津接人；后是济急善会复电表示，"适公平、安平两船在津，自即可趁此两船来沪"。参见《济急三电》，载《申报》，光绪二十六年九月十九日；《济急第九号公函》，载《申报》，光绪二十六年九月二十一日。

② 《陆纯伯部郎致上海救济善会第四次公函》，载《申报》，光绪二十六年九月二十九日。

③ 《来函照登》，载《申报》，光绪二十六年九月十二日。

④ 《救济善会纪事》，载《申报》，光绪二十六年十一月二十七日。

⑤ 《来函照登》，载《申报》，光绪二十六年九月十二日；《解款声明》，载《申报》，光绪二十六年十月三日。

对区湛森、梁士诒、颜廷佐三人的救济，在东南济急善会第三号公函中，关于此事有详细叙述：

> 弟宣接据香港通商银行董事冯厚光寄到规元五百两，函称舍亲区阁读湛霖号朋萧，在京供职十余年。今秋匪焰大炽，始送眷暂避离京百二十里之怀柔县城景隆客寓，仍只身回京，住南海馆。宦囊如洗，大有朝不保暮之虑。而京号闭歇，无从汇借，特备具规银五百两，敬祈设法即寄京师交米市胡同南海馆区君收领。倘或不遇，请饬守馆人送至怀柔景隆客寓探交其眷属手收等语。即请查照于已汇奉之二万金内提规元五百两，按冯君函开事理妥交广东同乡京官酌量妥办，务取区君或区君家属收银字据，掷寄来沪。
>
> ……
>
> 第三号正封函间，弟则敬又接冯曜东兄汇到规银五百两，并区君湛森、梁君士诒、颜君廷佐信一件，名片三纸，颜君照片一页。并据称三君如携名片，或颜君来领，查与所寄名片、照相相符，即请照付。倘此后三君以不敷应用前来添借，以一千两为度，务祈照付，随即汇还等语。兹将来信一封、名片三纸、影相一纸均附上，即请查照。仍于前已汇奉之二万金内照数动支，取寄收条为凭。冯曜翁共托汇千金，所请区君等随后添借以千金为度，自应照办，并祈转致广东同乡京官查照。①

在东南济急善会京局致沪局的京函中，对于后续办理情况亦有叙及：

> 区阁读三君，因移住怀柔，已将冯厚光原信转寄，俟三君来，再面交款，此三人莘伯熟识。②
>
> 香港银行冯厚光，嘱拨区湛霖、梁士诒、颜廷佐三君规元一千两，此三君均是相医麦佐之熟人。三人先在怀柔，信寄去后，颜廷佐先来取过京松银一百两。今日三人皆来，言梁、颜即附广帮回沪，区眷亦先回沪，而自己留京，嘱将其余之款拨归上海取

---

① 《济急第三号公函》，载《申报》，光绪二十六年闰八月十三日。
② 《济急第一次京函》，载《申报》，光绪二十六年九月二十二日。

用，已给一凭信，赴上海公会支取。兹将颜君收到百两收条一纸，寄请诸公核存备查。①

再如广济医院对陈伯陶、尹庆举的救助：

弟应接广东广济医院函，托寄交广东人陈子砺太史伯陶规银五百两，并托陈子砺太史代送尹庆举孝廉规银二百两。尹君住址，陈太史知之。陈太史向住前门外李铁拐斜街，现如移居烂面胡同东莞会馆，一问即知。陈太史处不另函。请转致广东同乡照办。②

此外，还有梁鼎芬个人对所有粤籍京官的救助：

现有梁星海太史由鄂发电，嘱骏与次舟代垫千元，由其寄沪归款，以为专济京中同乡京官之用。来电甚为恳挚，不得不通知广东京官，而闻信即来谆谆求垫，祇可暂为挪付，以应其急。③

在庚子救援中，粤籍绅商和部分粤籍官员对于旅居京津一带粤人的私人救助应不止于此，只是由于各种原因没有被记录下来。进入庚子年十月后，由于东南济急善会的主持者将赈济重心转移至陕西旱灾，《申报》上有关庚子救援的报道便大量减少，因而很可能导致许多私人救助的信息便没有出现在报纸上了。

庚子年对于京官的救援行动中，对于粤籍京官的救援是比较特殊的。因为只有广东一省专门派人前往京津对粤籍难官难民进行援救，其他东南省份均是通过东南济急善会或中国救济善会这两大专门性的救援组织，救援本省被难官商的。此外，冯厚光对区湛霖、梁士诒、颜廷佐的"专济"，广济医院对陈伯陶、尹庆举的"专济"，以及梁鼎芬对整个广东京官的"指济"，均是各省普遍采用的救援模式。

---

① 《济急善会接第四号京函》，载《申报》，光绪二十六年九月三十日。

② 《济急第九号公函》，载《申报》，光绪二十六年九月二十一日。

③ 《济急善会第三号京函济急善局施子英录》，载《申报》，光绪二十六年九月二十八日。

二、"公济""指济"与"专济"

在东南济急善会中专司函电的任锡汾，于庚子救援后曾在上盛宣怀禀中，对东南济急善会所收捐款用以救济京官的方式进行了归纳和总结：

> 大致系分三端：一曰公济，就各处来款内由在事各人公同商酌，函请李文忠幕府将汇往之款交给取具得款之人，收条寄沪备查，为各省被难京官，并□无在外同乡捐助，及李文忠所需掩埋等经费之类；其一曰指济，就各省来款内，指定助济某省某府某县京官，□照其来意，函请文忠幕府转告某省某府某县京官，嘱其推举首领取款分给之类；其一曰专济，各省来款均附来函，专寄京官某人者，□即为转寄之类。①

《东南济急善会开办大略章程四条》中，第二条"现在在京之江苏、江西、安徽、浙江、福建、广东、广西、云南、贵州、四川、山东、河南、湖南、湖北各省绅士商民，及各直省京朝官，均应接济，即请各该省公举一人经理，酌量人数匀济"，与任锡汾所言"公济"颇为类似，但亦有不同。不同之处在于，"公济"除了匀济京官金钱之外，还包括雇佣车船送京官南下的费用以及"散米、施衣、煮粥、赠赆、掩骼等费"②。"指济"是最切合"各省同乡济各省同乡"之本意的救济方式，此种救济方式也是庚子救援中运用得最为广泛的一种救援形式。"专济"则是《戴鸿慈奏稿》中所谓"各人各家亲友之相赈"。在东南济急善会

①《任锡汾上盛宣怀禀》，上海图书馆藏《盛宣怀档案》，档案号：025794。在这里需要补充说明的是，"公济""指济"与"专济"只是针对东南济急善会对京官的救援而言。陆树藩的救济善会也获得不少捐款，这些捐款同济急善局获得的捐款一样，多属于"集捐"，即由各省各行各业官商士民所捐之款，不是专济某人，也不是指济某省，而是由这些善会善局的组织者根据救援的需要自行支配，颇类似于"公济"，但又不同于"公济"。因为陆树藩的救济善会主要从事将京津保地区之难官难民运送回南的工作，因此其所收大部分捐款消耗于此，此外便是平粜、施米、施衣、施药、施棺、掩埋等事，较少从事接济京官金钱的工作。有关陆树藩救济善会的救援工作，本书第五章将详述。

②《李鸿章札任锡汾文》，上海图书馆藏《盛宣怀档案》，档案号：008773—1。

对其"开办大略章程"所作的补充说明中，便特别提到这一点："至各省同人，如有专款济其亲友者，请将在京住址详细开示，不论多少均可代寄。"①"专济"是庚子救援之"造端"，也是"同省同旗官民之普济"的基础。

在上海致北京的第二号公函中，便出现"专济"要求："至前项银两中，有宋养初给谏之世兄，托汇京平足银二百两，即请照数提出，连同家信一并探交。"②近水楼台先得月，救援之初"专济"要求的提出者多为东南济急善会的主持者。如在《济急第三号公函》中，任锡汾、施则敬均向北京同事表达了各自的"专济"要求："弟汾堂兄顺天差委候补知县任令汝霖号铁君，向在弟宣处办理文案，现在京需次，家有老母，悬望不置，该令朴诚，耐劳可用。弟汾又有至亲，顺天籍丁忧编修徐仁镜号莹甫，因乃翁之事羁留在京。此两人踪迹情形，现已不知如何，遥揣恐皆在必需接济之列，应请江苏同乡酌办，附任、徐家信两封"；"弟则敬有乙亥座师前礼部尚书奎星斋夫子之世兄宝鼎臣部郎铭、宝瑞臣大史熙，向住东华门外大甜水井，附函一件，并乞探明代送规银一百两，仍即取寄收条，该款即由弟则敬于下批解还"。③盛宣怀则在闰八月十六日致杨文骏的私人信函中表示："恽薇孙四百两望代付，姚颂虞亦请先付四百两。"恽薇荪即恽毓鼎，其五伯恽祖翼与盛宣怀关系密

---

① 《济急公函》，载《申报》，光绪二十六年闰八月七日。

② 《济急第二号公函》，载《申报》，光绪二十六年闰八月十日。后来听闻宋养初已经殉节，东南济急善会对此笔"专济"款项特另作安排："再第二号信内，有划付宋养初给谏二百金，此本系代为转寄之款。养翁既已殉节，此间已将二百金送还其家中，倘前信到时，尊处业已划付，拟即作为本会公赙以为表扬忠节之一助，尊意谅亦谓然。"见《济急第七号公函》，载《申报》，光绪二十六年九月七日。

③ 《济急第三号公函》，载《申报》，光绪二十六年闰八月十三日。任锡汾后又在《济急第八号公函》中催询此事："弟汾堂兄顺天候补任令汝霖、丁忧编修徐太史仁镜乔梓，目前踪迹情形不知究已何如，现其家属均来沪，在弟汾寓守候，敬恳从速查示。"见《济急第八号公函》，载《申报》，光绪二十六年九月十五日。施则敬在《济急第九号公函》中对其专济之事亦有催问："致宗室宝鼎臣部郎、瑞臣太史信一件外银一百两，不知已否转送，如不在京，能设法探投尤感，否则退还。"见《济急第九号公函》，载《申报》，光绪二十六年九月二十一日。

切，姚颂虞即姚赓韶，为盛宣怀之婿。①

所谓"专济"，实际上就是代为汇款。前文已述"筹款固难"，而"汇款尤难"，其实也正是因为汇款之难，使得救济京官有了必要。在东南济急善会上海与北京之间的往来信函中，不时可见这种"专济"信息。《申报》《中外日报》等报刊也会以"托寄信件汇款清单"为题集中刊登这类专济信息，如：

> 俞曲园先生、川沙厅陈，各寄徐花农官庶一函，各汇京松银一百两；沈爱苍观察寄陈玉苍太史一函，并汇寄洋银二千九百八十九元；王旭庄太守寄陈玉苍太史一函，汇寄规元一千三百五十两洋二百元；姚君洪淦寄章芷操吏部一函，汇寄京足银二百两；向子振太守寄俞□慈中□一函，汇京松银五十两；皖省江西会馆寄万本端太史、杨祖兰户都一函，汇京足银五百两；孟玉双太史寄孟弼臣封翁一函，汇寄规元二百两……②

引文所述"沈爱苍观察""王旭庄太守"汇给"陈玉苍太史"之款项，应当不是"专济"陈璧一人，而是通过陈璧"指济"福建京官。在这些汇款中，绝大部分是个人对个人的"专济"，但也有类似皖省江西会馆、广东广济医院等慈善组织对于个别京官的"专济"，同时也有梁鼎芬、沈瑜庆、王旭庄等个人及上海广肇公所等慈善组织对于一省京官的"指济"。

---

① 《盛宣怀致杨文骏函》，见盛宣怀档案资料选辑之七《义和团运动》，308页。东南济急善会第二号京函，对此事有回复："恽薇孙学士款，系由吴幼舲借拨，已将拨条及收条寄沪兑收；姚颂虞四百即由汇款内拨付，取收条奉上可也。"《济急善局得第二号京函》，载《申报》，光绪二十六年九月二十四日。恽毓鼎之得款，乃由其五伯嘱咐盛宣怀所致。盛宣怀在九月六日致恽祖翼的函中表示："承嘱寄薇孙令侄银四百两，得彝卿复信，早已交到。"《盛宣怀致恽祖翼函》，见盛宣怀档案资料选辑之七《义和团运动》，345页。不过，恽毓鼎在其日记中亦表示："八叔筹寄千金，迎余全眷。五百金在廷方伯处，五百金在杨都转处，皆以道梗不得达。"参见陈陆编：《拳变系日要录》，141页。"八叔"即恽祖祁；杨都转即杨宗濂。查阅相关资料，此事并未见下文。

② 《托寄信件汇款清单》，载《申报》，光绪二十六年九月七日。类似的清单还有不少，前文已提及，此处不再赘言。

在《高枬日记》中，黄曾源曾对高枬表示："福州四山长兑洋元来，指明百元者某某四人，五十元者某某七人，其余则均分之。而四人、七人者皆部院，无他途。山长中有陈伯潜，故清楚如此。"①高枬记录黄曾源这番话的背景是，四川京官们正为如何分款而犯难。向四川京官汇去救援款项的主要是四川成都矿局陈子钧观察。陈子钧先是"专济四川同乡薪米之资规银五千两"，后又"续捐万金""作为统济各省"。即陈子钧的捐款，先是指济四川同乡，后属公济各省被难京官。通过梳理陈子钧的捐款行为，可充分理解东南济急善会的"指济"和"公济"等救援方式。且《高枬日记》中也保留了大量有关四川京官针对救济款项的议论乃至争执等具体反应，又为"指济"款项在各省京官中的分配情况提供了一个绝佳的案例。

在闰八月十日的《济急第三号公函》中便已提及，陈子钧致电东南济急善会表示要指济四川同乡"规银五千两"②；在《申报》于闰八月十七日刊登的《上海丝业会馆济急善局经收第一次清单》中，也有"四川陈子钧观察指助四川同乡薪米之资元五千两"的记录③。到闰八月二十日寄出的《济急第五号公函》，对于陈子钧的捐款行为及其细节变化有更为详尽的叙述：

> 又四川成都矿局陈子钧观察三千金。子钧原捐五千金，专备四川同乡薪资之用。经在沪蜀绅公议，同乡出京者闻已不少，倘竟多于留京者，而此款全济京师，未免偏枯。电商子钧，请以三千寄京，二千拨寄德州济急局代放。昨接复电，准即照办，其复电内尚有续捐万金，已电请傅相示分拨等语。是否专济其同乡，抑系统捐，却未声明。所称请示傅相之电，不知曾到否？此间拟再电询明确再酌。④

---

① 高枬：《高枬日记》，见《庚子记事》，212 页。

② 《济急第三号公函》，载《申报》，光绪二十六年闰八月十三日。

③ 《上海丝业会馆济急善局经收第一次清单》，载《申报》，光绪二十六年闰八月十七日。

④ 《济急第五号公函》，载《申报》，光绪二十六年闰八月二十五日。

　　东南济急善会于闰八月二十八日以《泽被宣南》为题将各省对于京官的救济情况刊登于《申报》，其中也包括陈子钧致善会的电报以及盛宣怀等的回电。在回电中，盛宣怀等表示："现在京城汇款不易，通电亦难。尊处如尚未奉傅相复示，或将万金仍汇沪，由弟等代电，声明尊意，一面设法汇京较为妥速。此款是否专济贵同乡，抑系统捐，并乞电示。"①陈子钧对此复电表示："敝同乡已有助款，此次万金原拟统济各省京官，前电奉傅相，尚未奉复。款今电嘱盘记信义行呈缴，听贵局如何设法拨济，仍祈转达傅相施行。"②在闰八月二十九日寄出的《济急第六号公函》中，便特别表示："弟等第五号公函内所称，成都矿局陈子钧观察续捐万金，已接其来电，以尚未奉相覆示，将万金汇交敝处，作为统济各省，仍候相示遵等语，乞代陈明。"③在《申报》九月九日的相关新闻报道中，对于陈子钧的万金捐款亦有提及："又电，子钧兄承助万金，顷已照收汇京矣，宣等。"④

　　由上可知：陈子钧共捐款两次，第一次捐五千金，"指济"四川在京同乡，后经"在沪蜀绅"公议，并征得陈子钧同意，"以三千寄京，二千拨寄德州"；第二次捐万金，陈子钧本是电禀李鸿章，请其指示分拨，但因未得李之回复⑤，便在盛宣怀等人的建议下，将万金汇寄上

---

　　① 《泽被宣南》，载《申报》，光绪二十六年闰八月二十八日。陈子钧来电，"济急善局诸公鉴：电悉，以敝款三千解京、二千解清德，筹划周密，感甚！昨电禀傅相，拟措万两，候示分拨，接济各省京官。值此艰难，心余力薄，为济几何，是望诸公鼎力维持是祷，陈光弼叩。"

　　② 《泽被宣南》，载《申报》，光绪二十六年闰八月二十八日。据盛宣怀档案资料选辑之七《义和团运动》记载，盛宣怀于闰八月二十四日致电陈子钧表示："承助万金，同深感戴。顷晤张汝金兄，约月底、月初分批解现。谨先电谢。一面电禀傅相，声明尊意。俟收到再复。宣等。"见盛宣怀档案资料选辑之七《义和团运动》，323 页。

　　③ 《济急第六号公函》，载《申报》，光绪二十六年九月三日。在济急善局于九月五日刊登于《申报》的收款信息中，记载了经收陈子钧捐款的相关内容："至蒙四川陈子钧观察募助规元一万两，亦于二十七日承张汝金兄照数交到。除由盛京卿专电复谢外，谨一并钞登，统希公鉴。"见《宏济艰难》，载《申报》，光绪二十六年九月五日。

　　④ 《盍簪志感》，载《申报》，光绪二十六年九月九日。

　　⑤ 据杨文骏言，"至陈子钧观察之款，傅相云并未接其请示之电"。见《济急善会接第四号京函》，载《申报》，光绪二十六年九月三十日。

海，由盛宣怀等汇至北京"统济各省"。对此，盛宣怀在《济急第八号公函》中有过总结性陈述："川捐以陈子钧兄为最。初次五千金专济同乡，初拟全数汇京，旋又改为三千济京、二千济德；其第二次之万金，系笼统捐助，并非专济同乡。"①

对于四川京官的捐助，除陈子钧外，便是时任督办四川矿务商务大臣的李徵庸与时任四川布政使的周馥联名拨款之三千金。在九月四日寄出的《济急第七号公函》中，盛宣怀等便向杨文骏提及此事："顷又接李铁船京卿、周玉山方伯电开，川省向送川京官炭敬京平足银一千，今制军嘱加二千，共三千。拟以一千由馥解陕，二千汇申请公收寄京，交乔君树枏、高君枏、陈君钟信查收，匀给川员等云。该款尚未汇到，谨先附陈。"②而在上海致北京的《济急第九号公函》中，又表示李徵庸等共"汇到三竿"，盛宣怀因此猜测，"是否因解陕西不便"，故"一并汇来"，这些均"无从臆料"，"谨先奉布，俟奉来函再陈"。③

除了这两笔"指济"四川京官的捐款之外，在济急善局成立不久而东南济急善会尚未开始运作之前，陈作霖等四川、江西、云贵寓沪绅商便决定筹捐五千金交予济急善局，请其救助四川江西云贵被难同乡。④ 后来，盛宣怀等在《济急第九号公函》中还特别提及此事："另收到寓沪之四川、江西、云贵绅董公同筹助规元五千两，指济四川、江西、云贵在京同乡，前函漏未叙入，谨即附陈。"⑤

---

① 《济急第八号公函》，载《申报》，光绪二十六年九月十五日。

② 《济急第七号公函》，载《申报》，光绪二十六年九月七日。《申报》在九月九日的相关新闻报道中，也转录了李徵庸、周馥的电报："盛京堂承汇京款，各省同感。川省向送川京官炭敬京平足银一千，今制军属加二千，共三千。拟以一千由馥解陕，以二千交重庆通商银行汇沪，请公收转寄京中川京官乔树枏、高枏、陈钟信收，匀给川员。李徵庸、周馥。"见《盍簪志感》，载《申报》，光绪二十六年九月九日。盛宣怀档案资料选辑之七《义和团运动》则记载了盛宣怀于九月一日对李徵庸、周馥的复电："承拨二千两，俟渝银行汇到，即当寄京济急会，指交川京官匀散，以副雅意。宣等。"见盛宣怀档案资料选辑之七《义和团运动》，335 页。

③ 《济急第九号公函》，载《申报》，光绪二十六年九月二十一日。实际上，后来也再未发现相关材料对此事进行解释。

④ 《善与人同》，载《申报》，光绪二十六年闰八月二日。

⑤ 《济急第九号公函》，载《申报》，光绪二十六年九月二十一日。

高柟在闰八月十九日的日记中，首次提到"盛京卿可以轮船载京官南下"的传闻。次日，汪颂年、乔树楠、黄曾源均与高柟谈及"盛京卿轮船接京官之事"。闰八月二十一日，黄曾源告诉高柟，"轮船接归之说，乃是救济局，有者取钱，无者不取"。① 由此可见，京官们最初对于救援举动的了解，仅限于将京官运送回南。② 而这也正是杨文骏等人最初的计划：他们认为京官留在京城，耗费巨大，却毫无生活来源，只能依赖南省救济，而和议又无期，所以他们最初是以劝京官回南作为救援京官的主要方式。高柟的同乡友人"萍三""谒其房师杨莘伯"，"莘劝萍三渡海，萍扰扰数日"。高柟对此评论道："以全权随员而劝人走，无怪人慌乱也。"③

闰八月二十九日，高柟在日记中记道："铁船同周方伯、九弟，由成都兑到津贴京官银三千，陕一京二。可感亦可伤。""九弟"即高柟的孪生兄弟高楷，光绪丙子年举人，曾任直隶涞水县令。这是高柟在日记中首次提及专门针对四川京官的救援。次日，即九月一日，高柟又在日记中记道："公款事来电，是津贴京官。有官则分，是周官授禄法。照人数而分，是计口办赈法。宜此则违彼，必嫌言。茂萱夜来，言及欲推之金波。"④茂萱即乔树楠，金波即汪金波，均为川籍京官。在这则日记中，"公款"似乎是指专门"津贴京官"之款项，但对于分配办法却提出两种：一种是"有官则分"，一种是"照人数而分"，"宜此则违彼"，这又似乎表明，该款项并非专济京官。这也预示了"匀散"这笔救济款项的困难，以及有可能引起的纷争，以至于乔树楠要将分款之事推给汪金波。

九月三日，高柟在日记中写道："宋芸子与奂如字，言公款五千电兑。电文有由陆赴行在者二千，在京者三千，未言公车。细玩其意，所云赴行在，系指兑到后，现将往赴而言。若已到，则日有资给，更何须此。若发公车，亦切情理，但须斟酌数目多寡，似未可浑而同之。

<hr>

① 高柟：《高柟日记》，见《庚子记事》，202 页。
② 叶昌炽在其日记中，也有类似记载，即最初只是听说用轮船将愿回南之京官运送回南。
③ 高柟：《高柟日记》，见《庚子记事》，204 页。
④ 高柟：《高柟日记》，见《庚子记事》，204 页。

至于候选，则候选从九典史如萧恒玉之类，岂不可稍加甄别。夜茂萱、金波来，面告茂以此事不能无嫌言，要须约三四人酌妥剖分。"①"公款五千"乃是指陈子钧所捐之款。不过，高枏等川籍京官对于该款项的来源、用途、分散方式等内容均了解有限，故将拨汇德州之二千误认为是"将往赴而已"。对于如何分配这笔款项，高枏认为，"若发公车，亦切情理"，乃至"候选"也可散发，但不可不"稍加甄别"。高枏同乔树枏、汪金波等商议后，认为"须约三四人酌妥剖分"。

九月四日，高枏在日记中又写道："金以公款事，公车一层为难。现未在京者，回京补发亦难。此本难事，若不以京官为限而普通之，未尝非情理所应有，然如何伯卿、吴虞臣等独非川人乎。总之，此款若谓为津贴，尚可收；若谓为救济，似不可靦颜收耳。"②九月六日又记："免如、金波由贤良寺归。公款以京官为主，会试公车，较京官应分十分之三，乡试十分之二，候选与乡试等。"九月八日，"金波来，以候选一层淆杂难办，深为焦虑"。③ 在争论不定的情况下，高枏在九月七日的日记中写道："晚茂萱来言，公款原函看过，未言公车，未持出。以免、孟诸人之言为然，将请彝卿定等差出照办。"④彝卿即杨文骏，而杨文骏在致盛宣怀等人的公函中，也表示"此间四川同乡闻知，已时来催询"。⑤

最后确定的分配办法，是由高枏同"孟甫、免如、承皋、介甫、萍三、金波"等川籍京官于九月十七日共同拟定的办法。"萧克友、吴芬两教习欲列为京官，同分接济，经手者难之，乃欲分会试、乡试两层，乡试中又分正途、生监两层。"⑥分配办法拟定后，高枏同乔树枏等于次日"在杨彝卿处，同写收条规银三千，仅合公砝二千八"，"三人同

---

① 高枏：《高枏日记》，见《庚子记事》，205 页。
② 高枏：《高枏日记》，见《庚子记事》，206 页。
③ 高枏：《高枏日记》，见《庚子记事》，207 页。
④ 高枏：《高枏日记》，见《庚子记事》，207 页。
⑤ 《济急善会接第四号京函》，载《申报》，光绪二十六年九月三十日。
⑥ 《高枏日记》中并没有详载具体的分配办法，只是言明有哪些人前来商议分配办法，然后就是"夜招茂萱来，略告以诸君所拟办法"。不过，据《高枏日记》此后记载，有些京官每人能分到一百余两，有些是八十两，参加乡试的公车则仅为八两。参见高枏：《高枏日记》，见《庚子记事》，208～209、220 页。

收"，"复到汇丰商剖零飞"。① 此前，杨文骏便致电上海询问"陈子钧专济三千是否照拨"，而上海方面也表示"自应照拨"。② 此后，高枬在其日记中也陆续记载了川籍京官分配陈子钧所捐款项的具体情况，如九月廿二日所记"金波昨同榘才取现银一千，分陈、曾、宋、王、谢、吴六分；汪以三百廿，分任、郭、骆、汤四分；尚存二百八十，分恺人；零数分教习南学"③。

以上是有关陈子钧款项的分配情况。后来，高枬等又针对李徵庸、周馥筹拨之"津贴二千"的分配方式有过一些讨论。"孟甫问曰：'津贴一项，向来都察院翰林多分，以无印结也，今年当何如？'予曰：'今年则均分可也。'"虽定下均分办法，但何人可分，何人不可分，又引起争论。"陈曾来，言谢承皋一分，不过每人减二金与之，如金波过虑，以为不应分，则晦若又何尝该分者，嘱待金来，以此分晰之。"又有人言："前款是陈子钧所送，可分之；此款乃常年津贴，向无候选，不可分。"④高枬将这些意见告诉汪金波后，汪"畏而不敢主分津贴"。针对这些争论，有川籍京官称之为"乞儿见钱而诟争"。正是在这种情况下，黄曾源向高枬介绍了福建京官分配救济款项的情况，高枬感叹之下将其所言收入日记，并认为"山长中有陈伯潜，故清楚如此"。

关于陈子钧"指济"四川京官之款项，还有一点值得注意的插曲，即高枬在九月十四日所记之内容。当天，乔树枬从贤良寺抄得有关陈子钧与盛宣怀等关于该笔"指济"款项的来往函件，从而比较全面地获悉陈子钧捐款的来龙去脉。此前，这些四川京官对于这笔款项是"津

---

① 高枬：《高枬日记》，见《庚子记事》，208 页。后来高枬之子"欲领公车之八金"而不得。高枬在日记中写道："奂如午后来，以数皆排定，不能插入。而敏固求不已。予面禁之，犹不可，且命其在家用内抽八两去，仍哓哓不已。此念不知因何而起，殆因他人候选及生监皆领耳。"见高枬：《高枬日记》，《庚子记事》，220 页。

② 《济急三电》，载《申报》，光绪二十六年九月十九日。杨文骏在向上海请示是否照拨款项的同时，并将"四川京官催诘之函"附呈上海查阅。见《济急善会接第四号京函》，载《申报》，光绪二十六年九月三十日。

③ 高枬：《高枬日记》，见《庚子记事》，209 页。

④ 高枬：《高枬日记》，见《庚子记事》，212 页。

贴”，还是救济“公款”均模糊不清，甚至还不知道此笔款项为陈子钧所赠。在九月十四日的日记中，高枬写道：

> 茂萱今夜交来所抄信曰，四川陈子钧兑来五千，上海蜀绅某（大半盘记、恺记而已）议留二千，拨德州散放。曰“闻出京者不少”。夫曰四川，曰蜀绅，是专指四川京官而言明矣。曰“闻出京者不少”，是恐蜀人在京之少，不敌出外之多矣。曰“拨德州”是疑同乡滞于德州矣。查蜀人出京仅六七人，皆走西道，无东下者，别人不知，于晦若即知之，何得据一面悬揣之词，而掯留三千乎。①

川籍京官在九月十四日之后很快便拟定分配办法，与获悉此信当不无关系。因为正是该信确定了陈子钧款项的救援对象，是“专指四川京官而言”。对于高枬而言，更让其耿耿于怀的是，蜀人出京无东下者，而“上海蜀绅某”却“议留二千”“拨德州”。当然，远在上海的“蜀绅某”是不知情而有此议，但身在贤良寺的于式枚此前与高枬等人几乎是朝夕相处，对于川籍京官出京者的情况应相当清楚，故高枬认为，陈子钧兑来之款“何得据一面悬揣之词，而掯留三千”。次日，高枬便致函于式枚：

> 昨日之信，见者数人，知者亦数人。或曰：“不理他”；或曰：“此信是陈润夫寄与杨彝翁及足下者。”杨滇人，其知四川人数，自不如足下之悉，应由足下自拟一信，致润夫、子钧，言明蜀中京官出京者不过十人，皆未走德州。且尚惠臣观察来信，他省亦无滞于德州者。上海蜀绅何人，乃欲凭空硬断截留二千于山东乎。宜出知单，令乡人勿遽搭救急会船，以免胶葛。窃思此事，由足下经理于先（上海报亦列有兄名），致信润夫、子钧，乃分内当为，并非越俎，何妨急草，由广信通信局代去。②

对此函，于式枚如何回复，高枬此后的日记并没有记录。高枬本人此后也曾“作一信寄陈润夫，并拟一电，皆言京官三十余人在京，西

---

① 高枬：《高枬日记》，见《庚子记事》，208 页。

② 高枬：《高枬日记》，见《庚子记事》，208 页。

赴者十三人，无一至德者，应请拨还京中"①。拨往德州之二千金有无拨还京中，《高枬日记》也无记载。其实，单就《高枬日记》所呈现的高枬对于拨往德州之二千金的锲而不舍的追问而言，已充分表明庚子年对于京官的救援行动，远非往日赈济水旱灾民可比。被救援的京官们，无论是身份地位，还是知识水平、判断能力等方面，均丝毫不逊色于援救者。这使得援救者不但失去面对被援救者的优越感，而且稍不注意便会被质疑，乃至被批评。如《高枬日记》十月三十日便有如此记载："又闻杨莘伯、杨彝卿为救济船事，各赚万余金，各有被骗，大起嫌言。有控之于合肥者。合肥曰：'若何如此丢脸。'遂怄气而病。"②杨文骏、杨崇伊究竟有无借"救济船"之事，"各赚万余金"，已无从查考，但这样一种传言无疑将给救援者以极大的压力。在这场对于京官的救援行动中，救援者须尤为谨慎和遵守规矩，因为窘迫的境遇使得留守京官们，会以挑剔的目光审视救援者们的一举一动。

第三节　疆吏与庚子救援

在庚子救援行动中，以直隶总督李鸿章为首的封疆大吏表现抢眼。在当时威望最著的疆臣领袖李鸿章的倡导下，各省督抚通过东南济急善会，或"公济"各省京官，或"指济"同乡京官，显示出强大的资源支配与动员能力。几乎同时，另一位重要的疆臣领袖湖广总督张之洞，则联合两江总督刘坤一、山东巡抚袁世凯，在东南济急善会之外筹集数万金接济京官，并鼓励京官奔赴行在。稍后，庆亲王奕劻亦向在旗督抚致电筹捐，以接济在京旗员。

一、李鸿章、地方督抚与庚子救援

要论及疆吏与庚子救援的关系，首先便不得不提到李鸿章。某种程度上可以说，没有李鸿章的支持或力推，就不一定会有这场庚子年的救援行动。陆树藩等成立救济善会，严信厚等成立济急善局，盛宣怀等组织东南济急善会，无一不与李鸿章的支持乃至命令有关。东南

---

① 高枬：《高枬日记》，见《庚子记事》，214 页。
② 高枬：《高枬日记》，见《庚子记事》，215 页。

济急善会在北京的办事处所干脆就设在李鸿章下榻的贤良寺，主持北京工作的杨文骏等人则是跟随李鸿章庚子议和的幕府人员。盛宣怀、杨文骏、陆树藩等还随时将救援进展状况向李鸿章汇报，在上海致北京的九号公函中，几乎每号公函都会特别强调"并乞代陈傅相"。李鸿章有时也会直接指示盛宣怀等进行某项具体的救援工作，如应陈夔龙之请求，在上海"赶办棉衣裤"五千套运至京城，等等。

李鸿章对于庚子救援更为重要的作用和意义，在于无论是陆树藩等人的救济善会，还是严信厚等人的济急善局，抑或盛宣怀等人的东南济急善会，都是将李鸿章作为招牌，来争取捐款和救援行动的顺利进行。陆树藩在致上海救济善会的公函中对此有明确表示："树藩在此，只得相机行事，与华人办事则依赖中堂，与洋人办事则昌言善举耳。"①严信厚等在《济急善局公启》中亦明确表示，善局乃"奉合肥相国面谕"而成立。东南济急善会宣告成立后，盛宣怀等人发送"东南各省同人公电"，号召各省捐款，电文中亦特别提及李鸿章：

> 各局译送制台、抚台、河台、漕台、提台、镇台、藩臬运道台、各局所、各统领、各商号领、各商号均鉴：现尚在京之各省官绅商民，百物荡然，一筹莫展，苟延旦夕，急切望援。宣怀因与肇熙、锡汾、官应、信厚、元济、树藩、廷杲、则敬、裕福等，在上海中国通商银行内议设救急之法。恳由李傅相照会驻京各使，在京设局，由各省同乡经理。现先筹款，随后设法运粮，均请傅相转交。如藉众擎，得以推广，自官绅以迄商民，自京城以迄畿辅，务期尽力救济，乞即设法劝助。各省同志有专款寄其亲友者，亦可代寄。除将办法章程函达外，特先电恳酌助，感祷。宣怀叩。文。②

---

① 《陆纯伯部郎致上海救济善会第三号公函》，载《申报》，光绪二十六年九月十九日。

② 《东南各省同人公电》，载《申报》，光绪二十六年闰八月十三日。《愚斋存稿》有收存该电，收录时间为"闰八月十二日"，见《寄各省督抚河漕提镇藩臬运道》，见盛宣怀：《愚斋存稿》卷四十二，271b～272a 页。《李鸿章全集》也收录了该电，命名为《上海各善士来电》，"光绪二十六年闰八月二十一日到"，见《李鸿章全集》第 27 册，339 页。

可以说，这样一封公电的发布，比《救济善会启》和《济急善局公启》更为有力地宣示了东南各省救援北方被困之"各省官绅商民"行动的展开。之所以这样说，不仅是因为该公电的发起者是盛宣怀牵头，既包括了救济善会的发起者陆树藩，也包括了济急善局的发起者严信厚等人，更是因为该公电以"恳由李傅相照会驻京各使，在京设局"，所筹之款所运之粮"均请傅相转交"等说辞，给人以"李傅相"也亲身参与其事的印象。当然，李鸿章对庚子救援的关注与大力支持，包括在一些具体救援上所给予的指示，说其亲身参与其事，也并不为过。事实上，李鸿章在闰八月二十五日也曾专门致电盛宣怀，要求其"速电东南各帅及司道，广筹协济"：

> 盛京堂：京城遭变，官民荡然，米贵天寒，碍难存活。据东南济急会派人拯救，款绌恐难持久，望速电东南各帅及司道，广筹协济，至盼。①

正是由于李鸿章与东南济急善会等救援组织的密切关系，诸多官绅士商才或慷慨或勉为其难地伸出救援之手。前文所述陈子钧续捐万金时，首先是致电李鸿章，请其指示分拨；后在盛宣怀等人建议下，将万金汇交东南济急善会"作为统济各省"时，陈子钧仍念念不忘"候相示遵"，并请盛宣怀"乞代陈明"。以至于高枏看到陈子钧的电报后，评论道："又子钧电，一则曰'候相示遵'，再则曰'候相示遵'。中堂是办和局，非办赈济，想中堂必不暇及此。"②广西巡抚黄槐森在致盛宣怀的电报中也有类似表示：

> 盛京卿鉴：前奉文电，知京官遭变奇穷，即商同司道，设法筹济。因西省亦极瘠苦，尚未报命。顷又奉冬电，传傅相谕，遵即合力勉筹银二千两，交西号汇呈尊处，汇齐转解，聊尽微意。槐。支。③

---

① 《李鸿章致盛宣怀电》，上海图书馆藏《盛宣怀档案》，档案号：057250。《愚斋存稿》对该则电报也有收录，见《李中堂来电》，盛宣怀：《愚斋存稿》卷四十三，287b页。
② 高枏：《高枏日记》，见《庚子记事》，208页。
③ 《盍簪志感》，载《申报》，光绪二十六年九月九日。

由此可知，盛宣怀向各省督抚等共发了两道电报，以劝募救济资金。无论是盛宣怀以东南济急善会诸创办人的名义发布的第一道电报，还是盛宣怀"传傅相谕"的第二道电报，包括李鸿章的致电盛宣怀，首先想到的募款对象均是各省督抚。这也不难理解，当时掌握资源最为丰富的一群人便是各省疆吏。事实上，在庚子救援行动中，各省疆吏的表现也的确非常突出。

按时间顺序来看。在《申报》闰八月十三日刊登的《济急第三号公函》中，便有浙江巡抚刘树棠"专济云贵同乡洋二千元"的信息。在《申报》闰八月二十日以《宪恩优渥》为标题的新闻报道中，集中收录了一些疆吏与盛宣怀等的往来电报。如湖南巡抚俞廉三来电："盛杏翁诸位大善长鉴，文电拟在京设局，接济各省官绅，嘱筹款等因，婆心佛力，感佩万分。湘备一万金，解何处方能妥速，望赐电复遵办。廉三。翰。"①浙江巡抚刘树棠、浙江布政使恽祖翼、浙江按察使荣铨、浙江盐运司世杰、浙江粮道郑崧龄等"杭州诸大宪"来电："盛京堂，文电悉，承示与各善士集资设局，筹款运粮，救济在京受苦之官绅商民，请李傅相设法转交各省同乡妥为经理，高义苦心，功德无量。现商同在省司道合助银五千两汇寄，稍尽微忱，奉托鼎力汇办，莫名感祷。弟树堂同祖翼、荣铨、世杰、崧龄、庆莱叩。删。"②江西布政使张绍华来电："盛京堂鉴，南省官商困京津者甚多，公倡捐救济，甚善！江右李香园方伯、华再云侍御、邹凌翰部郎闻风兴起，昨电汇两竿至严筱翁处，又禀商鹤帅，暂挪公款三竿，凌瀚亲携到沪，商定北上。准

---

① 盛宣怀等复电，"长沙俞中丞：奉翰电，承允借银一万两，浩劫余生，同深感戴。此款请交由西号速汇上海通商银行，以便迅速汇京，至盼。宣等。谏。"复电可见《宪恩优渥》，载《申报》，光绪二十六年闰八月二十日；亦可见《盛宣怀致俞廉三电》，见盛宣怀档案资料选辑之七《义和团运动》，306页。

② 盛宣怀等复电："杭刘中丞、恽方伯、荣廉访、世都转、郑观察、时观察：奉删电，蒙允合助银五千两，同深钦感。京津尚为洋兵占据，竭力设法始通汇兑，一俟款到，谨当妥速汇办，以副仁厪。宣等同叩。谏。"复电见《宪恩优渥》，载《申报》，光绪二十六年闰八月二十日；亦可见《盛宣怀致刘树棠、荣铨等电》，见盛宣怀档案资料选辑之七《义和团运动》，307页。

十九日启程，乞告诸善长发报。凌瀚叩，华代。盐。"①湖南、浙江、江西三省大吏都承诺了确切的筹捐数额，闽浙总督许应骙虽来电表示要"广为劝助"，但并无明确的筹捐数额："盛京堂鉴，文电悉，阁下此举，种福宏远，京畿士庶，咸颂万千，无量功德，钦佩之至！当饬司局广为劝助，以襄善举。章程议妥，速寄为望。骙。咸。"盛宣怀在复电中表示"可否先由司局酌垫若干"，"福州许制台：奉咸电，承饬司局广为劝助，同深感佩！章程另函呈寄。惟天气渐寒，振济宜急，可否先由司局酌垫若干，庶使浩劫余生早沾实惠。宣叩。谏。"②

浙江、福建、湖南、江西等省疆吏是最早致电盛宣怀，积极响应救援行动的一批地方大员。不久，安徽巡抚王之春、安徽布政使汤寿铭亦联名致电盛宣怀："文电悉。京中官绅商民，兵燹之余，奇窘可悯。尊处设法救急，胞与为怀，中外咸钦。弟等勉筹五千金，日内汇沪，聊効绵薄，祈汇存散放。感荷承示代寄专款，兹有弟春亲友颜曾，湖南附生，现保通判，管带水局团勇，住绳匠胡同王宅，并汇银四百两，亦乞查交为感。弟之春、寿铭同覆。効。"③在闰八月二十日发出的《济急第五号公函》中，盛宣怀等对这些疆吏的捐款有过一次汇总叙述："日内陆续接准许筼帅、刘景帅、王芍帅、俞廙帅、江西护抚院张筱帅来电，均有捐款，多少不等，均尚未到。"④这些疆吏的捐款还有一个共同特点，即大都未指明捐款是"指济"该省同乡京官，还是"公

---

① 盛宣怀等复电："南昌张方伯、李方伯、华侍御、邹部郎：奉盐电，承先汇两竿，又蒙挪垫公欵三竿，高谊仁心，宣同感。除告同人预函京局外，仍盼殿翁惠临商办。宣等叩。谏。"复电见《宪恩优渥》，载《申报》，光绪二十六年闰八月二十日；亦可见《盛宣怀致张绍华、李岷琛等电》，见盛宣怀档案资料选辑之七《义和团运动》，307 页。

② 《宪恩优渥》，载《申报》，光绪二十六年闰八月二十日。盛宣怀之复电亦可见《盛宣怀致许应骙电》，见盛宣怀档案资料选辑之七《义和团运动》，307 页。

③ 盛宣怀等复电："奉効电。蒙助五千金，佛力仁心，同深钦感。一俟汇到，即由银行汇京，汇办。另寄附生颜曾四百两，即按住址寄送。宣、汾、应等同叩。効。"王之春等来电与盛宣怀等复电见《泽被宣南》，载《申报》，光绪二十六年闰八月二十八日。盛宣怀之复电亦可见《盛宣怀致王之春、汤寿铭电》，见盛宣怀档案资料选辑之七《义和团运动》，315 页。

④ 《济急第五号公函》，载《申报》，光绪二十六年八月二十五日。这些捐款，有些陆续汇到，后文将述及；有些捐款，则因史料缺乏而不可查。

济"各省被难人士。①

与此形成鲜明对比的是,云南各大员的捐款均有非常明确的"指济"对象。时为云南巡抚兼署云贵总督的丁振铎,在致盛宣怀的电报中如此表述:

> 盛京堂鉴:前奉尊电,因现尚在京之官绅商民百物荡然,拟设法筹款援救,由各同乡外官捐助等因。滇虽瘠苦,义不容辞。已与司道商定,各将俸余勉力相助。铎允捐河南银一千两,藩司李经义允捐安徽银二千两,署臬司曹鸿勋允捐山东银五百两,署粮道汤鲁璠允捐湖南银四百两,迤西道全懋绩允捐浙江银四百两,署开广道刘敏图允捐贵州银五百两,共滇平银四千八百两,余再陆续电达。已集之款,寄交何处?由滇汇沪,尚需时日。能否由尊处照数垫款,先电汇交京都,转交各省妥当京官首事匀散,以济燃眉。希尊裁,兹先电复。铎叩。马。②

---

① 当然,浙江巡抚刘树棠"专济云贵同乡洋二千元"应除外。此外,江西之款也应除外,据《济急第七号公函》可知,江西筹捐之五千两乃"接济江西合省同乡"。其他各省是"指济"还是"公济",仍不可知。据《济急第九号公函》记载,湖南巡抚俞廉三致函盛宣怀表示:"因接转傅相敬电,湘省岁贴京员三竿速汇等因,兹饬筹湘平足银三千两,即派王令宣解运来沪。"盛宣怀在致杨文骏的公函中也表示:"此项银两应否专济在京湘员,抑或作为统捐,应请尊处就近请傅相示遵行。"即使这笔"湘省岁贴京员"之款,因为俞廉三的表达不清,盛宣怀还要请示李鸿章,应该将该款视作"指济"湘员之款,还是"作为统捐"。由此亦可见,在各省疆吏对捐款用途表达不清的状况下,这些由各省所筹之款,是作为"指济"来使用,还是作为"公济"来使用,甚至是作为当事者的盛宣怀也难以定夺之事。在没有充分材料的协助下,笔者对此也难以判断。

② 盛宣怀等复电,"滇丁制台:马电敬悉。承公与司道诸公集银四千八百两,望即交天顺祥汇沪通商银行,再转汇京。援照各省办法,请傅相转交京官首事匀散。浩劫余生,得兹接济,当同深铭感。宣叩。养。"丁振铎来电与盛宣怀等复电见《泽被宣南》,载《申报》,光绪二十六年闰八月二十八日;盛宣怀等复电亦可见《盛宣怀致丁振铎电》,见盛宣怀档案资料选辑之七《义和团运动》,320页。据《盍簪志感》记载,汇款到东南济急善会时,在四千八百两之外,又增加"学宪张并广西宦滇各官一千一百二十两,又湖南宦滇各官六百两,湖北宦滇各官共八百十两","以上共计规元七千三百三十两"。捐款以某省"宦滇各官"来统计,显然也是"指济"该省京官。见《盍簪志感》,载《申报》,光绪二十六年九月九日。

显然，云南各大员之捐款，是以"各同乡外官捐助"各同乡京官的形式来办理的。但无论是盛宣怀倡议捐款之"文电"，还是盛宣怀所转李鸿章倡议捐款之电报，均无"由各同乡外官捐助"之类的表述。恐怕是因为盛宣怀所发之"文电"中有"在京设局，由各省同乡经理"的表述，使得云南各大员产生了各同乡京官"由各同乡外官捐助"的强烈印象。不过，云南官员的这种理解是真正领会了李鸿章、盛宣怀等倡议捐款进行救援的真实用意。李经义还单独密电盛宣怀，对其"帮贴安徽京官"之款的分配方式进行说明：

> 盛京堂钧鉴：亥密。昨电谕助济各省京官一节，已由循帅遵集捐数电复，不赘。义到滇未久，缺复瘝苦，勉助滇鲜银二千两，帮贴安徽京官。惟滇沪汇解过迟，欲恳吾丈垫款汇交家伯照交，或交安徽首事匀散，或请家伯按同乡戚友交谊分等致送，均可。候尊处电复，款即速寄，不误。惟琐屑烦渎，至深感悚。义叩。号。①

李鸿章曾于九月四日亲自致电三位安徽籍藩司（江西布政使张绍华、四川布政使周馥、云南布政使李经义），表示"同乡困苦万分"，"嘱电筹济"。② 作为江西布政使的张绍华，此前已同江西官绅合筹银五千两，"接济江西合省同乡"，该笔款项在九月四日前便已汇到。③ 接获李鸿章电报后，张绍华表示"拨皖赈捐六千五百"。李鸿章随即饬令东南济急善会"先垫分给"皖籍京官，"以便回南"，同时又电催张绍华"归垫"。④ 张绍华不久便致电盛宣怀："江右松中丞倡捐济急会五百金，司道以迄县令均有乐输，共约五千外。猝难收齐，先垫京足五千

---

① 盛宣怀复电："两电悉。济急会已汇京洋银各二万，拟照循帅公电先函傅相，仍望速解接济。宣叩。"李经义来电与盛宣怀复电见《泽被滇南》，载《申报》，光绪二十六年闰八月二十八日；盛宣怀复电亦可见《盛宣怀致李经义电》，见盛宣怀档案资料选辑之七《义和团运动》，320 页。

② 该电报由盛宣怀转，参见《盛宣怀致张绍华、周馥等电》，见盛宣怀档案资料选辑之七《义和团运动》，342 页。

③ 《济急第七号公函》，载《申报》，光绪二十六年九月七日。

④ 《杨文骏等致盛宣怀电》，见盛宣怀档案资料选辑之七《义和团运动》，375 页。

两，重给蔚长厚等号汇费，速汇尊处，藉济各省官绅留滞京津之用。另京足五千两，系取回皖振四千，弟筹一千，专振皖人之困于京津者，乞汇交傅相为祷。至玉山方伯电称，行在当差皖人亦应分济，弟当另筹。惟绵薄愚忱，祈鉴谅。华。效。"①经张绍华之手的又有两笔捐款，一笔是江西官绅合筹之五千两，"济各省官绅留滞京津之用"；另一笔则是回应李鸿章呼吁的"指济"尚在京城的皖省京官的五千两。因为周馥表示，"行在当差皖人亦应分济"，张绍华又表示"当另筹"。李鸿章为此又致电张绍华表示："前电以皖赈六千五如数筹垫，当饬救急会挪济。今来函，仅垫四千，自捐一千，不敷千五。吾皖无在陕京堂，此间京曹多无力南归。尊议续捐三千，同感。请速汇京归垫千五，余分济。"②

通过上述史料，可知对于皖籍京官的救援基本上是由李鸿章亲自安排和布置的，救援资金则主要来源于皖籍外官。这些皖籍外官之间也会互相联络，以协调救援行动，如周馥建议"行在当差皖人亦应分济"。由于李鸿章具有疆臣领袖的威望与地位，再加上身在京城，对于京官状况也知之较深，故能够在援救皖籍京官的行动中居主导地位，使得对于皖籍京官的救援行动有比较好的协调。救援皖籍京官的这样一种优势，是大多数省份所不具备的。前述之四川京官，因为缺乏素具威望的川籍官员主持其事，导致在捐款上各行其是，互不统筹。陈子钧"指济"四川京官的银五千两，与身为四川布政使的周馥奉四川总督奎俊之命，赠送四川京官的银三千两，便毫不相关，从而导致四川京官不得不两次分银，分配方式也不同，且争议不断。

由此亦可见，对于一省京官而言，专门针对该省京官的救济款项主要有两种来源，一是由该省督抚以地方名义向该省京官提供的救援，类似于平常年份的"冰炭敬"，如四川之"炭敬"、湖南之"岁贴京员三竿"；二是由该省籍外官或绅商以同乡名义向该省京官提供的救援，表

---

① 盛宣怀复电："效电悉。承鹤帅倡，公乐输垫汇五千两，另五千两专拯皖人。俟款到，遵即电汇，请傅相饬善会同人，分别济急。京畿奇灾，施当其阨，同深感激。宣。效。"见《施当其厄》，载《申报》，光绪二十六年九月二十五日。

② 《李鸿章致张绍华电》，见盛宣怀档案资料选辑之七《义和团运动》，417页。

现比较突出的有安徽、广东、云南等省。云南是一个比较有趣的例子，正如前文所述，云南的地方官虽然捐款踊跃，但基本上是各省宦滇各官救各省京官。由于清代比较严格地实行籍贯回避的异地为官制度，导致云南的地方官不可能为云南籍的京官提供救援。向云南籍京官伸出援手的是"滇中绅商"与浙江巡抚刘树棠等云南籍外官。刘树棠，云南保山县人①，在其统筹下，"滇中绅商"分两次共捐款银五千两，一次"指济云贵在京同乡"，一次"指济云南京官"。②

由于捐款是非强制性的，即各省地方官并无救援该省京官的义务，各省外官也没有必要非去援救同乡京官不可，所以并不是各省疆吏均有拨款，也不是各省外官都会对同乡京官伸出援手。因此，像四川京官那样既有本省督抚拨款"津贴"，又有同乡捐款"赈济"者，还是比较少的。大部分京官只占其中一项，而这一项是以同乡捐助为主。从现有材料来看，由京官原籍所在省份督抚拨款救济的主要有四川、湖南、江西三省，其他各省京官则主要是靠同乡外官及绅商筹款救济。除前文已经提及的安徽、广东、云南之外，还有时任陕西巡抚的岑春煊对广西京官的救济③，广东布政使丁体常对贵州京官的救助④，湖广总督张之洞"寄银五千两"，分别正途捐纳（正途四十金，正途捐纳者三十金，捐纳者二十金）对直隶京官的援助⑤等。其他如沈瑜庆、王旭庄等对福建京官的救济，丁振铎对河南京官的救济等前文也均有所叙及，此处不再赘言。由于资料极为零散，故本书所列举的救援人物及数额，难免挂一漏万。仅从现有资料来看，东南济急善会号称属于救援范围

① 秦国经主编：《清代官员履历档案汇编》第 5 册，698 页。

② 《济急第八号公函》，载《申报》，光绪二十六年九月十五日。

③ 岑春煊请盛宣怀代汇"京足二千两"，交于式枚"会同唐辉庭、王幼霞、梁作舟诸兄查明广西京员及留京者均匀分送"。《盛宣怀致岑春煊电》《岑春煊致于式枚电》，见盛宣怀档案资料选辑之七《义和团运动》，486 页。

④ 丁体常"寄到库平足银一千两，嘱汇交陈兆翔转济贵州同乡"。见《施当其厄》，载《申报》，光绪二十六年九月二十五日。又据《济急第八号公函》记载，天顺祥陈润夫交来"贵州电汇到京足纹银五千两"，善会表示该款"是否专济贵州官绅，抑系统捐，无从悬拟"。见《济急第八号公函》，载《申报》，光绪二十六年九月十五日。

⑤ 华学澜：《庚子日记》，见《庚子记事》，138～139 页。

的"江苏、江西、安徽、浙江、福建、广东、广西、云南、贵州、四川、山东、河南、湖南、湖北各省"京官均得到或多或少的"指济"，甚至在这些省份之外的直隶也有张之洞的特别补助。

相对而言，救援力度比较大的省份除广东、四川、安徽等省之外，便是江浙两省了，尤其是江苏。庚子救援行动最初便是肇始于江浙两省官绅商民对于本省被难人士的援救，后来专门领导对京官进行救助的东南济急善会的头面人物盛宣怀也正是江苏人，其对于江苏京官的援助也远较大多数省份有力。江苏籍京官叶昌炽在庚子年十二月十八日（1901 年 2 月 6 日）的日记中，记载了其在贤良寺领取救济款项的情形：

> 十八日，至贤良寺领口数粥，共两股。一为合肥所筹津贴款，合十四省京官，人得六十金；一为盛杏荪京卿筹济同乡之款，仅江苏一省，人各得百金。以联票赴汇丰洋行，取得银饼二百十二圆有奇。同舟之谊，不为菲矣。惟八旗及向隅诸省，不免觖望。此后满汉南北畛域愈分，佩鹤之言不为无见。①

对于同乡捐款较少的各省京官而言，便只能领取李鸿章所筹津贴款，"合十四省京官，人得六十金"。所谓"十四省"，当是指被东南济急善会大略章程确定为救援范围的"江苏、江西、安徽、浙江、福建、广东、广西、云南、贵州、四川、山东、河南、湖南、湖北各省"。这十四省京官的"人得六十金"，当来源于"公济"款项，而"公济"款项则主要来源于各省疆吏的拨款或捐款，除前文已述的湖南巡抚俞廉三、浙江巡抚刘树棠、江西布政使张绍华②、安徽巡抚王之春、闽浙总督许应骙、广西巡抚黄槐森外，广东巡抚德寿"率同在省各司道共筹助银

---

① 叶昌炽：《缘督庐日记钞》，见中国近代史资料丛刊《义和团》（二），475 页。
② 据张绍华电报，江西官员合筹的"公济"银五千两，有三千两是其"禀商鹤帅，暂挪公款"而来。所谓"鹤帅"，即江西巡抚松寿，字鹤龄。见《宪恩优渥》，载《申报》，光绪二十六年闰八月二十日。

五千两"，"以济在京官民之急"①；山东巡抚袁世凯为济急善会"拨银
三千两"②；四川总督奎俊"命电京赈二万两"③，陕甘总督魏光焘"命垫
京赈万金"④等。在被叶昌炽称为"合肥所筹津贴款"的救援行动中，以
李鸿章、盛宣怀和东南济急善会为号召的捐款倡议，得到大部分督抚
的响应，成为救援汉人京官的主体。

二、"三帅款"与奕劻的庚子救援

在李鸿章的东南济急善会之外，湖广总督张之洞联合两江总督刘
坤一、山东巡抚袁世凯另筹二万五千金以接济京官。张之洞于闰八月
二十八日致电刘坤一、袁世凯：

> 京官苦极，去留不能，将成饿莩。况行在无百僚随扈，庶政
> 无人分理，且通达事理时势之人太少，大有关系。虽欲奔赴行在，
> 限于无力。鄙意拟合江南、山东、湖北三省共凑四万金，江、鄂
> 各万五千，东一万，如慰帅愿多出或愿少出均可。由汇丰汇京交
> 李傅相查明分散，言明专指京堂、翰詹、科道、部属、内阁中书
> 数项，每人给一百五十金为出京赴陕盘费，言明务须赴行在，不
> 赴陕者止给百金，大约不满三百人，此举不特作功德也。近见自
> 行在来人，谈及随扈迎驾两项人员，皆属寥寥，其议论皆是一派
> 旧话，于时局一切茫然，忧焦万分。若京员多到行在，诸君身受
> 困厄，必能沥陈利害，上启圣心，下赞枢府，实裨大局。此举拟
> 由我三人为之，不约地位。如允，祈即寄款，当由鄂先垫款交汇

---

① 《盍簪志感》，载《申报》，光绪二十六年九月九日；《盛宣怀致丁体常电》，
见盛宣怀档案资料选辑之七《义和团运动》，329页。

② 《盍簪志感》，载《申报》，光绪二十六年九月九日；《盛宣怀致袁世凯电》，
见盛宣怀档案资料选辑之七《义和团运动》，337页。

③ 盛宣怀致奎俊电："成都奎制台：语电命垫京赈二万两，遵即向银行挪垫
汇京，并达傅相。宣叩。阳。"参见《盛宣怀致奎俊电》，见盛宣怀档案资料选辑之
七《义和团运动》，347页。

④ 盛宣怀致魏光焘电："兰州魏制台：鱼电命垫京赈万金，遵即向银行挪垫
汇京，并达傅相。宣叩。阳。"参见《盛宣怀致魏光焘电》，见盛宣怀档案资料选辑
之七《义和团运动》，348页。

丰寄京，并拟公电致傅相呈教。请速复。勘午。①

张之洞此举的直接起因是郑孝胥的建议②，此前李鸿章、盛宣怀的捐款倡议应当也是原因之一③。张之洞在电报中特别强调，此举"不特作功德也"，也间接地证明了李鸿章、盛宣怀的活动对张之洞提出此项举动的影响。很明显，张之洞更在意的是此举可能带来的政治影响。吴天任在评论张之洞的主要幕僚梁鼎芬时曾有这样一番言论："庚辛之变，联军陷京，太后挟帝仓皇西奔，先生首倡贡方物之议，此举关系大局，不下于东南督抚联名自保之重要。特东南联保，乃安定半个中国之地方要策，倡贡方物，则为地方政府对于北极朝廷一致拱护之表示。当联军入京，急索祸首，两宫蒙尘，大局濒于瓦解，满清政府之存亡，全看地方大吏表示如何而定。东南督抚，既不遵北京乱命，而与上海外国使团签订互保之约，似有与中央分裂各趋独立之势。先生乃首倡贡方物之议，以示各省对清廷仍具向心，随而西运贡物，络绎不绝，至是而将趋崩裂之局面，复能团结上下，一致对外，清廷仍为各省拥护，然后命使议和，徐图恢复，而清室之统治，乃得延长十年。"④由梁鼎芬此举，不难想象张之洞在类似举动上的态度与考虑。

两宫仓皇西狩，正如张之洞电报中所言"随扈迎驾两项人员，皆属寥寥"，这与作为天下重心所在的行在应具有的规模与尊严相比，极为

---

① 《致江宁刘制台、济南袁抚台》，见《张之洞全集》第10册，8355～8356页。

② 郑孝胥在闰八月二十五日的日记中记载："余劝资助京僚，使得奔赴行在。广雅慨然愿任其事，计每京官一员赠百五十金，以三百人为度，则四万五千两，拟商刘岘帅共筹之。"参见郑孝胥：《郑孝胥日记》，劳祖德整理，第2册，771～772页，北京，中华书局，1993。

③ 李鸿章亲自致电盛宣怀，要求其速电东南各帅"广筹协济"，乃闰八月二十五日之事。三天后，张之洞便致电刘、袁，提出自己的救援主张，很难说没有受到李鸿章、盛宣怀捐款倡议的影响。

④ 吴天任：《梁节庵先生年谱》，序例。恽毓鼎在《崇陵传信录》中有类似表达："孝钦虑帝留之，不为己利也，挟之俱西。既达西安，惴惴然恐天下不直其所为，颇有意复辟。已而鄂督张之洞、在籍侍郎盛宣怀贡使首至，所以媚兹者甚备，太后乃大悦，知天下未予叛也，意潜辍。"参见恽毓鼎：《崇陵传信录》，见中国近代史资料丛刊《义和团》（一），54页。

不符。在行在与京师重新建立联系的当天，在任命昆冈、崇礼等八人为留京办事大臣的同时，便谕令"其余各部院堂官"，"督率司员迅赴行在，毋稍稽延"。① 三天后，行在军机处又发布上谕，催"御前大臣、王、贝勒、贝子、公等暨各部院堂官迅赴行在"，并表示"自启銮以来，迄今已逾半月，而该王大臣等仍未见陆续前来，一切差使俱形旷废，殊非不避艰险之义"。② 为鼓励王大臣与京官们奔赴行在，军机处上奏表示"朝廷俯念行路之难，自应量加体恤"，"今拟请文职二品以上部院堂官每日给银七两，三品以下京堂官五两，章京司员三两，中书笔贴式二两，武职一二品每日七两，实缺参佐章京三两，实缺骁骑校、护军校减半。现在随扈官员，应即照此支给，由前路粮台给发。其随后由京驰赴行在之员，应自出京之日为始，一并视官阶大小，照例起支。如蒙俞允，拟请饬廷雍先行筹款垫办。俟出京赴行在各员过保定时，核明给发。准其于过境京饷内如数提还。并由昆冈等传知在京文武大小各员，除钦派留京办事大臣及派出留署各员外，均著迅速起程，前赴行在，毋得迟延"。③ 次日，行在再次发布上谕，表示"行在政务殷繁，需人佐理"，对"在京各衙门"派定具体的留守人员名单后，要求"此外各部院卿寺堂官暨向有内廷差使各员，此次未派留置者"，均遵前旨，"遴选得力司员，一并酌带前来，以便办理各该衙门行在事务"。④ 清廷对于京官奔赴行在三令五申，可见其重要性！张之洞以援救之名鼓励京官奔赴行在，其实质与梁鼎芬"首倡贡方物之议"类似，意在加强行在各衙门的影响力，以维护朝廷的尊严和权威。

张之洞向刘坤一、袁世凯表示，"此举拟由我三人为之，不约地位"。张之洞请刘坤一共襄此举，容易理解。刘张二人久为疆吏，威望素著，庚子国变时面对复杂纷乱的形势与各方力量的游说，态度也颇为相似，即一方面抗拒"伪诏"，力保东南无事；另一方面则以尊王的姿态保持对统一朝廷的尊崇与服从。刘坤一对张之洞的提议表示了赞

① 《军机处寄大学士昆冈等上谕》，见《义和团档案史料》上册，514 页。
② 《军机处寄留京办事大臣昆冈等上谕》，见《义和团档案史料》上册，523 页。
③ 《军机处奏片》，见《义和团档案史料》上册，537 页。
④ 《上谕》，见《义和团档案史料》上册，538 页。

同，笔者查阅包括《刘坤一遗集》在内的各种资料，并未发现刘坤一针对此事的任何记录，但在此后张之洞致李鸿章有关此举的电报中，刘坤一领衔署名足以证明这一点。张之洞约袁世凯参与此举，则颇令人费解。与刘张相比，袁世凯不过是新晋巡抚，资历和威望均甚浅。也许是因为袁世凯在庚子国变期间的表现赢得了张之洞的好感，张邀袁共襄此举。由此足可见，张之洞对袁世凯的器重与抬举。袁世凯对此心领神会，在张之洞发电询问的次日便复电表示："勘午电悉，极善。"①张之洞在九月十四日"致上海盛京堂转李中堂、江宁刘制台、济南袁抚台"的电报中，其救援计划与此前相比，有了较大变化：

> 致傅相电云："京官苦极，去留不能。行在无百僚随扈，庶政无人分理，其欲奔赴者，限于无力。兹江南、湖北、山东三省共凑二万五千两，由上海余道交道胜银行汇京，请傅相转交陈御史璧、朱学士祖谋、乔主事树柟，查明京堂、翰詹、科道、部属、内阁中书数项，以二万分济留京者，尽数酌送，以五千尽数分济赴陕者，作赴沪到鄂用资。其赴陕者似宜托名回籍，请傅相转商英、美、日照料到沪，由盛京堂备船到鄂。其赴陕用资，于过鄂时由洞计人数酌送。江南、湖北、山东三省尚备有公款，如出京赴沪川资不敷，请电示续寄，统祈酌办，示复。此举与救济会无涉，合并声明。坤一、之洞、世凯同启。盐。"②

与"勘电"相比，在资助金额上，"盐电"少了一万五千金；在资助对象上，"盐电"将绝大部分资金用于"留京者"。"盐电"的这种变化，

---

① 袁世凯复电全文为："勘午电悉，极善。闻京官多匿城外四乡，应请傅相访劝。但由京西行，沿途洋兵、土匪梗阻，势不能行。或由傅相商明各国，由船送沪襄西上较便。京官在东者亦不少，每位送百金劝令西行，而稍明通者均以首祸尚在，多不愿往。东省自六月后京、津来者，公私筹助计逾三万，嗣后仍须接济。此举遵凑一万，请先垫，即拨兑。昨京来人述启、崇两公被洋兵执，崇得保释。京官食力者多云。凯。艳。"参见《袁抚台来电》，见《张之洞全集》第 10 册，8356 页。

② 《致上海盛京堂转李中堂、江宁刘制台、济南袁抚台》，见《张之洞全集》第 10 册，8380 页。

更突出了"作功德"的一面，但并不意味着张之洞对鼓励京官奔赴行在目的的放弃，而是在方式上显得更为策略了，如"其赴陕者似宜托名回籍"。高枬在八月二十八日的日记中记载："分赴行在之谕，庆昆回奏，言，'在京大小臣工，各居租界内，不能互相往还。城外又有土匪义和团行劫，冠履衣被亦不敢携之以行。此次所奉分赴行在之谕，臣等不敢发钞。恐臣工既不能应命而行，各国见之，反有碍于和局。'"①从"勘电"到"盐电"，张之洞对救援方式乃至电报措辞的改变，顾虑恐怕亦在于此。对于奔赴行在者的川资，"盐电"采用分段接济的方式，考虑得更为细致，也更少漏洞。如《高枬日记》中便有相关议论："三帅款赴行在者分百零八两，留京者卅八人多烦言。以往行在者非赴行在，无眷累便南渡耳，而反多分，烦言所由起。"②

张之洞的救援计划基本上是按照"盐电"而行。盛宣怀等在九月十八日寄出的《济急第九号公函》中向杨文骏详述了此事，表示："三帅优赍，三省士夫至可感。仰前接来电，颇有人多款少之虑。今有此巨款相辅而行，想在事诸公可免为难。"③虽然张之洞在电报中声明"此举与救济会无涉"，且该笔款项"由上海余道交道胜银行汇京"，而不是通过东南济急善会汇款，但盛宣怀对此举仍大为称赞，毕竟此举也替东南济急善会分去不小负担。

叶昌炽于九月二十二日得知此信息："又闻张香涛、刘岘庄两制军，袁慰庭中丞共筹二万五千金，以五千济行在各官，二万津贴京官。"④华学澜则是在九月二十七日得知此项信息："酌升归，言刘岘庄制军、张香涛世叔筹款助赴行在者川费，已经截止，明日起程，先竟不知，深以为憾。"次日，华学澜才得知"江南、湖广两制军于助赴行在者川资外，又筹款二万金，津贴在京人员，御史得与其事"⑤。九月三十日，叶昌炽"见张刘袁三帅津贴京官章程"："以二万金，上自三品京

---

①　高枬：《高枬日记》，见《庚子记事》，195 页。

②　高枬：《高枬日记》，见《庚子记事》，211 页。

③　《济急第九号公函》，载《申报》，光绪二十六年九月二十一日。

④　叶昌炽：《缘督庐日记钞》，见中国近代史资料丛刊《义和团》（二），471 页。

⑤　华学澜：《庚子日记》，见《庚子记事》，134 页。

堂下至内阁中书，在京者按股均分。旗人驻防外省者，亦与焉。又以五千金助汉官赴行在，即由济急会渡船赴沪，溯长江由鄂入陕。至鄂，香帅尚有资助。"①叶昌炽所了解的信息，与张之洞"盐电"所要表达的内容几乎一致，除了"旗人""汉官"之类的说法外。因为，张之洞"盐电"对于"留京者"与"奔赴行在者"的资助是完全不分旗汉的。

与张之洞不同，庆亲王奕劻发起的救援行动则完全是针对旗人的，即捐款范围限于"在旗督抚"，救援对象为在京旗员。江苏巡抚松寿②九月十六日致电奕劻："祃电敬悉。旗员困苦情形，久切恻念，谨遵极力筹济，已分电各省旗籍司道二十二处，候得复电，再竭绵薄，一并由汇丰汇京，以副钧属。松寿。铣。"③可见，奕劻在此之前曾电令松寿，分电各省旗籍司道筹款汇京。广东巡抚兼署两广总督德寿于九月二十九日致电盛宣怀表示："前接庆王来电，嘱筹巨款汇京，接济旗员"，"由通商银行汇沪一万两，交救济会电汇京师"。④ 十月一日，四川总督奎俊致电奕劻：

> 盛京堂转北京庆王爷钧鉴：奉养电谕，拯救在京旗员，无任钦感，遵即筹银二万两，又川绅陈光弼捐助一万两，共三万两，托盛宣怀先垫转京，以应急需，当已上陈钧听。俊意满、汉一家，若蒙遍致各省，不专指在旗督抚，则畛域无分，集款更巨，于彼厄旗员实大有裨益。当否？乞钧裁。奎俊谨肃。东。⑤

陈光弼即陈子钧。奎俊认为，奕劻倡捐之电"专指在旗督抚"，显

---

① 叶昌炽：《缘督庐日记钞》，见中国近代史资料丛刊《义和团》（二），472页。据《高枏日记》记载，"三帅款"是按省分发，四川京官于十月四日在孟甫处领款。据华学澜《庚子日记》记载，直隶京官是十月五日在恽毓鼎处领款，参见华学澜：《庚子日记》，见《庚子记事》，135、211页。

② 松寿此前为江西巡抚，此时已调任江苏巡抚。

③ 《松寿致奕劻电》，见盛宣怀档案资料选辑之七《义和团运动》，368页。

④ 《德寿致盛宣怀电》，见盛宣怀档案资料选辑之七《义和团运动》，393页。该电文还附有致庆王一电："京庆王爷钧鉴：养电谨悉。北京旗员困苦，自应竭力筹济，现已公同筹集京市平足纹一万两，汇交上海救济总会，电汇钧座收。谨先电呈，俟收到后，即祈电复为祷。德寿叩。艳。"

⑤ 《奎俊致奕劻电》，见盛宣怀档案资料选辑之七《义和团运动》，397页。

然是自分畛域，自我缩小捐款范围，并不可取。李鸿章发起的救援行动，其援救目标虽然是以南省汉人京官为主，但"运送回南者，连商民亦有，即直京人愿来南者，亦允之"①。实际上，在爱仁轮船载回的第一批"被灾官民"中便有旗人的身影。② 在倡捐范围上，李鸿章的救援行动也并未局限于汉人官绅商民，因此不少旗人达官也贡献颇多，如松寿、德寿、奎俊等均有不少捐助。尤其是奎俊，一方面嘱咐周馥将致送四川京官的"炭敬"在往年基础上增添二千金，另一方面又应李鸿章的呼吁，"命电京赈二万两"。或许正是由于奎俊在李鸿章发起的救援行动中不分旗汉，慷慨出手，且川绅陈子钧又捐助一万两，故建议奕劻筹捐应不分畛域，"不专指在旗督抚"。

从现有资料看，奕劻可能并未接受奎俊的建议。继粤督德寿、川督奎俊之后，苏抚松寿致电奕劻表示，其"偕江西司道共集银五千两，即由沪道交汇丰汇呈邸中"，同时向奕劻报告"分电之二十八处，已有十余处电复，尚无成数，惟安徽联桌、毓道等集二千两"。③ 浙江布政使荣铨"筹京平纹一万"，请盛宣怀汇京"转交庆邸"。④ 山西巡抚锡良由日升昌"汇款五千"至沪，请盛宣怀转汇京城。⑤ 至十月二十九日，奕劻致电松寿表示，"各省协济旗员津贴，除苏、晋抚，川、粤督，川绅、浙藩、皖桌、安庆道、常镇道均已筹复外，余尚未复"，并要求松寿转催。⑥ 十一月二十六日，奕劻又致电盛宣怀：

> 盛大臣鉴：旗员济款，待放孔亟，现计到者：粤、晋抚，川督绅，江西抚司道，浙、宁藩，皖司道，镇关道等，荆、伊两将军，共七万有零，不敷尚多。希查松抚前次切电各处，除已到外，余代电催，速为筹复。倘难一时交汇，先将数目电知，以便贷款

---

① 《济急善局得第二号京函》，载《申报》，光绪二十六年九月二十四日。
② "际安，旗人，候补知府，旗兵学堂提调，妻女二口，小孩二口。"见"救济善会第一批爱仁轮船载回被灾官民名单"，载《申报》，光绪二十六年九月二十日。
③ 《松寿致奕劻电》，见盛宣怀档案资料选辑之七《义和团运动》，406 页。
④ 《盛宣怀致李鸿章电》，见盛宣怀档案资料选辑之七《义和团运动》，427页。荣铨此前为浙江按察使，十月四日迁浙江布政使。
⑤ 《盛宣怀致锡良电》，见盛宣怀档案资料选辑之七《义和团运动》，440 页。
⑥ 《奕劻致松寿电》，见盛宣怀档案资料选辑之七《义和团运动》，462 页。

垫发。盼切。庆亲王。宥。①

这些在旗督抚所筹之款，几乎均由盛宣怀转汇至京交予奕劻，再由奕劻择日散放。据《那桐日记》记载，十一月二十一日至二十三日，那桐"到户部公所"开放旗民津贴，十一月二十七日开放"八旗官员津贴"。② 奕劻于十二月七日又致电盛宣怀，请其代催"各省未经电复者"，并表示"如已汇齐截止，此数亦望电复，以便开放"。③ 也就是说，至十二月七日，"在旗督抚"所捐之款尚未开放。又据《恽毓鼎庚子日记》记载，恽毓鼎于十一月二十九日"赴北城柏林寺翰林院公所领俸，三四品俸发四成，仅领到四十金"；据华学澜《庚子日记》记载，其也是在十一月二十九日"领俸五成"；据《高枬日记》记载，高枬于十二月一日"到昆师处领俸银廿一两八钱二分"。④ 旗民与八旗官员所领之津贴，当与这些汉族京官所领之俸银一样，均属朝廷俸禄。

俸禄能够在庚子年十一月底发放，与奕劻也颇有关系。奕劻于闰八月十日上摺称，"其各衙门官员暨各旗营弁兵匠役人等，转瞬天寒，必须设法筹给俸薪钱粮，用资衣食。而户部不戒于火，银库存款荡然，各衙署积蓄公项亦皆被掠一空，京内无款可筹"，并表示准备"电致各省督抚，于应解本年京饷，设法凑解赴京，用资接济"，请求朝廷"饬下各省将军、督抚遵照办理"。⑤ 此后，奕劻又以此事电奏，故军机处于闰八月二十四日向各督抚寄发电旨：

奉旨：奕劻电悉。现在京城仓库多被焚毁，在京旗步各营月饷及官员俸薪银米久未开放。览奏，困苦情形，殊深轸念。所请

---

① 《奕劻致盛宣怀电》，见盛宣怀档案资料选辑之七《义和团运动》，500页。
② 北京市档案馆编：《那桐日记》，365～366页。仲芳氏《庚子记事》记载，十一月二十二日，"八旗满蒙汉及绿营兵丁钱粮，均于今日按五成开放。各人虽领饷无多，究沾国帑，更可望以后钱粮不致裁免矣。城内凡在旗之人，人人欢悦"。参见仲芳氏：《庚子记事》，见《庚子记事》，67页。
③ 《奕劻致盛宣怀电》，见盛宣怀档案资料选辑之七《义和团运动》，510页。
④ 《恽毓鼎庚子日记》，见《义和团运动史料丛编》第1辑，71页；华学澜：《庚子日记》，见《庚子记事》，139页；高枬：《高枬日记》，见《庚子记事》，225页。
⑤ 《庆亲王奕劻摺》，见《义和团档案史料》上册，667页。

江苏拨银十五万两，四川拨银十五万两，广东拨银十五万两，浙江拨银十二万两，江西拨银十二万两，湖北拨银八万两，安徽拨银五万两，福建拨银八万两，湖南拨银五万两，山东拨银五万两，共银一百万两，著各该省督抚将应解京饷如数划拨，限九月内全数解沪，交江海关道兑收，即由该道转交汇丰银行，迅速汇京，俾得均匀发放，切勿少延，致误急需。钦此。①

在十一月底十二月初向八旗官民发放了五成津贴、向在京各省京官发放了或四成或五成的薪俸之后，奕劻与北京户部致电行在军机处，表示"京师官兵津贴，前由汇丰汇到百万，现已用罄"，而"明春需款更多"，"拟由奏准各省关应解来年京饷内预提百万两"。② 其实，对于大多数京官而言，庚子年的秋冬之季皆赖赈济，"尚可支持"，"明春"如何，根本无暇虑及。③ 那桐在十二月二十一日写道："辰刻到户部公所，开放八旗津贴并满员帮贴。"④所谓"满员帮贴"，恐怕便是奕劻号召"在旗督抚"所筹之款项。在朝廷俸禄只能发放一半的情况下，那些八旗官员，同汉族京官一样，要想生活"尚可支持"，便只能通过各自有影响力的人物，以一种非政府渠道的方式筹集资金，均匀散放，以弥补朝廷之力所不及。在这个过程中，那些身负倡导、主持之责的权势人物，如李鸿章、奕劻、张之洞等，几乎就等同于一个个无形的朝廷。

---

① 《军机处寄各督抚电旨》，见《义和团档案史料》下册，703 页。

② 《奕劻、北京户部致行在军机处电》，见盛宣怀档案资料选辑之七《义和团运动》，521 页。

③ 高枬在十月十七日的日记中表示："今冬以公和赈济，尚可支持"；在十二月十日的日记中又记道："前日九愚，今日萍三，皆言今冬赖公款支过，明春将如何，款既难募，分款尤不易。"见高枬：《高枬日记》，《庚子记事》，214、227 页。

④ 北京市档案馆编：《那桐日记》，368 页。

第五章　华洋官绅之间：
以救济善会的活动为主

　　庚子年闰八月二十二日(1900 年 10 月 15 日)，陆树藩在日记中写道："是午，同德医官贝尔榜、德人喜士、陈季同(敬如)、严复(又陵)、德文翻译洪中(肇生)，并司事家丁小工人等共计捌拾贰人，登爱仁轮船，开出吴淞口停泊。"①从八月十六日宣告成立，表示"拟派妥实华人，并延请洋医华医赴津沽一带，遇有难民，广为救援"，陆树藩与救济善会经过一个多月的准备，终于踏上北上救援的路程。作为庚子年间最重要的两个救援组织，由济急善局发展而来的东南济急善会，虽然组织了声势浩大的对于京官的援救行动，但从未派专人前往京津实施救援，只是借李鸿章进京议和之机，请其幕府人员展开救援工作，且东南济急善会所谓"救援"主要是筹款汇京以接济京官。当然，东南济急善会也在积极筹划护送难官难民渡海南下，以及赈济难民等救援工作，但毕竟人手有限，诸多工作只有在陆树藩北上之后才陆续展开。

第一节　陆树藩与"救命船"

　　陆树藩与救济善会渡海北上，最初的目的与最重要的目的均是将东南各省被难官民援救回南，因此陆树藩与救济善会在京津保等地区的活动主要便是围绕如何将这些被难官民援救回南而展开。救济善会在京津保等地均设有分局，负责将散在北省各地的难官难民集中起来护送至天津，然后登轮南下。本节将以救济善会的救援活动为主，对

---

　　①　陆树藩：《救济日记》，1a 页。

庚子年间东南官绅合力援救被难官民南下的情况进行概述。

一、起程之前

陆树藩等于八月二十六日到大沽口，二十七日"进口停泊塘沽"，但并未即时下船。因为下船之前，诸多事情尚未办理，如救济善会人员的安全问题、居住问题、随船所携物资的存放问题等。在起程前往天津之前，救济善会便制定了《津局办理章程》，对各项事宜进行了详细规划：

一、会中聘请洋人一员翻译一员，凡遇有各国交涉事件以及联军碍难之事，悉归洋人办理。已由驻沪德总领事电达驻津德总领事，如救济会轮船到津，请由德兵船保护会中人登岸救援难民，沿途并派德兵护送，到津后须由洋人先向各国领兵官道达一切情形，以求至妥。

一、现蒙招商局拨借一轮，由会中酌贴煤油工食，俟到津后察看情形，倘能登岸设局，轮船即可归还局内。此后司事及救出难民来往轮船，均给发免票为凭，一概不收水脚。

一、东南各省被难官商确系贫苦无资南归者，准其免收水脚，酌给盘川；或家道殷富一时不得回南者，其水脚盘川先由会中垫付，嗣后回籍如数缴还，益望随缘乐助，多多益善。本会原为周急起见，值此时势艰难，集资非易，乞原谅焉。

一、凡遇东南各省之家道殷富一时不能回南者，会中垫付水脚盘川须由本人出立凭据，写明姓名籍贯，携同家眷大小几人，于某月某日在某处由救济会代雇车船，计银钱若干，又借到现银钱若干，俟回原籍后，即将所垫银钱，缴还上海救济会中，出给收条。

一、会中所带粮食原为赈济贫民而设，或家道殷富无处购买粮食亦准其备价向会中购买，其钱留充善举。

一、或遇东南各省被难之官商因见北方平静不愿回南，惟度日无资，拟向会中借贷者，当由会中体察情形量为借助，惟不得逾廿两之则。

一、会中无论上下人等，均穿红十字记号衣服，俾中外军民认识，系是会中人，所给护照亦须随时带身，以备联军盘诘。

　　一、凡往北之人已经报明给照，其中或有事故不去，须先报明，所取护照仍当缴还，以昭慎重。

　　一、总理　人；司账　人；办公　人；招呼难民　人；发给船票　人；探听东南省人流落北地者　人；仆役　人；小工头　人；小工　人。

　　一、司事、仆役薪水工资，当按月送给，不得预支。初次开船，有欲钱安家者，当先酌给一二月薪水，以后仍照定例，不得预支。

　　一、轮船开赴天津时，须由会中开列名单，请船主点验人数，如有不穿红十字记号衣服、身无护照者，一概不得混入。

　　一、招商局轮船拨定后，当请船主买办严饬茶房水手人等，不得借善会为名、暗藏夹带、私自搭客，先行明白示谕，粘贴船舱，俾众皆知，倘仍有此种情弊，一经查出，均归船主自理，与会中不涉。①

　　该章程第一条与第二条便是针对救济善会到塘沽后的各项准备，其中最重要的便是设法获取德兵的保护。从第二条来看，救济善会甚至做好了在爱仁轮船上设立分局的准备。因此，在爱仁轮船停泊于塘沽后，陆树藩等并未立即上岸，而是派会中洋人先行上岸办理护照及租屋等事项。② 章程第三条与第四条，主要是针对援救东南各省被难官商回南的具体细节而作出的规定，这些规定在以后的实际操作中被更改，后文将详述。章程第五条与第六条，则主要是针对运送被难官商回南以外的其他赈济事宜而作出的规定，后文亦将详述。从章程第七条至第十二条，则主要是针对会中人员作出的各项规定，尤其强调"如有不穿红十字记号衣服、身无护照者，一概不得混入"。起程之前，《中外日报》便刊登了"救济善会京津办事人员名单"：

　　　　救济善会京津办事人员名单：总办陆纯伯，帮办罗甘尝、施涵香，副帮办曹子成、朱润生，总理洋人喜士，洋帮办陈敬如、严又陵，文案谢汝舟、何幼仙、欧阳哲臣，钞写卓彤齐、祝祉卿，翻译洪兆生、雍剑秋、陈毅菴、何辛三、陈庆祥、许子正，账房

　　① 《津局办理章程》，见上海图书馆藏：《救济文牍》卷一，4b～6b 页。该章程原文中涉及人数处空缺。

　　② 《陆纯伯部郎致救济善会同人书》，载《申报》，光绪二十六年九月五日。

燕贻卿、潘云卿、俞湘泉、谢建侯，管衣粮孙竹琴、蔡时甫，管报名册信件药料夏霄卓、刘梓如、沈伯雄、曹子佩，管杂物王培元、董禾庭、陈砚孙，查察钱点青，查访刘锡九、谢荣之、郑兆元、张晓珊、王蔚卿、陈静轩、史梧轩，管掩埋严再生、严养奎、陆春祥，医生凌颂和，管轮船照料难民张湛生、陆鑑之，帮查访杨竹瞻、纪锦斋、杨德斋、王奎卿、王英桂、姚祖昌、严培南、陈复藩、陈钟莲、林昌敏、孙润彩，管广米刘吉六、郭灼南、吴云樵、孙瑞臣，驻沪总局董事潘赤文、丁晓芳。①

上述办事人员，最著名者便为"洋帮办陈敬如、严又陵"。严又陵即严复，福建侯官人，曾赴英国留学，精通英语，是著名翻译家，《天演论》的作者，曾长期供职于北洋水师学堂，庚子国变前一直定居于天津，北方乱局肇兴之时，严复携家人由津赴沪。② 陈敬如即陈季同，亦是福建侯官人，曾留学法国，精通法语，也是著名翻译家。与严复将西方经典译为汉文不同，陈季同是将汉语经典译为法文，也因此在巴黎文学界享有盛誉，"西国文学之士无不折服"。据说正是由于陈季同在西方的盛名，使得救济善会的北上救援得以顺利成行。有关小传曾这样叙述陈季同的庚子救援事迹，"沪上绅商议仿红十字会例救济京津被难者，而中国之船不得入战地，季同曰：'我在则行，可无事。'为发电告驻京各公使及主兵之酋，西人闻季同名，皆遵约束。于是季同率救济轮船悬龙旗直入大沽，两岸洋兵欢呼雷动，而中国避难士民麇集求援，留月余，为部署一切而返。"③ 显然，该段文字对于陈季同在

---

① 《救济善会京津办事人员名单》，载《中外日报》，光绪二十六年闰八月十九日。

② 参见严璩：《侯官严先生年谱》，见王栻主编：《严复集》第 5 册，北京，中华书局，1986；孙迎祥：《严复年谱》，福州，福建人民出版社，2003；严家理：《严复先生及其家庭》，见中国人民政治协商会议福建省委员会文史资料室编：《福建文史资料》第 5 辑，福州，福建人民出版社，1981。

③ 欧阳英、陈衍：《闽侯县志》（民国二十二年刊本），418 页，福州，闽侯县地方志编纂委员会，1995；桑兵：《陈季同述论》，载《近代史研究》，1999(4)；桑兵：《沟通欧洲汉学的先进——陈季同述论》，见《国学与汉学——近代中外学界交往录》，101～102 页，北京，中国人民大学出版社，2010。

庚子救援中的作用有夸大之处，但也充分表明了陈季同在庚子救援中
的重要性。陈季同于九月二十三日先行搭轮回申，陆树藩在日记中写
道："予与敬如由申来津三十余日，行坐相依，患难相共，一旦君欲先
归，如失左右手。"①陆树藩此番言语，也可作为陈季同在庚子救援中
重要性的佐证。

　　翻译雍剑秋，名涛，以字行，江苏高邮人，"15 岁时学习英文，
后到英国教会学堂念书，不久考入新加坡大学，他学习的第二外国语
是德文。23 岁读完大学，英语极为流利，德语次之"。光绪二十四年
（1898 年）回到上海完婚，其妻乃时任招商局会办的陈辉庭的长女。救
济善会招徕人员北上时，雍剑秋以擅长英、德语，充当了翻译。日后，
雍剑秋成为天津著名的洋行军火买办，此次救援行动正是雍剑秋将其
活动重心由上海移至天津的转折点。② 帮办罗甘尝，名饴，字甘尝，
又字焕章，江苏靖湖厅人，长期在沪经商，曾任洞庭西山旅沪同乡会
首任会长、上海金庭会馆主要创办人。清末新政时期，曾担任正太铁
路驻津转运局总办，大清银行营口分行总办，靖湖厅城议事会正
议长。③

　　由《津局办理章程》第十条可知，救济善会"司事、仆役薪水工资"
乃"按月送给"，也就是说救济善会京津办事人员参与北上救援工作，
并非纯粹义务性的慈善之举。④ 出发之前，救济善会针对办事人员发
布告示指出："此次北行系为救济津京被难官商起见，凡本局上下各色

────────────

　　① 　陆树藩：《救济日记》，13b 页。
　　② 　雍鼎臣：《军火买办雍剑秋》，见《文史资料选辑》编辑部编：《文史资料精
选》第 3 册，518～520 页，北京，中国文史出版社，1990。
　　③ 　参见苏州市传统文化研究会编：《传统文化研究》第 19 辑，420 页，北京，
群言出版社，2012；上海图书馆历史文献研究所编：《历史文献》第 19 辑，430、
431 页，上海，上海古籍出版社，2015；盛宣怀档案资料选辑之五《中国通商银
行》，299 页；沈庆年主编：《古村遗韵：苏州市控制保护古村落寻踪》，262 页，
上海，文汇出版社，2012。
　　④ 　又据雍剑秋之子雍鼎臣言："上海所谓慈善团体的成员，在北京、天津活
动时，并无薪金，每人每月支车马费一百两银子。"参见雍鼎臣：《军火买办雍剑
秋》，见《文史资料精选》第 3 册，518～520 页。

人等，务宜善体此意。由沪登轮，不得私带违禁货物，随带行李亦以三四件为率，并须粘贴本善会封条以凭洋关查验。如无封条，概不装置。"①善会又特别针对随带小工专门发布告示："该小工等，人数众多，诚恐良莠不齐，亟应剀切告诫。为此示，仰各小工知悉：尔等抵津后，务须恪遵约束，不得恃众持蛮。由沪登轮，亦不等夹带违禁货物。如有前项情事，一经察出，在租界内即送捕房管押；在内地即送有司衙门惩办，决不姑宽，毋违切切，此谕。"②由"津局办理章程"事无巨细的规定，以及救济善会出发之前一而再的告示，可以明显地感到，陆树藩等救济善会的组织者对于此次救援之行，前途叵测，心中无底，因而处处小心谨慎。

二、津沽之间

直至九月五日，救济善会"司友诸人"才逐渐"全行登岸"。陆树藩在九月三日致上海总局的公函中对救济善会办事人员登岸之前的各项准备活动作了详细叙述："先经贝尔榜君商准德提督，指出三汊河栈房以屯衣粮，又由曹子成兄赁得火神庙，为设局办公之所，并由丁嘉立君添发护照、船旗为之保护，更徵妥善，所有衣粮等件，刻已陆续运津，明后日司友诸人，即可全行登岸。"③在此期间，救济善会制定了《塘沽轮次告被难南旋各士商并章程八条》：

> 为告知事：照得本总局，前以京津不靖，凡我东南人士，或供职京华，或贾游畿辅，一旦猝遭变故，伤亡惨状，言之痛心。刻幸已熄烽烟，而虎口余生，欲归不得，爰创立救济善会，并请德国国家保护，现由招商局派拨爱仁轮船，专供本总局来往津沪救济之用。昨已航海北来，设局开办，兹准各士商纷纷来局报名登轮，刻期起程南返。除派司事在轮随时妥为照料外，兹将议定章程录后。

① 《本局告示》，见上海图书馆藏：《救济文牍》卷二，4b 页。
② 《谕各小工告示》，见上海图书馆藏：《救济文牍》卷二，5a 页。
③ 《上海救济善会接陆纯伯部郎第二号公函》，载《申报》，光绪二十六年九月十三日。

计开：

一、各官商登轮后，望即到本善会轮船账房，报名注册备查。

一、船中人数众多，必须男女分居，以示区别。

一、水脚、饭食均由本局供应，不取分文，如各官商以利济为怀，愿襄善举，抵沪后望向本局量力资助，俾得源源接济，以期转救多人。

一、茶房伺应，已由本局酌给酒贽，不得格外需索。

一、到沪后路远不能即归者，可向本善会轮船账房声明，发给凭条送往名利、长春两栈房暂住。

一、轮船饮食，每日一粥两饭，早以七句钟，中以十二句钟，晚以五句钟为准，逾时不能再开。

一、各官商行李等件，须自行照管，本善会虽派有司事随时照料，恐人多难以遍及，倘有遗失，与本局无涉。

一、本轮船系专备本善会装运北省南方被难官商之用，并不附带别项商旅，亦不装载货物。①

在针对南旋各士商制定章程的同时，许多被难士商已纷纷前来。陆树藩在九月二日的日记中便写道："天津被难士商均知有救命船到塘沽，纷来求渡。"在九月三日的日记中又记载了一些难民前来求救的详细情形："有难民二十余人来船求渡，鸠形鹄面，情甚可怜。据称八月间由奥国兵官招募来津，每月允给辛工洋三十元。一时贪利北来，不料奥兵官到津后中炮阵亡，若辈谋生无路，欲归不得。日作苦工，难求一饱，转瞬天寒，行将冻饿。余谓此等人，甘从洋兵以身试险，本不应救，姑念业已受苦月余，况红十字会例以平等救人为主，故仍一体援之。"②如此这般，在救济善会办事人员尚未全行登岸之时，"连日船上已来南省男女难民数十人"。身在天津的副帮办曹子成致信陆树藩表示，"天津回南之人甚多，一俟船上人货卸空，即可由津到沽，如有

---

① 《塘沽轮次告被难南旋各士商并章程八条》，见上海图书馆藏：《救济文牍》卷一，6b~7b 页。

② 陆树藩：《救济日记》，3a~3b 页。

一二百人，当令爱仁轮船速装回沪"。①

九月五日，陆树藩"偕二副及会友罗焕章（饴）、英文翻译雍俊卿乘坐火车由塘沽到津"，至火神庙救济善会在津办事处所"布置一切"。②与此同时，陆树藩拟定了《天津开办章程》：

> 一、凡来局报名之人查系实在被难者，即按其被难情形轻重量予衣粮，如愿旋里并给予船票。
>
> 一、妇女小孩亦在救济之列。
>
> 一、东南各省难民如逃在邻邑邻村者，本会出资雇船派友至四乡访查，如遇有不能到津者，酌给川资以便来津候船旋里。
>
> 一、难民如果寸草俱无，复因债累不能旋里者，本会酌济银两以便脱累还乡。
>
> 一、难民患病，本会或施医药，或酌给银两，以便自行在家医治痊愈。
>
> 一、南客病故寄柩在津，其子孙或亲友愿将该柩运回者，本会代给运费，其无力起葬迁移者，本会并代出资。
>
> 一、难民病故，无力理后事者，本会出资为之收埋。
>
> 一、难民由津赴塘沽附搭轮船，亦由本会出资雇船派人护送前往。
>
> 一、天津一隅办有头绪，本会即拟赴京，照以上八款办理。
>
> 一、本会此次带来银两衣粮，应随时察酌情形救济难民，每十日造册一次以便稽核。
>
> 一、现在既有难民二百余人，拟即日遣爱仁轮船装载回沪。此后或应专派轮船前来，或仅给予难民川资船票，附搭便船回南，随时商酌办理。
>
> 一、本会办事，并会友来往京津，及难民回南，或坐船或雇车，均请德国保护。
>
> 一、本会救济难民所用银两，随时写立收据，向贝尔榜支取

---

① 《上海救济善会接陆纯伯部郎第二号公函》，载《申报》，光绪二十六年九月十三日。

② 陆树藩：《救济日记》，3b～4a 页。

拨用。

　　一、中国善会现承德国派兵保护，如德国及他国善举，中国善会应赠送物件，以示相助为理之意，贝尔榜君可随时酌斟，通知董事办理。①

该章程基本上是围绕如何将散落在京津等地的东南各省难民救援回乡而制定。由救济善会援救回南的第一批被难士商"百七十余名"，乘坐爱仁轮船于九月十一日从天津启程返沪。② 与此同时，救济善会一方面继续广为招徕"在津被难之人"，在火神庙报名登记之后，由救济善会护送至塘沽登轮③；另一方面派人至保定省城及芦台、唐山、沧州、固安等处招集南省难民赴津④，陆树藩本人则亲赴京城招徕难官难民。

三、京津沪之间

当陆树藩还在塘沽之时，便接到时在天津的陈季同的来信，表示："闻德璀琳言，京城难民尤多，可以设法先行赴京。"⑤九月九日，刘鹗由上海至天津。⑥ 刘鹗此前曾致函陆树藩，主动要求前往北京进行救援，并表示："所有随带翻译人等川资薪水均由弟捐款发给，不支善会分文。"⑦九月十一日，陆树藩与刘鹗商办赴京救济事宜，次日刘鹗便

---

　　① 该章程应为初稿，因为还要征求贝尔榜的意见，但章程大致内容应该就是如此，所以才会被陆树藩直接收入《救济文牍》。参见《与德医官贝尔榜拟定天津开办章程》，见上海图书馆藏：《救济文牍》卷一，12a～14a 页。

　　② 《致上海本会诸同人》，见上海图书馆藏：《救济文牍》卷四，23b 页。

　　③ 为此，救济善会在天津《直报》上刊登告白："本会到津设局数日以来，报名者已有二百余人，业由本会送往塘沽爱仁轮船先行转载回南，此后如有南省被难官商，仍向针市街火神庙报名，以便随时给票，附搭招商局便轮回沪。封河在即，幸勿迟延自误为盼。"参见《上直报告白》，见上海图书馆藏：《救济文牍》卷二，5b 页。

　　④ 《陆纯伯部郎致上海救济善会第四次公函》，载《申报》，光绪二十六年九月二十九日；《驻津救济善会致上海总会第五号公函》，载《申报》，光绪二十六年十月四日。

　　⑤ 《上海救济善会接陆纯伯部郎第二号公函》，载《申报》，光绪二十六年九月十三日。

　　⑥ 陆树藩：《救济日记》，5b～6a 页。

　　⑦ 《刘铁云太守来书》，见上海图书馆藏：《救济文牍》卷五，40b 页。

率同"司事工役二十余人赴京"。①

进京之前，陆树藩先行致函李鸿章幕府诸人，表示"保定省城及沧州等处，已属司事友人分投办理，惟京师为人文渊薮，不乏绅商，前于十二日已托刘铁云太守相助为理，先行赴京。闻诸公善与人同，导我先路，五中感佩，楮墨难宣。顷蒙德璀琳君助假西平轮船，不收水脚，可容千人，大约二十到津，拟于廿三四日展轮赴申。封河在即，敢祈将京中被难人士，商同铁云太守，迅速设法护送到津，俾得附之回沪重庆更生"。② 本书第四章叙述东南济急善会时，便特别指出东南济急善会虽然是以济急善局为基础扩展而成的，但根据东南济急善会沪局致京局的前三号公函可知，东南济急善会是以集合各方力量共同援救京城难官难民为初衷，因此陆树藩均列名东南济急善会沪寄公函的发起人之列。这就表明，对于京城被难官商的援救，将是以救济善会与东南济急善会协作的方式展开。

杨文骏在闰八月五日致盛宣怀的信中便表示："闻怡和已有船来往。现既招商，货船可流通，塘沽以上均有洋兵保护，只须与兵官说明，即可无虞。（陆纯伯十字会，若举办甚好。）此间欲归南者不少，以无轮船，食物一切皆异常昂贵，即流民归来亦无生计，终难安枕。"③盛宣怀在《济急第三号公函》中指出："陆纯伯兄现已料理赴津。"④因为信函转递速度较迟，在陆树藩尚未抵达津沽之前，杨文骏等又致电东南济急善会沪局，催促陆树藩迅速上路："傅相派杨莘伯兄赴津办理转送上轮船，纯伯请速赴津襄助。"⑤盛宣怀等在《济急第六号公函》中明确表示："陆纯伯兄借乘商局爱仁轮船起程，昨已抵沽，弟宣即当电饬爱仁船主预备候装。惟闻纯伯在沪动身时，与所延德医订有轮船一切均归其主政之合同，倘竟为所持，权不我操，或爱仁另有即须回南之

---

① 陆树藩：《救济日记》，6b 页。

② 《致李中堂幕府杨、曾、杨、徐诸君》，见上海图书馆藏：《救济文牍》卷四，32a～32b 页。

③ 《杨文骏致盛宣怀函》，见盛宣怀档案资料选辑之七《义和团运动》，279 页。

④ 《济急第三号公函》，载《申报》，光绪二十六年闰八月十三日。

⑤ 《济急续电》，载《申报》，光绪二十六年闰八月二十九日。

故，不及久候，俟奉人数行期电示，即当另放专轮相迓，必不误事。"①杨文骏等很快又致电盛宣怀，"希告纯伯行期"②。盛宣怀等则在《济急第八号公函》中向杨文骏通告了有关陆树藩行止的耳闻："闻陆纯伯兄已在津风神庙（应为"火神庙"，笔者注）设局，陈敬如等已于月朔动身进京。爱仁轮船拟初十开回，敝处虽未据其知会，其说当确。"③

　　盛宣怀对于陆树藩行止的了解，或许是得自于救济善会在沪总局刊发于《申报》的各种消息。陆树藩虽然疏于向盛宣怀、杨文骏等通报相关信息④，但是频频向救济善会在沪总局或致电或发函，告知其救援进展情况，然后再由救济善会沪局将这些电报或公函刊登于《申报》⑤。

---

①　《济急第六号公函》，载《申报》，光绪二十六年九月三日。

②　《济急三电》，载《申报》，光绪二十六年九月六日。

③　《济急第八号公函》，载《申报》，光绪二十六年九月十五日。

④　陆树藩于九月十七日，即自上海出发将近一月之久，才致函李鸿章幕府诸人，故在信中特别表示："第设局之初，日不暇给，未及肃书奉候，心殊歉然。"参见陆树藩：《救济日记》，8a 页；《致李中堂幕府杨、曾、杨、徐诸君》，见上海图书馆藏：《救济文牍》卷四，32a 页。陆树藩也是在自上海出发二十多天后才致函盛宣怀表示："沪江拜别，舜及两旬，积慕之忱，无时或释。回忆濒行时，辱承大驾枉临送我，情殷远胜桃花潭水，此情此景感不能忘。"参见《上盛杏苏京卿》，见上海图书馆藏：《救济文牍》卷四，29a～29b 页。

⑤　如陆树藩在抵达大沽口的第二天，即闰八月二十七日便"发上海电报"；上海救济善会于次日接到电报："爱仁抵大沽，平安。陆。"《申报》于闰八月二十九日以《爱仁轮船安抵大沽电音》为题发布此消息。见陆树藩：《救济日记》，2b 页；《爱仁轮船安抵大沽电音》，载《申报》，光绪二十六年闰八月二十九日。闰八月二十八日，陆树藩"由广济轮船发上海信三封"，其中一封便是九月五日刊登于《申报》的《陆纯伯部郎致救济善会同人书》，一封是《再致上海本会潘、沈两君》，嘱咐"另有公函祈即登报为要"。见陆树藩：《救济日记》，2b 页；《陆纯伯部郎致救济善会同人书》，载《申报》，光绪二十六年九月五日；《再致上海本会潘、沈两君》，见上海图书馆藏：《救济文牍》卷四，21b～22a 页。《申报》于九月八日以《上海救济善会接天津电音》为题刊登陆树藩九月七日致上海电："现借天津火神庙设局，难民甚多，欲一体救护。爱仁轮船准初十开回。"见《上海救济善会接天津电音》，载《申报》，光绪二十六年九月八日。《申报》于九月十三日刊登了陆树藩于九月三日寄出的第二号公函，同日还刊登了陆树藩于九月十日由天津所发之电，告知刘鹗等"已于初十日"安抵津门。见《上海救济善会接陆纯伯部郎第二号公函》《救济电音》，载《申报》，光绪二十六年九月十三日。可以说，陆树藩身在京津之时，与救济善会沪局一直保持了相当密切的联系，随时通报各种信息，并对救济善会沪局的一些救援活动进行部署。

当爱仁轮船搭载的头批被难官商启程回南之后，以救济善会与东南济急善会为主的京津沪三地救援机构开始极为频繁的沟通与联系，通力协作进行救援。

陆树藩之所以开始频频与东南济急善会进行沟通联系，与其协力救援，一个很重要的原因便是，蒙招商局拨借使用的爱仁轮船起航返申后，陆树藩与救济善会手中便没有可以自主支配的轮船，只能请招商局或东南济急善会从上海派轮前来。陆树藩在《与德医官贝尔榜拟定天津开办章程》中曾言："现在既有难民二百余人，拟即日遣爱仁轮船装载回沪。此后或应专派轮船前来，或仅给予难民川资船票附搭便船回南，随时商酌办理。"随即在九月九日致上海救济善会的第三号公函中表示："至初九日止，报名而未及上船者又有二百余人。惟专假一轮，需费甚巨。此轮回申后，敝意拟请不必再行专放，俟此间人数众多，再电请派轮。免单数本，速请招商局加盖戳记寄津，立候应用，勿延是盼。"①九月十四日，陆树藩致电上海："拟令续至之难民先搭广济轮船回沪，故请商局用免票"；招商局也很快回复表示："已电咨仁记行，准广济用免票"。② 九月十五日，陆树藩又致函上海表示："此次旋申被难官民，当令分坐公平、安平两轮船回沪。惟带来免票上有月底为止戳记，月底尚不至封河，望再备免票一本，加盖十月十五日为止戳记，迅寄应用为感。"③

与此同时，东南济急善会北京与上海之间也电报频频，主要也是协商请上海派轮赴津之事，如杨文骏等在九月十日致上海的第三号京函中便知会"轮船拟请先派两轮，俟人数大定，再随时电闻"，并表示北方"天气近已着皮，有时衣棉，然封河必在伊迩，能赶运三批最好"。④ 九月十二日，杨文骏又致电上海表示"京官头批"行期已定在九

① 《陆纯伯部郎致上海救济善会第三号公函》，载《申报》，光绪二十六年九月十九日。
② 《救济电音》，载《申报》，光绪二十六年九月十六日。
③ 《陆纯伯部郎致上海救济善会第四次公函》，载《申报》，光绪二十六年九月二十九日。
④ 《济急善会第三号京函济急善局施子英录》，载《申报》，光绪二十六年九月二十八日。

月十七日，"约共一千数百人"，请上海"速派两火轮，多备火食，即日来"，并要求"少迟，再来一轮"，且特别指出"火车到塘沽，即上轮，无处住；轮到沪，乞派妥人赴轮查看，实贫苦者，再少周济"。上海方面随即表示："当经禀商盛京卿，适公平、安平两船在津郡，电复彝卿观察，趁此两船来沪，以期妥便。"①九月二十一日，杨崇伊护送难民由京至津后，随即致电上海表示："伊住津北洋医院，安平广帮已满，即开。我会十七后陆续出京，前电请三轮，放否？候电。"上海复电表示："安平、公平、爱仁、泰顺四船，已陆续开津，请即向仁记洋行面商分配送沪。"不久杨文骏又致电上海表示："南行已千人，分坐公平、安平，尚有千人，爱仁不敷，速添一轮，准二十八九上船。"②

在京津各救援机构均频频与上海联系的同时，京津之间的联系也日渐密切。陆树藩在致函李鸿章幕府诸人后，开始积极谋划赴京事。九月十八日，陆树藩偕陈季同访贝尔榜，"商议赴京事"；九月二十日，"与美国红十字会约同赴京，晨起登舟，候至傍晚，其船始来，用小火轮拖带，我船追赶不及，仍复上岸"③。杨崇伊送难民到津后，与陆树藩连日"晤谈"。九月二十三日，陆树藩"与美会教士同伴入都"④，行前致函杨崇伊表示："都中人士来此，已备浙江海运局为暂驻之所，倘能直达塘沽尤妥。惟火车万不可坐，女眷尤为不便，因各国洋兵甚为无礼。此次所来之人，能搭公平轮船甚好，已饬敝友前往照料，填送免票。否则且俟爱仁船到，再行上轮。兹送上白米拾包、火腿两只，伏乞查收。此外如有所需，候示当即遵奉。树藩准明辰入都，尊函请即掷下，以便带京。"⑤

陆树藩于九月二十九日进京，当天便会晤杨文骏，"商议京中被难

---

① 《济急三电》，载《申报》，光绪二十六年九月十九日。
② 《天津北京烟台来电》，载《申报》，光绪二十六年九月二十六日。
③ 陆树藩：《救济日记》，10a、11b 页。
④ 陆树藩：《救济日记》，12a～14a 页。
⑤ 《致杨莘伯太守》，见上海图书馆藏：《救济文牍》卷四，26a 页。杨崇伊随后复函表示："公平船是否来得及，俟船到再定。信一件外物两件，并求带京交贤良寺同事是荷。"《杨莘伯太守来书》，见上海图书馆藏：《救济文牍》卷五，38a～38b 页。

官商赴津事，共计回南二千余人"。次日，陆树藩"谒见傅相，蒙奖在津所办各事甚妥，并勖以勉力行善"。十月一日，"于晦若来谈，京中尚有被难官商四百余人，急欲出京，属予设法保护，始终其事"。陆树藩先是两次拜访日本兵官，欲请日本兵保护"被难官商由旱道出京"；不果后，与刘鹗商请美国派兵保护，得到美国公使康格的同意。十月九日，陆树藩"至贤良寺合肥相国处辞行，蒙以办事能干，颇有胆识奖许，并由济急会拨助银二千两，电谕上海招商局再拨两轮来津候用。临行谆嘱明春必须来京接办"。可以说，陆树藩在京期间的主要活动便是谒见李鸿章，与李鸿章幕府诸公商议救济事宜，并受托护送一批被难官商由京至津。①

这次护送任务是由陆树藩与杨文骏两人在美国兵的保护下共同完成。② 陆树藩在致上海救济善会的第七号公函中曾对此事有过简单叙述："因封河在即，未便久留。旋于初十日，由京护送南省被难官商三百余人到津。此项人士均系济急会所不及护送出京者，因津京一带内河均已结冻，只得在京恳请美国提督派马队百名，由旱道护送出京。惟经过地方自遭兵燹后，民尽逃亡，日间仅以粥饼充饥，夜间车围露宿，尘劳之状，匪言可宣。"③该批被难官商于十月十三日到达天津，"在浙江海运局下车"④。十月十七日，这批"京中被难官商登轮"。⑤ 如上所述，困于京城的被难官商正是在救济会与济急会的通力协作下得以渡海回南。

四、保定及其他地区

陆树藩在九月十七日的日记中写道："谢汝舟率同司事工役六人，赴保定救济，由法国保护。"⑥九月三十日，上海救济善会接获保定分

---

① 陆树藩：《救济日记》，15a～19b 页。

② 陆树藩：《救济日记》，20a～20b 页。

③ 《陆纯伯部郎致上海救济善会第七号公函》，载《申报》，光绪二十六年十月二十六日。《申报》上于十一月十三日以《救济会纪事》为题，对此次护送行动有非常细致的叙述，陆树藩在其日记中全文附录。见陆树藩：《救济日记》，20b～22b 页。

④ 陆树藩：《救济日记》，20b 页。

⑤ 陆树藩：《救济日记》，23b 页。

⑥ 陆树藩：《救济日记》，8a 页。

局来电，表示："保定附近难民极多"，"已蒙孙麟伯观察"分救，"并代筹款协助"，"惟无船运津，请专电纯翁，速雇大船十余只，并带棉衣四千，限初五前到保，迟恐冻河。须请洋兵保护同来方妙"。① 孙麟伯观察即孙钟祥，以字行，山东济南人，庚子时为保定道员，十月间因直隶按察使不在保定，曾一度署理直隶臬台。② 孙钟祥先后两次致函陆树藩，细述保定地区的救援情况。在第一次致函中，孙钟祥写道："谢君汝舟偕陈张诸君来保设立分局，弟已广为函播，现在报名回南者已有三百余人，其避居外州县之人纷纷续至，自当一体护送。惟封河在即，船极难雇，弟等因与同志谢君筹商，在省城分局左右赁定宽大公所两处，专备东南省籍难友家眷来迟不及赴津者暂时安置，俟明春开河备船送津，附会中轮船南旋。"尤为难得的是，该函中还附录了保定分局的"章程二十条"。③ 该章程以《保定救济善会分局章程》为名也被陆树藩收入《救济文牍》中：

一、救济善会专为东南省籍在京在津被难官幕士商流离失所者而设，凡省城各公馆安居如常者不能援例概请保护。

一、避居外州县回南之人，或来迟不及赶上，或船少不及俱载，准在善会公所暂住，俟来春开河护送到津搭轮船还南。省城内赁定公所几处，均由善会知照法德统兵官一体保护。

一、善会公所房屋无多，除各处报名回南业已来保赴津不及者暂准居住外，其他避难外州县各家安居无恐，勿因城内有公所可以保护率行迁回。

一、公所内只准女眷居住，酌量人数多寡，每两三家合住一院；其男人不便同处，应各人自觅寓所，如有携带男仆，只准住在门房，非传唤不准入内，饭食各家自备，火烛各宜小心。

一、凡回南各家要住公所者，报明人数后由善会经理人酌配院物，编立号数，搬入居住，不准任意挑剔。

① 《救济电音》，载《申报》，光绪二十六年十月二日。
② 盛宣怀档案资料选辑之七《义和团运动》，15、391、439 页。
③ 《署直隶臬司孙麟伯廉访致陆纯伯部郎函》，载《申报》，光绪二十六年十一月三日。

一、凡公所一处须择妥实管事人照料，除洋兵保护外，派华巡捕两名、杂役两名、管门一名常川在门口伺候，不准擅离，支更两名夜间分班巡更。

一、门房设一号簿，凡各家男客到公所探望，须在门簿登某人到几号住院看某姓家眷，来客不带名片、所说住眷姓名不符，毋须放入。

一、公所管门每日至晚八点钟必须关门，勿准出入。

一、各处发出函信章程辗转知照，如有来信报名者，先将籍贯姓名官幕商民男女主仆眷口若干人登记簿册，一面派红十字会兵役前往接护。

一、各处家眷行李来保，先行通知善会，即刻派红十字会执事、兵役接护搬运公所善会中，应先与各国兵官说明，难民眷口进城，洋兵勿可阻拦。

一、善会本为救济被难之人，凡行李箱笼过多，不能携带。

一、各家年轻妇女幸勿穿带装扮，须与避难情形相符，切嘱切嘱。

一、凡善会执事之人登列名册，衣上有红十字记号，洋文写明中国红十字会执事人字样，外人不得仿照钉用红十字希图冒混，如敢故违，查出究罚。

一、公所管门兵役人等由善会备发工食，其管事人酌送薪水。

一、公所开支薪水工食费项，按月造册送交善会查销，经理人勿得丝毫浮开。

一、公所经费即在救济善会筹集款项内动拨，由经理人核实报销，用归实际，款不虚糜。

一、各处募捐银两送由西关外铁路工程局收，转交救济善会分局掣取，收据寄回，将来录入捐册登报，以昭信实。

一、善会筹款维艰，凡住公所者无论官幕士商借贷银钱概不应付。

一、经理人逐日到所查察，凡在公所兵役人等不得酗酒滋闹。

一、各家眷属住在公所或患病应由管事人报知善会延医施治。①

该章程主要是围绕善会公所的保护与管理而制定，意在将"避居外州县回南之人，或来迟不及赶上，或船少不及俱载"者集中起来居住，进行保护，"俟来春开河护送到津搭轮船还南"。对于已报名回南者，保定分局分两批护送至津。孙钟祥在致救济善会津局的第二号公函中特别询问，"陈毅翁护送第一批救济船只何日到津？沿途想可平安无事，至以为念"，同时对谢汝舟大加称赞："此次谢汝翁来保设局办理救济，章程既极善，又能处处慎重，顾全善会声名，法德两统帅见其办事实心，并皆钦重，力任保护。前后两批救护南省被难士商男女眷口不下四百余人，畅行无阻。"②而据陆树藩致上海救济善会第七号公函所述："保定所救南省人亦约三百余人，均由法提督派兵护送到津登轮赴沪。"③

谢汝舟离开保定后，孙钟祥表示："请张晓珊兄留此主持局事，弟等自当帮同办理一切情形。"④在孙钟祥的第一号致函中还曾有如此表示："弟复分函劝募，倘集有捐款，汇交尊处，藉资协助。所有保定公所经费亦即取诸其中，将来核实开销，备册送请登报。设有不敷，仍希阁下拨助，以成善举，想亦许为同志也。"⑤陆树藩复函曰："至保定府招徕未及南返者，暂留公所，容俟明春开冻再行放轮运沪。其一切经费，倘协捐之款或有不敷，自当由敝局拨助。所有同志诸公芳名及

---

① 《保定救济善会分局章程》，见上海图书馆藏：《救济文牍》卷一，9b～12a页；《署直隶臬司孙麟伯廉访致陆纯伯部郎函》，载《申报》，光绪二十六年十一月三日。

② 《直隶藩司孙麟伯廉访致救济善会津局第二次公函》，载《申报》，光绪二十六年十一月四日。

③ 《陆纯伯部郎致上海救济善会第七号公函》，载《申报》，光绪二十六年十月二十六日。

④ 《直隶藩司孙麟伯廉访致救济善会津局第二次公函》，载《申报》，光绪二十六年十一月四日。

⑤ 《署直隶臬司孙麟伯廉访致陆纯伯部郎函》，载《申报》，光绪二十六年十一月三日。

订定章程，到申后即当登报以志将伯之助。"①

驻津救济善会在致上海的第五号公函中，汇报了善会在芦台、北塘、唐山、沧州一带的援救情况："芦台、北塘共有难民三四百家，妇稚居多，无力南旋，兹已请徐寿甫兄雇船往救。唐山难民已请桂君本诒、吴君玉璜前去……沧州一带难民不少，但往返须二十日，昨已专人前往查询，如有无力来津者，代雇船只，给予船钱，俟到津有若干人，再行告知。"②本来由济急善局负责的德州、济南一路，也有许多被难人士纷纷转往天津向救济善会乞援，陆树藩在致上海救济善会诸同人的信函中无奈地表示："天津一局待救之人甚伙，经费深虑不敷，至德州济南实有不能兼顾之势。会名救济，似觉义无可辞，再四筹思，苦无良策，可否转恳严小舫诸公，将解汇德州之款，拨助津局。德州济南一带被难官商亦由津局设法一律援救。彼此同为善举，岂可揭人之短形己之长，无如避难东省之人，纷纷来此，均系眷属羁留，求救甚迫，至令树藩左右为难，言之似有意相攻，不言则此心安忍！只求有济时艰，曷敢稍分畛域，恐于大局有碍，不得不冒昧上陈，知我谅我，惟诸公鉴之。"③

五、安旋故里

每当搭载被难官商的轮船启程后，京津等地的救援机构就会电告上海的救援组织，以便其提前做好安置准备。事实上，早在陆树藩与救济善会刚刚出发北上之时，东南济急善会沪局在接到北京闰八月二十二日发出的"济急京电"与闰八月二十五日发出的"济急续电"后，便表示："各京官既多愿回，日人可保护至塘沽，又得莘翁躬亲到津料理此事，必极周妥"，"俟奉人数行期电示，即当另放专轮相迓，必不误事。到沪后，如何暂住，亦已分头预备矣"。④上海方面行动非常迅速，筹备工作很快便开展起来。在《申报》闰八月二十九日一则名为《难员南下》的新闻报道中，"救济善会丁绍芬"和"济急善局庞元济、施则

---

① 《复孙麟伯廉访》，见上海图书馆藏：《救济文牍》卷四，36a～36b 页。
② 《驻津救济善会致上海第五号公函》，载《申报》，光绪二十六年十月四日。
③ 《致上海本会诸同人》，见上海图书馆藏：《救济文牍》卷四，24a～24b 页。
④ 《济急第六号公函》，载《申报》，光绪二十六年九月三日。

敬"联合发布告启，指出救援被难官商回南之轮船，"屈指重阳节边必能航海抵申，惟官商人数众多，到时恐难安插，伏祈寓沪各省官绅顾全乡谊，各先预备房屋床桌等件，免致临时侷促；一面并请郑陶斋观察，派友分恳各栈主，量予通融，暂准免收房饭等资，以期时艰共济。一俟到埠有期，即当飞函奉请诸君，各赴金利源码头妥为照料"。① 三天后，"救济善会丁绍芬"和"济急善局庞元济、施则敬"便以《逆旅施仁》为题在《申报》公布了上海各客栈免费提供住宿的消息："顷接招商局郑陶斋观察函开，敝局袁仲蔚、唐韶笙两君，已与长发、泰安、名利、长春、全安、晋升、鼎升、天保各客栈主商定，将来北省被难绅商来沪投栈，不计房钱，祇收饭金，每口每日钱一百二十文，即凭济急善会凭条住宿五天为限等因。祇遵之余，仰见陶斋观察，暨各宝栈主，顾全乡谊，宏济时艰，曷深感荷，谨请登报，奉扬仁风。"② 短短三天便将上千北方被难官商抵申后的住宿事宜安置妥当，于此既可见救济会与济急会强大的动员能力，也足以显示上海相应资源之丰富。在东南济急善会九月四日致北京的第七号公函中，上海方面表示："回南各京官应放轮至塘沽迎候，及到沪后如何安顿，前信业经叙及，现已一切料理停妥。"③

尽管如此，当载有被难官商的轮船即将到达上海时，救济善会与济急善局还是会再次联合发布告启，以提醒"各帮绅董"至码头"公同照料"：

> 启者：京都南旋官绅商民，现已陆续到津，即蒙盛京卿派公平、安平、爱仁、泰顺四轮赴津分配送沪，所有寓津官商亦即附搭四轮同来。届时伏祈各帮绅董惠临金利源码头公同照料，并求洋泾浜长发栈、长春栈、全安栈、泰安栈、永安栈，双庆里同丰祥栈，法界马路名利栈，珊记马头晋升栈，昼锦里鼎升栈，集贤里天保栈诸位主人先行预备，届时即当缮具凭条，注明姓名人数，以便寄寓。栈中能求各派妥人前往马头照料，尤深感盼，钞乞登

---

① 《难员南下》，载《申报》，光绪二十六年闰八月二十九日。
② 《逆旅施仁》，载《申报》，光绪二十六年九月三日。
③ 《济急第七号公函》，载《申报》，光绪二十六年九月七日。

报，布告同仁。上海庆顺里救济善会、丝业会馆济急善局同人谨启。①

"各帮绅董"即各省绅董。诉诸同乡之谊，是救济会与济急会等救援组织能够有效动员上海各种资源的常用办法。前文所述救援组织在征集被难官商的住宿地时，均特别强调"伏祈寓沪各省官绅顾全乡谊"。《申报》九月十八日所刊载之《善与人同》言："昨承王旭庄太尊面示，三洋泾桥永安栈主人已商明，俟京官绅到沪时，所有安徽、福建两帮，均可借住栈中；又双庆里同丰祥栈主人，籍隶福建，亦愿俟建帮人到申借住，房金一律不收，仅每人日取饭资一百二十文。"②

救援组织有时还会在"轮船南来"的电报中，公布随船而来的一些重要人物或家眷，希望对其进行特殊照顾。如《申报》十月一日登载的《公平轮船南来电音》："九月二十九日接烟台来电云，公平船由天津回上海，载客二百十五人，内有广东制军及翁中堂、陆学使诸公家眷，此船今日下午开等语。谨钞乞登报，布告同仁。约计十月初一上午必能到埠，仍祈工部局董及各会馆、各客栈添派妥友，前赴金利源码头照料为幸。上海救济善会丁绍芬、济急善局施则敬等谨志。"③又如《申报》十月二十日刊登的《救济电音汇录》："十二日沪会津局来电云，安平免票六百五，新裕免票四百六十四，廖曾戴徐四公请照料。上海庆顺里救济善会潘赤文录。"④

不仅是重要人物及其家眷的姓名会登录于报端，凡是被救援回南者，其姓名大都会被救援组织刊于报端。《申报》上所刊登的被难官民名单有：九月二十日之"救济善会第一批爱仁轮船载回被灾官民名单"、九月二十八日之"救济善会第二批轮船载回被难官民名单"⑤、十月三

---

① 《指日南旋》，载《申报》，光绪二十六年九月二十五日。
② 《善与人同》，载《申报》，光绪二十六年九月十八日。
③ 《公平轮船南来电音》，载《申报》，光绪二十六年十月一日。
④ 《救济电音汇录》，载《申报》，光绪二十六年十月二十日。
⑤ 该批由安平轮船载回，"约计搭客三百余人"，其中由粤人刘吉六"送回广东同乡一百七十八十人"，广帮名单"即由广肇公所录登"。见《同庆生还》，载《申报》，光绪二十六年九月二十八日。

日之"救济善会第三批送回被难官民名单"①、十月七日之"救济善会第四五批轮船送回被难官民名单"、十月八日之"续录救济善会第四五批轮船送回被难官民名单"、十月九日之"续录救济善会第五批轮船送回被难官民名单"等。此外，还有十月一日由广肇公所录登之广帮被难官商名单，十月四日之"安平船来官绅衔名单"，十月七日之"安平轮船南来官商姓名名单"等。

救援组织将这些被难官商载回上海，并安排其免费借住客栈，但借住时间大多以五天为限②，最终还是要将这些被难官商送回各自家乡。济急善局开办之初，曾针对陆路救援有过这样的规定："镇江为官商南旋必由之路，即请招商局朱煦庭先生妥为照料，并按名给发免票，即以收条所书人数为凭。"③即由轮船招商局将这些已经南旋之被难官商再运送回乡。对于那些由海路救援回南之被难官商中的无力归乡者，恐怕也是由这些救援组织安排其免费返里。陆树藩曾致函轮船招商局唐凤池，请发给某难官"长江轮船免票"："五品顶戴即选县丞陈本懋赋闲三载，典质俱空，今复遭乱离，弥增困顿，现来敝局报名，沥陈苦况，当令其乘坐公平轮船回沪。特抵沪之后，旅舍维艰，而季子囊空，欲归不得，终不免流离失所，漂泊无依，用特代达台端，发给伊眷属四人长江轮船免票，俾得早还安庆，则感戴云情实无涯矣。"④协济善会为此还专门在《申报》上刊登告启：

> 前泰顺轮船由津载来都中官商士庶，其杭嘉湖三府缺乏盘川者，已由敝会各给戴生昌船票送归。因悉回绍者，每经杭省过江旋苏者，亦附搭轮船为便。兹议后，船由京被难来申，杭嘉湖绍苏五府人确乏川资者，可来敝会掣取轮船免价票，并代付船中酒饭资，尽可言旋故里不费阮囊。其有力者，仍请自理。合先登报，俾众周知。上海三马路协济善会尤炯、杨兆鋆、丁绍芬同启。⑤

---

① 该批由公平轮船载回。
② 《逆旅施仁》，载《申报》，光绪二十六年九月三日。
③ 《承办济急善局章程》，载《申报》，光绪二十六年八月二十七日。
④ 《致唐凤池观察》，见上海图书馆藏：《救济文牍》卷四，31a～31b页。
⑤ 《旋里须知》，载《申报》，光绪二十六年十月十二日。

十月三十日，协济善会又在《申报》上以《安旋故里》为题，刊登了由该善会"各给船票并代给酒饭资所有姓氏人数"。① 协济善会的救援对象限于"杭嘉湖绍苏五府"，而本书第四章叙述粤籍京官之救援时，也曾提及由安平轮船载回之"粤中官商工匠"，"旋由广肇公所发给水脚盘川乘广利轮船返粤"。② 据此可见，被援救回上海的东南各省官商士民，再由上海回到各自家乡的过程中，在沪各会馆各帮绅董当是重要的资助者。

陆树藩本人于十月十九日乘协和轮船由津起航回申，二十六日抵申登岸。③ 次日，《申报》以《善士南旋》为题报道了陆树藩返回上海的消息："陆纯伯部郎为存斋观察之哲嗣，渊源家学，早掇巍科，迩悯京津被难官商流离颠沛，特集资创兴救济善会，亲身北上资送南旋。日来北风怒号，津河将冻，爰返旋南下，于昨日午刻携同官民二百二十二员名口，乘协和轮船抵申，似此济众博施、好行其德，诚晚近所罕逢者也。"④

据陆树藩《救济日记》所载，"是役也，共援出被难官民三千五百八十三人"，并将历次人数开列于后：

> 爱仁轮船于九月十三日出口，载难民一百七十一名；安平轮船二十一日出口，载一百五十一人；公平轮船二十七日出口，载二百十五人；协和轮船二十九日出口，载一百七十一人；泰顺轮船十月初二日出口，载七百六十人；爱仁轮船第二次于初八日出口，载二百十人；安平轮船第二次于初九日出口，载七百十五人；新裕轮船十二日出口，载四百九十六人；普济轮船十四日出口，载三百二十八人；泰顺轮船第二次于十六日出口，载一百四十四人；协和轮船第二次于十九日出口，载二百二十二人。⑤

不过，上述记录并非完全准确。如陆树藩《救济日记》言："十一

① 《安旋故里》，载《申报》，光绪二十六年十月三十日。
② 《幸获生还》，载《申报》，光绪二十六年十月一日。
③ 陆树藩：《救济日记》，24b～25b 页。
④ 《善士南旋》，载《申报》，光绪二十六年十月二十七日。
⑤ 陆树藩：《救济日记》，26a～26b 页。

日，爱仁轮船于八句钟开回上海"；"二十二日，安平轮船开往上海"。① 又据《申报》所载《天津北京烟台来电》："烟台招商局来电云，安平装客三百四十三，二十四日下午开。"②《申报》之《双轮并至》言：十月十三日"爱仁轮船抵埠，载来救济善会援出被难官商二百三十人"。③《申报》之《满载而归》言："第五批泰顺轮船载人千余名口之多，名单亦经寄到，俟日内抵埠后再行布达。"④《申报》之《慈航普渡》言："招商局新裕轮船于昨日抵埠，载回北省被难官民八百余人，虎口余生，珂乡安返。"⑤

更值得注意的是，陆树藩几乎在各种场合提到援救回南的人数时，均是"五千余人"。如在致上海救济善会第七号公函中表示："核计前后报名南渡者，约有五千余人，封河前当可赶运完结。"⑥在《救济善会筹办京津善后事宜启》中，言："拯救被难官商先后载归已有五千余人之多。"⑦在上呈给李鸿章的禀稿中，亦称"核计前后运沪约计五千余人"。⑧ 在《中国红十字救济善会募捐启》中，表示："现计由京津保三处载回男女眷口共有五千余人之多。"⑨在致庆王⑩、余联沅⑪、沧州梅东益军门、张莲芬观察⑫、孙钟祥⑬等几乎所有人的信函中均是"五千余人"。

---

① 陆树藩：《救济日记》，6b、13a 页。

② 《天津北京烟台来电》，载《申报》，光绪二十六年九月二十六日。安平轮船"搭客三百余人"，其中包括由广肇公所送回"在京广东同乡一百七八十人"。见《同庆生还》，载《申报》，光绪二十六年九月二十八日。

③ 《双轮并至》，载《申报》，光绪二十六年十月二十日。

④ 《满载而归》，载《申报》，光绪二十六年十月六日。

⑤ 《慈航普渡》，载《申报》，光绪二十六年十月十六日。

⑥ 《陆纯伯部郎致上海救济善会第七号公函》，载《申报》，光绪二十六年十月二十六日。

⑦ 《救济善会筹办京津善后事宜启》，载《申报》，光绪二十六年十一月一日。

⑧ 《陆纯伯部郎由津局呈李中堂稿》，载《申报》，光绪二十六年十一月九日。

⑨ 《中国红十字救济善会募捐启》，见上海图书馆藏：《救济文牍》卷一，8b 页。

⑩ 《上庆王夹单》，见上海图书馆藏：《救济文牍》卷四，33b 页。

⑪ 《复余晋珊观察》，见上海图书馆藏：《救济文牍》卷四，35a 页。

⑫ 《复沧州梅东益军门、张莲芬观察》，见上海图书馆藏：《救济文牍》卷四，36a 页。

⑬ 《复孙麟伯廉访》，见上海图书馆藏：《救济文牍》卷四，36b 页。

　　"三千五百八十三人"这个救援数字只是在陆树藩的《救济日记》中出现过，且与日记所列"历次人数"吻合。但该"历次人数"，与《申报》上刊载的数字也多有差异。而且，像安平轮船所载回之广帮"一百七八十人"，并未出现在日记所列"历次人数"中。另外，广济轮船曾载回"南客四十余人"①，而在救济善会的请求下，招商局"准广济用免票"②。在日记所列"历次人数"中，也未出现广济之"四十余人"。救济善会在《与德医官贝尔榜拟定天津开办章程》中曾规定："此后或应专派轮船前来，或仅给予难民川资船票附搭便船回南，随时商酌办理。"但不久，陆树藩即表示，"敝意拟请不必再行专放"，而是采用"免票"方式，"请招商局加盖戳记"，被难官商便可随时登船；只有当"此间人数众多，再电请派轮"。③ 由此可知，陆树藩《救济日记》所列"历次人数"当指专轮载回之被难官商人数，共"三千五百八十三人"；再加上随时"附搭便船回南"者，陆树藩此次北上救援回南者，当有"五千余人"。

　　事实上，这"五千余人"还不是救济善会从北省援救回南的最终人数，因为陆树藩虽然已经回到上海，但救济善会的救援行动并未结束。④ 京津保等地均有许多"不及趁轮回南者"，尚在等待明春开河后搭轮回南；而李鸿章也特别嘱咐，"明春必须来京接办"，因此救济善会的救援活动在辛丑年春又持续了一段时间。

第二节　华洋之间

　　对救济善会一直鼎力支持的上海道余联沅曾致函陆树藩，劝其将

---

　　① 《救济善会杂记》，载《申报》，光绪二十六年九月八日。

　　② 《救济电音》，载《申报》，光绪二十六年九月十六日。

　　③ 《陆纯伯部郎致上海救济善会第三号公函》，载《申报》，光绪二十六年九月十九日。

　　④ 据陆树藩所拟《筹创中国红十字会启》言，救济善会最终"由直北渡回南者计七千余人"，"凡南方义园被土匪或联军焚毁者，所有棺柩悉由会中商请开平矿务公司德璀琳君派轮送回上海"，"寒衣共施数万套，掩埋白骨几万千，米面医药不计其数"。见《筹创中国红十字会启》，上海图书馆藏：《救济文牍》卷一，41a～41b 页。

救济善会与济急善局"合而为一"，"善举愈推而愈广，心力愈合而愈坚"。① 陆树藩回复道："彼此同一善举，本可不分畛域，奈侄处所办救济事，宜与洋人交涉，且开办以来，已与洋人立有往来案件。目前更改，窒碍甚多，倘或事废半途，必见笑于外人，亦何以对天下？"② 确实如此，陆树藩成立救济善会时，欲陆路救援与海路救援双管齐下，而要实施海路救援，则必须有洋人的配合。因此陆树藩打出了"红十字"旗号，通过上海道向上海各领事请发护照，并聘请洋人参与北上救援。种种措施，只因为京津等地为八国联军所控制，中国人欲前往救援，不得不面临与洋人交涉的问题。

一、"红十字"：争取洋人认同的符号

庚子救援后，陆树藩曾拟"筹创中国红十字会启"，其中叙述了他在庚子救援过程中对红十字会认识的深入过程："蒙各国红十字会友，来会将红十字例条见示，知红十字会总会设于瑞京，不入此会不得滥用红十字会旗帜，更不得享此会之利权，其慎重也如此。"③于此可见，陆树藩在创办救济善会之初，对红十字会的了解十分有限。在"救济善会启"中，虽号称救济善会"亦如外国红十字会例，为救各国难民及受伤兵士起见"，但在致陈志三的信中，陆树藩吐露真言："弟因念亲族朋友旅居于北京者，流离失所、进退无门，仿照外国红十字会之例创设救济善会，无非是保我同类之意。"④显然，对于陆树藩而言，"红十字"不过是其用于赢得洋人信任的一个招牌而已。⑤

在陆树藩眼中，洋人对于"红十字"皆礼敬有加。救济善会起航北上时，陆树藩在闰八月二十三日的日记中记录了当天的经历："二十三

① 《余晋珊观察来书》，见上海图书馆藏：《救济文牍》卷五，19b 页。
② 《复余晋珊观察》，见上海图书馆藏：《救济文牍》卷四，14b～15a 页。
③ 《筹创中国红十字会启》，见上海图书馆藏：《救济文牍》卷一，42a～42b 页。
④ 《致陈志三》，见上海图书馆藏：《救济文牍》卷四，2a 页。
⑤ 实际上，当时也并不是只有陆树藩有此创议。陆树藩的同年金兆蕃曾致函表示："旋闻敌军深入，蒙尘长安。彼时即妄议当略仿红十字会办法，设会纠资，拯救北方被难士民，并为南省官于京朝者图归故里，驰书沪上义赈诸君子，未有成议。近闻执事力任提倡，实深欣跃。"见《金兆蕃同年来书》，上海图书馆藏：《救济文牍》卷五，31a 页。

日，同贝尔榜、喜士、敬如，至德公司船，名汉那威。船上有兵官四十二人、兵士一千五百人。各兵官下梯握手相迎，兵皆擎枪鹄立。延至官厅，酌酒相敬，并极言外国设立红十字会之有益，并出纸索书姓氏以为日后记念。由敬如通语，至两句钟之久。辞出，各兵官复送下梯，握手珍重而别。下午四句钟，爱仁轮船展轮出口，德兵船升旗发号致敬"；闰八月二十六日又记："二十六日十句钟到大沽口，有德国红十字会船一艘，升龙旗示敬"；闰八月二十九日再记："二十九日，德兵船有兵官三人登轮来拜，宴以酒食，商办红十字会各事，允派德兵一名押一华商民船为我会中装运粮食赴津之用。是时，塘沽各华船皆归外人雇佣，设非德人分拨，我会竟无船可雇也"。① 在《申报》刊登的"救济善会杂记"中亦有类似记载："当爱仁泊塘沽时，各国巡舰绕船巡视，均不上船。凡系红十字会中人，别国兵轮船均升炮，并悬中国龙旗相敬，此不可多得之事也。"②

据沈瑜庆《陈季同事略》记载，各国对于救济善会所乘之船的礼敬有加，乃是因为陈季同的缘故："西人闻季同名，皆遵约束，于是季同率救济轮船悬龙旗直入大沽，两岸洋兵欢呼雷动。"③洋人究竟是因为陈季同，还是因为红十字，而对救济善会礼敬有加，难有定论。但至少在陆树藩看来，洋人礼敬有加的态度是因为救济善会挂了红十字的招牌。④ 正是由于陆树藩相信，洋人对于"红十字"有着充分的信任，才在咨会上海道向德国领事请发护照的咨文中如此表示："伏乞迅赐照会德总领事，声明此系江浙善士募资创办，亦如外国红十字会之例，为救各国难民及受伤兵士起见，务请德总领事颁给护照，俾救济会之

---

① 陆树藩：《救济日记》，1a～3a 页。
② 《救济善会杂记》，载《申报》，光绪二十六年九月八日。
③ 转引自桑兵：《沟通欧洲汉学的先进——陈季同述论》，见桑兵：《国学与汉学——近代中外学界交往录》，101、102 页。
④ 在由陆树藩拟定的《中国红十字救济善会募捐启》中，曾有如此表述："八月间，禀准南北洋大臣仿红十字例创办北省救济善会，旋即捐募款项购带衣米药料，冒险航海抵津后，荆榛遍地行路维艰，而各国联军最重红十字会，颇承其格外保护。"参见《中国红十字救济善会募捐启》，见上海图书馆藏：《救济文牍》卷一，8a 页。

人准向北方军前随时救护。想德总领事共有好生之德，必蒙俯赐允准成全善举。"①德国领事也的确同意颁给护照，并在回复中表示："今该会自行派人办理，再按照各国规矩并西美各官向来之办法，如有病人或受伤之人，无论友国敌国，理当一律和衷相待救济。"②而且在由德国领事签发的"中国救济善会执照"中亦明确表示，颁发此照"以便各国文武各员查照泰西红十字会章程，准其出入保护一律供差"③。这表明，救济善会所标榜的"亦如外国红十字会之例"在德国领事这里获得了认同和支持，并从而扫除了北上救援的安全障碍。

也因此，在救济善会北省各局制定的章程中，"红十字"均是必不可少的部分。如《津局办理章程》第七条规定："会中无论上下人等均穿红十字记号衣服，俾中外军民认识，系是会中人"；第十一条更是规定："轮船开赴天津时，须由会中开列名单，请船主点验人数，如有不穿红十字记号衣服、身无护照者一概不得混入"。④ 在《保定救济善会分局章程》中第六条规定："各处发出函信章程辗转知照，如有来信报名者，先将籍贯姓名官幕商民男女主仆眷口若干人登记簿册，一面派红十字会兵役前往接护"；第七条规定："各处家眷行李来保，先行通知善会，即刻派红十字会执事、兵役接护搬运公所善会中，应先与各国兵官说明，难民眷口进城，洋兵勿可阻拦"；第十条规定："凡善会执事之人登列名册，衣上有红十字记号，洋文写明中国红十字会执事人字样，外人不得仿照钉用红十字希图冒混，如敢故违，查出究罚"。⑤

虽然中国当时尚未加入国际红十字会，但陆树藩通过各种方式将救济善会与红十字会紧密联系起来，极力在人们心目中塑造一种救济善会即红十字会的印象。在回复陆春江的信中，陆树藩甚至直接表示：

① 《咨上海道余》，见上海图书馆藏：《救济文牍》卷二，1b 页。

② 《照会照登》，载《申报》，光绪二十六年八月三十日。

③ 《中国救济善会执照》，见上海图书馆藏：《救济文牍》卷二，13b 页。

④ 《津局办理章程》，见上海图书馆藏：《救济文牍》卷一，5b、6a 页。

⑤ 《保定救济善会分局章程》，见上海图书馆藏：《救济文牍》卷一，10b～11b 页。

"侄不揣愚陋，为援救亲友起见，创立红十字会。"①毫无疑问，陆树藩的努力得到了回报。蔡均在向救济善会捐款时，称救济善会为"红十字救济会"②。驻俄公所杨儒致函陆树藩："弟去年奉简赴和兰弭兵会，议定各约中有推广红十字会一事。曾疏请朝廷举行，并愿力任此事，襄成义举，早树规模，示中国善与人同之意。侧闻盛举，实获我心，虽办法稍殊，而宗旨无异。"③陶濬宣针对陆树藩创办救济善会之事赋诗称赞，也直言"救济会原红十字"。④

救济善会拥有了红十字会的形象，特别是救济善会津局办事人员按章程规定，"无论上下人等均穿红十字记号衣服"，而这个类似于基督教十字架的标志符号则有可能给津局办事人员带来另一种危险。因此，救济善会进入天津不久便拟定了《张贴天津各处晓谕居民告示》：

> 然当此京津大局未定之时，我等万不能插翅飞来，只得禀请苏松太海关道余，照会各国领事给发红十字护照，以便到处救济。凡我善会中所派司事夫役人等，往京津各处救济难民者，身边及舟车均以红十字旗号为凭，且带有外国护照及本会护照。须知此等司事夫役均系各省善士请来者，并不奉教，亦非传教之人。诚恐内地居民少见多怪，错认红十字为教民，任意伤害，则大失海内各善士为善之心，特此预为知照官兵居民各色人等知悉。想彼此均各有好善之心，切勿误会伤害。倘会中所派司事夫役人等，有在外借善举为名招摇不法，许本地居民来局控告以便送官究办，其有加害本会之人者亦当一体办理，切切。⑤

救济善会在晓谕天津居民不要"错认红十字为教民，任意伤害"的同时，又致函天津都统衙门，表示救济善会乃"略仿泰西红十字会章

① 《复陆春江方伯》，见上海图书馆藏：《救济文牍》卷四，4a 页。
② 《济急第五号公函》，载《申报》，光绪二十六年闰八月二十五日。
③ 《杨子通星使来书》，见上海图书馆藏：《救济文牍》卷五，5b～6a 页。
④ 陆树藩：《救济日记》，23a 页。
⑤ 《张贴天津各处晓谕居民告示》，见上海图书馆藏：《救济文牍》卷二，6b～7a 页。

程"而创立，请求都统衙门"一体保护"，并"恳出示晓谕，所有敝会上下人等均随身带有本会中西文凭执照，衣上并订有红十字为凭，凡往来经过地方，均须随时验放，以利遄行"。不久，救济善会又致函都统衙门，提出更为明确的要求："用特函请贵衙门先出洋文告示，遍谕各军，凡敝会董事小工身上均有红十字记号，各国洋兵不得欺侮。兹送上红十字旗四面，即请盖印签字给领，以便敝会于应办掩埋地段均行插立此旗，咸资保护。"①"红十字"由此成为区别救济善会办事人员与一般中国人的标志性符号。

由于洋人对"红十字"的信任，也由于救济善会的自我塑造，更重要的是救济善会本身所致力之工作确实是善举，"红十字"给救济善会的救援工作带来了极大方便。陆树藩事后曾表示："凡联军之在直北者，上至将帅，下及兵卒，莫不帖佩此举。故会中司友无论欲往何处，均无阻止，因会中人臂上均缚有红十字以示区别。"②不过，"红十字"带来的便利，很快便造成了新的问题。德医官贝尔榜为此特别致函陆树藩：

　　谨将德国头等统领所告我一切，通知阁下，此皆与贵会中有关系者。缘此处时有中国人不在中国救济善会中，而亦用红十字粘臂作记者，时犯法妄为借端滋扰。事为德国头等统领所闻，因此告我转通知阁下，从今以后中国人再不许粘红十字在臂作记，并云贵会中司友或工仆人等，概不能与洋兵巡捕滋扰等情。弟当时已将贵会中从前所开之名单使渠观览，并云此次乘爱仁轮船来津之人皆系善人，断无此等情弊。且各人例有护照及小照，以示系中国救济善会者。以上情节祈阁下通知会中之人，以后凡系中国救济会中工仆人等，应无庸将红十字粘在臂处，凡系会中官员亦可无庸以红十字作记。惟将所有中法德三国文字之护照及所影小照时常随身带走，以便查验而示区别，特此通知。③

---

① 《致天津都统衙门》，见上海图书馆藏：《救济文牍》卷四，47a～48a 页。
② 《筹创中国红十字会启》，见上海图书馆藏：《救济文牍》卷一，42a 页。
③ 《德医官贝尔榜来书》，见上海图书馆藏：《救济文牍》卷五，26a～26b 页。

因为非救济善会中人借红十字"犯法妄为，借端滋扰"，中国人（包括救济善会中人）被剥夺了"粘红十字"的权利，善会中人只有"将所有中法德三国文字之护照及所影小照时常随身带走，以便查验而示区别"。陆树藩在《筹创中国红十字会启》中提供了另一种当时的中国人不能佩戴"红十字"的说法："后各国兵官咸以敝会未入杰乃法之会，未便滥用红十字旗帜，各都统故嘱敝会将红十字改为蓝十字，以示郑重之意。"①后来，陆树藩在致上海救济善会第三号公函中又表示："与洋人交涉，知是善举，莫不钦敬。"②因此，无论是红十字，还是蓝十字，让洋人"钦敬"和信任的不是某种符号，而是这种符号所代表的善举。

二、德领事、德医官与德人喜士

陆树藩曾在《筹创中国红十字会启》中追述庚子年北上救援时的情景："于八月二十二日（应为闰八月二十二日，笔者注），偕同上海德国总领事克君荐来德国医官贝尔榜、德人喜士，此外华医数位，以及司友人等共约百余人，乘轮往北"，"其时水路不通，华轮赴沽恐被联军所夺，故由德国医官贝尔榜悬挂德旗，并红十字旗以示保护。至津时通知联军会中所办各事，当承许可并承随时保护"。③ 在庚子救援期间，尤其是在救济善会最初北上入津的过程中，主要是德国人向救济善会提供了保护。

在向社会公众宣告救济善会成立的《救济善会启》中，陆树藩声称救济善会已"先请法总领事电达各国领兵官，如遇中国被难官商军民，必须妥为救护"④。此处"请法总领事电达各国领兵官"或为笔误，据《救济文牍》中所载《救济善会募捐启并章程》，乃"先请德总领事电达各国领兵官"⑤，且在上海道致陆树藩的照会中也是"德总领事照复"表示，"惟是各国兵丁代该会华民救护帮助，倘有费用，将来由该会缴还

---

① 《筹创中国红十字会启》，见上海图书馆藏：《救济文牍》卷一，42a 页。
② 《陆纯伯部郎致上海救济善会第三号公函》，载《申报》，光绪二十六年九月十九日。
③ 《筹创中国红十字会启》，见上海图书馆藏：《救济文牍》卷一，41a 页。
④ 《救济善会启》，载《申报》，光绪二十六年八月十六日。
⑤ 《救济善会募捐启并章程》，见上海图书馆藏：《救济文牍》卷一，1b 页。

一节，内中有许多碍难之处，本总领事未便函嘱各国领兵官"。① 事实上，当陆树藩有意北上救援时，曾"遍谒驻沪各国领事冀求保护之法"，但各国领事因"事巨途遥，咸恐鞭长莫及"，"幸此时有德国水师提督及新简驻华钦使来沪，冒昧干请，竟承慨允，并派该国医官贝尔榜君偕同来北"。② 于此可见，陆树藩北上前对于外国保护的寻求，并不仅仅限于德国，而是广泛撒网，只不过最终答应保护的只是德国而已。

《申报》在八月十七刊登的《救济会章程》中第四条规定："派赴京津救济难民之华人，由德国领事给照保护，并由德提督商请洋人喜士随同照料。"③其实，在《申报》刊登《救济会章程》时，德国领事还并未回复，是否给照保护。直到八月十九日，德领事才给予明确的答复："以此项救济会之人，嗣后如北上救济，应请饬将会中人之姓名开列清单送署，以便本总领事缮给执照。"④《救济文牍》上录有"中国救济善会执照"：

> 中国救济会为发给执照事，兹因江浙同人仿照泰西红十字会大意设立救济善会，已请驻沪德国总领事准派轮船前往津沽一带救济受伤被难诸人，不分畛域，凡我会中之人理应执有执照以便稽考。兹有本会某某随同北上，合给此照，以便各国文武各员查照泰西红十字会章程，准其出入保护一律供差须至执照者。⑤

在得到德国领事的保护承诺后，救济善会赴津前后制定的有关章程，均指明救济善会由德国保护。如在《津局办理章程》中，开头便是"已由驻沪德总领事电达驻津德总领事，如救济会轮船到津，请由德兵船保护会中人登岸救援难民，沿途并派德兵护送"⑥；在《塘沽轮次告被难南旋各士商并章程八条》中则明言，陆树藩"创立救济善会，并请

---

① 《上海道照会》，见上海图书馆藏：《救济文牍》卷二，4a 页。《申报》于八月三十日以"照会照登"为题，刊登了此则"上海道照会"，内容与《救济文牍》中一致，也是"德总领事克居复"。

② 《告本会北来各司友》，见上海图书馆藏：《救济文牍》卷二，7a～7b 页。

③ 《救济会章程》，载《申报》，光绪二十六年八月十七日。

④ 《照会照登》，载《申报》，光绪二十六年八月三十日。

⑤ 《中国救济善会执照》，见上海图书馆藏：《救济文牍》卷二，13b～14a 页。

⑥ 《津局办理章程》，见上海图书馆藏：《救济文牍》卷一，4b 页。

德国国家保护"①；在《与德医官贝尔榜拟定天津开办章程》中，更专门规定"本会办事并会友来往京津，及难民回南，或坐船或雇车，均请德国保护"②等。

驻沪德国总领事不但给予救济善会护照，还向其推荐"德国医官贝尔榜、德人喜士"随同照料。事实上，在向各国领事请求给予护照前，陆树藩对于北上救援的安全保障考虑得较为简单，即仅是聘请洋员。在致盛宣怀的信中，陆树藩表示："侄不揣愚陋，为拯援北方被难各人起见，创设救济会，除延订洋员及筹备款项外，欲向尊处拨借一船。"③盛宣怀致函表示："至延订洋员，亦是要著，鄙意以为应先与驻沪领事商定，给予护照，请其电告驻津领事及联军统领，到津方免阻碍也。"④由此可见，陆树藩对于聘请洋员是非常重视的，重视程度甚至达到认为只要有洋员随同前往，即可安保无虞。

因此，在救济善会出发前制定的《津局办理章程》中第一条便规定："会中聘请洋人一员、翻译一员，凡遇有各国交涉事件以及联军碍难之事，悉归洋人办理"，"到津后须由洋人先向各国领兵官道达一切情形，以求至妥"。⑤《中外日报》在救济善会出发前所刊登的"救济善会京津办事人员名单"中，"洋人喜士"的职务是"总理"，"陈敬如、严又陵"不过是"洋帮办"。⑥而据盛宣怀等致杨文骏之《济急第六号公函》记载："闻纯伯在沪动身时，与所延德医订有轮船一切均归其主政之合同"⑦。盛宣怀所言虽系听闻，但此事可能性极大。爱仁轮船北上赴津时，"由德国医官贝尔榜悬挂德旗，并红十字旗以示保护"。爱仁轮船抵达塘沽后，在陆

---

① 《塘沽轮次告被难南旋各士商并章程八条》，见上海图书馆藏：《救济文牍》卷一，6b 页。

② 《与德医官贝尔榜拟定天津开办章程》，见上海图书馆藏：《救济文牍》卷一，14a 页。

③ 《上盛杏荪京卿》，见上海图书馆藏：《救济文牍》卷四，7b 页。

④ 《盛杏荪丞堂来书》，见上海图书馆藏：《救济文牍》卷五，11a 页。

⑤ 《津局办理章程》，见上海图书馆藏：《救济文牍》卷一，4b 页。

⑥ 有关救济善会京津办事人员的名单，载《中外日报》，光绪二十六年闰八月十九日。

⑦ 《济急第六号公函》，载《申报》，光绪二十六年九月三日。

树藩与贝尔榜拟定的天津开办章程中，甚至有这样的规定："本会救济难民所用银两，随时写立收据，向贝尔榜支取拨用"；"中国善会现承德国派兵保护，如德国及他国善举，中国善会应赠送物件以示相助为理之意，贝尔榜君可随时酌斟，通知董事办理"。① 由此可见，德医官贝尔榜不但主政爱仁轮船一切事务，而且完全掌控救济善会的经费使用。

正是由于救济善会过于依赖贝尔榜，当爱仁轮船抵达塘沽，贝尔榜前往天津办理护照、租屋等事，迟迟未归，即引起救济善会北上人员的人心骚动。陆树藩为此专门拟就《告本会北来各司友》：

> 兹已由贝尔榜君往津办理一切，日内即当设局举行。第闻数日来司友诸人，以事涉迟回，咸怀疑惧，私相聚议，颇有退心。殊不知泰西红十字会章程系专往军前救济，枪林弹雨出入坦然，非血性过人不能任此。现闻津京一带停战已久，炮火之险似可无虑。惟本会既托贝尔榜君保护，凡事应与熟商以求妥善，何可轻举妄动，致肇事端。诸司友等既入我会，自应恪守局章，其中如有畏难疑虑，此时不妨告退，仍趁原轮南返。若一经抵津设局，无论派办何事，均责无旁贷，各有专司，未便藉故推诿希图规避，尤望和衷共济相与有成，果能任人所难，不辞劳瘁，本总董亦当格外奖励以示大公，勉之勉之，是所切祷。②

事实上，救济善会也的确是在贝尔榜的照料与布置下，顺利由沪至津，并在津设局展开救援。由于爱仁轮船同时悬挂德旗与红十字旗，故德国红十字会船"升龙旗示敬"。抵达大沽口后，由贝尔榜先行登岸"商准德提督，指出三汊河栈房以屯衣粮"；后又由德兵官派德兵押华商民船，将爱仁轮船所带物资转运赴津。同时，也是由贝尔榜先行赴津办理护照事宜。③ 故陆树藩在抵达塘沽后，致函沪局表示："同来之

---

① 《与德医官贝尔榜拟定天津开办章程》，上海图书馆藏：《救济文牍》卷一，14a 页。

② 《告本会北来各司友》，见上海图书馆藏：《救济文牍》卷二，7b～8a 页。

③ 陆树藩：《救济日记》，2a～3b 页；《陆纯伯部郎致救济善会同人书》，载《申报》，光绪二十六年九月五日；《上海救济善会接陆纯伯部郎第二号公函》，载《申报》，光绪二十六年九月十三日。

德国医官，保护极征周至，想一路到京可无他虑。"①

不过，在救济善会津局成立并展开救援后，贝尔榜出现在陆树藩的日记与救济善会公函中的次数便较少了。贝尔榜与喜士住在利顺德饭店，陆树藩在日记中记载了其四次造访：第一次，九月八日"至利顺德饭店，晤贝尔榜、喜士"；第二次，九月十六日"至利顺得访贝尔榜，同到汇丰取银"；第三次，九月十八日"至紫竹林访贝尔榜，商议赴京事"；第四次，九月十九日"至紫竹林访贝尔榜取银"。② 仅就陆树藩《救济日记》而言，到达天津后，几乎都是陆树藩前去拜访贝尔榜，目的以"取银"为主。虽然这并不能表明，贝尔榜到达天津后对于救济善会已经完全漠不关心③，但从中还是可以看出，德国医官贝尔榜对于救济善会在京津地区的救援行动并无多少助力。陆树藩与救济善会只能再寻求其他国家或其他洋人的保护与支持。

三、"与洋人办事则昌言善举"

陆树藩率领的救济善会京津办事人员到达天津后，便不得不与天津都统衙门打交道。在天津设局之前，救济善会便致函都统衙门表示："敝总董前以京津一带搆兵，凡东南各省士商旅居此间，无不惨遭波及，流离失所，漂泊无依"，遂在上海"邀约各省善士筹集经费，略仿泰西红十字会章程创立中国救济善会，并恳请驻沪德国总领事保护"；"乘坐爱仁轮船北来"，"迄闻京津一带各国俱驻有重兵，凡属被难士商，或远困都城，或伏居乡曲，非四出罗致，莫克招徕"；"现拟到津设局开办，一面派人分投察访，如果确系东南人士，即当救济南旋"；"惟津地现为贵衙门暂行管理，自应函请一体保护，并恳出示晓谕，所有敝会上下人等均随身带有本会中西文凭执照，衣上并订有红十字为凭；凡往来经过地方，均须随时验放，以利遄行，事属善举，当邀照

---

① 《陆纯伯部郎致救济善会同人书》，载《申报》，光绪二十六年九月五日。

② 陆树藩：《救济日记》，5a、7b、10a、11b 页。

③ 据《德医官贝尔榜来书》，在"德国头等统领"因一些中国人利用红十字"犯法妄为借端滋扰"，而不许中国人再粘红十字作标记时，贝尔榜为救济善会办事人员进行了辩解。见《德医官贝尔榜来书》，上海图书馆藏：《救济文牍》卷五，26a～26b 页。

准"。① 在这封信中，救济善会向都统衙门特别强调与反复强调的就是
"善举"二字。

　　不久，时任都统衙门汉文秘书的丁家立②"拨出火神庙为救济会办
事之所"③。丁家立长期在中国生活，庚子前一直担任天津中西学堂总教
习，而天津中西学堂由盛宣怀创办，故丁家立与盛宣怀当有交谊。庚子
年八月八日（1900 年 9 月 1 日），盛宣怀曾致函丁家立，请其将天津塘沽
招商局栈房内所存之糙米作为赈米，"减价平粜"④。进津不久，陆树藩
便偕陈季同至都统衙门，"见丁嘉烈，商议进京之法"。"据云路上甚险，
不易行走，当与美国提督商酌，如有美兵进京，可招呼同行，此外亦别
无良策。"⑤几经探询，陆树藩最终还是"与美会教士同伴入都"⑥。

　　另一个对救济善会的救援行动助力颇多的洋人是德璀琳。德璀琳，
德国人，长期担任津海关税务司，为李鸿章所信任。⑦ 陆树藩于九月
八日在张翼住宅见到德璀琳，即以"津地土匪勾引洋兵，开劈棺木，抛
尸遍地，惨不忍睹"，请其设法帮助。当即蒙德璀琳"允于塘沽开平矿
务局拨空屋一所，先将棺木运至塘沽寄存，俟冰河前由矿务局拨借一
轮专运回南"，并表示"将来有船装运难民，亦可不收水脚"。陆树藩在
当天的日记中写道："情甚可感!"⑧

　　当时救济善会为棺柩掩埋事宜，与都统衙门也多有交涉。如救济

----

　　①　《致天津都统衙门》，见上海图书馆藏：《救济文牍》卷四，47a～47b 页。
　　②　丁家立，美国公理会教士，光绪八年来华，光绪十二年在天津设立中西
书院，光绪二十一年受聘任天津中西学堂总教习。庚子年间一度兼任"天津都统衙
门"汉文秘书，办理一切外交事务。见马昌华主编：《淮系人物列传——文职·北
洋海军·洋员》，412 页。
　　③　陆树藩：《救济日记》，4a 页。据陆树藩致沪局的第二号公函，火神庙乃
由曹子成租赁而来，"并由丁嘉立君添发护照船旗，为之保护"。见《上海救济善会
接陆纯伯部郎第二号公函》，载《申报》，光绪二十六年九月十三日。
　　④　《盛宣怀致丁家立函》，见盛宣怀档案资料选辑之七《义和团运动》，217 页。
　　⑤　陆树藩：《救济日记》，5a 页。
　　⑥　陆树藩：《救济日记》，14a 页。
　　⑦　马昌华主编：《淮系人物列传——文职·北洋海军·洋员》，397 页。
　　⑧　陆树藩：《救济日记》，5b 页。后来，陆树藩准备"由会中及本地绅董集
赀设立便民质库，恳德璀琳为之保护，当蒙允诺"。见陆树藩：《救济日记》，10a 页。

善会曾致函都统衙门表示："津沽自被兵燹后，窃见各处义园所停棺柩无不悉遭劈毁，可怜白骨遍地，纵横凄惨，情形不忍目睹。现在会董率带小工分投掩瘗，但此间各国联军云集，未敢遽行举办，致启众疑"，故"特函请贵衙门先出洋文告示，遍谕各军凡敝会董事小工身上均有红十字记号，各国洋兵不得欺侮"。不久，救济善会查到"德国租界浙江义园内现尚存有完善灵柩七十具、空棺二十具"，陆树藩"拟将完善之七十具运往塘沽，拨轮送至上海，听各家属迁回安葬"，"其空柩二十具，亦拟提出存储备用"。但因为浙江义园"地入租界，理应预先陈明，未便孟浪从事"，所以救济善会又致函都统衙门"给发护照，并恳转咨德领事府知照，可否派兵同往，以资保护"。① 救济善会的这些请求，当得到了都统衙门的批准。据陆树藩致救济善会沪局第四号公函的记载："现已将浙江义园所厝之完善者七十余具送往塘沽，俟西平船到，即行运沪。"②

后来救济善会又为掩埋事宜致函都统衙门："敝会所设南门城内分局专为掩埋起见，现查局前水塘之内约有殉难尸骸二三百口之多，必须从速检埋，以安忠魂。惟塘内之水积聚甚深，五尺至七八尺不等，未易起捞。自当设法放干以期事半功倍，而访察近邻知，失城后所有枪械弃诸该塘者甚夥。冒昧从事，恐多窒碍，务祈贵衙门拨派兵丁两名跟同办理，如有枪械等件，以便点交缴存。事关重大，不得不谨慎为之，尚希格外成全，至为幸感。"③由此可见，救济善会在救援行动上的谨慎周到与考虑细致，也应当是其赢得都统衙门信任的重要原因。掩埋事宜之外，救济善会因"在津贫民经此一番困苦，诸多疾病"，决定"添设施医局"，但"津地房屋半为烧毁，实无觅赁之处"。救济善会

---

① 《致天津都统衙门》，见上海图书馆藏：《救济文牍》卷四，48b 页。

② 《陆纯伯部郎致上海救济善会第四号公函》，载《申报》，光绪二十六年九月二十九日。实际上，后来是由富平轮船运回灵柩一百三十六具。见《余晋珊观察来书》，见上海图书馆藏：《救济文牍》卷五，1a 页。据《救济日记》记载，此次北上救援，救济善会除运回灵柩一百三十六具外，还"拾埋碎骨七十六箱，又装大包三十七包，检全男骨六十一箱，女骨五十五箱，安埋碎棺四十八具"。见陆树藩：《救济日记》，26a 页。

③ 《致天津都统衙门》，见上海图书馆藏：《救济文牍》卷四，49a 页。

查到"东门内乡祠旁有浙江会馆一所，本系商家所建，现在房屋尚属完整，闻为日本借用"，于是致函都统衙门，请其"转饬见让，以作施医之地"。① 此项要求得到了都统衙门的批准，施医局因而设于浙江会馆，并由丁家立"给发告示，保护会馆，禁止骚扰"②。仅就此而言，都统衙门对于救济善会几乎是言听计从。都统衙门之所以如此，恐怕还是因为救济善会所请所求均为"善举"。

从另一角度讲，即便救济善会从事的是善举，仍不免要处处谨慎小心，还要多方寻求保护，而这又反证了当时京津地区之环境险恶。《救济日记》中记载了陆树藩的两次遇险经历：一次是九月六日，陆树藩与陈季同坐东洋车过海大道，"遇德兵一队，欲夺予及敬如所坐之东洋车。予即下车相让，敬如不肯，与之争论，拔刀相向，遂与敬如步行至南门外，适有二把手小车，不得已以五角洋雇坐。与敬如相对谈心，黑夜沿城行走，危险殊甚"。③ 另一次是九月二十日，陆树藩本与美国红十字会约同赴京，但因美船"用小火轮拖带，我船追赶不及"，只得上岸。"天已昏黑，路遇德国醉兵一队，先将翻译雍俊卿之帽攫去。予手提外国皮带，所藏银钞现洋甚伙。醉兵见予西人装束，直目屡视，不敢相近。只得硬着头皮向前行走，然心中甚为惊惧。忽见有日本巡捕房，随即入内备述情形，承派兵两名护送至针市街寓内。"④陆树藩在《救济日记》中还记载了一名救济善会办事人员的遭遇："同人钱蔚芝出城访友，归来已晚。行至大栅栏，遇德兵五人，将其身藏银洋悉数收去，并夺去马褂一件，不敢与争，遂在城外借宿。"⑤当时已是十月一日，中国人在夜晚行走仍随时都有危险，而这些危险基本上都来自于洋兵。

此后，陆树藩运送一批被难官民由京至津，"带同翻译雍剑秋商恳美国钦差康格君转请美国提督雀飞君保护"，"因京津一带陆路驻扎各

---

① 《致天津都统衙门》，见上海图书馆藏：《救济文牍》卷四，49b 页。
② 《天津设立施医舍材局启》，见上海图书馆藏：《救济文牍》卷一，15a 页。
③ 陆树藩：《救济日记》，4b 页。
④ 陆树藩：《救济日记》，12a 页。
⑤ 陆树藩：《救济日记》，16a 页。

国兵丁甚多，且沿途匪类出没不常，必须多派兵队，方足以资保护"。实际上，一路上对被难官民造成危险的均是各国兵丁。如夜宿张家湾时，"突有某国兵戴红圈蓝帽向一纪姓者扰闹，美兵队闻知，当向追捕，并分班值夜逡巡达旦，赖以安谧"；"次日宿河西务，各国游弋兵丁尤觉其伙"，美兵官"以兵法部勒，令驴车择一空地，列为方阵，妇女老弱居其中，而令兵队居其外，拥甲厉兵，如临大敌"；过杨村大桥时，"某某二国守桥兵，因见捆载繁多，少妇弱女络绎于途，眈眈虎视"，美兵官"亲率兵队，往返巡查，见有欲揭妇女车帘者，即以洋枪拟之，守桥兵始不敢犯"。① 陆树藩护送被难官商由京至津的经历，其实是救济善会在京津等地救援经历的缩影与象征，即救济善会所遭遇的危险与所获得的保护，均来自洋人。所以陆树藩在致救济善会沪局的公函中感叹："津京虽称安民，号令不一，即有洋人保护，亦难为力，处处掣肘，笔不能述，非身历其境，不知此中艰苦。"②

陆树藩曾于九月二十二日宴请"山海关马队营官他拉贝、天津法国统领华勒托、天津城内法兵头俞贝德"，"各兵官均颂扬我会中办事之善，予亦称谢其在津保护之德，尽欢而散"。在当天的日记中，陆树藩记载了他与陈季同的交谈，认为："与洋人交涉，不在能通语言文字，第一要明白道理，遇事能据理力争，洋人自然敬服。"③但此前当洋兵抢夺东洋车时，陈季同何尝没有据理力争，最后在洋兵"拔刀相向"的情况下，也只能忍气吞声。当时陈季同自谓："生平遍历五大洲，从未受如此之辱"；陆树藩却表示："我辈立意救人，虽受种种险厄，止求办成此会。此等横逆之来，不足为怪也。"④也就是说，当碰到洋人不讲道理的时候，陆树藩等华人也惟有无可奈何。

或许在陆树藩与陈季同看来，"与洋人交涉"的"洋人"并不包括处

---

① 《救济会纪事》，载《申报》，光绪二十六年十一月十三日；陆树藩：《救济日记》，21a～22a 页。

② 《陆纯伯部郎致上海救济善会第三号公函》，载《申报》，光绪二十六年九月十九日。

③ 陆树藩：《救济日记》，13a～13b 页。

④ 陆树藩：《救济日记》，4b 页。

于散兵游勇状态下的洋兵，而主要是指"洋兵官""德领事""德医官贝尔榜""都统衙门""丁家立""德璀琳"等。这些洋人与洋人机构，面对救济善会的救援行动，都曾施以援手。陆树藩因而认为，这些洋人之所以施以援手，是因为洋人"知是善举，莫不钦敬"。陆树藩在致救济善会沪局的公函中，总结了他在京津等地实施救援活动的一个心得，即"与洋人办事则昌言善举"。但正如前文所述，即便是昌言善举，救济善会也不得不处处谨慎，看洋人脸色。可以说，陆树藩与救济善会以"红十字"和"善举"相标榜，虽然能够在洋兵遍地的京津地区获得一定的活动空间，但因为陆树藩与救济善会身上的华人标签，仍会时时遭遇"种种险厄"与"处处掣肘"。这又充分表明，在庚子年由八国联军实际控制的京津等地，华人的境遇是何等悲惨！

第三节　官绅之间

陆树藩完成庚子年的北上救援后，在即将返申前上禀李鸿章表示："此次司官仰蒙委任，冒险远来，幸能援救多人，尚无贻误。私衷自问，似觉少安。惟在沪创办之初，诸形棘手，烦言时至，险阻备尝，若非宪鉴洞明，几至不堪设想。司官志切济人，别无希冀，慨自戊戌请假还乡，即不欲妄求仕途，缘才惭肆应，只合家居。当此时局艰难，不敢自甘暴弃，倘荷栽成后进，驱策有加，自当蹈火赴汤，力图报效。再卑局经费，悉由劝募而来，无如市面凋残，筹集实非易易，况事繁费巨，后继为难，若不设法招徕，深恐事成中辍。可否仰恳宪恩，嗣后凡有慨捐巨款者，准其呈请奏奖，以资观感。至随同北上办事人等，或驻津坐办，或冒险远行，不无著有微劳，拟择其异常出力者，恳请酌奖，以示鼓励。司官系为救济起见，是否有当，伏候批示。"①

陆树藩以绅士身份自愿创办救济善会，救济款项"悉由劝募而来"，

① 《陆纯伯部郎在津禀李中堂稿并批语》，载《申报》，光绪二十六年十一月二十四日。李鸿章在批语中表示："此次津送避难官民，途捐款巨，各绅民好义乐施，本应给奖，惟专摺具奏，必须在万两以上，方与奏奖之例相符。其办事出力官绅，统俟事竣，并案办理。仰即传谕知照，益加策勉。"

办事人员亦有薪水工资；但在此禀中，陆树藩称其"仰蒙委任"，并请求李鸿章"嗣后凡有慨捐巨款者，准其呈请奏奖"，且"拟择其异常出力者，恳请酌奖"。言语之间，陆树藩发起的由绅士创办、组织并管理的救援活动，成为由李鸿章委托办理的带有一定官方性质的救援行动。①事实上，陆树藩及其救济善会正是游走于官绅之间，获取认同和资源，以推动救援行动的持续展开。

一、"与华人办事则依赖中堂"

本书第三章在叙述救济善会成立前的筹备工作时，特别论及陆树藩的"上李傅相禀"，认为正是在得到李鸿章八月十四日表示认可与支持的批示后，陆树藩才决定公开宣布救济善会的成立，而《救济善会启》也正是八月十六日刊登于《申报》。后来，陆树藩在上李鸿章禀中又表示："惟在沪创办之初，诸形棘手，烦言时至，险阻备尝，若非宪鉴洞明，几至不堪设想。"其所想表达的意思，大概就是若无当时李鸿章的肯定与支持，则救济善会不一定会成立。

在得到李鸿章表示肯定的批示后，陆树藩对此加以充分利用。首先是争取"招商、电报两局，免收水脚、报费"。这是陆树藩"上李傅相禀"相当重要的一个目的，随后刊登的《救济会章程》中亦将此条单独列出。在此之前，陆树藩便致函盛宣怀，表示："欲向尊处拨借一船，由会中认还船主水手薪工及煤炭各价，以三个月为期。"②盛宣怀回复道："承示拨借商轮认还各费一节，敬已领悉，望即驾过商局，与顾缉庭、郑陶斋两观察面商办法，成此善举。"③陆树藩当时还未向盛宣怀提出"免收水脚、报费"的要求，在得到李鸿章的批示后，便以"呈招商电报局督办盛"的公文形式，向盛宣怀提出此项要求。公文开头，陆树藩便

---

① 关于"官办赈捐"与"民办义捐"的区别，《申报》的一则赈所公启中，曾有如此表述："如欲请奖者，指交李君秋亭，归入官办；无须请奖者，解交严君佑之诸公，归入民办。"参见《申报》，光绪六年四月三十日，转引自朱浒：《地方性流动及其超越性——晚清义赈与近代中国的新陈代谢》，146 页。

② 《上盛杏荪京卿》，见上海图书馆藏：《救济文牍》卷四，7b～8a 页。

③ 《盛杏荪丞堂来书》，见上海图书馆藏：《救济文牍》卷五，11a 页。后来由郑观应拨派爱仁轮船，专供救济善会北上之用。《致郑陶斋观察、唐凤池太守》，见上海图书馆藏：《救济文牍》卷四，15b 页。

称其创立救济善会，乃"禀请中堂批准札饬遵行在案"，后又表示："将来如遇各处救济会汇寄款项，以及司事人等南北往来，伏乞札饬直隶、山东德州、广东以及苏杭湖宁绍派人筹款各处所有招商电报各局，一体知照，同襄善举，并请免收报费、水脚，以期迅速而惠灾黎"。① 经盛宣怀批示，救济善会"所有会中往来电报，均以三十字为限"②。再据救济善会《津局办理章程》"此后司事及救出难民来往轮船，均给发免票为凭，一概不收水脚"，可知"免收水脚"也得到了盛宣怀的应允。③后来陆树藩准备再次北上救援时，曾移文招商局称"所有轮船电报两项，前经禀蒙北洋大臣咨准督办宪免收水脚报费在案"④。显然，在陆树藩看来，救济善会获准免收水脚报费，全是来自于李鸿章的批示。

其次，陆树藩通过向上海道余联沅展示"傅相札谕"，以获取余联沅对于救援活动的全力协助。⑤ 在得到李鸿章的批示后，陆树藩特别致函余联沅，"将傅相札谕及呈复稿录奉"，请其"竭力扶助"。⑥ 此前陆树藩便曾咨请余联沅照会德领事请颁护照，得到李鸿章的批示后，陆树藩再次咨文余联沅，开头便是"业经禀奉北洋大臣李批饬筹办"。⑦陆树藩北上救援前的筹备工作主要是通过余联沅来沟通完成的。在请求余联沅照会德国领事给予护照的同时，陆树藩还要将"所有赴津救济

_____

① 《呈招商电报局督办盛》，见上海图书馆藏：《救济文牍》卷三，6a～7a 页。
② 《复朱子文观察》，见上海图书馆藏：《救济文牍》卷四，15b～16a 页。
③ 有关"免收水脚"之事，陆树藩与盛宣怀之间曾有一点争执：陆树藩在致盛宣怀的信中表示："偯客秋北行初拟章程，凡南渡被难士商有力者须出船资，无力者发给免票，即古人周急不继富之意。不料济急会由京到津被难官商概送登轮，不收水脚，亦未给予免票，以致无从区别，则偯处津局亦只得一视同仁，未便歧异。"《上盛杏荪丞堂》，见上海图书馆藏：《救济文牍》卷四，46a 页。盛宣怀则在回复中表示："去年所给被难客商水脚半价竟有辗转私售之弊，实亦防不胜防。兹将旧票一纸奉览，想高明必当相谅也。"《盛杏荪丞堂来书》，见上海图书馆藏：《救济文牍》卷五，22b 页。本书第四章也曾论及此事，杨文骏对此颇为头疼，反复考虑后采取概不收费的办法。
④ 《移招商局》，见上海图书馆藏：《救济文牍》卷二，8b 页。
⑤ 余联沅曾向救济善会捐银一千两。见《致余晋珊观察》，上海图书馆藏：《救济文牍》卷四，19b～20a 页。
⑥ 《致余晋珊观察附启》，见上海图书馆藏：《救济文牍》卷四，8b 页。
⑦ 《咨上海道余》，见上海图书馆藏：《救济文牍》卷二，2a 页。

备带衣米药料一切物件分别开具清折"，恳请余联沅"转饬查验"，并"照会税务司，准予经过洋关免收税项，并请给发免税单"。① 因为准备带赴京津的物件随时都可能增加，而一旦增加则必须添入护照，如陆树藩曾致函余联沅表示："今陶斋观察拨助白米五百石，务乞转达税务司添入护照，以便装运。"②当陆树藩的请求很难及时完成时，余联沅也会主动提出建议："承嘱另给司友刘锡九等十五人护照，未将姓名开示，无从核办。且为时过促，转送各国领事签印又赶不及，此项护照曾经预用空白多张，送交盛京卿处备用。若由阁下迳饬填给，或可赶办得到，未识尊意以为何如？"③陆树藩北上后，不少救援事宜也是由余联沅居中沟通而成。余联沅曾致函陆树藩："接展来函，以富平轮船装有灵柩一百三十六具，约二十一二日可到，除知照各会馆派人在埠守候提拨外，请致关照准等语，现已于第四百六十四号红函致关免验放行，即希执事派人提运可也。"④应该说，余联沅作为上海道对于陆树藩及其救济善会的救援活动给予了充分的支持与协助。

再则，陆树藩向各省官绅募款时，均特别强调救济善会乃"禀奉中堂批准，札饬办理"⑤。如在上张之洞、刘坤一、奎俊三总督的禀稿中，陆树藩称其创办救济善会乃"禀请直隶爵阁督宪李蒙批札饬遵行在案"⑥；在上粤督陶模、粤抚德寿的禀稿中，陆树藩亦是如此表述，"曾经禀奉

① 《咨上海道余》，见上海图书馆藏：《救济文牍》卷二，2a～3a 页。
② 《致余晋珊观察》，见上海图书馆藏：《救济文牍》卷四，20b 页。
③ 《余晋珊观察来书》，见上海图书馆藏：《救济文牍》卷五，5a 页。
④ 《余晋珊观察来书》，见上海图书馆藏：《救济文牍》卷五，1a 页。此后余联沅还有类似来函："泰顺轮船运津棉衣已于第四百九十八号红函致关免验放行，并先勒复台端，谅邀鉴及。"见《余晋珊观察来书》，见上海图书馆藏：《救济文牍》卷五，4b～5a 页。
⑤ 《上四川学台吴》《上周玉山方伯》《上柯逊庵都转》《致陈云仲太守》等，见上海图书馆藏：《救济文牍》卷四，9b、10b、11a、12b 页。这些信提到李鸿章的批示时，用语均保持一致。
⑥ 《禀两湖总督张、两江总督刘、四川总督奎》，见上海图书馆藏：《救济文牍》卷三，3a 页。陆树藩于闰八月十四日"奉两江督宪批：所禀事关善举，自应照准，仰候札行江藩司标中军，分别移行各属，一体酌量捐助可也。此批"。见上海图书馆藏：《救济文牍》卷三，3b 页。

北洋大臣批饬遵办在案"①；在上山东巡抚袁世凯的禀稿中，更直接称其"奉南北洋大臣委办救济善会"②。随着救援行动的逐步展开，陆树藩通过各种方式将救济善会与李鸿章越来越紧密的联系起来：

> 敬禀者：窃司官前以津京一带官商惨遭兵燹，曾经创办救济善会驰往拯救，当奉宪台批准饬办。司官遵即在沪设立救济善会总局，广集捐款，购办衣米药料，一面呈请苏松太道余道，照会驻沪德总领事给发护照，各在案。惟事关善举，公牍繁多，非刊刻戳记不足以昭凭信。兹特敬刊木质戳记一颗，文曰"北洋大臣委办救济总局"。戳记业经敬谨启用，所有刊用戳记缘由，理合肃词禀报，仰祈鉴核，伏候批示遵行，实为德便。③

李鸿章最初给予陆树藩禀稿的批示是："据禀已悉，具见好善之忱，已分别咨行劝谕筹办，此批。"④所谓"劝谕筹办"，是指陆树藩要求的"劝谕盛京卿宣怀、候选道严信厚、候补府施则敬、刑部郎中庞元济等筹款济助"。⑤ 随后，陆树藩又奉李鸿章札饬"先将倡集捐款银贰万两，速派妥实可靠人员前赴津沽一带竭力援救，切勿徒托空言，有负初心"⑥。或许正是有了李鸿章八月十四日的批示和八月十七日的札饬，陆树藩才在各种场合宣称救济善会乃"禀奉中堂批准，札饬办理"。实际上，李鸿章的"札饬"，主要是严信厚等认为陆树藩"徒托空言"而向其施压之举，与救济善会本身并无多大关系，更谈不上"札饬"陆树藩办理救济善会。陆树藩正是利用了严信厚等人的这一无心之举，将救济善会与李鸿章紧密联系起来。在上述禀稿中，陆树藩更是将救济善会视为"北洋大臣委办救济总局"，如此一来，救济善会与李鸿章的关系就更加非同寻常了。

陆树藩很快将"刊刻戳记"等事禀告刘坤一、张之洞，"当奉北洋大

---

① 《禀粤督陶、粤抚德》，见上海图书馆藏：《救济文牍》卷三，10a 页。

② 《禀山东抚院》，见上海图书馆藏：《救济文牍》卷三，19a 页。

③ 《禀李中堂》，见上海图书馆藏：《救济文牍》卷三，7a~7b 页。

④ 《八月十四日奉批》，见上海图书馆藏：《救济文牍》卷三，2b 页。

⑤ 《陆部郎等上李傅相禀》，载《中外日报》，光绪二十六年八月二十五日。

⑥ 《八月十七日奉李中堂札》，见上海图书馆藏：《救济文牍》卷三，3b~5a 页。

臣批：据呈已悉，具见好善之忱，已分别咨行劝谕筹募，此批等因。
奉此，司官遵即在沪设立北省救济善局，并刊用木质戳记，俾便公牍
往还。"①到后来，陆树藩在上李鸿章的禀稿中也直接宣称"禀奉钧批，
饬准开办救济善会"。② 与此同时，陆树藩开始在上呈李鸿章的禀稿中
自称"职局"③、"卑局"④；当刘鹗赴京时，陆树藩特别嘱咐其"晋叩节
辕，面求指示"⑤。在上呈李鸿章的禀稿中，陆树藩甚至声称："窃自
司官到津设局开办后，所有东南被难官商，以及津地绅民，无不称颂
中堂德普寰区，爱民如子，口碑载道，妇孺感恩。"⑥显然，东南被难
官商以及津地绅民如此称颂李鸿章，是因为陆树藩大力宣称救济善会
乃李鸿章所委办。⑦

陆树藩随时向李鸿章报告救援工作的进展情况，仅《救济文牍》所
载陆树藩上呈李鸿章的禀稿就有 10 篇。⑧ 在这些禀稿中，陆树藩除了

---

① 《呈江督刘、鄂督张》，见上海图书馆藏：《救济文牍》卷三，7b 页。
② 《禀李中堂夹单》，见上海图书馆藏：《救济文牍》卷三，9b 页。
③ 上海图书馆藏：《救济文牍》卷三，8a、12b～13a、14b～15a、20a、21a～
21b、22a～22b 页。在上呈刘坤一、张之洞的禀稿中，陆树藩也自称过"职局"，
见上海图书馆藏：《救济文牍》卷三，16b、21a 页。
④ 《禀李中堂》，见上海图书馆藏：《救济文牍》卷三，21a、22a 页。在上呈
刘坤一、张之洞的禀稿中，陆树藩也自称过"卑局"。《呈两江督宪刘、两湖督宪
张》，见上海图书馆藏：《救济文牍》卷三，11a 页。
⑤ 《禀李中堂夹单》，见上海图书馆藏：《救济文牍》卷三，9b～10a 页。
⑥ 《禀李中堂》，见上海图书馆藏：《救济文牍》卷三，12b 页。
⑦ 陆树藩到达天津后，曾移文"直隶候补道张"称："创立救济善会，订定章
程，禀奉北洋大臣李批准"。《移直隶候补道张》，见上海图书馆藏：《救济文牍》卷
二，10b 页；后在《天津设立施医舍材局启》中亦称："特禀合肥相国倡办救济善
会"，见上海图书馆藏：《救济文牍》卷一，14b 页。
⑧ 《禀李中堂》，见上海图书馆藏：《救济文牍》卷三，1a 页；《禀复李中堂》，
见上海图书馆藏：《救济文牍》卷三，5a 页；《禀李中堂》，见上海图书馆藏：《救
济文牍》卷三，7a 页；《呈李中堂》，见上海图书馆藏：《救济文牍》卷三，8a 页；
《禀李中堂夹单》，见上海图书馆藏：《救济文牍》卷三，9a 页；《禀李中堂》，见上
海图书馆藏：《救济文牍》卷三，12a 页；《禀李中堂》，见上海图书馆藏：《救济文
牍》卷三，14a 页；《禀李中堂》，见上海图书馆藏：《救济文牍》卷三，15a 页；《禀
李中堂》，见上海图书馆藏：《救济文牍》卷三，20a 页；《禀李中堂》，见上海图书
馆藏：《救济文牍》卷三，21a 页。

向李鸿章汇报救援进展外，还向其提出各种请求，如请将"广济轮船奉饬运津米数千石"拨交救济善会以平粜；恳请"指拨巨款助赈"或请求"电饬上海济急局迅速汇款接济"①；请赏给参与救援行动出力人员五品翎顶②等。陆树藩提出的这些请求，包括本节开头陆树藩所提之请求，充分表明陆树藩已经将救济善会当作李鸿章委托办理的带有一定官方色彩的救援机构。也正因如此，李鸿章的"札饬"或指示，对于陆树藩而言，就变成必须完成的职责，而不仅仅是自愿而为的慈善之举。

　　陆树藩亲身北上救援，很大程度上是因为李鸿章的"札饬"；陆树藩坚持赴京，很大程度上也是因为要面见李鸿章。陆树藩在上李鸿章的禀稿中一再表示："迩闻京师被难人士极多，望救之情甚迫，树藩急拟入都援救。"③但京师被难官商已有东南济急善会负责救援，陆树藩赴京前，杨崇伊便已经护送一批被难官商至津；后来陆树藩虽然也护送了一批被难官商赴津，但那是与杨文骏共同护送。陆树藩进京与否，对于援救京城的被难官商而言，其实并无多大意义。事实上，陆树藩在京城也只待了十一天，其中到达京城的第二天是"谒见傅相"，临走的前一天是"至贤良寺合肥相国处辞行"④。陆树藩在京城的经历给人的印象，不过是为了"拜谒"李鸿章而已。

　　陆树藩在拜谒李鸿章时，得到李的大力赞许。此后，陆树藩便在不同场合多次提到李鸿章的赞许。如在致救济善会沪局第七号公函中言："蒙李傅相称许办事能干、颇有胆识。"⑤在致"聂仲芳护院、陆春江方伯"的信中表示："在都时蒙傅相垂青，格外温谕有加。"⑥在"救济善会筹办京津善后事宜启"中表示："入都谒见傅相，当将在津所办情

---

　　① 《禀李中堂》，见上海图书馆藏：《救济文牍》卷三，13a 页。

　　② 《禀李中堂》，见上海图书馆藏：《救济文牍》卷三，15a～15b 页。

　　③ 《禀李中堂夹单》，见上海图书馆藏：《救济文牍》卷三，9b 页。

　　④ 陆树藩：《救济日记》，19b 页。

　　⑤ 《陆纯伯部郎致上海救济善会第七号公函》，载《申报》，光绪二十六年十月二十六日。

　　⑥ 《上聂仲芳护院、陆春江方伯》，上海图书馆藏：《救济文牍》卷四，38b 页。在致倪锡畴的信中也是如此表述，见《致倪锡畴》，上海图书馆藏：《救济文牍》卷四，39b 页。

形面陈一切，荷蒙嘉奖。"①陆树藩如此大肆宣扬李鸿章对其之赞许，一方面可以自抬身价，另一方面也可以为救济善会在中国人中，尤其是在官场中赢得更多信任与资源。陆树藩对此有着明确认识，曾在致沪局的公函中总结道："与华人办事则依赖中堂。"②一句话，道尽万千。

二、刘鹗与庚子平粜

陆树藩返沪之时，将京局之事则托付给刘鹗③。刘鹗，字铁云，江苏丹徒人，以《老残游记》《铁云藏龟》著称于世。学界关于刘鹗的研究十分丰富，成果主要集中于刘鹗的文学成就。在刘鹗庚子救济一事上，学界也有不少成果。④ 学者们关注刘鹗的庚子救济，主要是因为该事件与刘鹗的死因或有关系。这一说法首先来自于罗振玉的《五十日梦痕录》：

> 适太仓为俄军所据，欧人不食米，君请于俄军以贱价尽得之，粜诸民，民赖以安。君平生之所以惠于人者，实在此事。而数年后，柄臣某乃以私售仓粟罪君，致流新疆死矣。⑤

后来鲁迅在《中国小说史略》中引用该说法，"并且为众多的著述所

---

① 《救济善会筹办京津善会事宜启》，载《申报》，光绪二十六年十一月一日。

② 《陆纯伯部郎致上海救济善会第三号公函》，载《申报》，光绪二十六年九月十九日。

③ 《陆纯伯部郎致上海救济善会第七号公函》，载《申报》，光绪二十六年十月二十六日；《禀李中堂》，见上海图书馆藏：《救济文牍》卷三，21b 页。

④ 最早的专文是阿英的《庚子联军战役中的〈老残游记〉作者刘铁云》一文，据《阿英文集》（北京，生活·读书·新知三联书店，1981），该文写作于 1936 年。随后是刘鹗之孙刘蕙孙的《铁云先生年谱长编》（济南，齐鲁书社，1982）一书，对刘鹗庚子救济之事有比较详细的叙述。接着是刘德隆、朱禧、刘德平所著《刘鹗小传》（天津，天津人民出版社，1987）以"刘鹗与庚子救济"为题，用专节篇幅较为完整地叙述了刘鹗在北京的赈济活动。最新的专文是郭长海发表于日本《清末小说》杂志 2004 年第 27 号的《刘铁云庚子北上之行踪——刘铁云书信拾遗》（吴晓峰主编：《中国近代文学史证——郭长海学术文集》上册，224～237 页，长春，吉林人民出版社，2005），从《申报》等报刊上发现不少新史料，从而对刘鹗的庚子救济一事有了更为完整地叙述。

⑤ 罗振玉：《雪堂自述》，108 页，南京，江苏人民出版社，1999。

沿袭"，于是此说成为刘鹗致祸原因流传最广的说法。① 刘鹗以绅士身份参与庚子救援，购米平粜并因此获罪，遭清政府流放新疆，并最终死于新疆。借刘鹗庚子平粜，或可得窥官绅之间的另一面相。

据刘鹗光绪二十九年（1903 年）刊登于《中外日报》的《捐款声明》所言："时值陆纯翁到京，云，日下掩埋、平粜二事皆不可缓，公何不为之！仆以无款对。陆云，焦君处捐款甚多，可取用也。遂电商焦君云，约需款两万金。后由焦君如数汇到。于是掩埋、平粜、施医各局及时并举。又以千元创设东文学堂。及辛丑二月，款罄之后，接焦君来函云，此两万金中有救济金一万，焦君经手一万，名仆迅即归还。"② 再据《救济文牍》所载刘鹗来函："掩埋、平粜两事，原系阁下创议发端。故初办时，禀合肥相国，已申明系阁下之意。后因叠闻贵会款项支绌，无力兼顾，而事已不能中止，故电致义善源焦乐翁，筹借款项，照常生息，由弟归还。"③ 由此可知，在陆树藩进京前，刘鹗尚未开办平粜。陆树藩于十月十日出京，上海救济善会于十月十一日接到京局来电："北京粮价日昂，急需平粜，乞筹借两万金电汇来。"同日救济善会沪局致津局电："各处托汇信款，倘已解齐，则沪余银五千如需用，由隆顺电汇。接京局电，需银米平粜，速分援。"④ 刘鹗十月十一日京电与刘鹗"捐款声明"可互相印证，在陆树藩的嘱咐下，刘鹗很快便将平粜事宜付诸实践。

救济善会沪局接到京局"筹借两万金电汇来"的电报后，立即多方筹款。见于《申报》的筹款信息便有：十月二十日，"日前接京局电音谓，都中米价日昂，急需平粜，嘱即垫解巨款，以应要需。言词恳切，无异秦庭之哭。敝同人正在筹划之际，忽蒙省过轩大善士慨垫规元三千两、宝益堂大善士慨垫规元一千两、慎余堂慨垫规元一千两，本善会同人又勉垫规元一万两，合共规元一万五千两，又代各处汇信款二

①　吴振清：《刘鹗致祸原因考辨》，载《南开学报》（哲学社会科学版），2001（1）。
②　刘鹗：《刘鹗集》，刘德隆整理，上册，666 页，长春，吉林文史出版社，2007。
③　《刘铁云太守来书》，见上海图书馆藏：《救济文牍》卷五，33b～34a 页。
④　《救济电音汇录》，载《申报》，光绪二十六年十月二十日。

千两，即日均由道胜银行汇解至京，以济燃眉之急"①；十月二十一日，"苏州倪锡畴翁以京师米价日昂，急需平粜，筹垫规元一千两，又西湖主人借垫一千两，嘱即汇解，以资接济"②；十月二十二日，"天顺祥陈润夫翁，敝善会同志也，念北京平粜需款甚急，特借垫规元二千两，嘱即汇往都中以资挹注"③等。同时，沪局还致电济宁分局表示，如有余银，"仍乞汇回，以应铁翁京办平粜急需"④。从十月二十日到二十二日这3天的《申报》信息来看，救济善会沪局很快便向京局汇去的平粜款项，至少达到一万九千两。十一月一日，救济善会沪局接京局电云："平粜城外两局，日售零米四千余斤，城内两局初四开。"⑤即京局平粜在庚子年十一月前后，便已经开办。十一月九日，沪局接京电云："平粜成本三万，弟垫一万，沪垫二万。"⑥刘鹗自垫一万，恐系借华俄、汇丰之款。⑦阿英认为："所谓华俄、汇丰之款，当系太仓粟价。"⑧

据刘鹗之子刘大绅言："京人士乏食，先君知外军挟愤而来，必多糜烂。因使署多己之旧好，欲调护无辜，乃尽斥橐所有，购米北上办赈，并设平粜局，抑人操纵。因此遂又恶杭人沈某、甬人洪某。其后米匮，方谋续运，适俄军欲用所踞大仓之屋，拟举仓储粟尽焚之，事为先君所闻，联合同时他人所办赈助机关，集资挽张某为介，尽购其米，都人士赖以不饥。"在该文自注中，刘大绅又言："庚子变时，海运断绝，京粮不继，商人亦以乱未戡定，相率裹足，仓储又为外军所据，于是人皆乏食"，"迨先君平粜局创始，好善者继起，由津至平，定分

---

① 《汇解巨款》，载《申报》，光绪二十六年十月二十日。
② 《无量功德》，载《申报》，光绪二十六年十月二十一日。
③ 《垫款平粜》，载《申报》，光绪二十六年十月二十二日。
④ 《救济要电》，载《申报》，光绪二十六年十月二十二日。
⑤ 《救济电音》，载《申报》，光绪二十六年十一月四日。
⑥ 《救济京电》，载《申报》，光绪二十六年十一月十一日。
⑦ 据《捐款声明》，刘鹗随身所带赴京之款项，到京后"不及两月，前款已尽"（《刘鹗集》，上册，666页），故刘鹗自垫之一万两多半系借款。刘鹗在致陆树藩函中曾提及"所欠华俄、汇丰之款"（参见上海图书馆藏：《救济文牍》卷五，34b页），或许即此项借款。
⑧ 阿英：《庚子联军战役中的〈老残游记〉作者刘铁云》，见《阿英文集》，284页。

区之约，各供给一区，且粜且赈，都人乃有生路。初犹因运粮有数，海口冰封，继载为难，每人每家均有限制。及太仓米出，始足济急需"。① 显然，刘大绅所言刘鹗"尽斥橐所有，购米北上办赈"有误，据前文刘鹗自述及救济善会京沪两局电报往来均可证明，刘鹗设局平粜乃庚子年十一月前后之事，距刘鹗北上之时已将近两月。

刘鹗之孙刘蕙孙根据刘大绅所言"海口冰封"一语，判断刘鹗购买仓米的时间是在辛丑年；同时根据刘鹗《辛丑日记》五月三十日所记"高子谷来，仓事清单携到"一语，更将购买仓米的时间锁定在辛丑年四五月间。对于刘鹗购买仓米之事，刘蕙孙因自小耳闻而有更为详细地记录。"有宁波人张姓者，充俄军翻译，来告铁云先生说：'俄军要用大仓（应为"太仓"，笔者注）仓房，仓米无处可移，打算全部烧毁，你们既然缺粮，何不买来，岂非两全其美？'先生怕财力不足。张某说：'他们本来是打算烧的，你能有多少钱？我去试着商量商量。'先生就拿出全部存款三万余两，换得全部大仓（应为"太仓"，笔者注）的存米，继续平粜。"②

刘蕙孙所言"三万余两"，与刘鹗电文所言"平粜成本三万"，或可互证。不过，在购米时间上，二者差异较大。实际上，刘大绅"海口冰封"一语恰恰表明，购米时间当在庚子年。救济善会之所以在庚子年十月中旬中止运送被难官商回南，正是因为"各处冰冻，难民无从渡海"③。陆树藩本人于庚子年十月十九日（1900 年 12 月 10 日）乘轮船返沪之时，"行未数里，冰结甚厚，约有尺许，停轮守候"④。另据《申报》光绪二十七年二月十五日（1901 年 4 月 3 日）所载"救济要电"，救济善会新一轮的援救被难官商回南行动已经开始。如果刘鹗购买仓米的时间在辛丑年四五月间，则与"海口冰封"大致在庚子年十一月、十

　　① 刘大绅：《关于〈老残游记〉》，见刘德隆、朱禧、刘德平编：《刘鹗及老残游记资料》，402、410 页，成都，四川人民出版社，1985。

　　② 刘蕙孙：《铁云先生年谱长编》，62～63 页。

　　③ 《陆纯伯部郎在津禀李中堂稿并批语》，载《申报》，光绪二十六年十一月二十四日。

　　④ 陆树藩：《救济日记》，24b 页。

二月和辛丑年一月相矛盾。且辛丑年四五月间，不但海运无阻，联军也大致要从京城撤离，所谓"俄军欲用所踞大仓（应为"太仓"，笔者注）之屋"的说法也无法成立。又据《申报》辛丑年一月十三日（1901 年 3 月 3 日）《京师纪事》载："俄人施放禄米仓余米。"①可知，刘鹗购太仓米当为庚子年底辛丑年初之事。

对于刘鹗究竟是否因为"私售仓粟"而获罪，历来说法不一。罗振玉、鲁迅持这种看法，胡适在《〈老残游记〉序》中也持这种看法："太仓米的案子竟叫他受充军到新疆的刑罚。"②刘鹗之子刘大绅也持这种看法："然而不意此一事（即购米赈济，笔者注），遂为先君后来获谴主因也。"③阿英通过《救济文牍》与《救济日记》上的资料，考察了刘鹗庚子赈济的整个过程后，认为"铁云之死，其主因并不在此"，"所谓售太仓粟的罪案，不过是借词而已"，"真正的原因，还是由于当时权臣，如端方辈和他之间的矛盾，不过以此为借口而已"。④ 刘德隆认为阿英的"这种分析"，"是很有道理的"。⑤ 吴振清在列举了上述诸种看法后，也认为"庚子年私售太仓粟，并非 1908 年被捕流放的原因"⑥。

蒋逸雪《刘鹗年谱》附录了与刘鹗被捕有关的五件"端方与袁世凯及外务部往还电"，其中第二件列举了刘鹗的三项罪名，第二项是："庚子之乱，伊更名在京，勾结外人，盗卖仓米。"⑦汪叔子在《近代史上一大疑狱：刘鹗被捕流放案试析》一文中，将"清廷外务部关于捕拿刘鹗

---

① 郭长海认为，这"正是刘铁云的事迹"，"因为刘铁云购买俄占太仓米一事，已由多方证实，但不知是何仓。现在知道，应是禄米仓"。郭长海：《刘铁云庚子北上之行踪——刘铁云书信拾遗》，见吴晓峰主编：《中国近代文学史证——郭长海学术文集》上册，233 页。

② 胡适：《〈老残游记〉序》，见刘德隆、朱禧、刘德平编：《刘鹗及老残游记资料》，371 页。

③ 刘大绅：《关于〈老残游记〉》，见刘德隆、朱禧、刘德平编：《刘鹗及老残游记资料》，402 页。

④ 阿英：《庚子联军战役中的〈老残游记〉作者刘铁云》，见《阿英文集》，281、286 页。

⑤ 刘德隆、朱禧、刘德平：《刘鹗小史》，43 页。

⑥ 吴振清：《刘鹗致祸原因考辨》，载《南开学报》（哲学社会科学版），2001(1)。

⑦ 蒋逸雪：《刘鹗年谱》，54 页，济南，齐鲁书社，1980。

之收发文电"共 17 件按日期编列，梳理"刘鹗被捕及押往新疆情形"。
其中光绪三十四年六月十九日（1908 年 7 月 17 日），"外务部发急电致
端方"，列述刘鹗三大罪状，其二便是"庚子盗卖仓米"；六月二十二
日，"外务部上奏折，附片专陈刘鹗罪状"，"列举戊戌矿、庚子米、上
年盐三款"。[①] 据此可知，"庚子盗卖仓米"作为清廷流放刘鹗于新疆的
罪名之一，是毫无疑问的。至于阿英等认为，"庚子盗卖仓米"不过是
"借词"而已，是意欲探询导致刘鹗被捕流放的真正原因。[②]

联军占据京城时，与各国商议购仓米以平粜者大有人在。庚子年
闰八月一日（1900 年 9 月 24 日），赫德曾致函庆亲王言："刻闻某仓内
存有上中下三色米约一万万斤，按照一百六十斤为一石，核计约有六
十余万石，若中国现欲赎回，可按每三百五十斤付洋银六元三角，则
每石约银二两余，约共合银一百二十万两，可分四季归清，每三个月
付银三十余万两，惟头批银必须先付。目前复见恽大人，已将此事情
形面请转禀王爷，昨由恽大人遣同文馆生徐文志来称，王爷愿照办理，
应付之银，保定府库内尚有存款即可拨用云云。惟此巨款仍须由汇丰
经手，不若由王爷特派一人或恽大人或他员专为经理。至总税务司帮
同料理一节，亦须由王爷特备札文交下，以凭与汇丰商办一切，令知
还款实有着落，且此事必须于初五日以前付信，若初五日无确信，则
此项米石即早定转卖他人矣。"[③]信中所谓"恽大人"即恽毓鼎，在其庚
子日记中，对此事亦有详细记录。[④]

又据《申报》十二月六日《仁浆惠普》所载："兵乱以来，小民谋食维

① 汪叔子：《近代史上一大疑狱：刘鹗被捕流放案试析》，载《明清小说研究》，2000（4）。

② 据汪叔子、吴振清的考辨，刘鹗致祸实与其泄露、出卖国家机密情报，并伙同日本人成立盐运会社，给清政府造成外交、商务上的一系列麻烦有关。参见汪叔子：《近代史上一大疑狱——刘鹗被捕流放案试析》，载《明清小说研究》，2000（4）；吴振清：《刘鹗致祸原因考辨》，载《南开学报》（哲学社会科学版），2001（1）。

③ 中国近代经济史资料丛刊编辑委员会主编：帝国主义与中国海关资料丛编之六《中国海关与义和团运动》，34 页，北京，中华书局，1983。

④ 恽毓鼎：《恽毓鼎庚子日记》，见《义和团运动史料丛编》第 1 辑，67～68页。由《恽毓鼎庚子日记》来看，赫德与奕劻的此项交易最终并未达成。

艰，嗷嗷中泽。迨李爵相人都后，与日本大臣商订开仓平粜，分设数局于东四牌楼、六条胡同暨朝阳门外。老米定价每石银二两五钱，无论自食、转售，任民之便，米价因之大减。"①此事有时人日记作为印证，如仲芳氏《庚子记事》九月二日所记："米面杂粮，各乡镇店亦多贩运进京。又兼日本开仓平粜，粮价比较上月有减无增，似无绝粒之虞。"②再如高枬闰八月二十四日所记："石孙以日界老米价甚贱，约同买。"③杨文骏在九月初致盛宣怀等的电报亦可佐证："日本放仓米平粜，每石二两五。"④同是从洋兵手中购买仓米，同样也是平粜，奕劻与李鸿章以权臣身份主持其事，乃分内之事；而刘鹗以绅士身份参与其事，则成为其获罪的"借口"。"私售太仓粟"能堂而皇之地成为刘鹗的罪状之一，根本原因在于清廷官员对于刘鹗越过官绅之界而揽官员之事的不满。

庚子年间的北京，还有一件与此颇为类似的纠纷，即中城御史陈璧与翰林院侍讲学士恽毓鼎之间关于"协巡公所"权限的争执。当两宫西狩，联军入城，整个北京城陷入混乱无序的无政府状态时，一些并无管理地方之责的京官或士绅纷纷成立公所，"与洋官通融联络"，维持社会秩序。当时，联军在北京实行分区占领，恽毓鼎所办理的协巡公所，管理"前三门外地面"，同时该地面也是时任中城御史的陈璧例应管辖之地。随着局势逐渐稳定，"五城业已设立办事公所"，在陈璧看来，正是"地方官办事之权"逐渐收回之时，恽毓鼎却向时任全权大臣的庆亲王提出，"五城虽设公所，官权未复，窒碍仍多，再四筹维，只可仍寄官于绅"，并请求"委毓鼎督办冬防"，"所有稽查委员令毓鼎自行札派"。针对恽毓鼎的请求，陈璧毫不客气地指出，这"是将五城一切应办事宜，统归该学士办理也"，认为"现在洋兵虽尚未退，地方官自有应办之事，应以渐复官权为第一要义"，并指出"若如该学士所咨，一切事宜均归绅士办理，是洋人并未尽掣我肘，而我自行撤

---

① 《仁浆惠普》，载《申报》，光绪二十六年十二月六日。
② 仲芳氏：《庚子记事》，见《庚子记事》，54 页。
③ 高枬：《高枬日记》，见《庚子记事》，203 页。
④ 《济急三电》，载《申报》，光绪二十六年九月六日。

去官权"。[①] 最终在陈璧的坚持下，恽毓鼎等五城绅董所创办的协巡公所、安民公所、华捕局等绅董公所的权力无法进一步扩张，且随着官权的一步步恢复而被裁撤。[②] 庚子年间，当联军入城后，官府的权力几乎荡然无存。许多本来应该由官员办理的事情转而由绅士经手，这在非常时期实属正常，但在正常情况下又足够治人以罪。当官权处处受限时，对于绅士的越界行为只能睁一只眼闭一只眼；而一旦官权得到恢复，绅士曾经的越界之举则随时可能成为获罪的借口。

---

① 陈璧：《五城公牍汇存》(选录)，见近代史资料专刊《近代史资料》编辑组编：《义和团史料》下册，714 页。

② 陈璧：《五城公牍汇存》(选录)，见近代史资料专刊《义和团史料》下册，721~722 页。对于该事件，笔者有专文论述，该文附录于后。

第六章 救援行动的终局

　　庚子年十月二十六日(1900 年 12 月 17 日)，一直坐镇京津指挥救援的陆树藩乘船南归上海，结束了救济善会在庚子年的北上救援行动。五天后，陆树藩在《申报》上刊登《救济善会筹办京津善后事宜启》，历数明春不得不再次救援的理由：

　　　　缘聂军门之太夫人等，及东南各省在京官商之有老亲者，均因天寒雨雪，未敢由陆到津，兼之徐许二大臣灵柩，现在寄存上斜街浙江义园，袁大臣灵柩在广惠寺暂行浮厝，亦须于开河后运送回南，此明春京城不能不接办救济之实在情由也。至保定派友设局护送到津者已有三百余人，嗣以河道冰阻不及载送，所有散在外县闻风来保者，络绎不绝，只得托孙麟伯廉访督同所派司友照料安置，以便开河后护送南归，此明春保定不能不接办救济之实在情由也。圻津附近一带，如唐山、芦台、杨柳青、王家口等处，亦有尚未到津不及趁轮回南者，现拟安插海运局内，候至开河再送，此明春天津不能不接办救济之实在情由也。①

此后不久，陆树藩又在《北方救济并归顺春赈启》中表示：

　　　　现际来源支绌，筹募维艰，救济事宜，拟以二月底停止，并当将一切收支汇刊征信录，以昭信实。凡南人稽留北省者，如需南归，无力措资，望即束装以待。转瞬和议告成，洋兵撤退，从此被难士商自可安居乐土，无事南迁。②

---

① 《救济善会筹办京津善后事宜启》，载《申报》，光绪二十六年十一月一日。
② 《北方救济并归顺春赈启》，见上海图书馆藏：《救济文牍》卷三，25b 页。

再次救援前，陆树藩仍然需要做一番准备工作。这项准备工作主要是致函盛宣怀，索取轮船"免票"。陆树藩在函中表示："迩际春融日暖，北方河冻已开，接津局来函，天津报名者三百余人，保定报名者四百余人，均欲附轮回沪。京师唐蔚芝主政来信，京中欲行南渡者人数尚多，盼望孔殷，未能久羁时日"；同时告知："闻和议将成，洋兵不日撤退，敝处救济事宜亦拟于二月底停止以示限制，业已驰禀合肥相国"，"惟月前京津保等处尚有待济之人，不得不仍旧接运，轮船水脚如或改章，则京中人又将纷纷议论，何厚于彼而薄于此！若至二月底截止，为日无多，需费有限，仍恳终始成全玉成斯举，或给发免票，或另借一轮。但借轮之靡费较多，不易供备，敝会经费充足，自当如数缴呈。届时款项不敷，只得仅贴饭食，此外煤价薪工惟有仰求尊处照章捐助"。①

盛宣怀复函称："查商局与怡太两公司订立合同，凡事均归一律。去年秋冬间因津沽梗阻，客货不通，只济被难官商，故怡太两公司尚无异辞。现在津沪商轮往来如织，若局船多给免票，彼必谓我违章兜揽，反来责言。迭据商董面禀为难情形属实，所有京津保一带回南之人，只好依照尊函所称贵会章程，凡有力者仍出船价，稍次者出半价，确系贫难无力方给免票，总以二月底为止。如此分别办理，似尚无碍。业饬商董遵照专指两船，订期由局给发免票上船，只能以七百名为限，只能以两船为止，以副尊命。"②盛宣怀虽然表示为难，但终究还是"给发免票"，"以七百名为限"，"以两船为止"。

第一节　运送"浙江三忠"灵枢回南

救济善会的辛丑年救援，得到的关注已经相当有限了。当时《申报》等媒体关注的重心已转移至陕赈，随后又是顺直春赈，因此有关救济善会辛丑年救援的资料便十分少见。《申报》于辛丑年二月九日（1901年3月28日）刊登一则"津电照录"："纯翁鉴：保古共到六百人，枢五

①　《上盛杏荪丞堂》，见上海图书馆藏：《救济文牍》卷四，46a～46b页。
②　《盛杏荪丞堂来书》，见上海图书馆藏：《救济文牍》卷五，22a～22b页。

十具，速放轮来，务迟。"在该则电报的按语中，救济善会表示："聂功亭军门之太夫人等尚留滞古北口，亟欲南旋。本善会现承招商局派新丰轮船于十三日往塘沽载回。"①唐德熙于二月十四日致函盛宣怀表示："所有救济会揽装南下之人，已遵照宪谕给彼免票，限以七百人。日前曾由局印有免票七本，内分'天地元黄宇宙洪'七字，每字列百张，交陆纯翁盖戳寄津，仍请仁记洋人签字，然后分用。拟新丰船装五六百，公平船装一二百。"该函附录之票式："今经救济会从保定府等处救出数百人，诚善举也。本局善与人同，特放新丰轮船由塘沽装至上海给予免票，每张限定一人，其饭食费蒙救济会支给坐舱开销，此外不准船上人索取分文。"②不久，《申报》又刊登一则"救济要电"："计装新丰外，尚有四百人，务速请招商局再放一船，枢不能不装。"③随后，《申报》便刊登了《救济善会由新丰轮船载回被难官民单》④。

对于聂士成家眷的回南，《申报》特别刊登了救济善会的专电："聂功亭军门之眷属百余人，由伟臣公子分附新济、泰顺两轮船由津来沪，蒙李中堂给以免票，并由敝会津局司事照料一切，先请登报以告同仁。"⑤《救济文牍》中有一封来自济急会的信件，也表明李鸿章对于聂士成家眷回南事宜十分关心，亲自过问其事：

> 聂军门之太夫人暨淮军眷属亟欲南归，傅相甚愿送往，本已往接，以敝会停止，闻尊会派人至古北口往接，颇为欣慰。兹饬范巡捕暨来差同往尊处酌定，再回傅相，即可往接，由古北口迳赴塘沽，轮船当由彝兄电去代留不误。⑥

① 《津电照录》，载《申报》，光绪二十七年二月九日。
② 《唐德熙致盛宣怀函》，上海图书馆藏《盛宣怀档案》，档案号：083176。
③ 《救济要电》，载《申报》，光绪二十七年二月十五日。
④ 《救济善会由新丰轮船载回被难官民单》，载《申报》，光绪二十七年二月二十三日；《续录救济善会由新丰轮船载回被难官民单》，载《申报》，光绪二十七年二月二十四日。
⑤ 《宪眷将临》，载《申报》，光绪二十七年二月二十八日。
⑥ 《济急会来书》，见上海图书馆藏：《救济文牍》卷五，28a～28b页。

　　由上可知，东南济急善会的救援活动已经停止。救济善会在将这批被难官商援救回南之后，其救援活动也告结束。在救援活动的结束阶段，最引人注目的事情便是"浙江三忠"灵柩的运送回南。

　　所谓"浙江三忠"，即庚子国变期间被清政府所杀的三位浙江籍京官：徐用仪、袁昶、许景澄。① 有关"浙江三忠"的研究已有不少②，最全面系统的当推陆玉芹的博士论文《庚子事变中被杀五大臣研究》③，而与本书论题关联最大的是《分野与认同：清季东南社会对"浙江三忠"的祭奠活动述论》一文。该文主要以《申报》和《新闻报》为线索，"力图通过'三忠'被杀后东南社会舆论及活动的梳理，探究这一现象背后之诸多历史意蕴"。本书则主要通过《申报》与上图所藏"盛档"，对"三忠"灵柩运送回南的过程，以及上海官绅的公祭行为作一梳理，重点关注救济善会、东南济急善会在这一过程中的作用。

　　救济善会与东南济急善会在运送三忠灵柩回南一事上均非常积极。陆树藩托救济善会在京办事人员施涵香向"入京省柩"的袁昶之子表示，运送三忠灵柩回南为救济善会"首先欲办之事"。袁昶之子则在致陆树藩的信中告知："现已由涵丈与济急会徐次舟世伯商定，开春即当从早两会共理此举，曹子成先生并欲身亲其任。"④ 由此可知，运送三忠灵柩回南之事乃救济善会与东南济急善会共同办理。二月十三日，李鸿

---

　　① 彭淑庆认为《新闻报》于辛丑年二月二十五日刊登浙江籍京官徐琪撰写的《祭浙江三忠文》，首次将许、袁、徐并称为"三忠"。参见彭淑庆：《分野与认同：清季东南社会对"浙江三忠"的祭奠活动述论》，载《山东大学学报》（哲学社会科学版），2009（3）。

　　② 秋宗章：《庚子拳祸与浙江三忠》，载《越风半月刊》，第2、3、4期；徐彬彬：《庚子之忠臣》，载《越风半月刊》，第11、12期；陈伟桐：《浙江三忠始末》，载《嘉兴文史资料通信》，2000（3）；彭淑庆：《分野与认同：清季东南社会对"浙江三忠"的祭奠活动述论》，载《山东大学学报》（哲学社会科学版），2009（3）；陆玉芹：《"浙江三忠"与义和团运动》，见陈绛主编：《近代中国》第20辑，上海，上海社会科学院出版社，2010等。

　　③ 陆玉芹：《庚子事变中被杀五大臣研究》，博士学位论文，华东师范大学，2005。该论文在第七章"五大臣平反"中，以"死后哀荣"为题，对上海官民公祭三忠也有叙及，但较简略。

　　④ 《袁仲默、袁叔浑来书》，见上海图书馆藏：《救济文牍》卷五，25b页。

章幕僚徐赓陛由北京致电盛宣怀称："三忠灵柩改期廿五出京，请派一轮限三月朔日到塘沽接装。"唐德熙致函盛宣怀表示："新裕在申，开出约在廿五六，则月底可到塘沽，新济则稍迟两三天。但沽界近日水讯仍浅，今尚隔本月，航海来往之期难于针孔相对，或稍后二日间，只可以人待船耳。请宪台复电，前途拟以新裕、新济二船装运。"①情况随即发生变化，救济善会沪局于三月二日接津局电："承平轮船装柩五十六具，初一开；三忠柩，装公平，初五开。"同日，东南济急善会也接到天津仁济洋行来电云："三忠灵柩本月初二日由京到，准初五搭公平船来上海。"救济善会与东南济急善会均于三月三日在《申报》分别以《救济会要电》和《三忠灵柩南旋准期》为标题，向东南官绅商民宣告了这一消息。②

《申报》在此之前便分别刊登了陆树藩与盛宣怀等人给浙江三忠的挽联。陆树藩的挽联是："杀身成仁我谓诸公不死，直言敢谏谁云中国无人。"③东南济急善会诸公挽幛："丹心千古"，挽联："主圣臣忠，际汉延熹、宋熙丰、明天启诸朝，祸及群贤，戾史他年休误拟；贞穷元起，有苏相国、朱制军、王中丞成例，恩加后命，湖山终古共争辉。"④两江总督刘坤一先是在《新闻报》上刊登了其亲自撰写的挽联："事处万难同拼一死，名垂千古无愧三忠。"⑤盛宣怀致函刘坤一表示："尊处挽联十六字，沉痛简括，重蒙电商，上下联代加'国事太仓皇。臣心终大白'十字，已代缮矣。宣怀自书一联则曰：'方事之殷，得数子据理廷争，使知吾国达官，大有人在；痛定而后，读几行诏书销案，乃见朝衣东市，非出天心'。"⑥后来《申报》所刊刘坤一、盛宣怀"挽浙

① 《唐德熙致盛宣怀函》，上海图书馆藏《盛宣怀档案》，档案号：083176。
② 《救济会要电》《三忠灵柩南旋准期》，载《申报》，光绪二十七年三月三日。
③ 《归安陆纯伯部郎挽浙江三忠联》，载《申报》，光绪二十七年二月三十日。
④ 《挽联汇录》，载《申报》，光绪二十七年三月一日。
⑤ 《忠榇回南改期》，载《新闻报》，光绪二十七年二月二十七日。
⑥ 《盛宣怀致刘坤一函》，见盛宣怀档案资料选辑之七《义和团运动》，592页。后刘坤一复电："挽三忠联甚佩，承改十字尤得体。"见《刘坤一致盛宣怀电》，盛宣怀档案资料选辑之七《义和团运动》，594页。

江三忠联"即基本为此。①

此外，东南济急善会还随时报告上海官绅各界为迎接灵柩而做的各项准备："苏松太兵备道兼江海关监督袁海观观察函开，沪军营勇丁送殡一事，已函致租界领袖领事，届时饬捕一体照料"②；"前因三忠灵榇将次到沪，以为时太促，不及与工部局董商明，致所定路由未将大马路列入。现已商诸工部局董将路由略为酌改，计由金利源码头登岸，沿浦滩朝北，至法界大马路朝西，过三茅阁桥朝北，至四马路朝西，至三万昌朝北，至大马路朝东，至抛球场朝北，至北京路朝西，过北泥城桥一直至大王庙码头上船。在沪各绅商如有预备路祭者，请先期知照其致送挽联幛额，祈先行送交盆汤弄丝业会馆，以便发引时列入仪仗。至香烛冥锭等项，请各送往船上，敝处未便接收"③；"金利源宁波码头栈房三公停灵所已由上海县布置完妥，账房在金利源煤栈内。凡初九初十前往吊唁执绋者，请在名片后注照住址台端随时登簿，以便三公子踵谢。至在沪文武官绅士商人数众多，地方辽阔，三公子既不及遍讣，敝会亦不再传知。仍函恳袁海观观察函致租界领袖，转致各国领事查照，一面函商税务司，俟忠榇抵埠时，准先行放行，并将派兵迎送一层致明英总领事，转报克军门，传知西国驻沪官兵，以期周知"④。

由上可知，这些准备工作几乎都是由东南济急善会筹划布置。在京津地区，因为东南济急善会并未派专人前往，而救济善会则派驻不少办事人员，因此"三忠"灵柩在由京至津、由津至沪的运送过程中，

① 实际上，盛宣怀之挽联又有增加："方事之殷，得数子据理廷争，使知吾国达官，大有人在；痛定而后，读几行诏书销案，可见朝衣东市，非出天心。灵兮归浙水，东西各有千秋，不泯丹心在遗疏；名已震寰瀛，中外谁无一死，同拼碧血报君恩。"同时，盛宣怀对三忠各有挽轴，挽徐用仪："生荣死哀"；挽许景澄："苌宏化碧"；挽袁昶："潮咽桐江"。刘坤一《申报》挽联与盛宣怀所缮略有差异，即"国事太仓皇"改为"国步正仓黄"。见《挽浙江三忠联》，载《申报》，光绪二十七年三月五日。
② 《三忠灵柩南旋准期》，载《申报》，光绪二十七年三月三日。
③ 《更定三忠发引路由》，载《申报》，光绪二十七年三月七日。
④ 《三忠领帖布闻》，载《申报》，光绪二十七年三月九日。

当以救济善会为主；到了上海，东南济急善会主持者手中掌握的资源以及影响力，均非救济善会可比，因此三忠灵柩在沪祭奠事宜，几乎是由东南济急善会一手操办。实际上，施则敬早在二月二十三日便致函盛宣怀，对灵柩到沪有关事宜进行了通盘筹划：

> 顷奉手示，敬悉徐许袁三公灵柩附丰顺轮船南下，昨已由辑翁知会立即商同预备一切，拟于轮船到埠之次晨由金利源起岸，至大王庙码头登内河船。已借重台衔领袖缮发知单，知会在沪文武官绅，并即登报，届期一体前往执绋。一面函告袁海观观察饬县派差，分别预备，并知会领事转饬英法捕房妥为照料。又向廖楚才参戎借定炮船三只护送。惟内河船须用小轮拖带，顷又函至淞沪局朱观察、制造局潘观察，商借小轮各一艘，以资节省，尚无回信。如能借到最好，否则只可另雇。倘朱潘两处回信，或迳送至钧处，尚乞随时掷示，以便接洽。再灵柩起岸沿途应有队伍方可饰观，前经函请袁观察酌派。旋据面称，甚属费事，因而作罢。则敬以为，如无队伍，殊失体面，因电请南洋电饬沪道照派。①

后来，三忠灵柩在沪祭奠、转运事宜，几乎便是以此为蓝本。由此也可见，盛宣怀等东南济急善会的主持者是有意将三忠灵柩运送回南及祭奠事宜打造成上海社会的一大盛事。东南济急善会的有心之举得到沪上官绅的广泛呼应，《新闻报》于三月五日发表题为《广劝沪上绅商致祭三忠灵榇启》的论说，将"三忠"与东南社会联系起来，认为"三忠"与东南督抚密通消息，参与东南互保，"为东南而死"，因而"倡议在沪绅商以各行业商会为单位分头联络设祭"，"在灵柩所经之处，家家以香烛祭之"。②《申报》对于三月十日"寓申士庶官商沿途致祭""三

---

① 《任锡汾、施则敬致盛宣怀函》，上海图书馆藏《盛宣怀档案》，档案号：083754—1。

② 《广劝沪上绅商致祭三忠灵榇启》，载《新闻报》，光绪二十七年三月五日，转引自彭淑庆：《分野与认同：清季东南社会对"浙江三忠"的祭奠活动述论》，载《山东大学学报》（哲学社会科学版），2009(3)。

忠"灵柩的过程进行了详细记录：

> 计：两江督宪兼南洋通商大臣刘岘庄制军，电饬苏松太兵备道兼江海关监督袁海观观察，祭于河南路昊良瀛药铺前；招商总局督办盛杏荪丞堂以下诸君，祭于法租界公馆马路鸿运楼酒肆前；《中外日报》《新闻报》《苏报》《沪报》诸同仁，祭于四马路盘记栈；比邻铁路公司诸君，祭于江海春西菜馆前；电报沪局诸君，祭于抛球场宏昌洋货号前；嘉兴诸君同乡，祭于聚丰园、状元楼二酒肆前；绸业同人，祭于金谷香西菜馆前；同事诸君，祭于海国春西菜馆前；酱业各商，祭于振新酱园前；湖州诸同乡，祭于寿圣庵佛店前；东南济急会同人，祭于金利源宁波码头栈房前；前法界公廨□员葛蕃甫大令，祭于晋安里公馆前；沈君某，祭于来安里前。此外，如法界锦章洋货店前、新协成烟馆前、英界十万卷书肆前、北协成烟馆前、源米书肆前、源米店肆前、保安善堂前、仁大典肆前、一林春茶肆前及北泥城桥畔，亦有设筵以祭者。①

对于浙江三忠的隆重祭奠，很好地检阅了东南济急善会对于上海社会的动员能力，这样一种煊赫声势的营造，借助媒体的推波助澜，又势必在整个东南社会产生广泛的影响。同时因为浙江三忠与东南地区，尤其江浙地区的密切关系②，三忠灵柩的运送回南，并受到隆重祭奠，且得到热烈响应，无疑有助于江浙乃至东南的自我认同进一步

①　《三忠举襄记》，载《申报》，光绪二十七年三月十一日。

②　陆玉芹认为，清政府之所以杀"浙江三忠"，一个很重要的原因便是许景澄、袁昶与东南督抚，尤其是张之洞关系密切："许、袁，鄂督门生，诸王怒鄂督，故袁、许不免。"而袁、许被杀，"加剧了东南社会对朝廷的不满情绪"，反过来稳固了东南互保的成果。或许正因为如此，"浙江三忠"几乎被东南媒体塑造为东南利益在朝廷中央的"代言人"："东南之绅商皆得庇于东南之约，然而东南督抚毅然决然显违廷意而毫无顾忌者，既有荣中堂密意宗旨，复有诸朝贵密通消息之故。"彭淑庆认为，"浙江三忠"彰显了浓郁的"浙江意识"，首先提出"浙江三忠"之说的徐琪"以同乡身份撰写祭文，通篇溢美之词，洋溢出作为浙江同乡的自豪感"。陆玉芹：《"浙江三忠"与义和团运动》，见《近代中国》第20辑，28～45页；彭淑庆：《分野与认同：清季东南社会对"浙江三忠"的祭奠活动述论》，载《山东大学学报》(哲学社会科学版)，2009(3)。

强化与深化。救济善会与东南济急善会以运送浙江三忠灵柩回南的方式，结束对东南各省被难官商士民的救援，颇具象征意味。它再次表明，这是一场具有鲜明省籍意识与东南意识的救援行动。

第二节　京城社会秩序的逐渐恢复

救援行动之所以结束，根本原因是到辛丑年二三月间（1901 年 4、5 月），产生救援需求的各项前提已逐渐消失。首先从南北通信来看，这是最早正常化的一项救援前提。据《北京邮史》言："北京刚刚陷落，赫德便立即恢复京城邮政，在崇文门大街占用一所房屋，作为北京邮政总局的办公地点。"①因此，当恽毓鼎于八月二十六日拜访赫德时，赫德便表示："可以代寄南信"；八月三十日恽毓鼎将家信托赫德寄南，"赫君即日交邮局寄去"。② 到九月中旬，救济善会与东南济急善会等救援组织代寄东南各省信件，也开始通过邮局。如救济善会在在九月十一日《申报》上刊登的一则消息称："敝善会承四方善士托带信件，已将第二批交刘君铁云带往津门，兹又积至六十五函，昨已汇封总函，托德国书信馆交直隶轮船带津，俾敝会驻津同人可以早为投送。"③东南济急善会则在九月十四日《申报》上刊登《寄信须知》表示："现因托寄信件太多，包封不能附入，不得已改交邮局挂号转递，以期妥速而免稽延。"④救济善会于十月六日更在《申报》上表示："封河之后，各处托寄要信，仍可交本会由邮局汇递，去雁来鸿，绝无阻隔。"⑤

在电报方面，丹麦大北电报公司与英国大东电报公司，利用义和团运动时期南北电信中断的机会，"由上海突造海线，以达大沽，将我南北线路报费全行夺去"。盛宣怀商之李鸿章，"议价买回，计二十一

① 　马骏昌、周新棠、阎荣贵、宋福祥：《北京邮史》，59 页。
② 　恽毓鼎：《恽毓鼎庚子日记》，见《义和团运动史料丛编》第 1 辑，67～68 页。
③ 　《救济善会纪事》，载《申报》，光绪二十六年九月十一日。
④ 　《寄信须知》，载《申报》，光绪二十六年九月十四日。
⑤ 　《满载而归》，载《申报》，光绪二十六年十月六日。

万磅，合英洋二百十万元，订立合同，由电报商局分年缴还"①。据盛宣怀八月下旬、闰八月上旬致刘坤一、张之洞电，北京与上海的电报，津沪间电报局"重价买回"，津京间洋人"不许我设线"，"暂由行军洋线"，且"津京军线必领事代发"。② 九月四日，盛宣怀与大北、大东两公司在上海签订了代修京津陆线合同，规定："公司仰承各该国家权力，代电局向联军请准，由大沽至北京重造陆线；并于天津、北京设立电局，均订明专归公司管理。"该合同最后一款规定，等到"和约议定"之后，京津线"即交还电局自行管理"。③ 九月七日，盛宣怀致电张之洞，言："沪至沽系海线，沽至津、京系洋商另造旱线，每字收费七角二，京陕电仍须由沪汉转。"④南北间的电报通信也基本恢复正常，因此东南济急善会与救济善会沪局与京局、津局之间才会有比较频繁的来往电报。

其次，从南北汇兑上来看，东南济急善会的救援行动本身正是促使南北汇兑正常化的一个重要因素。起初在盛宣怀看来，"筹款固难"，而"汇款尤难"；"而汇款之难，不难于到津，而难于到京"。经盛宣怀、杨文骏分别在上海、北京与汇丰道胜等沪行、京行大班，反复沟通和磋商，终于使得汇丰道胜在九月中旬均可以实现京沪间的正常汇款。⑤高枏在九月十四日的日记中评论道："洋兵掳银全存汇丰，然无从运沪。盛京卿创济急会，募各省富绅资助各省京官，其银即交上海，京中则由汇丰划拨。（"中外日报"则兼言道胜洋行。）不特京官得其救济，而汇丰亦不至滞而不通，诚妙计也。"⑥到辛丑年五月，盛宣怀致函陈淦表示："去秋上海创设东南济急善会，原议所有汇京各款本通商银行收解，嗣因京行被毁，改由汇丰道胜等行汇解。现在大局已定，京沪

①　《盛宣怀复恽祖翼函》，见盛宣怀档案资料选辑之七《义和团运动》，388 页。
②　《盛宣怀致刘坤一、张之洞电》《盛宣怀致刘坤一电》，见盛宣怀档案资料选辑之七《义和团运动》，237、263 页。
③　邮电史编辑室编：《中国近代邮电史》，73 页。
④　《盛宣怀致张之洞电》，见盛宣怀档案资料选辑之七《义和团运动》，349 页。
⑤　《济急善局得第二号京函》，载《申报》，光绪二十六年九月二十四日；《济急善会接第四号京函》，载《申报》，光绪二十六年九月三十日。
⑥　高枏：《高枏日记》，见《庚子记事》，207～208 页。

汇兑大通，今拟自本年五月初一起，凡遇行在各部院托汇公款，以及顺直赈捐济急善会各款，均由贵行汇寄京行。"①

再则，从南北交通方面来看，津沪间的海道较早便得以开通。当爱仁轮船于九月十一日运载第一批被难官商自津起航后，救济善会便决定采用"免票"方式进行援救。要采取"免票"方式进行救援，一个前提便是津沪间除了招商局专门拨派的用于救援的轮船外，另有其他轮船也往返于津沪之间。从陆树藩《救济日记》所记专轮载回之被难官商人数共"三千五百八十三人"来看，在庚子年十月中旬封河前，由救济善会给发"免票"随时"附搭便船回南"者也有将近两千人。由此可见，当时南北交通之阻隔，不在津沪之间，而在京津之间。据仲芳氏《庚子记事》记载，十月九日，"今英国将津京铁路修齐，改在天坛为火车站，昨出永定门，见印度兵将城楼迤西城墙拆通一段，铁道接修进城。千百人夫大兴工作，不日即可安齐，便开火车矣"②。天津籍京官华学澜在十月二十七日记道，"火车已能买票至杨村"；十月三十日又记，"火车可以由津买票至京，不能由京买票至津"；到十二月二十一日，华学澜与同乡坐火车回津，"客坐拥挤特甚，有不能坐者，车行甚慢，遇站必住"，但还是在当天便顺利抵津。③ 于此可见，南北交通在庚子年底已无大碍。

更重要的是，京津地区的社会秩序在庚子年底便逐步得到了恢复。由于联军对京城实行分区占领，故不同国家占领区的秩序恢复也并不一致。日占区、美占区于七月二十五日便出示安民④，英占区于七月二十六日出示安民，而赫德在七月二十四日致留守京官的信中也表示："至弹压土匪一层，各国大臣已经商办，并备有告示，因无刻版，碍难遍处张贴，合将所交底稿送呈，请为刊刻刷印千张，送至总税务司处，

① 《盛宣怀致陈滢函》，上海图书馆藏《盛宣怀档案》，档案号：023580。
② 仲芳氏：《庚子记事》，见《庚子记事》，61 页。
③ 华学澜：《庚子日记》，见《庚子记事》，137、141 页。
④ 美占区后又让出一部分地面归德国占领，仲芳氏家所在地面即先"为美国所管"，后"该归德国管辖"，因此"受二次荼毒"。见仲芳氏：《庚子记事》，《庚子记事》，37 页。

以便转请各国大臣盖印，遣人张贴。其示内要义，莫非令华民各安生业，照常居住。其余威吓各语，亦不过保护善良之意。除华文告示外，各国商同出一洋文禁令，不准洋兵乱行骚扰。"①尽管各国出示安民，但洋兵之骚扰抢劫仍时有发生，如高枬家之被抢劫正是在洋人安民之后，那桐住处也于七月二十六日遭英兵"索银甚凶"②，至八月十七日，高枬家又一次遭洋兵抢劫③。

不过，禁令对于洋兵而言总是多了一点约束。高枬家第一次遭洋兵抢劫时，曾广銮斥退洋兵，而洋兵还得"笑容呢曾而求曰：'千急（恳）勿向人说'"。高枬得知该洋兵乃"无故出外找开活"，评论其"如当年川中之湖南兵然"。洋兵第二次抢劫高家时，高树往寻曾广銮，"时街上有骑马者，路人曰：'此美国钦差，可告之。'"④彭翼仲亦有类似经历：美兵数人"于某夕破门而入，搜劫财物，争抢银元"，彭持剪刀"割留衣角作证，以备向其兵官控告"。次日，美兵官出示，"令商民预备胭脂水合煤油，贮于瓶中，若有兵丁入门，即以此水洒其衣上，痕迹显然，拭之不灭，以便究办"。彭翼仲表示："自示以后，未闻再有洋兵扰害商民者，邻近人家甚感余"。⑤

不管彭翼仲的叙述是否有夸张的成分在内，但必须承认，不同占领区秩序的恢复与否，最终还是取决于各国对于本国士兵的约束程度。于式枚、郑沅认为："日界甚好，廿六后不许入人家。"此后又发布告示："谕商民办粮米，三六九日运送米来京，沿途派洋兵保护。"日界的社会秩序得以日趋正常，而"美国亦继之"。高枬在八月二十七日的日记中写道："三五日来，街上洋兵甚少，闻兵官约之甚严，告假亦不许。湖南馆所扎，有踰垣者，然甚少"⑥美军即驻扎于湖南馆。至闰八月十日，高枬日记中写道："日美界之贸易云集，日界尤热闹非常。"⑦

① 《照录总税务司赫德复函》，见《义和团档案史料》上册，496页。
② 北京市档案馆编：《那桐日记》，350页。
③ 高枬：《高枬日记》，见《庚子记事》，189页。
④ 高枬：《高枬日记》，见《庚子记事》，179、189页。
⑤ 姜纬堂、彭望宁、彭望克编：《维新志士·爱国报人彭翼仲》，111页。
⑥ 高枬：《高枬日记》，见《庚子记事》，194页。
⑦ 高枬：《高枬日记》，见《庚子记事》，198页。

居住于德界的仲芳氏在闰八月十九日写道："昨日美国界内，在南横街粤东会馆，传福寿班演唱夜戏，可见美国地界大有转机，比德界平安多矣。又由大街迤北迁去住户数千家，各行生意，亦多借地开市。诸般货物俱全，即德界居人买物，亦须赴美界方有也。"①

德界是当时京城各国占领区中洋兵纪律最差、社会秩序也最坏的地区。居住于美界的高枏曾在日记中写道："九愚来，以德兵日内时到邻居子厚家。今晨亦有二兵入。此则讨嫌，军律究差。"②相对而言，居住于德界的仲芳氏感受更为真切具体："十三日（八月十三日，笔者注），洋人搜劫，竟有带同二套大车数乘，在各胡同挨户装运，不独细软之物，即衣服、床帐、米面、木器无所不掳。在院则无处不到，在屋则无处不搜，家中人多者，尚有携取数件而行；若家中人藏避仅留一二人看守者，则任其打劫至净尽而后已。"至闰八月五日，"近日洋人在各处挨家搜掳财物，本已水穷山尽，无可搜劫，街巷微觉安生。连日有德兵数名在铁门、草厂胡同一带拦劫行人，不分老幼，身带数百钱亦皆搜去。众人绕道而行，如避狼虎"。于是，德界居民纷纷迁于美界暂居，致使"骡马市以南，地窄人稠，房舍腾贵，多有三四家伙住一院者"。针对美界、德界如此之大的反差，仲芳氏如此解释："大街南美界，有官绅及翻译数人，转谋美国带兵官，在界内出示安民，派洋兵保护街巷，又创设协巡公所，由地方官募派练勇，会同洋兵弹压缉捕。德国界内无人倡率，商民困苦何日得休，无怪人多迁移耳。"③

仲芳氏所谓之"协巡公所"，乃恽毓鼎、黄思永、王孝禹、贾子永等官绅于闰八月五日所成立的一个机构，"专办美界地面交涉事宜"。协巡公所的成立并不是一蹴而就的，恽毓鼎等官绅出而为领头人物也是逐渐形成的。在成立协巡公所之前，恽毓鼎、高枏等京官便在恢复京城社会秩序方面做了不少事情。八月十一日，因都城缺粮，恽毓鼎与"王孝禹、李轩甫、徐士斋、邹镜泉（公义粮店掌柜）、张润泽，议设平粜总局于南横街，向洋人索护照，运货开市，以济贫民"。此后，恽

---

①　仲芳氏：《庚子记事》，见《庚子记事》，52~53 页。

②　高枏：《高枏日记》，见《庚子记事》，187 页。

③　仲芳氏：《庚子记事》，见《庚子记事》，49 页。

毓鼎又"讬士斋向美官领签字护照，发交各商人"，"命其开张"，"而各铺但以护照冀免劫勒，而消残货，不肯出城运货"。于是，高枬、乔树枬等领取护照，"量力试办"，派人出城运货，以为提倡，亦兼平粜。①可以说，京官们一直在致力于恢复京城地面正常的社会秩序。

协巡公所的成立被提上议事日程，应始于八月三十日。当天，恽毓鼎"偕黄慎丈、王孝玉、贾子永、徐士斋至湖南馆，与美官戴勒生会晤。议每巷添设中国巡捕二名，司稽查奸宄，扫除街面，又设灯夫一名，司夜灯点息。又禁华人冒外国衣冠，招摇撞骗"。据恽毓鼎言，戴勒生"甚乐余辈出而与闻"。闰八月二日、四日，恽毓鼎等又与戴勒生连续会晤，"商办地方一切"，直至闰八月五日正式成立协巡公所。在恽毓鼎看来，成立协巡公所，是"隐以收回地面事权"。因此，在协巡公所成立的当天，"孝玉、子永谒庆邸，禀请加札，以存中国之体。盖京城未退，五城不能出面，故寄其权于公所也"②。

事实上，五城于七月二十八日便成立"五城分公所"③，而在此之前，陈璧还"与庆王一公文，请照会外国，容五城弹压地方，以五城练丁，须穿号衣，恐洋兵见而误枪也"④。但正如前文所述，陈璧作为五城分公所的长官，连自己的人身安全和行动自由都无法保障，又如何能够"弹压地方"？在这种情况下，恽毓鼎作为并不具有地面责任的五城绅董，在与洋人协商之后成立协巡公所，行使本应属于五城御史职权范围内的权力，应该说也无可厚非。据恽毓鼎日记，闰八月七日"奉庆王札，毓鼎等会同各城绅士筹办地方事宜，严缉土匪，以安善良。遇有紧要事件，与五城酌办"。此前一日，因"美官来索华人四十名充华巡捕，巡绰街巷"，恽毓鼎便与黄思永、乔树枬、王孝禹、袁幼云、徐士斋等人，约巡城御史陈璧、张兆兰、许佑身三人在协巡公所会议

---

① 参见高枬：《高枬日记》，见《庚子记事》，189、191、196 页；恽毓鼎：《恽毓鼎庚子日记》，见《义和团运动史料丛编》第 1 辑，64～66 页。

② 《恽毓鼎庚子日记》，见《义和团运动史料丛编》第 1 辑，69 页。

③ 陈璧：《五城公牍汇存（选录）》，见近代史资料专刊《义和团史料》下册，706 页。

④ 高枬：《高枬日记》，见《庚子记事》，177 页。

商讨。"议以五城练勇充数,渐收地面规模。陈玉苍侍御允筹一百六十金为巡丁口粮(勇丁每名旧饷三两六钱,今加为四两)。"美官又欲请华官会审刑案,于是会议又决定"以司坊明练者,择派二员,附公所会审"①。而陈璧于闰八月九日"照会协巡公所":"本五城拣得北城指挥陈文熙堪充正办问案官,中城署指挥丁惟忠堪充帮问案官。除札饬该指挥等迅速到差外,相应照会贵公所,请烦查照可也。"②

由此可知,协巡公所主要是负责应付洋人交代的工作,如请华巡捕巡街、请华官会审刑案等。遇到这些"紧要事件",协巡公所不仅要与五城酌商,而且只有依赖五城出钱出人,才能完成这些由洋人交付的工作。某种程度而言,协巡公所就相当于在洋人与五城之间搭了一座桥,洋人的要求通过协巡公所转达给五城,而五城出钱出人交给协巡公所来办理。五城之所以愿意而且必须出钱出人,也是因为这些地面之责本应由五城来担负。在致庆亲王的公文里,陈璧曾如此表示,"城内向归步军统领衙门管辖,各国如在城内设立公所,应由该衙门派员商办",如"前三门外各国界内如再有设立安民公所",五城"自应一体酌核办理"。后来,属于五城地面的德界设立缉捕七局,陈璧在致庆亲王的公文中称"拟于正阳门以西,宣武迤东,至骡马市、西珠市口一带德国驻兵处所,设立缉捕局七处,经御史等公同拟派通晓德文知县程遵尧、县丞袁鉴布、经历王鸿均办理",并请"拟照美国驻兵所经费成案,每月请发官款一百五十两,以资办公"。③ 在这份公文里,办理缉捕局的程遵尧等人为五城所派,而缉捕局也是因巡城御史"所请设立",其办公经费同协巡公所一样"按月赴总理各国事务衙门公支领"。据此可知,协巡公所、缉捕局等由地方士绅出面主持的公所,看似独立,其实在人员、财政、事权等多方面受制于五城、总理衙门等中国官府。

---

① 恽毓鼎:《恽毓鼎庚子日记》,见《义和团运动史料丛编》第1辑,69页。

② 陈璧:《五城公牍汇存(选录)》,见近代史资料专刊《义和团史料》下册,710页。

③ 陈璧:《五城公牍汇存(选录)》,见近代史资料专刊《义和团史料》下册,713页。协巡公所成立不久,恽毓鼎便向庆亲王禀报"公所情形","王允发款"。后恽毓鼎又嘱咐乔树枏"拟请款禀稿"。恽毓鼎:《恽毓鼎庚子日记》,见《义和团运动史料丛编》第1辑,70页。

除"紧要事件"之外，据《高枬日记》所载，协巡公所所办之事均较琐碎。"傍晚奂如来，乔来，疲甚，以协巡公所事过劳也。福建黄孝叔亦来，会茂萱因美知府以州骡分交十段地面，嘱赶买车十辆，为出土计。洋官于此事最急，谓渣秽不去，居人多病，大碍生机"；"协巡公所板车上街出土，家中积土用筐筐装之，板车至，倾其上，看此小小事，亦不容易。有骡有车有人饲养，工食谁堪独任。挨户捐钱，多少不等，最难周妥"；"街有出恭者，禁之不能，罚钱二千亦不能，事之难办如此"。① 后来，恽毓鼎以"五城虽设公所，官权未复，窒碍仍多，再四筹维，只可仍寄官于绅，默施禁制"为由，请庆亲王"札委"其"督办冬防"。陈璧对此大加驳斥，认为恽毓鼎是要"将五城一切应办事宜，统归该学士办理也"。在陈璧看来：

> 　　现在洋兵虽尚未退，地方官自有应办之事，应以渐复官权为第一要义。五城业已设立办事公所，地面告示均可张贴，到城词讼案件业已渐多。中城练勇局洋兵业已退出，酌复勇额，弹压地面。开厂煮粥，以济贫民。并在德国驻兵处公举绅士设局承办捕务。美兵官亦屡向五城催添练勇巡街，并面称愿五城照旧办事。是地方官办事之权正可逐渐收回，冀复旧制。若如该学士所咨，一切事宜均归绅士办理，是洋人并未尽掣我肘，而我自行撤去官权。必俟洋兵尽撤，地方官始出办事，则官民之气久隔，恐将来骤难措手。地方事尽归绅董，亦非所以存政体杜弊端。

陈璧的这份咨文成文于九月三十日。由该咨文可见，京城社会秩序在九月间已渐趋于正常，且"地方官办事之权正可逐渐收回"，所以陈璧认为"地方应办事宜，如词讼、练勇缉捕及一切常年各处粥厂、暖厂等事"，应"由五城随时设法措办"。② 作为地面官，陈璧于城破之时，便出示安民，后又于京师抢劫之风正盛之时，请庆王"照会外国，容五城弹压地方"，可谓尽忠职守。但城破之后，洋兵占据京城的态

---

① 高枬：《高枬日记》，见《庚子记事》，203~204、207 页。
② 陈璧：《五城公牍汇存（选录）》，见近代史资料专刊《义和团史料》下册，713~714 页。

势，使得陈璧的尽忠职守显得苍白无力，甚至略显"太不晓事"①。随着形势的不断演变，至此时陈璧提出"渐复官权为第一要义"，可见京城社会的秩序重建，或已进入一个新的阶段。这也表明，京城的社会秩序，至九、十月间已不再是特别困扰京城官绅士民的一个问题了。

第三节　救援组织的善后

在这种情况下，救济善会在辛丑年初的救援行动，更多的是陆树藩在兑现此前对于李鸿章与京津保等处"待济之人"的承诺。与救济善会相比，东南济急善会的救援行动结束得更早。东南济急善会京局的主要主持者杨文骏，同陆树藩一起由京城护送一批被难官商到达天津后，并没有再次返回京城，而是同先期抵达天津的杨崇伊一起乘轮南下至沪。② 盛宣怀在十月二十六日致"北京贤良寺济急会"的电报中表示，杨文骏已到上海，"商明会事，以款完止"③。杨文骏在致李鸿章的电报中，也表示"抵沪与杏商会，尽款完止"，并言，"三杨编传登报辱骂，尤寒心"。④ 庚子年间时在京城的广西官员赵炳麟曾言："北京救济局事，推杨文骏、杨崇伊办理。二杨皆为李鸿章幕客，故推之。侵蚀局款，陵虐士民，崇伊尤贪横，尝在天津蚀船户船银，船户辩之，崇伊足踢船户，骂曰，'贱奴敢多言？'日本大佐严崎护送官民出京，见之叹曰：'中国至是，杨先生官体犹若此！怪哉！'崇伊蚀款逾十万。官民眷小出京者，无船渡，徘徊海边，餐风露宿，见者惨然。"⑤ 高枬也

---

① 庆亲王评价王培佑之语。据陈夔龙《梦蕉亭杂记》："庆邸入京后，各官民避难离京，渐次来归。大、宛两县由京西来谒。探知王京兆培佑尚在固安，函约来京，与余同见庆邸。王君贸然曰：此时北京太不成局面，各国弁兵纷纷占据，幸得邸堂到京，请令各公使速将洋兵全数移扎城外，不得在城内居住。庆邸无词以对。旋即送客，继谓余曰：此人太不晓事，如何能作府尹。"参见陈夔龙：《梦蕉亭杂记》，38 页。

② 《悬匾酬神》，载《申报》，光绪二十七年二月四日。

③ 《盛宣怀致济急会电》，见盛宣怀档案资料选辑之七《义和团运动》，457 页。

④ 《杨文骏致李鸿章电》，见盛宣怀档案资料选辑之七《义和团运动》，459 页。

⑤ 赵炳麟：《赵柏岩集》（上），275～276 页。

曾在日记中叙及杨文骏、杨崇伊"为救济船事"，"各赚万余金，各有被骗"，以致在京官中"大起嫌言"。① 杨文骏等究竟有无贪占救济款项，已不可考，而这样的猜疑和传言，毫无疑问正是推动东南济急善会迅速中止救援活动的重要原因。

实际上，东南济急善会较早结束救援行动的另一个原因，或者说更为主要的原因是，东南济急善会的主要主持者，在庚子年十月后便不得不将主要精力转向陕西赈灾。清廷为此专门发布上谕，要求盛宣怀、严信厚、施则敬、严作霖等投入到陕西赈灾中。② 随后，陕西巡抚岑春煊分别致电盛宣怀和严作霖加以催促，军机大臣王文韶亦致电严作霖进行催促，行在军机处电令盛宣怀催促严作霖赶紧动身，陕西行在的一些京官也不断致电上海催促。③《申报》于九月三十日刊登清廷九月十四日上谕④，十月二日刊登严作霖的《秦赈募捐启》。严作霖在该启中表示："办赈以筹款为第一义，作霖行期约在十月中，至少须携十万金以往。"⑤在盛宣怀等人的筹措下，共凑"现银十三万二千两"，"内计轮电局二万，施则敬一万二千，严作霖、严信厚各筹垫一万，聂护抚交严作霖一万，宣怀向聂护抚借一万，向沪关借五万，余藩司联沅捐助一万"。⑥ 为方便筹款，朝廷给予陕赈募捐极优厚的奖励措施，以至于陆树藩在致湖南学政的信中表示："东南各省筹款本非易易，现又开办陕赈，按三成报捐实官，经盛杏荪宗卿、施子英观察承办，则

① 高枏：《高枏日记》，见《庚子记事》，215 页。
② 上谕于九月十四日发布，其文大致为："陕省连年歉收，今年亢旱尤甚，灾象已成，自宜亟筹赈抚。江苏候选教职严作霖，办理义赈多年，不辞劳瘁，叠经传旨嘉奖，著刘坤一、松寿、聂辑规饬令该员邀集同志，来陕办理义赈。补用道施则敬、候选道严信厚、周宝生向办义赈，均著成效，并著饬令该员等分投劝办。惟灾区较广，需款甚巨，盛宣怀久驻上海，熟悉商情，并饬劝募巨款，源源汇解，以资接济。"《劝助陕赈说》，载《申报》，光绪二十六年十月二日。
③ 朱浒：《地方系谱向国家场域的蔓延——1900—1901 年的陕西旱灾与义赈》，载《清史研究》，2006(2)。
④《劝助陕赈说》，载《申报》，光绪二十六年十月二日。
⑤《秦赈募捐启》，载《申报》，光绪二十六年十月二日。
⑥ 朱浒：《地方系谱向国家场域的蔓延——1900—1901 年的陕西旱灾与义赈》，载《清史研究》，2006(2)。

敝会筹款更觉为难。"①陕赈以排山倒海之势压向东南济急善会的几位
重要主持者，不可能不使他们的赈济重心转向陕西。

此后，东南济急善会在北京的救援活动便转入收尾善后阶段，即
杨文骏所言"尽款完止"。也因此，东南济急善会何时中止在北京的救
援活动也并没有一个准确的时间节点。前文已述救济善会在辛丑年春
往接聂士成眷属时，东南济急会曾专门致函救济善会，表示"敝会停
止"②。所谓"敝会停止"，只是指东南济急善会的救援活动已经停止，
东南济急善会并未因此而结束。"三忠"灵柩在沪转运、祭奠事宜，便
主要是"东南济急善会"出头办理。此前，《申报》更是于辛丑年正月九
日（1901 年 2 月 27 日）刊登了由盛宣怀、顾肇熙、任锡汾、郑官应、
严信厚、庞元济、杨廷杲、席裕福、施则敬共同署名的《东南济急会接
办京畿春赈公启》，表示"迭奉李傅相函檄，据各员绅缕述都城内外贫
民困苦情形，非接续赈济不可"，但又言"现值秦晋开办赈捐，所有此
项捐款，似可援案奏请给奖，惟秦晋赈捐亦属急需，同时并举，深恐
徒多窒碍，两无裨益，是以先行筹劝，随后再行核奏"。③ 后来，顺直
春赈由陆树藩领头办理，任锡汾曾上禀李鸿章，"拟将东南济急会归并
顺直善后赈捐局办理"。这一请求并未得到批准，李鸿章饬令任锡汾
"将济急会未尽事宜仍由原办员司清理，无庸归并顺直赈捐局，俾得早
日了结"④。东南济急善会并未刊刻征信录，其原因在任锡汾于光绪三
十三年上盛宣怀禀中曾有述及："当时彼此以垫用经费已巨，已无余力
刊刻征信录。"⑤任锡汾在辛丑年五月间上李鸿章的禀稿中，对于东南
济急会的救援活动曾有一个概述："协同盛宗丞办理东南救急会，截至
二月底共收付过银五十万余两，约分专济、指济、公济三项，及散米、
施衣、煮粥、赠赈、掩骼等费。"⑥后来李鸿章"敬陈东南济急善会办理

---

① 《与湖南学政载克臣附启》，见上海图书馆藏：《救济文牍》卷四，44b 页。
② 《济急会来书》，见上海图书馆藏：《救济文牍》卷五，28b 页。
③ 《东南济急会接办京畿春赈公启》，载《申报》，光绪二十七年正月九日。
④ 《李鸿章札任锡汾文》，上海图书馆藏《盛宣怀档案》，档案号：008773－1。
⑤ 《任锡汾上盛宣怀禀》，上海图书馆藏《盛宣怀档案》，档案号：025794。
⑥ 《李鸿章札任锡汾文》，上海图书馆藏《盛宣怀档案》，档案号：008773－1。
后来，任锡汾在上盛宣怀的禀稿中表示，东南济急善会得到的收条"约共一万数千
张"。《任锡汾上盛宣怀禀》，上海图书馆藏《盛宣怀档案》，档案号：025794。

情形欲恳恩施酌加奖励"的奏稿，亦是"先后汇款至五十余万两"。①

与东南济急善会大约在庚子年十月便基本结束救援行动不同，救济善会是在辛丑年二月底才"停止"救济事宜。救济善会的停止救援，一方面是因为"来源支绌，筹募维艰"，另一方面则是"转瞬和议告成，洋兵撤退，从此被难士商自可安居乐土，无事南迁"。② 也就是说，救济善会的救援行动基本上是到了无需救援的状况才停止。后来，当陆树藩准备刊刻征信录时，刘鹗的一项登报声明引起陆树藩的不满，造成二人关于一笔北京平粜款项的争执。前文已述刘鹗在陆树藩的督促下在北京开办平粜事宜，刘鹗自垫一万，救济善会沪局垫两万③，作为"平粜成本"。但不久，救济善会沪局又接到京局来电云："仓米将罄，京局平粜须预储四个月米，现尚缺一万数千金，极力筹借无着，祈尊处从速设法接济。"救济善会虽将此电登报，并表示，"接译之下，想见宣南百姓无米为炊之苦，办理平粜者虽具婆心，实形棘手，惟有仍求四方乐善君子，勿存畛域之见，勿存膜视之怀，慷慨解囊，多方接济"④，但从现有资料来看，这笔款项如何凑得，无法得知。而从陆树藩与刘鹗关于平粜款项的争执可知，该笔款项可能仍由救济善会所筹。

在刘鹗再次发出"从速设法接济"的请求后，可能是因为救济善会沪局最初的响应显得颇为消极，或以"款项支绌，无力兼顾"而推脱，而刘鹗又认为，"事已不能中止"，"故电致义善源焦乐翁，筹借款项，照常生息"，由刘鹗本人归还。但救济善会最终还是凑得银二万两，由义善源汇给刘鹗。后来当陆树藩从报上得知，刘鹗称此平粜之款为其"向亲友息借"的消息后，当即致书刘鹗表示，救济善会对该平粜款项"已经出有收条，大半已在捐款内扣还"，从而责问这笔款项"如何造

① 《戴鸿慈奏稿》，见盛宣怀档案资料选辑之七《义和团运动》，676 页。笔者认为此奏稿应为"李鸿章奏稿"，理由前文已述。
② 《北方救济并归顺春赈启》，见上海图书馆藏：《救济文牍》卷三，25b～26a 页。
③ 《救济京电》，载《申报》，光绪二十六年十一月十一日。
④ 《救济京电》，载《申报》，光绪二十六年十一月二十三日。

报"。刘鹗因此复以长信，历数在京之花费，为自己辩解：

> 统计掩埋平粜二事情形，请为吾兄陈之。掩埋局本系用钱之
> 事，两个半月计用四千金有奇；若平粜局初意本拟随籴随粜，酌
> 加价值以抵人工，事竣之后仅亏设局席板筐箩等事而已，初不料
> 其办理未能得法，重重亏折也。大宗之亏则在银价，籴米用银，
> 粜米收钱，定价时银价银价十二吊，至正月则十五吊有奇，近且
> 十七吊矣。所用者多系外行，弟又不善琐屑，钩稽积漏崩山，以
> 二月底截止计算，已约亏七八千金，所欠华俄汇丰之款近皆催逼，
> 不得已以存米急售，又加一亏，其数尚未能知也。至二月晦止，
> 平粜掩埋两局约耗银一万三千金上下。在阁下曰，已由捐款内扣
> 还，则或可；在弟曰，应由贵会代还，则断不可也。此弟登报言
> 向亲友息借由弟一人认还之又一端也。至应如何造报之处，自当
> 由执事酌定，岂弟所得干预者哉！若云此款须还，则仍照旧议，
> 秋以为期；若云系诸大善士之捐款，无庸归还，则俟奉到手示后，
> 自当登报声明并鸣谢悃。至弟归还各款之时，仍将此数提出，另
> 作别项善举，亦自然之势也。溯弟自上海来时，自携一万二千元，
> 由贵会交还捐垫款一万两，法国汇来银二万两，此提借公司之官
> 款也，义善源汇来二万两，统计银五万两洋一万二千元。弟私用
> 买字画古玩四千两、房屋衣服一千五百两，尚存米七千石，时价
> 值银一万五千两，善举约用银两万五千余两，尚缺二三千两，其
> 中有放出米帐之一千余两，其一千余两则不知销归何所矣！①

"义善源汇来二万两"应该就是引起陆树藩与刘鹗争执的平粜款项。
救济善会在向京局汇寄平粜款项时，均强调此款项为"慨垫""筹垫""勉
垫"或"借垫"；刘鹗在讲到"平粜成本"时，也称"弟垫"和"沪垫"。之所
以平粜款项均称"垫"，是因为"平粜"并非"赈济"，办理得宜，并不一
定会有巨额亏损。因此刘鹗表示，"若平粜局初意本拟随籴随粜，酌加
价值以抵人工，事竣之后仅亏设局席板筐箩等事而已，初不料其办理

---

① 《刘铁云太守来书》，见上海图书馆藏：《救济文牍》卷五，34a～35a 页。

未能得法，重重亏折也"。因为亏折太多，也是刘鹗登报表示平粜款项乃"向亲友息借，由弟一人认还"的原因之一。刘鹗因此表示，这些平粜款项"若云系诸大善士之捐款，无庸归还，则俟奉到手示后，自当登报声明，并鸣谢悃"。也就是说，要么将"垫款"变为"捐款"，"无庸归还"；要么就是登报声明这些"垫款"均为刘鹗本人所借，并由刘鹗归还。简言之，刘鹗之意，即谁还款谁得名。陆树藩选择要求刘鹗归还银二万两；同时将刘鹗最初之"捐银五千两，垫款七千两"也拨还给刘。① 据此看来，二人因为平粜款项的争执以致绝交。

实际上，陆树藩本人也因这次救援行动而负债累累。据陆树藩在《拟办天津工艺局启》中所言，"综计所费已几及二十万金"②；又据顾志兴估算，救济善会"在上海及浙江共募得白银七八万两（未包括救济善会筹备时会董捐款数万两）"，因此陆树藩很有可能因为救援行动负债十余万两白银。辛丑年，陆树藩接办顺直春赈，"集款至百余万两"，但又因其"无原则借款私人而未能收回欠款约五万金"。再加上光绪二十九年至三十年（1903 年至 1904 年），其家族"经营的振纶缫丝厂、钱庄先后倒闭破产，又欠下一笔债务"③。种种压力下，陆树藩终于在光绪三十三年（1907 年）将皕宋楼藏书卖给日本。④ 皕宋楼藏书去国之后，

①　《刘铁云观察来书》，见上海图书馆藏：《救济文牍》卷五，42a 页。

②　《拟办天津工艺局启》，见上海图书馆藏：《救济文牍》卷一，19a 页。

③　顾志兴：《关于皕宋楼藏书之出售原因及评价——〈藏书籍陆心源〉的序外文》，见王绍仁主编：《江南藏书史话》，20 页。

④　事实上，陆树藩在家族生意倒闭之前，曾多次表示愿意捐出全部藏书。1900 年前后，陆树藩曾向上海工部局建议，由工部局出地建楼，陆家捐出全部藏书，陆树藩甚至表示愿意支付部分建设费用。此事提出后，陆树藩曾陪同工部局委派的李提摩太到湖州查看各书，但最终还是未获得工部局的同意。后来，管学大臣张百熙提出筹建京师图书馆，以汇集私家藏书。陆树藩对此抱有极高期望，但最终也不了了之。陆树藩还曾上书端方，建议为陆家藏书、盛宣怀所藏书画及端方所藏金石，在上海建博物院，但也不了了之。陆树藩甚至还考虑"有无新的有实力且喜爱藏书的藏书家能建新楼而集中赠予"，并为此专门登报声明，但苦无问津者。参见徐桢基：《潜园遗事——藏书家陆心源生平及其他》，106～107 页；丁唯涵：《"斯文未绝，吾道不孤"——皕宋楼藏书东渡前后张元济先生诸事》，见上海图书馆编：《上海图书馆藏张元济文献及研究》，408 页，上海，上海古籍出版社，2017。

陆树藩长期为人所不齿，"后人对皕宋楼藏书去国原因，总是过多归咎于陆树藩个人的坐吃山空与有亏大义"①。后来，随着陆树藩与救济善会相关史实的发掘，以及一些新视角的产生，不少研究者如徐桢基、顾志兴、来新夏、虞云国诸先生，为陆树藩讲了一些"公道话"，对陆树藩"无可言说的无奈与胶柱鼓瑟的错误，给以理解与同情"。② 笔者无意对陆树藩的功过是非进行评价，只想借此书充分展示历史过程的复杂，以及历史人物的多重面相。

---

① 虞云国：《皕宋楼藏书去国原因新探》，见王绍仁主编：《江南藏书史话》，33 页。
② 除上述顾志兴、虞云国的文章外，来新夏之《关于"皕宋楼事件"罪责之我见》（见王绍仁主编：《江南藏书史话》）与徐桢基之《陆树藩其人与皕宋楼藏书售日事》（《史林》，2007(S1)）两文，亦含有此种意思。

余论　庚子救援中的关键词

在正文中，笔者主要是想将庚子救援的来龙去脉梳理清楚，其间或有一些议论，但均浅尝辄止。因为若要深入探讨，则必然要对某些背景知识或相关主题进行深度挖掘，而这有可能使得本书主体部分的叙述太过枝蔓，影响全书的整体性。在对庚子救援行动的全部过程进行完整叙述后，笔者认为有必要将贯穿于全书主体部分的一些关键词拎出来，进行专门解释或解读。这种解读或有助于深化对庚子救援事件，以及庚子前后中国社会的认识与理解。

第一节　上海的丝业时代

将"丝业"作为第一个关键词，是因为救济善会的创办者，或者说是庚子年整个救援行动最初的推动者陆树藩，其家族产业以丝业为主。陆树藩之父陆心源"在沪开办了缫丝厂，同时办有钱庄"。虞云国因此评论："湖州本来就盛产蚕丝，以丝厂的盈利来作为钱庄的有力后盾，再以钱庄的游资投入丝厂，作为再生产的流动资金，应该说，陆心源是颇有经营头脑的。"①其实，这不仅仅是因为陆心源"颇有经营头脑"，更重要的是因为丝业是整个19世纪中后期江浙地区，尤其是浙江湖州地区最为煊赫的行业。湖州尤其是南浔，因业丝而成巨富者比比皆是。南浔所谓"四象、八牛、七十二狗"之谚，即是以拥资多寡而排列座次：

---

① 虞云国：《皕宋楼藏书去国原因新探》，见王绍仁主编：《江南藏书史话》，39页。

"百万以上者称象，五十万以上者称牛，三十万以上者称狗。"①其中"四象"中的"刘家拥资达 2000 万元，张家也达 1200 万"，照此估算，这一丝商群体的资产总额接近六千万，相当于光绪二十年全国产业资本的总额。② 江浙丝商群体在 19 世纪下半叶聚敛起如此庞大的财富，可以说是中国近代经济史上最重要的现象之一，但是学界对于这一现象并没有引起足够的重视。③ 江浙丝商群体之所以能够在十九世纪下

---

① 据李学功言，此谚最早载于刘大钧、李植泉所著《吴兴农村经济》(72 页，上海，文瑞印书馆，1939)，许涤新、吴承明主编的《中国资本主义发展史》第二卷《旧民主主义革命时期的中国资本主义》曾引用此谚，"说明丝商巨富人数之多"。参见许涤新、吴承明主编：《中国资本主义发展史》第二卷，252 页，北京，人民出版社，2003。陶水木在《近代湖州商帮兴衰探析》中言，南浔丝商出现"二狮、四象、八牛、七十二狗"的丝商家族群，"拥资千万以上者称狮"[《浙江学刊》，2000(3)]。朱从亮《南浔文献新志纪余》称，1922 年《六苏阁丛刊》载徐珂《可言》："湖州之南浔镇之丝商，同光之繁富，甲于浙中，数富室者有'五虎、六羊、八牸牛、七十二只焦黄狗'之喻，其最富有逾千万。"参见李学功：《南浔现象——晚清民国江南市镇变迁研究》，144 页。

② 这种估算方法正如陶水木所言，"只是根据口碑资料估算，无法核实查证，但也并非是无稽之谈"，汤寿潜、张謇均曾言及南浔之富，称"与通奉(刘墉曾封通奉大夫)相垺者，凡十数家"。见陶水木：《近代湖州商帮兴衰探析》，载《浙江学刊》，2000(3)。另外，有关"四象八牛"的说法不一，李学功在其《南浔现象》一书中有过梳理，此处不再具列。目前所言"四象"，一般是指刘墉家族、张颂贤家族、庞云鏳家族、顾福昌家族。见李学功：《南浔现象——晚清民国江南市镇变迁研究》，145～149 页。

③ 学界在中国近代经济史研究上的基本模式是中国资本主义的产生与发展，因此中国近代经济史研究关注的主要问题是洋行与买办、洋务企业、民族资本近代工业等与资本主义生产方式的问题意识紧密相关的现象与问题。包括对丝业的研究，也主要是在这一问题意识下展开的，如徐新吾之《中国近代缫丝工业史》(上海，上海人民出版社，1990)、《近代江南丝织工业史》(上海，上海人民出版社，1991)，汪敬虞之《从中国生丝对外贸易的变迁看缫丝业中资本主义的产生和发展》[《中国经济史研究》，2001(2)]，张茂元之《近代中国机器缫丝技术应用与社会结构变迁——长江三角洲和珠江三角洲的比较研究(1860——1936)》(博士学位论文，北京大学，2008)，张茂元、邱泽奇之《技术应用为什么失败——以近代长三角和珠三角地区机器缫丝业为例》[《中国社会科学》，2009(1)]等。美国学者李明珠的专著《近代中国蚕丝业及外销》，虽然不再纠结于机器缫丝技术与缫丝工业在中国的成败等问题，但其关注的重点仍然不在于丝业及其影响本身，而是（转下页注）

半叶暴富，与上海开埠有着直接关系。上海开埠前，中国的生丝出口只能通过广州十三行，年出口值"仅及茶叶出口值的四分之一强"。上海开埠后，中国生丝出口中心迅速转移至上海。道光二十五年，上海、广州共出口生丝约一万余担，其中上海约占一半；到咸丰三年，骤增至五万多担，其中上海占 93％。①

在整个 19 世纪，茶叶和蚕丝占了"中国出口贸易的主要部分"，同治六年这两项占出口总值的九成，光绪二十年仍占五成以上。②英国驻上海领事哲美森在光绪十八年的《贸易和商业报告》中甚至表示："在中国向外贸开放后的许多年来，对外国出口的商品几乎只有丝茶两种。"其中，茶叶长期占据第一位，蚕丝占据第二位。同治九年，茶叶占中国出口总值的 49％，蚕丝占 39％；光绪元年，茶叶占 53％，蚕丝占 36％。③光绪十三年，蚕丝取代茶叶成为中国最主要的出口物，到光绪

────────────

（接上页注）在于"蚕丝出口贸易，对整个中国经济以及它的一般经济制度的意义"（［美］李明珠：《近代中国蚕丝业及外销（1842～1937）》，徐秀丽译，8 页，上海，上海社会科学院出版社，1996）。真正触及近代丝商群体研究的是商帮研究中的一支，即对浙江商帮，尤其是"湖商"或"浔商"的研究，其中成果比较集中的学者是陶水木，不仅发表多篇论文［《浙江籍买办的崛起及其影响》，载《历史教学》，1998（7）；《近代湖州商帮兴衰探析》，载《浙江学刊》，2000（3）；《浙江商人与上海经济近代化》，载《浙江社会科学》，2001（4）等］，还出版有专著《浙江商帮与上海经济近代化研究（1840—1936）》（上海，上海三联书店，2000），与人合作主编《中国近代最大的丝商群体——湖州南浔的"四象八牛"》（杭州，浙江人民出版社，2001）等。其他还有董惠民之《近代浔商迅速崛起的原因探析》［《安徽史学》，2004（3）］、《论近代浔商衰落之原因》［《西南民族大学学报》（人文社会科学版），2004（4）］、方福祥之《近代上海湖州商帮的演变及其特征》［《学术月刊》，2003（3）］等。这些研究关注的重点是商帮的兴衰过程及其原因，有些还会扩展至对上海经济的影响，如陶水木的研究，但对丝业与丝商在当时中国经济中的地位和影响却少有论及。

　　① 　许涤新、吴承明主编：《中国资本主义发展史》第二卷，247 页。

　　② 　［美］李明珠：《近代中国蚕丝业及外销》，88 页；许涤新、吴承明主编：《中国资本主义发展史》第二卷，285 页。

　　③ 　李必樟译编：《上海近代贸易经济发展概况（1854—1898 年）：英国驻上海领事贸易报告汇编》，张仲礼校订，784 页，上海，上海社会科学院出版社，1993。

二十四年，蚕丝的出口值约为茶叶出口值的 2 倍。① 再据英国领事的贸易报告，光绪十六年茶叶占中国出口总值的 30.3％，蚕丝占 34.9％；光绪十八年，茶叶占 25％，蚕丝占 37.5％。② 虽然茶叶长期占据中国出口商品的首位，但是在上海的出口商品中，却一直是蚕丝占据首位。道光三十年（1850 年），蚕丝占上海出口货物的比重为 52％，茶叶为 46％；咸丰十年（1860 年），蚕丝为 66％，茶叶为 28％。③ 英国驻上海领事达文波在光绪四年的《上海贸易报告》中表示，该年"出口商品总值 28303976 两，其中 1800 万两为蚕丝，800 万两为茶叶"。次年，副领事阿连璧在《上海贸易报告》中直接指出："蚕丝在中国的出口商品目录上列于第二位，而在上海的出口商品目录上则列于首位。"④

之所以出现这种状况，是因为茶叶为多口岸出口。第一次鸦片战争后，五口通商，上海、福州成为两大茶叶口岸。咸丰六年（1856 年），上海出口 44.5 万担，福州出口 30.7 万担，两大口岸共占全国海运出口量的 77％。第二次鸦片战争后，汉口开埠，成为华中茶区的主要口岸，原陆路运俄国之砖茶亦改由汉口出海。至光绪七年，上海出口茶 62.3 万担，福州出口 66.3 万担，汉口出口 26.8 万担，三大茶埠出口占全国茶出口量的七成以上。⑤ 英国驻上海领事许士在光绪六年的《上海贸易报告》中写道："本茶季于 5 月份开始，照例有大批购茶者从本港拥往汉口。只是在第一批和大多是最精选的茶叶从汉口直接发

---

① ［美］李明珠：《近代中国蚕丝业及外销（1842～1937）》，88 页。许涤新、吴承明认为，"甲午战争前，我国出口商品以茶占第一位，丝居第二位"。见许涤新、吴承明主编：《中国资本主义发展史》第二卷，285 页。

② 李必樟译编：《上海近代贸易经济发展概况（1854—1898 年）：英国驻上海领事贸易报告汇编》，784、785 页。

③ 黄苇：《上海开埠初期对外贸易研究》，166 页，上海，上海人民出版社，1979。

④ 李必樟译编：《上海近代贸易经济发展概况（1854—1898 年）：英国驻上海领事贸易报告汇编》，464、540 页。

⑤ 许涤新、吴承明主编：《中国资本主义发展史》第二卷，227 页。

运后，才有稳定的供货开始涌进上海市场。"①正因为如此，很多长期
在上海经营茶栈的茶商，也要到汉口设栈。如第二次鸦片战争后，唐
翘卿便在汉口开设分行；徐润则于光绪九年"还出银 4.5 万两买下汉口
善昌升茶栈（连同码头）"。茶叶出口的分散，是与茶叶产区的分散紧密
联系在一起的。浙、皖茶多由上海出口，两湖茶多由汉口出口，武夷
茶则由福州出口。②

　　与茶叶不同，蚕丝的出口几乎都集中在上海。上海领事达文波在
光绪二年的贸易报告中写道："上海市场的吸引力如此之大，以致四川
和山东两省都运来了大量蚕丝。"实际上，"上海出口的大部分蚕丝是湖
州、南浔以及江浙两省边界其他地区生产的白丝"。据上海领事光绪四
年的贸易报告，该年"生丝出口额计 51278 担"，其中"包括了约 2900
担的汉口黄丝，955 担的烟台黄丝，500 担的宁波丝和 156 担的芜湖
丝"，其它便全部来自"湖州、南浔以及江浙两省边界"。在光绪五年的
贸易报告中，直接称"上海是湖州、南浔等大产丝区的出口港"，"浙江
省比其他任何一省运来的中国商品的数量都要多些，因为产丝区位于
该省境内"。③ 江浙丝商的巨额财富正是在这样一种外贸背景下获得
的。因为蚕丝主要从上海出口，所以许多丝商均在上海设丝栈。"上
海最早一批专营辑里丝的大成、震泰、恒昌、永达成、怡成、成顺泰、
泰康祥、陈舆昌、刘贯记等丝栈，大都是湖州丝商所设，有些就是南
浔产区丝行的分号、联号。"④

　　这些丝栈主要是代产区丝行把生丝卖给外商洋行的中间商。久而
久之，很多丝商成为洋行买办。近代中国的买办主要来源于商人，即
当时报纸上经常说的"洋行要求买办，首先必须是一名商人"。⑤ 在郝
延平看来，"广东人特别擅长茶叶生意，主要是因为这个缘故，洋行雇

　　① 李必樟译编：《上海近代贸易经济发展概况（1854—1898 年）：英国驻上
海领事贸易报告汇编》，581 页。
　　② 许涤新、吴承明主编：《中国资本主义发展史》第二卷，287 页。
　　③ 李必樟译编：《上海近代贸易经济发展概况（1854—1898 年）：英国驻上
海领事贸易报告汇编》，546 页。
　　④ 许涤新、吴承明主编：《中国资本主义发展史》第二卷，250 页。
　　⑤ 陶水木：《浙江籍买办的崛起及其影响》，载《历史教学》，1998(7)。

佣他们在福州、上海、九江、汉口和日本为买办"。随着茶叶贸易呈现下降趋势，曾经在条约口岸独占鳌头的广东买办渐渐受到了挑战，代之而起的是浙江买办。郝延平认为，在光绪三十四年（1908 年）以前，"生丝在中国的出口中保持了重要地位（30％～40％），这就是浙江买办缓慢地、但是稳步地兴起的原因，因为浙江买办似乎是专营生丝贸易的。"①"湖州人顾福昌、陈熙元、杨涵斋、黄佐卿、杨信之、沈志云、沈联芳、沈静轩、顾寿岳等都由丝栈（号）主而成为买办。"②"怡和洋行的杨坊是上海的著名丝商，50 年代怡和洋行通过他形成一种所谓'苏州制度'的生丝采购制度。旗昌洋行的陈竹坪是以产丝闻名的浙江湖州人氏，是 60 年代上海最有名的丝商。1862 年 A. F. 侯德从上海发出的信中写到他时说：'他是靠丝发迹的，这里所有富人都是丝客。'"③

在近代中国，买办的财富一直以一种令人炫目的方式吸引着人们的注意。④ 郝延平认为："买办不仅属于条约口岸最富有的华商之列，而且就整个中国言之，他们也是最富有的。"⑤有学者认为，从道光二十年（1840 年）到光绪二十年的半个世纪中，买办总收入"合计达 5 亿两"，"差不多相当于将近 10 年的国库收入"。⑥ 但无论是《十九世纪的中国买办》，还是《中国资本主义发展史》，其所开列的买办收入细目中，"洋行买办薪金"所占比重都很小，其大部分收入都来自于"私人经

---

① ［美］郝延平：《十九世纪的中国买办：东西间桥梁》，李荣昌等译，63 页，上海，上海社会科学院出版社，1988。
② 陶水木：《浙江籍买办的崛起及其影响》，载《历史教学》，1998（7）。该文还列举了一些因经营丝栈而成为买办的例子，如"吴少卿原是无锡成顺泰丝栈主，与洋行大班熟悉了，就被邀去当买办。怡成丝栈主徐棣山也因常有生意与怡和洋行大班交往，洋行约他合开丝厂并任买办。吴成和在上海开设吴成记丝号，'经营丝业起家'，后任上海百利洋行买办"。
③ ［美］郝延平：《十九世纪的中国买办：东西间桥梁》，63 页。
④ 黄逸峰、郝延平、严中平、汪熙等人对"买办总收入"都曾有过估算，最少的也有"四亿两"。见许涤新、吴承明主编：《中国资本主义发展史》第二卷，169 页。
⑤ ［美］郝延平：《十九世纪的中国买办：东西间桥梁》，122 页。
⑥ 许涤新、吴承明主编：《中国资本主义发展史》第二卷，174 页。

商收入"或"一般商品贸易佣金及其他收益"或"出口商品货价差额"。①也就是说，洋行买办的收入大部分还是来自于商品贸易。被郝延平当做买办富有典型的徐润，"在宝顺洋行任职期间，独资或合资开设的茶叶栈号已有 6 家（其中有的停歇）"；同治七年（1868 年）离开宝顺洋行后，更是全力集中于茶业；"他在各地开设的茶号，不是'年年第一'，也是'不落三名之后'，为当地茶号的大户"；"正是在这几年，他投资于房地产、典当、购买股票等总额达到 320 多万两"。②

　　有关丝商在上海拥有财富状况的资料并不是太多。郝延平在其著作中论述买办收入时，提到了两位丝商买办：杨坊和陈竹坪。"在 50 年代（19 世纪，笔者注）的大约十年间，怡和在上海的买办杨坊积攒起数百万两，这在当时是一笔惊人的数额。""60 年代和 70 年代（19 世纪，笔者注）旗昌在上海的买办陈竹坪也是一个例子。"同治元年（1862 年），一个洋人在一封从上海发出的信中，谈及陈竹坪多么富有时说："'山东号'（轮船）的盘出真是一大幸事，因为这打通了同陈裕昌（陈竹坪的别号）的关系，他是此地的大亨之一。他在旗昌的计划里投下 13 万两，拥有'苏格兰号''竞赛号''山东号'和'查理·福士爵士号'，还有房产和地产也占半个外国租界。他现在同我们非常友好，是一个掌握钱财的人，我们要向他磕头求拜。"③陈竹坪不过是南浔"四象八牛"中的"八牛"之一。④"四象"之一的顾福昌，"买进上海最大的外洋轮船码

---

　　①　在《十九世纪的中国买办：东西间桥梁》一书中，"薪金"占买办收入比重仅为 8.3%，"对外贸易佣金"占 30.3%，"私人经商收入"占 50%。见［美］郝延平：《十九世纪的中国买办：东西间桥梁》，129 页。在《中国资本主义发展史》一书中，"洋行买办薪金"占买办收入比重为 17.6%，"一般商品贸易佣金及其他收益"占 36.8%，"出口商品货价差额"占 16.8%。见许涤新、吴承明主编：《中国资本主义发展史》第二卷，175 页。

　　②　［美］郝延平：《十九世纪的中国买办：东西间桥梁》，123～124 页；许涤新、吴承明主编：《中国资本主义发展史》第二卷，232～233 页。

　　③　［美］郝延平：《十九世纪的中国买办：东西间桥梁》，122 页。

　　④　李学功：《南浔现象——晚清民国江南市镇变迁研究》，147 页。陈竹坪聚集的财富可能无法与"四象"相比，但其在上海丝业界的地位却非常高。"侨沪数十年，为丝业领袖，能通译西语，而出以诚笃，中西丝商倚之为长城。"转引自许涤新、吴承明主编：《中国资本主义发展史》第二卷，251 页。

头——金利源码头，独占上海进出口装卸业务"；"四象"之首刘墉在上海等地也拥有许多房地产，"甚至连房地产大王哈同也自叹弗如"。[①]仅从这些有限的史料，也足以能够让人感受到丝商群体所拥有的财富在上海的地位及影响。

另一个可以体现丝商在上海乃至整个江南地区地位和影响的便是慈善。据朱浒的研究，江南义赈的发起群体如李金镛、谢家福、严佑之、经元善等主要来"江南善士圈"，同时也主要是由这批人构成了江南社会第一批义赈领袖。[②] 在朱浒看来，随后施善昌、王松森、陈竹坪、李秋坪四人"开展义赈活动的能力及其社会影响力都大大得到了增强"，从而很快形成了"对先前义赈领军人物的冲击"，"而且，这种冲击是如此强劲，就连经元善都明显感觉到了"。[③] 在此后的回忆中，经元善表示："厥后风气大开，有李君秋坪、陈君竹坪暨施少钦封翁相继而起。因思宇内愿力只有此数，沪上滨海一隅，似不必务名而多树帜，人取我弃，渐渐退舍。"[④]这四人中，施善昌与陈竹坪均出身丝商，与陈竹坪兼有买办身份相比，施善昌"仅为丝商出身"。但"仅为丝商出身"的施善昌，其"筹赈能力也是最强的一个"。后来当其他三家赈所因各种原因而停止活动后，"施善昌在保持丝业会馆赈所继续活动的同时，复在光绪十五年开设了仁济堂赈

---

① 李学功：《南浔现象——晚清民国江南市镇变迁研究》，167 页；方福祥：《近代上海湖州商帮的演变及其特征》，载《学术月刊》，2003(3)。

② 参见朱浒：《地方性流动及其超越——晚清义赈与近代中国的新陈代谢》，149～159、333 页。据该著，义赈发起群体还包括郑观应，而郑之所以能够在"以江南善士为主导的义赈发起群体中占有一席之地，其间最重要的砝码就是其最晚到 1872 年便已与余治建立了极为深厚的交谊"。"余治是咸同以来'江南善士圈'得以凸显的一个中心连接点"，李金镛、谢家福、严佑之、经元善均为余治门下弟子。所谓第一批义赈领袖主要是指谢家福、经元善等人。

③ 朱浒：《地方性流动及其超越——晚清义赈与近代中国的新陈代谢》，332～333 页。

④ 经元善：《沪上协赈公所溯源记》，见虞和平编：《经元善集》，327 页，武汉，华中师范大学出版社，1988。

所，从而形成了他一人长期独立主持两家赈所的局面，这在当时是独一无二的"。随着谢家福和经元善的退隐，"施善昌在义赈主持群体中的中枢地位亦随之确立"，在光绪十七年到光绪二十二年，上海地区的义赈事宜主要是由施善昌负责统筹。①

虽然说，"上海地区的义赈事宜"由施善昌负责统筹，具有一定的偶然性，但是在上海的第二批义赈领袖中，丝商占了四位中的两位，且最后是由一位丝商负责上海地区义赈事宜的统筹工作，也还是可以体现出丝商在上海乃至江南义赈中的地位及影响。论及庚子年的救援行动，丝商在其中的作用就更为明显了。救济善会的创办人、主持者陆树藩，其财力主要来自于丝业。济急善局的五位发起者中，庞元济、施则敬两人均出身丝商。济急善局以及随后扩展而来的东南济急善会，其日常办公地点便设于"盆汤弄丝业会馆"；有关济急善局或东南济急善会各种信息的发布，也均以"盆汤弄丝业会馆庞元济、施则敬"署名。可以说，东南济急善会的具体救援活动主要便是由"庞元济、施则敬"两位丝商筹划。庚子年的救援行动中，除了救济善会、东南济急善会两大救援组织之外，还有一个值得一提的救援组织即协济善会，其主持者杨兆鳌也是丝商出身，协济善会也正是设在杨兆鳌的泰康祥丝栈中。由上所述，可以看到东南各省庚子年的救援行动与丝商们的慈善义举息息相关。

第二节　京官：中央与地方之间

京官，顾名思义，相对于外官而言，指官于京师者，既包括科举"正途"出身的翰詹科道及各部院司堂官，也包括捐纳出身"分发各部院

---

① 李秋坪的高易公馆赈所，在光绪十七年十月底宣告撤止；陈竹坪的陈与昌丝栈赈所，在陈竹坪于光绪十五年去世后立即停止了活动；王松森则在上海文报局赈所于光绪十七年撤止后完全退出了义赈主持者的行列"。见朱浒：《地方性流动及其超越——晚清义赈与近代中国的新陈代谢》，332、335～336 页。

的小京官"。① 无论何种出身，京官与籍贯均关系紧密。从科举制度来看，"自明洪武二年(1369 年)诏天下各府州县皆置学校，每学皆有教官与生员额数。惟生员可参加乡试，中试者成举人，惟举人可参加会试，中试者成进士。科举与学校制度不但有了密切的联系，并且科举与学校全部根据地籍"。此后又有"试子籍贯登记的通则"，"生员乡试前必须各具""年甲、籍贯、三代"。清承明制，而执行更严。② 毫无疑问，科举制度中有关士子籍贯的规定，强化了各省士子的籍贯意识。同时，为了保证各省各州县均有士子能够选拔出来，科举制度中又有"州县学额""乡试中额"等规定。③ 在会试中，对于"边远省份，如云南、四川、广西、贵州，有一定名额的保障"，"计省之大小、人之多寡，按省酌定取中"，"惟各省取中名额，则大抵按应考人数多寡分配"。④ 由此可见，科举制度保证了各省均有士子得以考中进士，从而也保证了官员的来源涵盖各省。当然，京官也不会例外。也正是因为各省均有人在京做官，故庚子救援时的救援对象，以"东南各省"为主，

---

① 捐纳出身而官至各部院司堂官者，亦大有人在。见王德昭：《清代科举制度研究》，60 页，北京，中华书局，1984。各部院小京官除捐纳者外，还有一项来源是各省"拔贡"，亦为"正途"。"拔贡"是各省学政每十二年"于全省每府学中所属秀才加以考试，取成绩最佳、学问最优者，拔取一人为拔贡生，贡入北京，再经朝考，分等录用。取一等，以七品小京官用；二、三等，以知县用，分发各省。"见刘禺生：《世载堂杂忆》，8 页，北京，中华书局，1960。又据朱彭寿言："本朝自乾嘉以来，得鼎甲者，其出身以内阁中书及各部小京官居多。"见朱彭寿：《旧典备征·安乐康平室随笔》，177~178 页，北京，中华书局，1982。翁同龢即曾为"拔贡"。

② 何炳棣：《中国会馆史论》，7~8 页，台北，学生书局，1966。

③ 如清初有关州县学额的规定：顺治四年定大县学额四十名，中县三十名，小县二十名；有关乡试中额的规定：顺治二年定顺天 168 名、江南 163 名、浙江 107 名、江西 113 名、湖广 106 名、福建 105 名、河南 94 名、山东 90 名、广东 86 名、四川 84 名、陕西、山西各 79 名、广西 60 名、云南 54 名、贵州 40 名。这些州县"学额""乡试中额"，并不固定，此后屡有增减，既要要考虑到江南等科甲大省读书人众多而名额相对有限的一面，又要顾及到云贵等偏远省份虽读书人不多但也得有士子被选拔出来的一面。见王德昭：《清代科举制度研究》，61~64 页。

④ 王德昭：《清代科举制度研究》，65 页。该书还举台湾府为例：乾隆三年议准，台湾府"俟来京会试举人达十人以上时，给予名额。至道光三年会试，因台湾应试举人达十一人，故即钦定取中一人"。

实际包括了"江苏、江西、安徽、浙江、福建、广东、广西、云南、贵州、四川、山东、河南、湖南、湖北"等十四省京官，而张之洞、刘坤一、袁世凯之"三帅款"则涵盖各省，张之洞本人更是拨款"指济"直隶京官。

从捐纳制度来看，京官与籍贯也关系匪浅，一方面是各省捐生要由各省同乡京官"具印结作保"，才有机会成为候补京官或外官；另一方面则是各省京官主要仰赖各省捐生缴纳的印结银以度日。胡思敬在《国闻备乘》中言："军兴以后，捐例开，仕途杂，入京引见者多假冒，吏部不能诘，乃令取具各同乡京官印结，始准注选或掣签分省补用。外吏既须京员出结，即不能不稍事应酬，此亦人情之常，不须绳以苛法。其后捐生益多，出结者益众，馈遗多寡无定数，则必有相争相轧之情。于是京曹出结，官始分省，各设印结局，派专员管理而均分其数，罔有议其非者。"①郭则沄在《十朝诗乘》中亦有类似叙述："捐纳例开，廷议虑品流淆杂，令同乡五六品京官具印结作保。部员众多，又恐有扶同及争执等弊，各省籍乃各设局管理，而酌取其费，同乡五六品京官匀分之，几同功令。"②张德昌在《清季一个京官的生活》中写道："浙江省的印结银由浙籍在京官员中之进士出身者轮流管理分配事宜，每月结算，按总数之多少，分配于各京官。"③在张德昌看来，"这每月

---

① 胡思敬：《国闻备乘》，14～15 页，北京，中华书局，2007。据该书言："庚子以后，各省昭信股票悉准报捐，辗转鬻贩，值遂大贱。由监生捐一主事，买票不过千余金，而结费有达二千者，过于捐数几倍。"

② 龙顾山人：《十朝诗乘》，393 页，福州，福建人民出版社，2000。又据该书言："光绪末，秦晋赈捐例开，捐生纷集，印结费顿裕，于是例不出结之翰詹科道及小京官，亦群议抽成，号曰'津贴'。"

③ 张德昌：《清季一个京官的生活》，47 页，香港，香港中文大学，1970。张德昌此书主要是通过李慈铭《越缦堂日记》来剖析京官的日常生活，尤其是经济生活。李慈铭也是靠捐纳"自同治二年入户部学习行走"，在光绪六年中进士前，其官职收入"每年只有养廉一项"，"养廉收入最多的一年是光绪二年，为数四十三两七钱；最少的时候，是同治二年、三年，每年仅得八两八钱"；在印结银上，"以他这样一个末员，每年所得的数目，最少时是一百一十八两，最多时达三百八十六两"。即使李慈铭中进士后，"奉旨以五品即用"，而"五品全俸"一年为一百六十两，大多数时候仍不及印结银。

分配的印结银便成了一般京官生活之主要收入"。

此外，京官还有"冰敬""炭敬"和"别敬"等项收入，这些收入主要来自外官馈赠。"外官多借重于京官，外官之簠簋不饬、办事荒谬者，多被京官参撤，以故外官任优缺者，岁时馈送京官，曰'冰敬'，曰'炭敬'，陛见后出京者，尚留别敬。"[①] 师生之间并无这种利害关系，但"门生外放，岁有炭敬"也是常例。[②] 再就是各省督抚以各省名义，致送各省京官之"炭敬"或"岁贴"。本书第四章便有所叙及，四川省向来送四川京官"炭敬京平足银一千"，因为庚子国变，四川总督奎俊便特别嘱咐"加二千"，交川籍京官乔树枏、高枏查收匀散。同样，湖南巡抚俞廉三在东南济急善会的号召下也汇银三千，并表示这是"岁贴京员三竿"。由此可见，各省对各省京官的津贴或补助应当也是一种较为常见的情况。

反过来，各省京官对于各省的利益也十分尽心尽责。刘体智《异辞录》曾以《江西京官与本省抚藩互讦》为题，记录了这样一件事情："先文庄简赣藩，未出京之先，时江西京官正以地方州县浮收漕粮为词，与本省抚藩互相辩论，因公宴文庄，且请纾民困，文庄诺焉。过津，见李文忠而告之。文忠曰：'公失词。夫款项至于十余万，绝无干没之理，意者外销必有须于此者乎。'及履任，查出用途，以学政棚费为大宗，其他零星外销杂费不可胜计，乃知文忠言果不谬，据情详请覆奏。未几，江西京官由胡小蓬总宪领衔，再上一疏，愈唱愈高。谓提学使者有养廉，何可滥取之民，且责问江西岂无一廉吏耶。"[③] 以胡家玉为首的江西京官为维护江西绅民的利益，一方面利用京官间的交际网络，"公宴"前赴江西布政使之任的刘秉璋，"请纾民困"；另一方面则是联衔上疏，通过朝廷向江西抚藩施压。最后的结果是两败俱伤，"朝廷两

---

① 陈恒庆：《谏书稀庵笔记》，见沈云龙主编：《近代中国史料丛刊》第四十一辑，第 406 号，185 页，台北，文海出版社，1966。

② 陈恒庆：《谏书稀庵笔记》，见沈云龙主编：《近代中国史料丛刊》第四十一辑，第 406 号，112～113 页。该书言："缘汉人得科名綦难，知遇之感，终身不忘，年节必公宴老师，且送酒席于师母，三节皆往拜节，且有节敬，门生外放，岁有炭敬。师有过，则规劝，未见有相奏参者。有清一代，师生之谊独厚，此亦科名之佳事也。"

③ 刘体智：《异辞录》，65 页。

罪之"，时任江西巡抚的刘坤一降三级留任，"家玉由左都御史降通政司参议，旋即退休"。胡思敬在《国闻备乘》中如此叙述此事："江西钱粮多浮冒，巡抚刘坤一尤苛，家玉出死力纠弹。"①

为"江西钱粮多浮冒"，江西京官胡家玉"出死力纠弹"，体现了一个京官在维护本省利益上的不惜一切。《清稗类钞》上则记载了一位陕西京官疏劾本省巡抚的故事，恰能道出京官为何不惜一切来维护本省利益的缘由。光绪丁丑年间，陕西大旱，陕西巡抚谭钟麟"禁属吏毋得以灾情上闻"。"陕人柏子俊、刘古愚约诸绅上书陕抚，请以灾状上闻，且设局省城，派官绅会办赈务"，谭钟麟对此置之不理。于是，陕西众绅"致书京中言路，乞援手"。当时，"陕人官西台者称极盛，南郑王炳、朝邑刘锡金、清涧王宪曾、平利余上华、三原梁经先，凡五人"。梁景先因为在庚申之变时，"弃官潜逃回籍，乡人皆薄之"，于是陕绅公函"遍致四人而不及梁"。"经先闻陕绅之遍贴书言路而不及己也，则大惭。自念为六十余老人，而为乡里所不齿，将来退归林下，何以自安，乃谋所以晚盖者。因抗疏劾巡抚骄蹇暴戾状，罗列多款，皆实有证据。"②后来，张佩纶也上疏"严劾陕抚"，朝廷因此"知陕灾之巨"，"廷寄询灾状甚悉"。最终在朝廷的过问下，谭钟麟"饬各州县同时办赈"。赈事毕，谭钟麟"自知已不为陕人所容"，旋移调他省。③

自秦汉以来，"中央政权为防止强大地方势力的抬头，逐渐通过了

---

① 胡思敬：《国闻备乘》，20 页。

② 徐珂编撰：《清稗类钞》第 4 册，1513～1514 页。据该书，此事还有一插曲：余上华，"其先固鄂人，与巡抚论乡谊，交颇昵"，得陕绅公函则语诸人曰："绅士与大吏讧，言官更劾大吏，是愈激之怒也。万一击之不中，彼将更肆虐，如之何？宁少缓焉，吾先以私书为之调停，苟彼知惧而悔，又何必深责乎？""众韪其言，从之。"余上华"亟驰书陕抚，并钞寄陕绅原函，陕抚得书，疏参陕绅把持公事，胁制官吏，移熟作荒，阴图冒赈。疏奏，陕民大哗，几暴动。陕抚亦惧，檄防营兵三千卫抚署，夜二鼓，即禁署前行人往来，日伏居内室，不敢出宅门一步"。张佩纶得知其事，勃然曰："陕灾如是，而巡抚尚沮绅民呼吁，是真欲勒绝陕民矣！"因此上疏严劾陕抚，并详及余上华事。朝廷得此疏，"乃寄谕申饬"陕抚，"令明白回奏"。

③ 徐珂编撰：《清稗类钞》第 4 册，1514 页。此事《刘古愚评传》亦有叙及，见任大援、武占江：《刘古愚评传》，13～14 页，西安，陕西人民出版社，1997。《清实录》亦可查阅此事，参见《德宗景皇帝实录》卷六〇，光绪三年十月下，824a～824b 页；《德宗景皇帝实录》卷六一，光绪三年十一月上，851b 页。

地方各级官员回避本籍的法令"。有清一代，"官员铨选之籍贯禁限粲
然大备"。"在外督抚以下，杂职以上，均各回避本省。"①在这种选官
制度下，各省官员对于该省利益有时并不能尽心尽责。如此一来，各
省京官与各省绅士则成为自觉维护乡土利益的首要承担者。又因为京
官身在京城，品秩达到一定等级即可上奏言事，因此各省京官某种程
度上成为各省利益在朝廷的代言人。高枬在日记中曾写道，京官"一闻
朝廷发赈，则群而嚻曰，皇上收我百姓粮，今散赈何独遗我乡"②。何
炳棣亦曾言："州县之报荒减赋，亦与一地人文之盛衰不无关系。"③恽
毓鼎在日记中多次记录其与同乡京官因朝廷赈恤其乡而"诣西苑门谢
恩"。如光绪二十二年（1896 年）七月永定河决口，顺直所属州县大多
被灾，清廷一面截漕赈灾，一面蠲免钱粮。而清廷每一次有所赈恤，
顺直京官不但要"具折谢恩"，还要"诣西苑门内行礼"：七月十一日，
"永定河决，德旨截南漕十万石赈大兴、宛平、东安、永清灾民，顺直
同乡京官诣西苑门谢恩"；十月二十五日，"德音蠲免顺直被水州县秋
粮，同乡官具折谢恩，六点钟折发下，齐诣西苑门内行礼"；十二月二
十六日，"德音蠲缓顺直被水灾区钱粮，同乡官诣西苑门谢恩，六点钟
折发下，行礼而出"。并非顺直京官才有此举，江苏亦如是：光绪二十
四年（1898 年）底，"德音蠲缓江苏被灾州县钱粮，同乡京官具折谢恩，
黎明登车，辰初事下，在西苑门内行礼"④。由此足可证明，各省京官

① 何炳棣：《中国会馆史论》，6 页。
② 高枬：《高枬日记》，见《庚子记事》，243 页。
③ 何炳棣：《中国会馆史论》，8 页。何认为，"登科的人不但可以奠定身家
的经济基础，扬名显亲，而且可以援引提携惠及宗族桑梓"，因此"科第不但是个
人单独追求的目标，而且是地方集体争竞的对象"。
④ 本书第一章曾述恽毓鼎科考籍贯为"顺天大兴民籍"，祖籍为"江苏阳湖"，
因此"顺直京官谢恩"与"江苏京官谢恩"，恽毓鼎均参与。其他类似记载还有光绪
二十三年三月五日，"德音蠲缓天津顺属钱粮，同乡官诣乾清门外谢恩，黎明行
礼"；光绪二十四年正月六日，"德音缓征顺直二十二州县钱粮，同乡官诣乾清门
外谢恩"；光绪二十四年十月二十五日，"德音蠲缓顺直钱粮，同乡官具折谢恩，
辰正在西苑门内行礼"；光绪三十三年二月十六日，"德音截江南漕十五万石赈粜，
同乡具折谢恩，辰刻在西苑门内行礼"等。参见恽毓鼎：《恽毓鼎澄斋日记》，
128、149、154、295 页。

对于自身作为本省本乡利益在朝廷之代表是有着充分的自觉和认识；同样，朝廷对于各省京官代言本省利益也是采取认同态度的。

事实上，各省京官为本省利益而代言者，绝不仅仅是"报荒减赋"，其他如小到一件官司，大到裂土分省，只要事关本省利益，京官们都不会袖手旁观。如光绪初年的杨乃武案得以平反，浙江籍京官功不可没。江阴祝善诒所著《余杭大狱记》对此有详细叙述："当是时，浙人官京师者，无不知杨生冤，又案悬两载有余，同乡书函往复，及京官乡试之自浙来者互相察核，尽得县令父子与门丁、漕书、讼师、医生等朋谋仇陷状。及学政、巡抚奏上，浙人大哗，于是翰林院侍读钟骏声、国子监司业汪鸣銮等二十有八人，合词赴刑部讼杨生冤，复嗾杨母妻再控于提督府，两处同时奏闻。"浙江籍京官的联名呈状，经都察院向两宫皇太后上奏，获允"将该案提交刑部审讯"，终于使案件峰回路转。①

同样，清末新政时期"江淮省"之"旋立旋废"，与江苏籍京官的力争也颇有关系。据谢世诚的研究，因为要裁撤漕督，张謇建议"在徐州一带建立行省"，对英德两国势力进行制衡，同时也有利于控制民情强悍的"徐州及周边之安徽、山东、河南地区"。政务处对此方案进行了修改："将重心由徐州移往清江；将从徐州周边四省分割州县成立新省，改为将江苏北部改为新省。"这一修改违背了张謇欲建徐州行省以抵制列强侵略的初衷，只是"通过设新省来填补漕督裁后之空缺"。清廷很快便通过了"江淮分省"的方案，但这一方案遭到了江苏京官的强

①　有关杨乃武案始末，参见黄濬：《杨乃武案野史征存》《杨乃武案公私资料续辑》，见黄濬：《花随人圣庵摭忆》上册，525～530 页；下册，555～579 页。李孟符《春冰室野乘》亦称"浙之士大夫则起而大愤，谓杨虽非端人，而品连实非所谋害，县令疾其把持公事，藉事锄之耳"，又称"后事下学使者覆讯，仍以原谳上，浙京官益恚，再疏争之"。由此可见，浙江京官于此案出力之甚。参见李孟符：《春冰室野乘》，106～107 页，上海，世界书局，1923。又据《从〈申报〉杨乃武案看重大社会新闻的报道》一文，1875 年 11 月 22 日"浙江籍的十八位京官联名向都察院提交呈状"，"要求将该案提交刑部审理"。《申报》于 1876 年 2 月 4 日登载了十八名浙江籍京官的联名上奏，"引起了极大的反响"。参见葛丽丹：《从〈申报〉杨乃武案看重大社会新闻的报道》，26 页，硕士学位论文，复旦大学，2008。

力阻击。时任都察院左都御史的陆润庠领衔二十余名江苏京官上奏表示："苏省跨江，尚有徐淮得力据上游之势，今划江而治，江苏仅存四府一州，地势平衍，形胜全失，几不能自成一省"；同时指出："各行省中，惟山西、贵州两小省，幅员最狭，今苏淮分省，江淮地势较宽，仅及中省，江苏则广轮不足五百里，较山西、贵州殆由褊小，势不能再称大省。若改为小省，则一切经制，俱需更改，而筹饷摊款，尤多窒碍"。另一位江苏籍京官恽毓鼎再次上奏表示，"江苏跨江为省，论富庶，则以苏松为首，规形胜，则以淮徐为先。一旦划江而治，则江淮无江苏，势必易富而为贫，江苏无江淮，亦必转强而为弱"。这两个奏折促使清廷再议江淮分省，该方案最终因为东南两位封疆大吏张之洞、周馥的强烈反对而作罢。谢世诚在提及"如此多的苏籍官员反对此举"时，评论道"除政治因素外，揣其心理，大概与不愿家乡被分割之乡情有关"。①

　　庚子年间京官与本省之间的关联，更多地体现在南省京官身上。陆玉芹在其博士论文《庚子事变中被杀五大臣研究》中认为，浙江籍京官许景澄、袁昶被朝廷所杀，本质原因是"帝后之争"和"中央与地方权力之争"。所谓"帝后之争"，在陆玉芹看来，《吴永庚子西狩丛谈》中所述慈禧太后对于光绪皇帝在御前会议上执许景澄手而泣的情形耿耿于怀，表明"御前会议上许、袁异常行为触动太后敏感的神经"，遂罪以"语多离间，大不敬"。"自戊戌政变后，康梁亡命海外，但勤王之声不绝于耳。慈禧太后惟恐新党死灰复燃，扶植光绪，迫她归政，许景澄、袁昶虽算上不帝党，但主和的主张与皇帝一致，又与皇帝结成一团，这是太后最不能容忍的。"②实际上，己亥立储时，浙江籍绅士经元善领衔1231人联名致电总署进行抗争，亦为浙江籍的宋恕便得意地表示："此次首次名皆浙人，又如汪穰卿之弟贻年及章枚叔等浙中名士颇多列入，于是政府内外始有'浙中帝党'之目而忌及浙人，海外则亦因之看重浙人焉。"③"看过经元善等人的奏电，慈禧勃然大怒，较诸康有

　　① 谢世诚：《晚清"江淮省"立废始末》，载《史林》，2003(3)。

　　② 陆玉芹：《庚子事变中被杀五大臣研究》，126～127页。

　　③ 胡珠生编：《宋恕集》下册，698页，北京，中华书局，1993。

为事败时犹觉利害，连在场的各太监及进呈电报的礼亲王亦惊慌异常，恐遭怒及。"①由此可见，陆玉芹关于许袁死于"帝后之争"的分析是有道理的。

所谓"中央与地方权力之争"，在陆玉芹看来，主要是指"许景澄、袁昶与东南督抚亲密关系"触动慈禧太后"内轻外重"的顾虑。② 许景澄和袁昶均是张之洞于同治六年担任浙江乡试副考官时选拔出来的门生，两人后来均考中进士，但也都将张之洞奉为自己的座师，并长期与张之洞保持着密切的联系。庚子国变期间，许景澄、袁昶多次致函致电张之洞，陆玉芹将二人视为张之洞的京中"坐探"。在六月二日的去函中，袁昶表示，"总署形同虚设"，载漪等人踌躇满志，而董福祥不受荣禄控制。陆玉芹认为："这封密函给张之洞最大的信息就是朝廷已为'乱党'控制"，而"这就为他们的'东南互保'提供了理由"，"五月二十五日诏旨是'伪诏'也就顺理成章了。"③有意思的是，当许景澄、袁昶被害的消息传到上海后，《新闻报》发表社论指出："吾于许侍郎、袁京卿之被戮，恍然大悟：两宫之不能自主矣！夫天理、国法、人情三者为立国之具，今二公之死，朝廷盖无天理、无国法、无人情。自团匪起衅，朝廷颁诏有治命、乱命之别：治命者，两宫之命；乱命者，端邸、刚相之命也。"④显然，正是通过许景澄、袁昶之死，东南互保拥有了更多的合法性。后来当"浙江三忠"的灵柩运送回南并得到东南社

---

① 桑兵：《庚子勤王与晚清政局》，51 页。

② 陆玉芹认为，"朝廷公开宣战后，旨令各督抚在本地招抚义和团，并派兵北上勤王，然而以张之洞为首的东南督抚以各种借口推托"，不但不派兵北上，还责怪朝廷"信邪术以误国"，"公开违抗朝廷的圣旨"，让咸丰以来"地方与中央的对抗""至此达到高潮"。慈禧太后虽然还要称赞这些东南督抚实行东南互保是"老成谋国之道"，但不可能不对此心生不满。"许、袁鄂督门生，诸王怒鄂督，故袁、许不免。"见陆玉芹：《庚子事变中被杀五大臣研究》，127 页。《高枬日记》中亦有相关记载："李秉衡入觐时，极言东南合约之非。且言不诛一二统兵大臣，不足震中国之势，而外人决不能除。故袁、许被戮，所以儆外臣也。"见高枬：《高枬日记》，《庚子记事》，207 页。

③ 陆玉芹：《庚子事变中被杀五大臣研究》，116～117 页。

④ 陆玉芹：《"浙江三忠"与义和团运动》，见陈绛主编：《近代中国》第 20 辑，40 页。

会的隆重祭奠时,《新闻报》曾发表社论言,"东南之绅商皆得庇于东南之约,然而东南督抚毅然决然显违廷意而毫无顾忌者,既有荣中堂密告宗旨,复有诸朝贵密通消息之故","东南之约,二公与有功焉";同时还表示,浙江三忠是"为东南而死",东南互保是"三忠"以血的代价换来的。[①] "浙江三忠"几乎被东南媒体塑造为东南利益在朝廷的"代言人"。

或许正是因为各省京官与各省利益之间的这种紧密关联,使得庚子年的救援行动很快便得到各省的积极响应。李鸿章在为东南济急善会请奖的奏稿中说:"当去冬商情凋敝、财源枯竭之时,创办维艰,亦未敢遽望得巨款,不意一呼响应,事集众擎,推广皇仁,嘘枯起瘠,固由救灾恤难,人有同情。"[②] 庚子年救援行动得到各省响应之积极与热烈,以至于超出李鸿章的意料,反过来也在一定程度上证明了各省京官与各省利益之间的紧密关联。

第三节 省籍意识与东南意识

关于清朝末年的省籍意识,一些学者曾指出,19 世纪末至 20 世纪初,随着各省经济结构的变化,尤其是地方性新政事业的开展,一种立足于地域经济文化认同的"省"意识开始形成,"本省"成为士人和一些封疆大吏,乃至普通民众的"流行语"。[③] 至于"省界"一词的出现,则是 20 世纪初年的事,《浙江潮》曾刊登《非省界》一文,言"省界胎于庚辛之间,广人《新广东》出世,省界问题如花初萌,于时各省同乡恳亲会先后成立,承流附风,遂遗其始,至今日而省界之名词已定矣。

---

① 彭淑庆:《分野与认同:清季东南社会对"浙江三忠"的祭奠活动述论》,载《山东大学学报》(哲学社会科学版),2009(3)。

② 《戴鸿慈奏稿》,见盛宣怀档案资料选辑之七《义和团运动》,676 页。

③ 刘伟:《晚清"省"意识的变化与社会变迁》,载《史学月刊》,1999(5)。其他相关研究还有章清:《省界、业界与阶级:近代中国集团力量的兴起及其难局》,载《中国社会科学》,2003(2);许小青:《20 世纪初"非省界"与"筹边建省"思潮合论》,载《史学月刊》,2004(10);苏全有:《论清末的省界观念》,载《安徽史学》,2009(1)。

来东土者，浸淫渲染，已成习惯。人人心中，遂横一大梗蒂，闻一议，接一人，遇一事，谈一语，必首相叩曰，是何处人"。① 《浙江潮》《新广东》均是留日学生所办刊物。在章清看来，"省界"成为读书人集团力量形成的最初标志，便集中体现在这些刊物上。"时各省学生皆有学生会，会中多办一机关报。"② 仅从当时留日学生所办刊物的名称来看，便非常鲜明地体现了"省界"特色，如《江苏》《浙江潮》《新广东》《新湖南》《湖北学生界》《云南杂志》《河南》等。再从发刊词来看，《浙江潮》发刊词开篇即曰："岁十月，浙江人之留学于东京者，百有一人，组织一同乡会。既成，眷念故国，其心恻以动，乃谋集众出一杂志，题曰《浙江潮》。"③《云南杂志》发刊词亦曰："云南杂志，云南杂志，是云南前此未有之创举而今日之救亡策也，是故乡父老引领翘足朝夕期待者也，是留东同人枯脑焦心日夜经营者也"，"虽然是编也，非仅商榷学术，启发智识之作，实为同人爱乡血泪之代表"。④ 于此可见，"省界"意识在清末确实相当普遍。不仅如此，"省界"意识对 20 世纪初的中国历史也造成了重大影响。"留学生势力方兴，多有地域之见，兴中会看起来很像广东人的组织，外省人参加者不多"；"光复会既成立，与会者独浙皖两省志士，而他省不与焉"。⑤ 在刘伟看来，清末新政时期以自办铁路为核心的收回利权运动与"省"意识便密切相关："强调'本省'和'省的利权'的结果，使人们在一定程度上把创办铁路公司看成了为一省一地争利的手段。"同时，"省"的意识又促使地方主义的发展，清政府最终便是因为没有处理好，"与地方利益息息相关的民众利益"之间的关系而灭亡。⑥

---

① 文诡：《非省界》，载《浙江潮》，第 3 期，光绪二十九年三月二十日。
② 章清：《省界、业界与阶级：近代中国集团力量的兴起及其难局》，载《中国社会科学》，2003(2)。
③ 《浙江潮发刊词》，载《浙江潮》，第 1 期，光绪二十九年正月二十日。
④ 《"云南杂志"发刊词》，见张枬、王忍之编：《辛亥革命前十年间时论选集》第二卷，上册，558 页，北京，生活·读书·新识三联书店，1960。
⑤ 许小青：《20 世纪初"非省界"与"筹边建省"思潮合论》，载《史学月刊》，2004(10)。补充：华兴会则以两湖人士为主。
⑥ 刘伟：《晚清"省"意识的变化与社会变迁》，载《史学月刊》，1999(5)。

　　既然"省"意识在清末如此普遍且影响如此巨大，那么"省"意识或"省界"意识又是怎样产生并得到广泛传播与认同的呢？对留日学生"省界"意识有倡导之功的《新广东》一文，特别阐述了之所以要倡导"省界"意识的原因，即"治公事者不如治私事之勇，救他人者不如救其家人亲戚之急，爱中国者不如爱其所生省份之亲，人情所趋，未何如也"，"故窥现今之大势，莫如各省先行自图自立，有一省为之倡，则其余各省，争相发愤，不能不图自立"。① 不久杨笃生便发表《新湖南》一文表示："微广东倡独立，吾湖南犹将倡独立焉。乃者庚子实试行之，举事不成奋为鬼雄，而种界二字划入湖南人之脑中者，如压字机器之刻入纸背焉。然则广东倡之，吾湖南和之，广东鼓之，吾湖南舞之，吾于广东如骖之靳也。"②欧榘甲的文章表达了人们倡导和传播"省界"意识的目的和用意，杨笃生的文章则显示了人们对于这一用意的认同。在"省"意识的起源问题上，刘伟认为在很长的一段时间里，清人意识中的"省"，只是一种行政区划概念，"没有也不应该有自己的独立地位和利益"，但从 19 世纪后半期开始，"省的地位"发生巨大变化：首先是太平天国战争使得"原来集权于中央的财、军权力下移"，并带来了"省与省的割裂"，"它由省与省互争饷源开始"发展到"自保疆圉"；其次是甲午之战后，清廷"要求各省兴工商、办学校，铸钞币、开矿产"，而中央无力筹措所需经费，只得允许地方"就地筹款"，使得地方督抚名正言顺地取得了一省财政的征收和支配权，"开始建立自己的财税体系"，而随着各省"财政、军事体系的形成"，"省的自主性大大增强，省的利益得以凸显"。刘伟还认为 19 世纪末 20 世纪初各省矿业和铁路公司的兴办，使"各省的官、绅、商、学实现了中国近代史中的唯一的一次结合"，"成为凝聚和动员一省民众的最好途径"，对"省"意识的形

---

① 欧榘甲：《新广东》，载张枬、王忍之编：《辛亥革命前十年间时论选集》第一卷上册，270 页。章清认为，欧榘甲的这一看法"颇具代表性"。参见章清：《省界、业界与阶级：近代中国集团力量的兴起及其难局》，载《中国社会科学》，2003(2)。

② 杨笃生：《新湖南》，见张枬、王忍之编：《辛亥革命前十年间时论选集》第一卷下册，615 页。所谓"庚子实试行之，举事不成奋为鬼雄"，或指庚子年间唐才常汉口自立军事件。

成起了尤为重要的作用。①

　　前文曾述《浙江潮》在光绪二十九年刊登的《非省界》一文，言"省界胎于庚辛之间"，即在当事人的眼中，"省界"意识孕育于庚子国变期间。杨笃生在《新湖南》一文中，更表示"微广东倡独立，吾湖南犹将倡独立焉，乃者庚子实试行之，举事不成奋为鬼雄"，即将庚子年间的自立军事件视为两湖争取自立的事件。据此可知在省界意识即将或已经弥漫广布的时候，亲历其事者均将"省界"意识的源头指向了庚子年间。对于这些也亲身经历了庚辛之变的留日学生来说，庚子国变留给他们最深刻的印象，恐怕是传言、慌乱以及最终的平安无事。② 当时或不久，他们便应该知道，最终的平安无事是因为东南督抚们与洋人达成的"东南互保"协定。但是，"东南互保"表达的显然不是"省界"意识，而是"东南"意识。关于"东南意识"，刘学照以庚子年间上海报刊（主要是《中外日报》《新闻报》和《申报》）中的论说为中心进行过精到而细致的"述论"。在刘学照看来，上海报刊在庚子年间发表的"许多题为《论南人忧虑北事》《平北乱以定南方》《南北主见已分途》《南方不宜受北方指授》《保卫南方商务》《保全南方之法》《筹南十策》《使南方平安中国幸存》《论东南人心》《论赔款须视南方之力量》《论宜迁都南京》等社说，以及其他从上海、东南和南方的视角观察时局和考虑对策的文字，凸显出一种'东南意识'"。"这种东南意识在年初有关'建储事件'舆论中已初见端倪，但更集中地显现在关于义和团的舆论中。""先是6月初（庚子年，笔者注），以上海商人的名义对清廷上谕倾向主'抚'表示'震动'和

---

　　① 刘伟：《晚清"省"意识的变化与社会变迁》，载《史学月刊》，1999(5)。实际上，刘伟还认为，"权利意识"的输入，与"地方自治思潮的兴起"也是促使"省"意识兴起或变化的重要原因。

　　② 从这些刊物的标题可知，当时的留日学生大部分为江浙、两湖、广东、云南等南省学生，因此并未经历战乱。但北方战乱势必也会对南方造成各种影响，其中最大的影响便是因为人们担心南方也会陷入战乱而致谣言不断，并因而人心惶惶。当时《申报》《中外日报》《新闻报》等媒体关于各种谣言、对谣言的批驳以及劝告人们不要听信谣言的新闻报道与评论几乎每日都有。周作人在《知堂回想录》中摘录了几则自己庚子年的日记，也鲜明地体现了这一点。见周作人：《知堂回想录》上册，41~42页，合肥，安徽教育出版社，2008。

愤懑。继而到 6 月中下旬以后，上海各报大力宣传东南'互保'思想，抨击'权奸'的'矫旨''乱命'，申言只有'保南'才能'存国'。及至联军攻陷北京，清廷'西迁'之后，更从'党祸'的视角评析时局，认为'中国以顽固守旧酿大祸'，主张'迁都南京'，'皇上复辟'，'帝党复用'，'新政再行。'"刘学照认为，这些东南意识"反映了正在兴起的上海以及东南绅商阶层的愿望和要求"。①

关于"东南意识"兴起的原因，刘学照表示，"龚自珍吟叹'独倚东南涕泪多'，曾国藩申言'今日事应以东南为主'，京师'首善'，但'被现代化'却首先发生在东南"，"这些都可看作产生'东南意识'的远因"；"但'东南意识'在庚子年间凸显，实主要为义和团运动的一件历史副产品"，"东南意识"所表征的"南北"界限背后，恰是"原有满汉、帝后、新旧界限"的"扩大和深化"。② 杨国强则在论述庚子年的文章中指出："三十年之前，内战还没有止息，而效西法以图自强的洋务运动已在外患的逼扼下发轫于东南。由此作始，日后的岁月里，东南遂成先入中西交汇的区域。西来的形而下和形而上在这里催发出政治、经济、文化和社会生活的节节嬗递，造就了开新的人物与思潮。在这个过程中累积起来的物质和精神，常常使新旧之争与南北之分交叠在一起。因此庚子年间长江流域的中外互保虽然旨在'留东南以救社稷'，而由此形成的南方颉颃北地，则显然地昭示了三十年新陈代谢之后的分化和分野。"③与刘学照仅从上海报刊的"庚子时论"述论"东南意识"不同，杨国强虽未专论"东南意识"，但其对庚子前三十年中西首先交汇于东南的历史过程最终造成南北"分化和分野"的叙述，反而更清晰更明确地提示了"东南意识"形成的原因。

其实，不仅仅是因为洋务运动"发轫于东南"，"东南遂成先入中西交汇的区域"，上海开埠后以上海为中心的中外贸易也是一个不可忽视的重要原因。而且，正是因为上海在整个 19 世纪中下叶作为中外贸易无可置疑的中心地位，以及洋务运动的集大成者，行政地位不高的上

---

① 刘学照：《上海庚子时论中的东南意识述论》，载《史林》，2001(1)。
② 刘学照：《上海庚子时论中的东南意识述论》，载《史林》，2001(1)。
③ 杨国强：《晚清的士人与世相》，216～217 页。

海成为联络东南各省的中枢与产生"东南意识"的策源地。从整个中外贸易来看，19 世纪 50 年代初期上海便已取代广州，"成为全国最大的外贸口岸"。除出口贸易独占鳌头外，"1864—1904 年间每年中国进口的洋货，一半左右是由上海进口，转运至各主要通商口岸，再传播到全国各地"①。实际上，英国驻上海领事罗伯逊在咸丰八年(1858 年)的《上海港对外贸易报告》中便指出："上海的地理位置使它成为进口的大集散地，货物多半会被卸在上海"，"本港能够通过水路把旅客和货物运往上述的任何县城或地方(笔者注：罗伯逊指"长江之南"的浙江、江苏、江西、安徽、福建、湖北、湖南等省或地区，"长江以北的安徽和湖北一些地方"，因为"目前还未利用长江"，且由于这些地方的"混乱状态"，"使它们从商业观点来看完全是封闭的地区")，可以不经过长江就能从上海到江西省的宁州和甚至更远的地方"。② 这还是咸丰八年(1858 年)太平天国战乱期间的情况，但由此足可看出上海对于东南腹地无远弗届的辐射能力。因为上海成为洋货进口的集散地，"各地商人竞相来上海采购，有些还常驻设庄"。如在棉布方面，比较大的采购帮别有"天津帮、祥帮(即北京帮，因其店名均有一'祥'字而得名)、东北帮、汉口帮、长沙帮、川帮、江西帮、福建帮、宁波帮等"；在五金商品方面，有"北洋帮、天津帮、长江帮、浙江帮"等。③ 从洋货的集散来看，上海的辐射能力并不仅仅局限于东南，而是面向全国。那为何又会形成东南各省与北方各省的对立局面？

这是因为从对外贸易中获益的主要是东南各省，毕竟只有出口贸易才是赚钱。前文已述在中国的出口商品中，丝茶占有统治性地位，而丝茶产区基本上都分布在东南各省，其中蚕丝产区更主要集中于浙江。虽然丝茶出口贸易的大部分利润落入了茶商、丝商和洋人手中，

---

① 唐巧天：《上海外贸埠际转运研究(1864—1930 年)》，18 页，博士学位论文，复旦大学，2006。

② 李必樟译编：《上海近代贸易经济发展概况(1854—1898 年)：英国驻上海领事贸易报告汇编》，67～69 页。需要注意的是，罗伯逊所指的"水路"还未包括长江；同时因为太平天国战争，安徽、湖北的一些地方处于"混乱状态"，所以在罗伯逊看来没有商业价值。

③ 许涤新、吴承明主编：《中国资本主义发展史》第二卷，188、201 页。

但生产者在这个过程中也会得到他应得的一部分利益。英国驻上海领事在光绪元年的贸易报告中写道："人口增加了，难民回到了叛乱时期离异的家园，人们在所有可利用的地方种植了桑树。总之，仅在 10 年以前还是一片荒凉的农村里，大部分产丝的乡村都出现了十分繁荣的面貌，就人们所能看到的，这种情况大概还会继续下去。"①由于蚕丝贸易带来的这种显而易见的好处，在 19 世纪末，"几乎没有一个清朝显要官员不在某些方面至少在口头上倡导过养蚕业"。② 嘉定县《钱门塘乡志》载："嘉邑向不产桑。清同光间，州牧吴承璐于太仓设桑秧局，劝民领种。里人徐禹年、许敬贤等首先往领，植郭泽塘南岸，每岁育蚕、缫丝，获利颇厚。自是乡人多植之。光绪中叶，里无不桑不蚕之家，时号小湖州。"③茶叶种植的地区和面积，也在随着茶叶贸易的发展而扩张。"湖南省的浏阳本来是'家家种麻'，后来'拔而种茶'。著名的浙江省平水茶区，据有人考证，本来只有野生茶树，直到太平天国时，'大片荒山与部分林区，披荆斩棘，除石松土，尽皆栽种了茶树。'"④如果没有获利，蚕丝产区和茶叶产区是不会有动力去扩张的。可以说，丝茶的出口贸易让东南各省尤其是丝茶产区普遍获得了利益。经济的繁荣与"生活状况的普遍好转"，不但使"进口商品的消费额"大为增加⑤，也会使东南各省的人们面对洋人时更少一些敌意。当然，进口贸易虽然也可以让经销洋货的商人获利，但这种利益所惠及的人群毕竟有限，且主要集中于城市。更重要的是，同出口贸易可以普遍惠及出口商品产区相反，进口的洋货注定会夺去一部分人的生计。失

---

① 李必樟译编：《上海近代贸易经济发展概况（1854—1898 年）：英国驻上海领事贸易报告汇编》，381 页。

② ［美］李明珠：《近代中国蚕丝业及外销（1842～1937）》，152～153 页。该文列举了曾国藩、沈葆桢、左宗棠、李鸿章、张之洞、张謇等人倡导养蚕的例子。

③ 黄苇、夏林根编：《近代上海地区方志经济史料选辑（1840—1949）》，42 页，上海，上海人民出版社，1984。

④ 许涤新、吴承明主编：《中国资本主义发展史》第二卷，288 页。

⑤ 据英国领事的贸易报告，1878 年中国进口商品的消费额几乎是 1873 年的两倍。见李必樟译编：《上海近代贸易经济发展概况（1854—1898 年）：英国驻上海领事贸易报告汇编》，464 页。

去生计的这部分人，若在东南，尚可转向丝茶业；若在北方各省，则几乎无可转圜。

　　与此同时，近代化的交通工具与通信手段也给南北带来了截然不同的影响。对东南各省而言，轮船和电报带来的显然是更多的商业利益。英国领事在光绪元年的贸易报告中曾抱怨说，上海生丝的开盘价"比伦敦的市价高 5％到 10％，而且全年都是如此，只是到 12 月中旬左右，才能按合适的价钱买到这项商品，甚至到那时市价还是比伦敦的价格高 3％，这个情形可归咎于许多原因，其中之一是利用了新的电报系统向英国市场提供生丝出售，愿以较少佣金成交，因此竞争非常激烈"①。在光绪二年的贸易报告中又表示："中国的商人（由于电报的帮助，在他们进行大批销售之前就得到了欧洲蚕丝歉收的消息）也必然由于如此大的收成而获得极佳的成绩。"光绪四年更明白表示，"丝市上投机过分，运丝到欧洲要七八周的时间，但电报在 24 小时之内就能到达，这就增加了风险"，而"卖方似乎都是因为与欧洲通信的加速而获利最多的人"。或许正是由于感受到了快捷的通信和交通带来的好处，"诸如杭州、湖州和苏州等丝茶大市场上经营的商人们"在英国驻上海领事看来，"都极其希望得到""铁路和电报"等工具。本书第二章曾述清政府最初兴办电报是从军事国防的角度进行考虑，故首先铺设的是津沪线。不过，"从镇江经南京到汉口"的长江线很快也得到铺设，"几年后又展设至成都"。② 在此之前，苏浙闽粤沿海陆线也被铺设完毕。很难说这些电报线路的迅速铺设完全是由于商业利益的推动，但电报局的丰厚盈利使其成为"洋务派经营最好的企业"却是不争的事实。③

　　轮船招商局最初的创意某种程度上则完全是为了从商业贸易中获利。19 世纪 60 年代前，上海到汉口货运每吨运费一度曾达 25 两，往返一次即可收回轮船成本，后因旗昌、宝顺、怡和等航运公司的竞争，

---

　　① 参见李必樟译编：《上海近代贸易经济发展概况（1854—1898 年）：英国驻上海领事贸易报告汇编》，381。

　　② 邮电史编辑室：《中国近代邮电史》，63 页。

　　③ 许涤新、吴承明主编：《中国资本主义发展史》第二卷，397 页。

运费下降，但这些航运公司在同治三年(1864 年)达成垄断协议后，每
吨运费仍可维持在四、五两之间。因此李鸿章表示："商船能往外洋，
俾外洋损一分之利，即中国益一分之利，微官创设招商局之初意本是
如此。"①汉口与上海之间的埠际贸易最大宗的土货商品便是茶叶：自
咸丰十一年(1861 年)汉口辟为通商口岸后，其对外贸易即以茶叶为第
一位，其出口多由上海转运。② 前文曾述汉口开埠后，很多在上海经
营茶栈的商人便到汉口开设分栈分行，如徐润和唐廷枢的族兄弟唐翘
卿。广东籍买办多出身茶商，是有历史传统的。鸦片战争前垄断对外
贸易的广东十三行在鸦片战争后改称茶行，继续营业。洋商认为新商
"不及旧商之可靠"，故仍投"素所相信之行店十余家"，且随着洋商到
上海到福州到汉口收购茶叶，广东籍茶商便也随之转战各茶叶口岸。③
因此从汉口到上海的运费下降，获利最大的当然便是这些茶商了。也
因此，轮船招商局在第一次由沙船商人朱其昂领衔招股失败后，第二
次由唐廷枢、徐润入局负责"揽载与招股事宜"，很快便招得"银
476000 两"，其中"徐润 24 万两，唐廷枢至少 8 万两，盛宣怀 4 万两，
茶商陈树棠 10 万两"。由于招商局的参与，航运竞争更为激烈，由上
海至汉口的运费由每吨 4 两降至 2 两。无疑，这种局面对于茶商是极
为有利的，但对于轮船招商局而言却意味着亏损。不过，轮船招商局
依靠"漕运专利"，"以北洋之盈补长江之亏"，所以还是能够"应付"
的。④ 所谓"漕运专利"即是将漕粮由南运北所获之利。在海运兴起之
前，"漕运专利"的惠及者是京杭运河沿岸的北地民众；现在，"以北洋
之盈补长江之亏"，实际上便是损北补南。这些近代化的西洋器物分别
给南北带来了利益与损害，因此南北对待西洋的态度便不可能一致。
这种由经济利益带来的南北对待西方态度上的差异，会引发南北对待

① 许涤新、吴承明主编：《中国资本主义发展史》第二卷，402～403 页。
② 唐巧天：《上海外贸埠际转运研究(1864—1930 年)》，75 页。据该文，汉口直接出口的商品也以茶叶为主，"1903 年直接出口为 4615698 海关两，其中茶为 4443728 两"。
③ 许涤新、吴承明主编：《中国资本主义发展史》第二卷，230 页。
④ 轮船招商局最终得以设立，"实际是由漕运引起的"，故招商局首次招商是委托沙船商人。见许涤新、吴承明主编：《中国资本主义发展史》第二卷，405 页。

西方认知上的差异，并最终导致南北对待中国自身时态度和认知上的差异，这便是新旧之见。

　　在这个过程中，上海逐渐成为联络东南各省的枢纽。① 因为开埠后上海便逐渐成为对外贸易的绝对中心，无论是土货的出口，还是洋货的进口，大部分商品都要经上海而集散。因此各省商人或是运土货到上海，或是由上海采购洋货到内地，均不免要涉足上海，所以各省商帮在上海纷纷建立会馆。《海关十年报告（1892～1901）》曾列举了当时上海的会馆名单：商船会馆、江西会馆、宁波会馆、揭普丰会馆、泉漳会馆、潮惠会馆、潮州会馆、徽州会馆、蜀商会馆、绍兴会馆、苏州会馆、广肇公所、京江会馆、江宁公所、三山会馆、山西会馆、钱江会馆等。② 当然，这个名单并不能完全反映当时上海会馆的情况，据吴馨等修、姚文枏等纂《上海县续志》，当时上海的会馆还有莫厘三善堂、浙金公所积善堂、湖南会馆、平江公所、楚北宝善堂、山东会馆、海昌公所、台州公所等。③ 从上面这些会馆名单可知，除山东会馆和山西会馆外，其余全部是东南各省各府乃至各县所建之会馆或公所。实际上，上述会馆名单仍不可能展现出庚子年前后全国各地在上海所设会馆的全貌，但基本上还是可以看出，上海地区的会馆主要是以东南各省为主。也正是由于东南各省几乎均有商帮设馆上海，所以庚子救援期间东南济急善会与救济善会能在三天之内便将数千被难官商抵申后的住宿事宜安置妥当。这不但体现了上海所拥有资源的极大丰富，更体现了东南各省在救援行动上的诉求一致。事实上，正是由于"寓沪湖南、福建、江西、湖北、云南、广东、广西、贵州官绅士

────────

　　①　"两家最重要的洋务企业，即规模最大的轮船招商局和业绩最好的中国电报局"，其总部均设于上海。见朱浒：《从插曲到序曲：河间赈务与盛宣怀洋务事业初期的转危为安》，载《近代史研究》，2008(6)。

　　②　所谓"宁波会馆"应当即指"四明公所"。该报告认为，"这些会馆中，宁波会馆的力量和影响最大，因为有大量的宁波人居住在上海，居第二位的可能是徽州（安徽）会馆"。参见徐雪筠等编译：《上海近代社会经济发展概况（1882～1931）：〈海关十年报告〉译编》，120 页，上海，上海社会科学院出版社，1985。

　　③　黄苇、夏林根编：《近代上海地区方志经济史料选辑（1840—1949）》，61～65 页。

商"的联名公启，与"游君必方、欧阳君本、王君蕴如、刘君延龄、刘君庆汾、朱君宗藩、丁君泰、陈君作霖"等"四川江西云贵"绅商致济急善局的公函，最初只是"救济江浙人士"的济急善局扩展为"在京之江苏、江西、安徽、浙江、福建、广东、广西、云南、贵州、四川、山东、河南、湖南、湖北各省绅士商民及各直省京朝官均应接济"的东南济急善会。在接到"游君必方"等人的来函后，济急善局同仁还曾"邀约各省绅董在一品香公同筹议"。可以说，庚子救援行动从救援行动的筹议到救援组织的名称再到救援组织的公启或章程再到救援过程中对于东南各省力量的动员，无一不是"东南意识"的体现。

如果进一步探究，便会发现"东南意识"是以"省籍意识"为基础和前提的。以庚子年的救援行动为例。救援组织在动员上海各商帮的力量以解决被难官商抵申后的住宿事宜时，是"伏祈寓沪各省官绅顾全乡谊，各先预备房屋床桌等件，免致临时偪促"，即是以"乡谊"为号召。当一些客栈主响应号召后，救援组织登报感谢，也是称赞这些客栈主"顾全乡谊，宏济时艰"。有些客栈主甚至明白宣告，"所有安徽、福建两帮，均可借住栈中"；"双庆里同丰祥栈主人，籍隶福建，亦愿俟建帮人到申借住，房金一律不收"。可见，被难官商到沪后的住宿基本上是通过动员各省绅商的力量来解决的。在被难官商即将到沪时，救援组织会专门发布公启，通知"各帮绅董"至码头"公同照料"。在被难官商自沪返乡时，在沪各会馆仍是重要的资助者，如广肇公所资助由安平轮船载回之"粤中官商工匠""乘广利轮船返粤"；再如由浙江湖州商人杨兆鏊、丁绍芬组织的协济善会专门刊登公启，表示"嘉湖绍苏五府人确乏川资者，可来敝会掣取轮船免价票，并代付船中酒饭资"。又可见，被难官商从抵达上海到离开上海，从在上海短暂住宿到回乡旅费，无处不见在沪各会馆各帮绅董的身影。这是东南各省被难官商援救回南的情况。至于那些不愿回南的各省京官们，东南济急善会发动各省捐款接济，钱汇到京城后的分散方法也是以省为单位，"即请各该省公举一人经理，酌量人数匀济"。后来东南济急善会总结庚子年救援京官的办法，其中运用最广的一种救济方式便是"各省同乡济各省同乡"的"指济"。由此可见，庚子年的救援行动，无论是将被难官商援救回南，还是汇款至京接济各省官商，基本上都是以省为单位具体展开的（其中，广东省更是自行派人前往京津救援），东南济急善会和救济善会所代表的救援组织更多是在起居中统筹和协调的作用。

从救援对象来看。正如前文所述，庚子年的救援行动之所以区别于以往的任何救援行动和赈济行为，最重要的原因便是救援对象是以京官为主。本书余论第二节已用较大篇幅论证各省京官与各省利益之间的紧密关联，某种程度上可以将一省京官视为一省利益在朝廷的代表。实际上，这一现象在庚子后的清末新政时期表现得更为突出。再从施救者来看，济急善局最初"仅指救济江浙人士而言"；后来"寓沪湖南、福建、江西、湖北、云南、广东、广西、贵州官绅士商"发表联名公启表达不满，并在公启中反复以"东南各省"为标榜，但在署名之时却仍然是列举"湖南、福建、江西、湖北、云南、广东、广西、贵州"等省名称，以加强联名公启的气势与力量。若只是署名"东南官绅士商公启"或"东南各省官绅士商公启"，都将使公启气势顿弱。再后来，"游君必方、欧阳君本、王君蕴如、刘君延龄、刘君庆汾、朱君宗藩、丁君泰、陈君作霖"等"四川江西云贵"绅商致函济急善局，表达的主要是"仅就四川江西云贵同乡会商，筹捐五千金"，以为各省倡。也因此，济急善局在该函后附文表示，于此可见这些"四川江西云贵"绅商之"谊重梓乡"。故济急善局虽然在此后扩展为东南济急善会，但其救援章程和救援方式均表明，救援行动仍然是以"省籍意识"为底色。也正是由于庚子救援的"省籍"底色，李鸿章在为东南济急善会的请奖奏稿中称庚子救援行动"造端于各人各家亲友之相赈，扩充为同省同旗官民之普济"。以"省籍"意识为底色的庚子救援行动，反过来也大大推动了"省籍"意识的高涨，让以往潜而不彰的"省籍"意识浮出水面，成为清末新政时期"省"意识或"省界"意识勃发的前奏。

第四节　义赈与上海华人社会的整合

众所周知，上海是一个移民城市。自上海开埠以后，移民便成为上海的主要居民，所谓"社会经济，反客为主，而本地风光，相形见绌，故商帮会馆，俨为地方上之主人翁"①。公共租界从光绪十一年（1885年）开始进行人口调查，上海本籍人口所占比重仅为15％，此后有所上升，但在整个民国时期，最高也仅为1930年的22％。华界的上海本籍人口比重较公共租界略高，但也只是在25％上下徘徊，从未超过30％。到上海解放后的1950年1月，全上海本籍人口的比重更减少到15.1％。②移民反客为主，同时又帮派林立，互不统属。不仅如此，较大的几个移民群体还一直处于明争暗斗的状态，使得近代上海的华人社会在很长一段时间都难以形成统一的合力，与洋人争衡，当然也缺乏众望所归、一呼百应的华人领袖。

在上海的早期移民中，闽粤籍移民较占优势。据不完全统计，上海开埠初期，粤籍移民有8万多人，闽籍移民有6万多人，两者合计占当时上海人口的20％左右，居外来移民之首。③广东人主要是跟随洋人的脚步来到上海的，诚如郝延平所指出的那样，由于洋行在广州以外的新辟口岸建立新的分支机构，广东买办像食客一样跟着外商到各口岸去。"外商去新辟口岸时，通常带上他们的广东买办和其他雇员，包括厨师，这部分是因为他们之间从前的关系，部分是因为广州伙食合外商的口味。"④19世纪50年代初爆发的上海小刀会起义，闽粤人成为主力军，某种程度上正是当时上海移民状况的一种体现。有学者表示，当时无论是上海本地人，还是寓居上海的其他省籍商民，甚至官府，都将小刀会起事视作粤人、闽人的事。因而，清政府事后通过"慎选闽广会馆董事、递籍安插闽广移民、闽广商民会馆俱迁城外"

---

① 姚明辉：《小刀会起义琐记》，见上海市文史馆、上海市人民政府参事室文史资料工作委员会编：《上海地方史资料》（二），210页，上海，上海社会科学院出版社，1983。

② 参见邹依仁：《旧上海人口变迁的研究》，38～41页，上海，上海人民出版社，1980。

③ 李国林：《小刀会起义与上海近代移民趋势变化》，载《华东师范大学学报》（哲学社会科学版），2004（2）。

④ ［美］郝延平：《十九世纪的中国买办：东西间桥梁》，59～60页。

等措施，来整治闽粤人群体，分散其力量，遏制其增长。① 经此一役，江浙籍人逐渐取代闽粤人成为上海移民的主体，到 19 世纪 50 年代末，浙江人"在人数上超过了广东人"②。即便如此，广东人在上海移民群体中仍占有相当重要的地位，仅次于江浙籍移民。

上海移民群体之间的明争暗斗便主要发生在广东籍移民与江浙籍移民之间。李鸿章在 19 世纪 70 年代初筹建轮船招商局时，便指出过这一点："广帮与浙苏等帮向各争胜，难遽合同。"不少研究者对这个问题也有关注。郝延平在有关买办的研究中表示，浙江帮和江苏帮先后挑战广东买办独占鳌头的地位，直到 20 世纪初，上海的浙江买办胜过了广东买办。③ 梁元生曾对广东帮和宁波帮在上海的竞争进行探讨，认为主要是由于经济上的竞争，才导致两大商帮之间的全面冲突和竞争。经济上的竞争主要集中在对外贸易上，但也包括房地产、金融业乃至某些工业职位上。"广东籍和宁波籍工人之间的就业竞争和敌对情绪，在繁荣的造船业和修船业中表现得特别尖锐。"由于香港和广州的工业起步更早，广东人作为熟练工，在上海建立第一批船坞和工厂时，直接被外国人从广东招聘过来，从而控制了一些比较有技术含量的高级工种职位。宁波籍工人虽然在人数上占优势，但只占有比较低级的工种。随着时间的推移，宁波工人的技术日渐熟练之后，便开始逐渐取代广东人的位置。这是因为宁波距离上海更近，而且在四明公所的指导下，形成了一套将宁波工人和学徒源源不断带进上海各船厂的招工制度。除了经济竞争外，梁元生对两大商帮的政治斗争也进行了一番考察，认为咸丰十年（1860 年）以前，广东人和宁波人之间的政治斗争，表现为竭力争取上海道的支持，直至最后控制这一职位。梁元生指出，广东移民在小刀会起事被镇压后，"经受了一场针对全体广东居民不加区别的政治清洗"，但事实上许多广东商人曾以财力或其他方式

① 方平：《清末上海公共领域的整合与市民阶级的兴起》，见丁日初主编：《近代中国》第 12 辑，上海，上海社会科学院出版社，2002。

② 李国林：《小刀会起义与上海近代移民趋势变化》，载《华东师范大学学报》（哲学社会科学版），2004(2)。

③ ［美］郝延平：《十九世纪的中国买办：东西间桥梁》，62、64 页。

为平定叛乱做出过贡献，另一方面宁波人在小刀会起事之初卷入者亦非少数，然而清政府并未针对宁波移民进行过任何惩处。在梁元生看来，之所以如此，正是因为作为四明公所一员的蓝蔚雯在咸丰五年至七年(1855—1857年)署理上海道。此后，在上海的广东人和宁波人更通过与李鸿章、左宗棠等封疆大吏结盟，来维护自身的利益，并与对手竞争。① 易惠莉在有关郑观应的研究中表示，"粤东商帮在上海广泛的商业活动不可避免地与江浙绅商社会有利益冲突"，而且还渗入了政治、社会等各方面的因素。易惠莉以同治十二年(1873年)末"名伶杨月楼偷情案"所引发的风波为例，指出以《申报》为代表的上海舆论，对案件审理的不平演变为对香山买办及粤东人广泛的攻击，事实上体现了江浙绅商社会对香山买办商人当时在政治上发迹的不满情绪。这一事件直接导致广东移民创办了《汇报》，并在此后与《申报》进行了一系列地论争。②

在这样一种背景下，上海显然难以形成一个统一的华人社会，一旦某个移民群体或某个行业与租界当局发生纠纷，起而抗争的只能是这个移民群体或这个行业的从业者本身。例如，发生在同治十三年(1874年)的第一次四明公所事件和发生在光绪十四年的小车夫第一次大规模抗捐事件，起而抗争的基本上只有宁波籍移民或小车夫这样单一的移民群体或职业群体。然而，到了19世纪末，这种状况开始出现变化。光绪二十三年，由于租界当局再次提出加捐，小车夫发动了第二次抗捐斗争，尽管这次斗争以失败告终，但在这个过程中，以丝业会馆领衔，由茶业公所、晋省汇业公所、轮船招商局、四明公所、潮州会馆、典业公所、沪北钱业会馆等40家会馆公所签名联署，致函工部局，要求免加小车捐，展现了上海华人社会联合行动的可能性。③

---

① 梁元生：《十九世纪中叶上海商界地区性集团之间的竞争》，载《上海经济研究》，1984(1)。

② 参见易惠莉：《郑观应评传》上册，228～230页。

③ 参见马长林：《19世纪末上海两次小车夫抗捐事件历史考察》，见上海市档案馆编：《上海档案史料研究》第4辑，55～66页，上海，上海三联书店，2008。

不久，在光绪二十四年发生的第二次四明公所事件中，上海华人社会的联合行动便成为现实。尽管宁波籍移民仍然是第二次四明公所事件中当之无愧的主角，但其他商帮也纷纷以实际行动表达了对宁波籍移民的支持，其中"尤以广东籍人士最为坚决、彻底"。据时人记载，当法国军警开枪伤人后，宁波人立即通知广东帮，"广东人亦大怒，谓今日（法人）恃强拆宁波会馆，明日必恃强拆我广东会馆，此风万不可长，亦召回各行粤人，一呼而聚者十数万"①，准备与洋人抗争。浙商则在浙绍公所、钱江会馆、浙金公所的率领下投入反法斗争，据当时报纸记载："法界铺户则铺主虽非宁籍亦有相率闭户者。"所谓"闭户"，即罢市。由于所有华商的参与，形成了法租界的全面罢市，并波及公共租界和南市，美驻沪总领事古德诺表示："上海约有三分之二的商店关门，全部中国钱庄停止营业，贸易陷于停顿，驶沪各航轮无法装卸货物……没有一家洗衣作开张营业，马路上只有为数极少的东洋车与马车。"《字林西报》因而哀叹"本埠商界顿时大乱特乱"！对于上海各帮商人的共同罢市，上海道蔡钧极为不满，接连发表告示，公开指出："四明冢地一事，自有宁绅筹议，尔等各业商民，本属不干己，务各赶速解散！"各帮商人根本不加理睬，直至目的达成，才在各会馆公所的统一部署下恢复营业，罢市取得预期效果，胜利结束。有学者因而将1898年7月17日至20日上海商界的四天罢市，视作"中国资产阶级首次以大规模的罢市来反抗外国侵略者的壮举"②。

从互不相干到同仇敌忾，一个统一的上海华人社会正逐步形成。不得不说，义赈在这个过程中起到了相当重要的作用。恰如前文所述，义赈是江南士绅在对抗西方赈济"丁戊奇荒"的过程中诞生的，尽管义赈是由江南士绅首倡，但对抗西方这样一个目标，使其拥有了整合各省绅商采取共同行动的潜力。对山西的义赈结束后，山西巡抚曾国荃要求经元善、郑观应等领衔的"上海协赈公所"开列"办赈出力绅士官阶姓名"，加以表彰。在经元善开列的名单中，上海参与晋赈的组织机构有上海协赈公所、果育堂、辅元堂、保婴局、保安堂等，人员则包括

---

①　吴健熙：《对第二次四明公所事件中诸现象之考察》，载《史林》，2001(4)。
②　苏智良：《试论1898年四明公所事件的历史作用》，载《学术月刊》，1991(6)。

方德骥、盛宣怀、姚宝勋、徐润、李金镛、唐廷桂、顾寿松、沈铸、屠成杰、王尧阶、庄兼仁、施善昌、周锟章、叶嘉泰、王镇昌、唐廷枢、沈桂荣、刘埇、陈竹坪、李秋坪、郁熙绳、潘佩卿、周绍贤、严锡康、顾寿乔、王松森、沈嵩龄、陆钟鹏、徐淞涛、瞿开桐等 68人。① 可以说，这份名单囊括了当时上海本地人和几个主要移民群体中的头面人物，算是上海地区华人社会一次较为统一的慈善赈济行动。

事实上，义赈在兴起之初，便是江南地区绅商们的联合行动，苏州、上海、扬镇和浙江四处的义赈组织统一使用"协赈公所"的名称，对于四处义赈同人的活动有着明确的统一安排，四处赈所募集的赈款也是汇总之后统一安排解款。② 这一模式在此后的义赈中被一直传承下去，显然，这种联合义赈的模式需要有各义赈组织共同认可或信服的协调者或主持者，义赈领袖就此产生。如前文所述，第一批义赈领袖是来自于"江南善士圈"的谢家福、李金镛、经元善、严佑之等人，而且根据朱浒的研究，义赈兴起之初的中心地点并非上海，而是谢家福所在的苏州，对义赈活动进行统筹的也并非上海的义赈组织，而是苏州桃花坞赈所。在官方对义赈进行核奖时，也往往是由苏州桃花坞赈所代表各地组织出面与之接洽，桃花坞赈所某种程度上成了"义赈活动的总代言人"。③

不过，这种局面很快便发生了变化。其中一个很重要的原因是，主持桃花坞赈所的谢家福不久即接受李鸿章的差委，前往上海办理电报局事务。谢家福离开苏州前往上海，使得苏州在义赈界中的地位大

---

① 《上海详报晋赈捐数并经募善士禀》，见虞和平编：《经元善集》，36～37 页。

② 朱浒：《地方性流动及其超越：晚晴义赈与近代中国的新陈代谢》，141 页。

③ 例如对河南的义赈结束后，河东总督李鹤年、河南巡抚涂宗瀛为表彰义赈，请朝廷奏奖各善局堂匾额一方，这些匾额都是先发到桃花坞赈所后，再由其分别转交给江南各地的慈善组织。对直隶的义赈结束后，桃花坞赈所立即声明，凡捐款在五百两以上的个人或组织，需要匾额或楹联者，先致函桃花坞，再"汇案请发"，后来直督李鸿章也是将匾额十七方及亲笔楹联四十一副全部发交桃花坞赈所，由其转送。参见朱浒：《地方性流动及其超越：晚晴义赈与近代中国的新陈代谢》，186～200 页。

大降低，"仅被列为一个收捐所在地"，而上海的义赈力量却因此得到
了极大增强。光绪九年，因赈济山东水灾而成立的上海陈家木桥金州
矿务局赈所，成为统筹此次义赈事宜的中心赈所，其成员事实上囊括
了此前赈济"丁戊奇荒"时期的上海、苏州和扬镇等协赈公所的义赈同
人。同年，义赈同人向外界公布了主持群体的名单，分为两个部分：
一是四位经理人即盛宣怀、郑观应、经元善和谢家福；二是"江浙闽粤
经劝董事"，共十一人，包括徐润、沈善登、王锦堂、蔡鸿仪、吴仲
耆、张鸿禄、顾蓉斋、施善昌、曹子扬、袁纯斋和黄春圃。① 四位经
理人和十一位经劝董事基本上都以上海为其活动中心，籍贯则江浙闽
粤俱有，基本上代表了上海最主要的一些移民群体。

　　更重要的是，上海开始出现常规化运作的赈所，即施善昌在光绪
九年开办的丝业会馆赈所。在此之前的"赈所"组织都是缘事而立，
即因某次赈济事宜而设立，赈济结束便宣告截止。丝业会馆赈所则
连续办理了约 25 年的义赈活动，于光绪三十四年宣告关闭，这也标
志着"赈所"体制的衰落。可以说，丝业会馆赈所几乎成为这一时期
义赈事业的象征。盛宣怀曾在光绪十五年声称："从前劝赈，均推桃
花坞首座，自丝业公所声闻天下，官商信托，妇孺咸知，他人皆望
风钦佩矣。"② 其实，正是从 19 世纪 80 年代开始，重要的义赈组织基
本上都集中在上海。光绪十一年(1885 年)，因赈济粤省水灾成立了三
家赈所，分别是王松森主持的上海文报局赈所、陈竹坪主持的陈与昌
丝栈赈所和李秋坪主持的高易公馆赈所。这三家赈所在粤赈结束后都
继续开办下去，取得了与丝业会馆赈所并驾齐驱的地位，朱浒因而将
施善昌、王松森、陈竹坪、李秋坪四人视作继谢家福、经元善、李金
镛之后的第二批义赈领袖。与第一批义赈领袖不同，第二批义赈领袖
都生活在上海，其所开办和主持的赈所也都在上海，当然更关键的是

---

　　① 参见朱浒：《地方性流动及其超越：晚晴义赈与近代中国的新陈代谢》，
327、349、381 页。

　　② 《上海北市丝业会馆筹赈公所三月二十一日接山东登莱青道盛杏苏观察来
书照登》，载《申报》，光绪十五年三月二十四日。

新一批的义赈领袖"使义赈形成了常规化的运作"①。

如前文所述，第二批义赈领袖中，施善昌、陈竹坪均出身丝商，且都来自江浙地区。王松森则是上海文报局的帮办，后又担负上海电报局的文案工作，其所主持的上海文报局赈所正好位于上海电报局对门、轮船招商局楼下。尤为重要的是，王松森是"招商电报局同人"与"粤闽江浙协赈同人"共同推举出来主持赈务的人选，这意味着王松森及其文报局赈所背后有着谢家福、经元善等人的支持。② 在此需要说明，谢家福、经元善、李金镛等第一批义赈领袖和骨干成员，在19世纪七八十年代之交，几乎是群体性地参与到洋务企业的建设活动中来，其中以电报局的创办最为成功，被易惠莉评价为"由在赈务活动中建立起来的同人关系转化为创办企业活动的合作关系的典型事例"③。据此似乎可以认为，王松森是上海洋务群体在义赈界的代表。李秋坪是广东香山买办群体的重要成员，其所主持的高易公馆赈所，又被称为"广东帮赈所"，"董事几乎囊括了当时寓沪广东帮中的知名人士"，如徐润、唐廷枢、唐廷植等。显然，李秋坪是上海广东移民群体在义赈界的代表。可以看出，第二批义赈领袖既有代表江浙移民群体的两位丝商，也有代表广东移民群体的粤东买办，还有代表洋务群体的总办、帮办之流，这些群体基本上也都是当时上海最有势力的华人群体。

有趣的是，第二批义赈领袖兴起之初，并没有立即在义赈中展开统一行动。虽然王松森、陈竹坪和李秋坪三人在粤赈开始不久便立即实现了密切合作，但却从未把施善昌包括在内，朱浒分析有可能是他们三人"生发了与施善昌进行竞争的意识"。从光绪十一年粤赈开始，施善昌与另外三人在义赈活动中"判然两途"，这种分裂局面在整个光绪十二年没有丝毫改变，王松森、陈竹坪和李秋坪三人"依然统一行动"，而"施善昌始终没有加入"。朱浒指出，与光绪九年至光绪十年那

① 朱浒：《民胞物与：中国近代义赈（1876—1912）》，74页，北京，人民出版社，2012。

② 朱浒：《地方性流动及其超越：晚晴义赈与近代中国的新陈代谢》，331～332页。

③ 易惠莉：《郑观应评传》上册，222页。

种一大批绅商统一行动的状态相比，光绪十一年至光绪十二年间的义赈活动始终显得相当纷乱。这一局面的被打破，是在光绪十三年黄河郑州决口后的义赈中实现的。在谢家福的联络和推动下，施善昌、王松森、陈竹坪、李秋坪四人作为新起的义赈领袖，与谢家福、经元善等老资格的义赈领袖共同组成了赈济郑灾的义赈主持群体，"整个上海的义赈力量正式统一在一面旗帜之下"。此次赈灾行动结束后，这套领导体制却一直延续了下去，成为此后义赈活动的一个常规化运行机制，上海各方义赈力量之间的联合局面从此被固定下来。此后，上海若有新的义赈力量出现，不久都会纳入这套体制，成为其中的一员。例如，著名的宁波帮商人叶澄衷在光绪十四年以独立名义开设赈所后，最晚到光绪十七年初便与施善昌等人联合开展行动；《申报》馆账房席裕麒在光绪十五年独立开设赈所，则是一开始便与施善昌等人联合行动。① 就上海的华人社会而言，无论何种力量想要参与到义赈事业中来，都会被纳入到一个统一的行动框架中来。在一个统一的上海华人社会形成之前，上海义赈界的联合和统一，对于整个上海华人社会的整合，显然是具有潜移默化的引导作用的。

吴滔在探讨清代江南社区赈济的文章中认为，社区赈济作为社会救济领域与地缘关系的一种糅合，"因能为社区内居民生计提供安全保障，而成为清代江南社会中促进社区整合的主要力量之一"。② 与面向社区内居民的社区赈济不同，义赈反其道而行之，主要面向社区以外，但同样也能为社区内部的整合提供动力和支持，尤其是像上海这样的移民社区。作为移民，虽然生活在上海，但对家乡的认同依然如故，一旦家乡有难，很难不伸出援手。施善昌首次独立主持赈灾活动，就是因为他的家乡江苏震泽一带在光绪九年遭受严重的灾害，其身处灾区的姻亲鉴于他"与《申报》馆、电报局筹赈诸君素称莫逆"，故请其施以援手。施善昌利用他参与义赈获取的各种资源，对家乡进行了赈济。李秋坪的高易公馆赈所，也是因为要赈济家乡广东的水灾而成立，因

---

① 参见朱浒：《地方性流动及其超越：晚晴义赈与近代中国的新陈代谢》，333~335 页。

② 吴滔：《清代江南社区赈济与地方社会》，载《中国社会科学》，2001(4)。

粤赈而成立的还有王松森、陈竹坪的两个赈所，而参与粤赈的则囊括了当时上海的全部义赈组织。对于广东移民而言，向自己家乡伸出援手的显然是整个上海华人社会。同样，上海的义赈组织在其他各省遭遇灾害时，也会联合伸出援手。毫无疑问，这对上海其他各省移民而言，展示的也是整个上海华人社会的合力。久而久之，在上海移民的心目中，一个统一的上海华人社会的形象自然会慢慢形成。从同治十三年第一次四明公所事件时宁波籍移民的孤军奋战，到光绪二十四年第二次四明公所事件时几乎整个上海华人社会的"普遍支持和一致行动"，有学者将上海民众对两次四明公所事件响应程度的差异，视作"上海社会对宁波移民认同之别"。① 认同是双向的，这既体现了上海社会对宁波移民的认同，也体现了包括宁波移民在内的各省移民对上海的认同。这种对于上海不分彼此的集体认同，预示着一个统一的上海华人社会的呼之欲出。

如果说庚子救援之前义赈等慈善活动的主持者和参与者主要是"江浙闽粤"等上海最大的几个移民群体的代表，那么庚子救援行动则是上海历史上第一次囊括了几乎所有移民团体的真正可以算作整个上海华人社会的统一行动。如前文所述，庚子救援行动发起之初，秉承义赈传统的济急善局反而将其救援的范围限制在"江浙人士"，这与此前义赈施救的区域主要在江南以外，尤其集中在灾害频发的华北数省，形成巨大反差。显然，这与庚子救援规模太过庞大且事涉江浙有关。济急善局发起诸公虽然多为当时的义赈领袖，但即便是义赈，首先也得是在自身的安全和利益有所保障的情况下展开，庚子救援中有大批江浙人士同样亟待救援，作为江浙同乡的这批义赈领袖，惟恐经费不敷，将救援范围局限在"江浙人士"，确实也无可非议。然而，这终究还是引来其他各省寓沪绅商的不满，在他们的抗议和推动下，济急善局从善如流，"邀约各省绅董在一品香公同筹议"，最终转变为"在京之江苏、江西、安徽、浙江、福建、广东、广西、云南、贵州、四川、山东、河南、湖南、湖北各省绅士商民及各直省京朝官均应接济"的东南

① 李坚：《上海的宁波人研究（1843-1937）》，161～162 页，博士学位论文，华东师范大学，2000。

济急善会。后来，京津被难官商抵达上海后，接运、住宿、饮食等相关事宜，也是通过东南济急善会和中国救济善会这两大救援组织的号召，动员寓沪各省官绅具体实施的。不可否认，各省寓沪官绅参与庚子救援行动最基本的动力源于"乡谊"，然而对于整个上海华人社会而言，毕竟实现了一次真正统一的大规模救援行动。或可这样理解，即便是义赈这样的公益慈善行动，其在整合上海移民社会时也存在一定的限度，不一定能够动员所有的移民群体，只有在同时涉及几乎所有移民群体的切身利益时，对于这些不同省籍移民的统一动员才能够真正起效。

必须指出的是，尽管义赈对上海的移民社会很难进行彻底整合，但恰如前文所述，上海义赈界的统一运作不可能不对上海移民社会的整合起到潜移默化的影响。尤为关键的是，在长期的义赈实践中，一代又一代的义赈领袖脱颖而出，享有越来越高的声望。亲历和目睹了两次义赈领袖更新换代的经元善，对庚子救援时期的第三代义赈领袖曾有这样的赞叹："今严筱舫（即严信厚）、施子英（即施则敬）、杨子萱（即杨廷杲）诸公，声望尤著，更冰寒于水矣。"[①]正是因为有这些义赈领袖的存在，上海各移民团体才会在庚子国变后迅速展开统一的救援行动。首倡庚子救援的陆树藩、潘炳南等人在此之前虽不时参与义赈捐款，但在义赈界几无声望可言，之所以敢于挑头开展救援行动，关键也正是由于李鸿章批准同意了陆树藩请其"劝谕"严信厚、施则敬等义赈领袖"筹款济助"的要求。义赈领袖在上海华人社会乃至整个江南社会的声望和号召力，由此可见一斑。

甚至可以说，这些义赈领袖在某种程度上具有了华人领袖的地位。庚子救援后不到两年，上海最早的商会组织——上海商业会议公所于光绪二十八年正月十五日（1902 年 2 月 22 日）正式成立。诚如徐鼎新所言，上海要求成立商会的呼声一直都很强烈，"但由谁来牵头发起筹办，则相率伫足观望，故而酝酿多年，迟未实行"。[②] 借着光绪二十八

---

① 《沪上协赈公所溯源记》，见虞和平编：《经元善集》，327 页。

② 徐鼎新、钱小明：《上海总商会史(1902-1929)》，37 页，上海，上海社会科学院出版社，1991。

年（1902 年）中英商约谈判之机，负责谈判的商约大臣盛宣怀要求严信厚、郑观应、施则敬、梁钰堂、朱葆三等共同磋商，赶紧成立商会，以备谈判时随时咨询。这些人既是当时上海各主要商帮的领袖人物，也是义赈等公益慈善事业的重要领袖，尤其是严信厚、施则敬作为第三代义赈领袖，刚刚在庚子救援行动中大放异彩，声望尤为卓著。严信厚由此承担了成立商会的筹备工作，他凭借自己在上海商界的社会地位、影响和号召力，与各帮绅商多次磋商，终于达成了共识。上海商业会议公所成立时的"聚会之所"，也是由严信厚"先行筹垫经费"在南京路五昌里租赁的一处房屋。与会各帮绅董共有 70 多人，公推严信厚担任商会总理，施则敬也被公举为 13 名议员之一。进一步考察上海商业会议公所的总董名单，我们可以发现五位总董（严信厚、唐杰臣、梁钰堂、陈润夫、朱葆三），均参加了济急善局于光绪二十六年闰八月二日（1900 年 9 月 25 日）"邀约各省绅董在一品香公同筹议"庚子救援行动的会议；由全体会员公举产生的 13 位议员中，参加过筹议庚子救援行动的，除了施则敬之外，还有朱葆三、谢纶辉、陈润夫、梁钰堂、袁詠笙、唐杰臣等 6 人，比重超过一半；至于参加了筹议庚子救援行动的其他各省绅董，则基本上都成为了上海商业会议公所的会员。①上海商业会议公所拥有两重领导机构，一是由 5 位总董组成的权力机构，即所谓"权归总董"；二是由推选而出的总理、副总理和议员组成的办事机构。无论是权力机构，还是办事机构，曾参与筹划庚子救援行动的那批寓沪绅商都居于毋庸置疑的主导地位。从各移民群体公认的义赈领袖到各商帮公认的商业领袖，转变看似突然，背后实则累积了义赈等公益慈善事业对上海移民社会近三十年的整合之功。

　　20 世纪初，上海作为一个基本上仍以商业为主导的城市，商会之于上海的意义不言而喻。可以说，商会就代表了当时上海的华人社会，商会领袖即华人社会的领袖。包括了各省商帮在内的上海商业会议公所的成立，意味着一个统一的上海华人社会的正式形成。这个统一的华人社会一旦形成，上海的历史走向便呈现出与以往完全不同的面貌。

---

　　①　《众擎易举》，载《申报》，光绪二十六年闰八月三日；徐鼎新、钱小明：《上海总商会史》，43～47 页。

光绪三十一年(1905 年)的大闹会审公堂案，缘于粤人无辜被捕，但在商会的动员和组织下，整个上海华人社会都奋起与洋人抗争，所争的也不仅仅是粤妇黎黄氏的个人自由，而是事关上海华人权利和尊严的租界司法制度。沿着这一脉络，可以发现上海华人此后争取租界司法自主权，进而争取租界参政权，正是由此开端，而上海总商会一直都是上海华人社会向洋人争取权利的主导者。爆发于光绪三十一年(1905 年)的抵制美货运动，肇始于与上海华人社会没有太大切身利害关系的中美劳工条约谈判，由上海商务总会首开其端，不仅动员和组织了整个上海华人社会的抵制美货运动，还影响和带动了遍及全国的抵制美货风潮，其目的是逼迫美国修约，以平等的态度对待华工。上海商务总会发起抵制运动的动因，显然源于他们与华工同为华人的身份认同，再加上全民国家观念在 20 世纪初的兴起，即所谓"彼虐待我华侨即辱我全国"。按当时在华西方人的说法，则是"觉醒的中国人已经产生了国家意识，对移居美国太平洋沿岸广东华侨的迫害激起的不再仅仅是广东人的愤怒，它已使全中国人感到羞辱"。基于此，抵制美货运动被学者认为是"揭开了中国近代民族主义运动的序幕"[①]。在此脉络下，上海总商会在五四运动期间因对日态度软弱的"佳电"风波，形象一落千丈，正副会长被迫辞职，领导层随后也进行了颠覆性的换届改选，这表明上海总商会作为上海华人社会的代表，同时也是整个民族国家的一员，其言行一旦有违民族国家的基本利益，则会受到上海华人社会的一致讨伐，直至其彻底改组，重新赢得上海华人社会的认可。除了与洋人对抗之外，作为上海华人社会的代表，上海总商会在有关上海全市的管理和建设事宜上还不时与洋人合作。例如光绪三十三年(1907 年)出现在万国商团中的中华队，实际上是华人参与上海租界防卫的体现，其日常活动经费由上海总商会募集而来，上海总商会会长则为中华队的名誉首长；再如 1912 年，负责管理上海水道的浚浦局增设"浚浦顾问局"，协同订定河道疏浚的办法，确定该顾问局由 6 人组成，其中 5 人为在上海进出口吨位数最大的 5 个国家的代表，1 人由

---

① 王立新：《中国近代民族主义的兴起与抵制美货运动》，载《历史研究》，2000(1)。

总商会选派。诸如此类，不一而足。自此之后，无论是对抗还是合作，上海洋人面对的都不再是某一个移民群体或职业群体，而是整个上海华人社会。

附录一　庚子救援大事记

庚子年

五月十五日

日本驻华使馆书记生杉山彬出永定门，为董福祥所部甘军士兵击毙。（《义和团运动史事要录》，142页）

五月十九日

清廷颁布上谕，命李鸿章迅速来京。（《义和团档案史料》上册，141页）

五月二十日

京师义和团焚毁前门大街大栅栏老德记西药房。火势失控，延烧民居，被焚之户以千数。"炉房二十四家尽燔，银根顿绝，市面大坏"，"京师市面精华已竭，市物因之空虚，银钱因之滞塞，人心因之益加动摇。"（《义和团运动史事要录》，163~165页）

五月二十四日

德国公使克林德为清军虎神营士兵所戕。（《义和团运动史事要录》，180页）

董福祥所率甘军，联合义和团，开始围攻东交民巷使馆。（《义和团运动史事要录》，181页）

五月二十五日

清政府发布宣战上谕。（《义和团档案史料》上册，162~163页）

五月三十日

上海道余联沅据刘坤一、张之洞电令，与各国驻沪领事正式开议东南互保相关条款。[戴海斌：《"东南互保"究竟有没有"议定"约款》，载《学术月刊》，2013(11)]

六月九日

清廷令刘坤一于清江浦一带设立转运总局，"将各处粮食妥筹妥买，由内地水陆分运到京，以资接济"。（《义和团档案史料》上册，242页）

六月十二日

清廷发布上谕，"直隶总督著李鸿章调补，并兼充北洋大臣"。（《义和团档案史料》上册，259页）

六月十七日

八国联军攻占天津。（《义和团档案史料》上册，326页）

六月二十五日

李鸿章抵达上海。（《李鸿章全集》第27册，145页）

七月二日

《申报》刊登《欣回故土》："华历七月初一日香港来电云，港督电达驻天津武员，请设法备船，将在津粤人之愿回桑梓者一律送回，其费以洋银五千圆为止，业已由香港粤商集有成数矣。"

七月三日

清廷发布上谕，斩杀许景澄、袁昶。（《义和团档案史料》上册，392页）

七月五日

八国联军在天津成立"都统衙门"，管理天津城。（《义和团运动史事要录》，333页）

七月十三日

清廷授李鸿章为全权大臣，命即日与各国电商和议。（《义和团档案史料》上册，446页）

七月十四日

《申报》刊登《谊笃梓桑》，详细介绍由香港东华医院首先倡议的援救在津粤人回故里的计划。

七月十六日

陆树藩第一次拜见李鸿章。（《申报》，光绪二十六年七月十七日）

七月十七日

《申报》刊登《粤人好义》，表彰粤省绅董救援之举。

七月二十一日

八国联军占领北京，慈禧率光绪帝等出逃，奕劻等王公大臣随扈。（《义和团运动史事要录》，373～375页）

七月二十七日

大学士昆冈等留守京官与赫德会晤，赫德要求庆亲王奕劻回京议和。（《义和团档案史料》上册，495～497页）

八月三日

清廷谕令奕劻"即日驰回京城"。

（《义和团档案史料》上册，513页）

清廷任命昆冈、崇礼、裕德、敬信、溥善、阿克丹、那桐、陈夔龙等八人为留京办事大臣。（《义和团档案史料》上册，514页）

八月十日

奕劻抵达北京，英、日使臣派兵迎接。（《义和团档案史料》上册，550页）

八月十一日

奕劻会见赫德。"先商之赫德，转告各兵官，先行开放各城门，俾四乡粮食蔬菜照常入城，以维生计"，"赫德一一允诺"。（《梦蕉亭杂记》，35页）

八月十二日

陆树藩上禀李鸿章，提出救援主张，并请其劝谕盛宣怀、严信厚等"筹款济助"。（《申报》，光绪二十六年八月十三日；《申报》，光绪二十六年八月二十五日）

八月十四日

陆树藩获李鸿章批示："已分别咨行劝谕筹办。"（《申报》，光绪二十六年八月十五日；《申报》，光绪二十六年八月二十二日）

八月十六日

《申报》刊登《救济善会启》，正式公开宣布救济善会的成立。

《申报》刊登《劝募救济兵灾捐款》。

《中外日报》刊登《慈谿王君来函》，提议发起救援行动。

八月十七日

《申报》刊登《救济会章程》。

李鸿章札饬陆树藩"先将倡集捐款

银贰万两，速派妥实可靠人员前赴津沽一带竭力援救"。(《救济文牍》卷三，3b~5a 页)

八月十八日

《中外日报》刊登《论赈救直隶兵难会用意之善》，大力呼吁展开救援行动。

《中外日报》刊登《清江专函》："浙藩恽松耘方伯、前福建兴泉永道恽莘耘观察及浙省绅商潘赤文等筹集巨款解赴德州，拟将是项灾民迁徙南回。"

八月十九日

德国领事复函上海道余联沅，同意给予护照。(《救济文牍》卷二，4a 页)

《申报》刊登《代收救济北省被难士商捐款处》。

八月二十日

潘炳南"起解库纹三千两"，请恽祖翼转解山东粮道尚会臣。(《中外日报》，光绪二十六年八月三十日)

八月二十一日

李鸿章自沪起航赴津。(《李鸿章全集》第 27 册，305 页)

八月二十四日

陆树藩致电恽祖祁，表示再解"曹平银五千两"，请其"迅速转解德州"。(《中外日报》，光绪二十六年八月二十七日)

《中外日报》刊登《救济善会公启并章程》。

八月二十五日

李鸿章抵达大沽。(《李鸿章全集》第 27 册，305 页)

《申报》刊登《济急善局公启》，正式公开宣布济急善局的成立。

八月二十七日

《申报》刊登《承办济急善局章程》。

八月二十九日

《申报》刊登《分头办理》："清江等处归严君筱舫诸公筹办，京津一带归陆君纯伯诸公筹办，庶几事有专责，款不虚糜。"

闰八月二日

《中外日报》刊登《救济善会来往信函照录》，"寓沪湖南、福建、江西、湖北、云南、广东、广西、贵州官绅士商"对济急善局专济"江浙"表示不满。

《申报》刊登《善与人同》，"游君必方、欧阳君本、王君蕴如、刘君延龄、刘君庆汾、朱君宗藩、丁君泰、陈君作霖"等四川、江西、云贵绅商亦希望济急善局能够"一体周施"，使各省同胞"均沾仁惠"。

闰八月三日

《申报》刊登《众擎易举》：济急善局同仁"邀约各省绅董在一品香公同筹议"救援之举。

济急善局扩展为东南济急善会，向京城发出第一号"济急公函"，并附有"东南救急会开办大略章程四条"。(《申报》，光绪二十六年闰八月七日)

闰八月五日

东南济急善会第一批解款由道胜银行汇出，同时发出《济急第二号公函》。(《申报》，光绪二十六年闰八月十日)

闰八月十日

奕劻上奏清廷称，"各衙门官员暨

各旗营弁兵匠役人等，转瞬天寒，必须设法筹给俸薪钱粮，用资衣食；而户部不戒于火，银库存款荡然，各衙署积蓄公项亦皆被掠一空，京内无款可筹"，并表示准备"电致各省督抚，于应解本年京饷，设法凑解赴京，用资接济"，请求朝廷"饬下各省将军、督抚遵照办理"。（《义和团档案史料》上册，667页）

东南济急善会发出《济急第三号公函》。（《申报》，光绪二十六年闰八月十三日）

陈子钧指济四川京官"规银五千两"。（《申报》，光绪二十六年闰八月十三日）

闰八月十二日

李鸿章起程进京。（盛宣怀档案资料选辑之七《义和团运动》，296页）

盛宣怀致电"各省督抚河漕提镇藩臬运道"，广为劝捐。（《愚斋存稿》卷四十二，271b～272a页）

陆树藩致电李鸿章，表示"蒙盛京卿拨爱仁轮船"。（《李鸿章全集》第27册，333页）

闰八月十四日

《申报》刊登《特颁巨款》，刘鹗开始参与救济事宜。

江西布政使张绍华致电盛宣怀："江右李香园方伯、华再云侍御、邹凌翰郎郎闻风兴起，昨电汇两竿至严筱翁处，又禀商鹤帅，暂挪公款三竿，凌瀚亲携到沪。"（《申报》，光绪二十六年闰八月二十日）

闰八月十五日

《申报》刊登《京都粤东会馆各京官公函》：广东京官向上海广肇公所求援。

东南济急善会发出第四号公函：广肇公所董事徐润等联名致函东南济急善会，要求派人附轮前往京津参与救援，并交到英洋一万元，东南济急善会将此作为第二批解款。（《申报》，光绪二十六年闰八月二十一日）

湖南巡抚俞廉三致电盛宣怀等："湘备一万金，解何处方能妥速，望赐电复遵办。"（《申报》，光绪二十六年闰八月二十日）

浙江巡抚刘树棠、浙江布政使恽祖翼、浙江按察使荣铨、浙江盐运司世杰、浙江粮道郑崧龄等"杭州诸大宪"来电："现商同在省司道合助银五千两汇寄，稍尽微忱。"（《申报》，光绪二十六年闰八月二十日）

闽浙总督许应骙致电盛宣怀："当饬司局广为劝助，以襄善举。章程议妥，速寄为望。"（《申报》，光绪二十六年闰八月二十日）

闰八月十六日

盛宣怀致函杨文骏："现办济急会，如各省帮助渐多，大约十万之数不致短绌。"（盛宣怀档案资料选辑之七《义和团运动》，308页）

闰八月十七日

《申报》刊登《解款声明》："前因清江德州一带各省官商之乏资南旋留滞中途者甚多，即延刘兰阶先生邀约同仁驰往查济，一面电禀山东抚宪袁慰帅行局垫发银五千两，即交兰翁照数具领，业经奉谕照准，并饬迅速解还等因。兹于十五日凑解库平足银五千两，合元五千四百八十两，分装五箱，交招商局轮船运至镇江，函托朱煦庭兄转解清江，即请恽心耘观察代雇车辆解至济南赈抚局验收归垫，藉清款项而济要需。"

闰八月十八日

李鸿章抵京。(《李鸿章全集》第27册，337页)

闰八月十九日

安徽巡抚王之春、安徽布政使汤寿铭联名致电盛宣怀："弟等勉筹五千金，日内汇沪，聊効绵薄。"(《申报》，光绪二十六年闰八月二十八日)

《申报》刊登《济急电音》：有关陆路救援情况。

闰八月二十日

东南济急善会发出第五号公函：广肇公所之款项由其自行汇寄，此前所称各节"勿庸议"；善会另行凑集英洋一万五千元作为第二批解款，交由道胜京行大班璞科第带往京城。(《申报》，光绪二十六年闰八月二十五日)

云南布政使李经义致电盛宣怀："义到滇未久，缺复瘠苦，勉助滇鲜银二千两，帮贴安徽京官。惟滇沪汇解过迟，欲恳吾丈垫款汇交家伯照交，或交安徽首事匀散，或请家伯按同乡戚友交谊分等致送，均可。"(《申报》，光绪二十六年闰八月二十八日)

闰八月二十一日

云南巡抚兼署云贵总督丁振铎致电盛宣怀："铎允捐河南银一千两，藩司李经义允捐安徽银二千两，署臬司曹鸿勋允捐山东银五百两，署粮道汤鲁璠允捐湖南银四百两，迤西道全懋绩允捐浙江银四百两，署开广道刘敏图允捐贵州银五百两，共滇平银四千八百两，余再陆续电达。"(《申报》，光绪二十六年闰八月二十八日)

闰八月二十二日

陆树藩率救济善会北上人员登轮启行。(《救济日记》，1a页)

杨文骏致电东南济急善会沪局，称"京官愿回南多，拟由日本护送塘沽，请嘱局轮往接"。(《申报》，光绪二十六年闰八月二十六日)

闰八月二十四日

清廷向各督抚寄发电旨："奕劻电悉。现在京城仓库多被焚毁，在京旗步各营月饷及官员俸薪银米久未开放。览奏，困苦情形，殊深轸念。所请江苏拨银十五万两，四川拨银十五万两，广东拨银十五万两，浙江拨银十二万两，江西拨银十二万两，湖北拨银八万两，安徽拨银五万两，福建拨银八万两，湖南拨银五万两，山东拨银五万两，共银一百万两，著各该省督抚将应解京饷如数划拨，限九月内全数解沪，交江海关道兑收，即由该道转交汇丰银行，迅速汇京，俾得均匀发放，切勿少延，致误急需。"(《义和团档案史料》下册，703页)

闰八月二十五日

李鸿章致电盛宣怀，要求其"速电东南各帅及司道广筹协济"。(上海图书

馆藏《盛宣怀档案》，档案号：057250）

杨文骏致电盛宣怀等，表示"头批款到"，"傅相派杨莘伯兄赴津办理转送上轮船"。（《申报》，光绪二十六年闰八月二十九日）

东南济急善会号召寓沪各省官绅，为即将到来的"难员南下"做好安插准备。（《申报》，光绪二十六年闰八月二十九日）

闰八月二十六日

陆树藩等抵达大沽口。（《救济日记》，2a 页）

广东布政使丁体常致电盛宣怀："现奉静帅率同在省各司道，共筹助银五千两，赶即集款兑沪。"（《申报》，光绪二十六年九月九日）

闰八月二十七日

山东巡抚袁世凯致电盛宣怀："兹先由弟商同司道，措备库足银三千两，由赈局电沪捐局拨付，到祈查收。"（《申报》，光绪二十六年九月九日）

闰八月二十八日

张之洞致电刘坤一、袁世凯，提议筹款四万金，作为京官"出京赴陕盘费"。（《张之洞全集》第 10 册，8355～8356 页）

"陆纯伯部郎致救济善会同人书"发出。（《申报》，光绪二十六年九月五日）

闰八月二十九日

《济急第六号公函》发出：东南济急善会第三批解款由汇丰银行汇出。（《申报》，光绪二十六年九月三日）

《济急第一次京函》寄出："现公拟先设法保送有家可归，及南中有亲友可赖者，先行回南，以后再议接济留京各人办法"，"托各省京官先分查回南人数，大约在千人以外"；并表示"道胜款已收到"。（《申报》，光绪二十六年九月二十二日）

陈子钧续捐万金，"统济各省"。（《申报》，光绪二十六年九月三日）

九月一日

督办四川矿务商务大臣李徵庸、四川布政使周馥联名致电盛宣怀："川省向送川京官炭敬京平足银一千，今制军属加二千，共三千。拟以一千由馥解陕，以二千交重庆通商银行汇沪，请公收转寄京中川京官乔树枏、高枏、陈钟信收，匀给川员。"（《申报》，光绪二十六年九月九日）

九月二日

盛宣怀再电各省，"传傅相谕"，广为劝捐。（《申报》，光绪二十六年九月九日）

九月三日

《济急第二号京函》寄出："现在贤良寺中收拾两间屋为公所"；"至运送回南者，连商民亦有，即直京人愿来南者，亦允之"。（《申报》，光绪二十六年九月二十四日）

《陆纯伯部郎第二号公函》寄出："连日船上已来南省男女难民数十人"，"如有一二百人，当令爱仁轮船速装回沪"。（《申报》，光绪二十六年九月十三日）

《申报》刊载《逆旅施仁》：长发、泰

安、名利、长春等客栈商定，"将来北省被难绅商来沪投栈，不计房钱，只收饭金"。

九月四日

《济急第七号公函》寄出：东南济急善会第四批解款由汇丰汇出；并表示"原议章程""语意本极放活，全赖诸公因时因地各制其宜"。（《申报》，光绪二十六年九月七日）

盛宣怀致电张绍华、周馥、李经义："傅相电嘱转江西、川、滇藩司，'同乡困苦万分，嘱电筹济，即由尊处汇京为盼。'"（盛宣怀档案资料选辑之七《义和团运动》，342页）

广西巡抚黄槐森致电盛宣怀："顷又奉冬电，传傅相谕，遵即合力勉筹银二千两，交西号汇呈尊处，汇齐转解，聊尽微意。"（《申报》，光绪二十六年九月九日）

九月五日

救济善会津局设立。（《救济日记》，3b～4a页）

九月六日

四川总督奎俊致电盛宣怀，请垫"京赈二万两"。（盛宣怀档案资料选辑之七《义和团运动》，347页）

陕甘总督魏光焘致电盛宣怀，请垫"京赈万金"。（盛宣怀档案资料选辑之七《义和团运动》，348页）

九月七日

驻沪救济善会接天津来电："爱仁轮船准初十开回沪。"（《申报》，光绪二十六年九月七日）

九月九日

《陆纯伯部郎致上海救济善会第三号公函》发出："惟专假一轮需费甚巨，此轮回申后，敝意拟请不必再行专放，俟此间人数众多，再电请派轮，免单数本，速请招商局加盖戳记寄津，立候应用。"（《申报》，光绪二十六年九月十九日）

刘鹗由上海抵津。（《救济日记》，5b～6a页）

九月十日

《济急第三号京函》寄出：初步确定护送章程；"此间车船及火车一切价值，及洋兵酬费均归此间支付"。（《申报》，光绪二十六年九月二十八日）

九月十一日

爱仁轮船由天津起航返沪，"装去难民一百七十余人"。（《救济日记》，6b页）

《济急第八号公函》寄出：东南济急会第五批解款由汇丰汇出。（《申报》，光绪二十六年九月十五日）

九月十二日

杨文骏致电东南济急善会沪局表示，"京官头批""十七行"，"约共一千数百人"，"速派两火轮，多备火食，即日来，少迟再来一轮"。（《申报》，光绪二十六年九月十九日）

刘鹗率同"司事工役二十余人"赴京。（《救济日记》，6b页）

九月十三日

《济急第四号京函》寄出："济急会汇款已收到道胜两批、汇丰三批，计公砝足银四万六百三十二两三钱三分、洋四万元。汇丰此间收各军存银甚多，均系汇解回津，是以吴幼龄云尽可拨用，只要上海交存汇丰，电知此间即可划拨"。再次确定护送办法："由京至通车归俄日保护，通至杨村船亦归俄日保护，杨村至塘沽火车专归俄保护。车价每辆约五两余一次，船四十余元一次。"（《申报》，光绪二十六年九月三十日）

九月十四日

张之洞致电李鸿章、刘坤一、袁世凯，对此前的救援计划进行修改：江南、湖北、山东三省合筹银二万五千两，"以二万分济留京者"，"以五千尽数分济赴陕者"。（《张之洞全集》第 10 册，8380 页）

盛宣怀致函杨文骏："此间已收济急会规银十万六千余两"，"各帅允拨之款，复电虽到一半，而汇到者尚属寥寥"。（盛宣怀档案资料选辑之七《义和团运动》，364 页）

天津本地绅董赵兴堂、林兰坡等公请救济善会陆树藩等人，"商办平粜事"，"议定设局七处，白米每包四元五角，籼米每包三元五角，每人粜米以一斗为度"。（《救济日记》，7a 页）

九月十五日

"陆纯伯部郎致上海救济善会第四次公函"发出："此次旋申被难官民，当令分坐公平、安平两轮船回沪。惟带来免票上有月底为止戳记，月底尚不至封河，望再备免票一本，加盖十月十五日为止戳记。"（《申报》，光绪二十六年九月二十九日）

九月十六日

江苏巡抚松寿致电奕劻："旗员困苦情形，久切恻念，谨遵极力筹济，已分电各省旗籍司道二十二处，候得复电，再竭绵薄，一并由汇丰汇京，以副钧属。"（盛宣怀档案资料选辑之七《义和团运动》，368 页）

《申报》刊登《济急东电汇登》：有关陆路救援。

九月十七日

东南济急善会沪局复电杨文骏表示："公平、安平两船在津，自即可趁此两船来沪。"（《申报》，光绪二十六年九月十九日；《申报》，光绪二十六年九月二十一日）

谢汝舟率同司事工役六人赴保定救济，由法国保护。（《救济日记》，8a 页）

九月十八日

《济急第九号公函》发出：东南济急善会第六批解款由汇丰汇出；刘坤一、张之洞、袁世凯来电表示，江南、湖北、山东三省共凑二万五千金，由沪道交道胜汇京，"请傅相转交陈侍御璧、朱学士祖谋、乔主政树枏，查明京堂翰詹科道阁部院司官，以二万匀送在京者，以五千作为赴行在者川资"。（《申报》，光绪二十六年九月二十一日）

《申报》刊登《陕灾乞振》。

九月十九日

江西布政使张绍华致电盛宣怀："江右松中丞倡捐济急会五百金，司道以迄县令均有乐输，共约五千外。猝难收齐，先垫京足五千两，重给蔚长厚等号汇费,速汇尊处,藉济各省官绅留滞京津之用。另京足五千两,系取回皖振四千,弟筹一千,专振皖人之困于京津者,乞汇交傅相为祷。至玉山方伯电称,行在当差皖人亦应分济,弟当另筹。"(《申报》,光绪二十六年九月二十五日)

九月二十日

陆树藩第一次赴京行动失败。(《救济日记》,11b 页)

杨文骏致电盛宣怀等:"湘抚津贴三千,张筱帅拨皖赈捐六千五百,相饬先垫分给,以便回南,乞电催归垫。"(盛宣怀档案资料选辑之七《义和团运动》,375 页)

《申报》刊登《救济善会第一批爱仁轮船载回被灾官民名单》。

九月二十一日

杨崇伊从京城送难民来津,与陆树藩"晤谈良久"。(《救济日记》,12a 页)

九月二十二日

安平轮船从天津起航返沪,装回被难士商一百余人。(《救济日记》,13a 页)

四川京官剖分陈子钧所捐款项。(《庚子记事》,209 页)

九月二十三日

陆树藩"与美会教士同伴入都","下午登舟"。(《救济日记》,13b~14a 页)

九月二十五日

《申报》刊登《指日南旋》:"京都南旋官绅商民,现已陆续到津。即蒙盛京卿派公平、安平、爱仁、泰顺四轮赴津,分配送沪。所有寓津官商,亦即附

搭四轮同来,届时伏祈各帮绅董惠临金利源码头公同照料。"

九月二十六日

安平轮船抵达金利源码头,救济善会、东南济急善会派人前往查看,其中广东同乡一百七八十人由广肇公所妥为安插。(《申报》,光绪二十六年九月二十八日)

《申报》刊登"救济善会第二批轮船载回被难官民名单":安平轮船所载。

九月二十七日

公平轮船从天津起航返沪,"载二百一十五人"。(《救济日记》,26a 页)

九月二十八日

《申报》刊登《德州往来电音》:有关陆路救援。

九月二十九日

广东巡抚德寿致电盛宣怀:"前接庆王来电,嘱筹巨款汇京,接济旗员","由通商银行汇沪一万两,交救济会电汇京师"。(盛宣怀档案资料选辑之七《义和团运动》,393 页)

陆树藩抵达京城,与杨文骏等"商议京中被难官商赴津事"。(《救济日记》,15a 页)

协和轮船从天津起航返沪,"载一百七十一人"。(《救济日记》,26a 页)

九月三十日

《申报》刊登"济急善局京师收款清单"。

陆树藩到贤良寺"谒见"李鸿章。(《救济日记》,15b 页)

上海救济善会接保定分局来电云:

保定附近难民极多，已蒙孙钟祥观察等分救并代筹款协助。"惟无船运津，请专电纯翁速雇大船十余只，并带棉衣四千，限初五前到保，迟恐冻河。"（《申报》，光绪二十六年十月二日）

十月一日

《申报》刊登《协济善会启》，正式宣告协济善会的成立。

四川总督奎俊致电奕劻："奉养电谕，拯救在京旗员，无任钦感，遵即筹银二万两，又川绅陈光弼捐助一万两，共三万两，托盛宣怀先垫转京，以应急需，当已上陈钧听。俊意满、汉一家，若蒙遍致各省，不专指在旗督抚，则畛域无分，集款更巨，于彼厄旗员实大有裨益。"（盛宣怀档案资料选辑之七《义和团运动》，397 页）

于式枚请陆树藩保护京中被难官商四百余人出京。（《救济日记》，15b～16a 页）

《申报》刊登《公平轮船南来电音》："载客二百十五人，内有广东制军及翁中堂、陆学使诸公家眷"，"仍祈工部局董及各会馆、各客栈添派妥友前赴金利源码头照料为幸"。

公平轮船"安抵沪江"。（《申报》，光绪二十六年十月三日）

《申报》刊登《幸获生还》："前日安平轮船抵沪载回粤中官商工匠之在京遭难者，旋由广肇公所发给水脚盘川乘广利轮船返粤。"

十月二日

《申报》刊登《秦赈募捐启》《劝助陕赈说》。

泰顺轮船从天津起航返沪，"载七百六十人"。（《救济日记》，26a 页）

十月三日

陆树藩拜访日本福岛将军，请其保护被难官商出京，"承允设法"。（《救济日记》，16a～16b 页）

《申报》刊登《救济善会第三批送回被难官民名单》：公平轮船所载。

十月四日

松寿致电奕劻："偕江西司道共集银五千两，即由沪道交汇丰汇呈邸中"，"其余分电之二十八处，已有十余处电复，尚无成数，惟安徽联臬、毓道等集二千两。"（盛宣怀档案资料选辑之七《义和团运动》，406 页）

四川京官领取"三帅款"。（《庚子记事》，211 页）

陆树藩至贤良寺会晤杨文骏等，商议运送被难官商出京事。（《救济日记》，17a 页）

《申报》刊登"安平船来官绅衔名单"。

《申报》刊登《驻津救济善会致上海总会第五号公函》。

十月五日

《申报》刊登"救济善会第一批运回南省已故诸人灵柩单"。

协和轮船旋沪，载来"救济善会第四批官商一百七十一人"。（《申报》，光绪二十六年十月七日）

华学澜到恽毓鼎处领取"三帅款"。（《庚子记事》，135 页）

十月六日

《申报》刊登《满载而归》：协和轮船抵沪时，由救济善会同人到码头照料，将人送至长春、名利两栈暂住；第五批泰顺轮船"名单亦经寄到，俟日内抵埠后，再行布达"。

十月七日

陆树藩访刘铁云，"商请美国派兵保护被难官商出京事"。（《救济日记》，17b 页）

《申报》刊登"安平轮船南来官商姓名单"。

《申报》刊登"救济善会第四五批轮船送回被难官民名单"：协和、泰顺轮船所载。

十月八日

陆树藩拜访美国公使康格、美国提督鹊飞，获允"派兵保护被难官商出京"。（《救济日记》，19b 页）

爱仁轮船第二次由津起航返沪，"载二百十人"。（《救济日记》，26a 页）

《申报》刊登"续录救济善会第四五批轮船送回被难官民名单"：协和、泰顺轮船所载。

十月九日

陆树藩至贤良寺李鸿章处辞行，李嘱咐其"明春必须来京接办"。（《救济日记》，19b 页）

安平轮船第二次由津起航返沪，"载七百十五人"。（《救济日记》，26a～26b 页）

《申报》刊登《续录救济善会第五批轮船送回被难官民名单》：泰顺轮船所载。

十月十日

陆树藩护送被难官商二百余人由京起行，"美国派来兵官两人，马队百名"。（《救济日记》，19b～20a 页）

李鸿章致电张绍华："前电以皖赈六千五如数筹垫，当饬救急会挪济。今来函，仅垫四千，自捐一千，不敷千五。吾皖无在陕京堂，此间京曹多无力南归。尊议续捐三千，同感。请速汇京归垫千五，余分济。"（盛宣怀档案资料选辑之七《义和团运动》，417 页）

十月十一日

沪上救济善会接京局来电云，北京粮价日昂，急需平粜，乞筹借两万金电汇来。（《申报》，光绪二十六年十月二十）

十月十二日

新裕轮船由津起航赴沪，"载四百九十六人"。（《救济日记》，26b 页）

救济善会沪局接津局电云："安平免票六百五，新裕免票四百六十四，廖曾戴徐四公请照料。"（《申报》，光绪二十六年十月二十）

《申报》刊登《旋里须知》：协济善会为"杭嘉湖绍苏五府人确乏川资者"提供"轮船免价票，并代付船中酒饭资"。

十月十三日

陆树藩一行到达天津，在浙江海运局下车。（《救济日记》，20b 页）

安平轮船抵沪，载回"七百十五人"，"内有六十五人由烟台上船"。（《申报》，光绪二十六年十月二十）

爱仁轮船抵沪，载回"二百三十人"。
《申报》，光绪二十六年十月二十日）

十月十四日

盛宣怀致电李鸿章：浙江布政使荣
铨"筹京平纹一万"，"请转交庆邸"，
"匀济旗员"。（盛宣怀档案资料选辑之
七《义和团运动》，406页）

普济轮船由津起航赴沪，"载三百
二十八人"。（救济日记》，26b页）

十月十五日

新裕轮船抵沪，"载回北省被难官
民八百余人"。（《申报》，光绪二十六年
十月十六日）

十月十六日

泰顺轮船第二次由津起航返沪，"载
一百四十四人"。（《救济日记》，26b页）

《申报》刊登《济急会声明》："东南
诸同志所设救济会及济急会，分济京津
被难官商。其救济会系陆纯伯部郎，专
办天津一路；济急会系盛京堂及诸同
仁，专办京城、德州两路。现蒙四方善
长邮寄信件及捐款银两，往往互相错
递，特此登报声明，以免转折。"

十月十七日

陆树藩至海运局送京中被难官商登
轮。（《救济日记》，23b页）

十月十八日

协济善会奉到两江总督刘坤一批
示："该员等因东省地方近来京津等处
逃难官商日多，特另设协济善会，筹集
巨款邀请善士携往查散川资，或给衣
食，俾可南归，实属乐善好义，造福无
穷，深堪嘉尚。"（《申报》，光绪二十六

年十月二十四日）

富平轮船由津起航赴沪，装载灵柩
一百三十六具。（《申报》，光绪二十六
年十月二十二日、十月二十五日）

十月十九日

协和轮船第二次由津起航返沪，
"载二百二十二人"，陆树藩等救济善会
部分北上人员亦搭此轮。（《救济日记》，
26b页；《申报》，光绪二十六年十月二
十二日）

十月二十日

《申报》刊登《汇解巨款》：因京城平
粜，上海救济善会合筹规元一万五千
两，"又代各处汇信款二千两"，均由道
胜银行汇解至京。

十月二十一日

普济轮船抵沪，载回"被难官商三
百二十八人"，"当即送往长春、名利诸
客栈安歇"。（《申报》，光绪二十六年十
月二十二日）

《申报》刊登《无量功德》：因京城平
粜，上海救济善会获垫款二千两。

十月二十二日

《申报》刊登《垫款平粜》：因京城平
粜，上海救济善会再获垫款二千两。

十月二十四日

富平轮船抵沪，"运出灵柩一百三
十六具，已派友到开平矿务局马头照
料，分别送寄各省会馆暂厝，以便亲属
来领"。（《申报》，光绪二十六年十月二
十五日）

泰顺轮船抵沪，"援出被难官商一
百四十四人"。（《申报》，光绪二十六年

十月二十六日）

十月二十六日

协和轮船抵沪，陆树藩"携同官民二百二十二名口"登岸。（《申报》，光绪二十六年十月二十七日）

盛宣怀致电北京贤良寺济急会：杨文骏已到上海，"商明会事，以款完止"。（盛宣怀档案资料选辑之七《义和团运动》，457页）

十月二十八日

杨文骏致电李鸿章："抵沪与杏商会，尽款完止。三杨编传登报辱骂，尤寒心。"（盛宣怀档案资料选辑之七《义和团运动》，459页）

十月二十九日

奕劻致电松寿："各省协济旗员津贴，除苏、晋抚，川、粤督，川绅、浙藩，皖臬，安庆、常镇道均已筹复外，余尚未复"，"希再转催"。（盛宣怀档案资料选辑之七《义和团运动》，462页）

十一月一日

《申报》刊登《救济善会筹办京津善后事宜启》，对庚子年的救援行动进行总结，并历陈"明春""不能不接办救济之实在情由"。

上海救济善会接京局来电云："平粜城外两局，日售零米四千余斤；城内两局，初四开；掩埋局，各国均允初一开局。"（《申报》，光绪二十六年十一月四日）

十一月三日

《申报》刊登《出示安民》："京师民人见各省京官携眷南返，以致惶惧异常。"李鸿章特出示安民："东南各省，救急为方，困守可悯，各走家乡，和局即定，甚无惊慌，各安生业，用告城厢。"

《申报》刊登《署直隶臬司孙麟伯廉访致陆纯伯部郎函》，内附救济善会保定分局开办章程二十条。

十一月九日

上海救济善会接京局来电云："平粜成本三万，弟垫一万，沪垫二万；掩埋挂号已过百人。"（《申报》，光绪二十六年十一月十一日）

《申报》刊登《陆纯伯部郎由津局呈李中堂稿》。

十一月十六日

岑春煊致电于式枚："已恳盛代汇两竿。请会同唐辉庭、王幼霞、梁作舟诸兄查明广西京员及留京者均匀分送。"（盛宣怀档案资料选辑之七《义和团运动》，486页）

十一月二十一日

户部公所开放旗民津贴。（《那桐日记》，365页）

十一月二十二日

户部公所开放旗民津贴，"按五成开放"。（《那桐日记》，365页；《庚子记事》，67页）

上海救济善会接京局来电云："仓米将罄，京局平粜，须预储四个月米，现尚缺一万数千金，极力筹借无着，祈尊处从速设法接济。"（《申报》，光绪二十六年十一月二十三日）

十一月二十三日

《申报》刊登《陆纯伯部郎在津禀李中堂稿并批语》：陆树藩请求"嗣后凡有慨捐巨款者，准其呈请奏奖，以资观感。至随同北上办事人等，或驻津坐办，或冒险远行，不无著有微劳，拟择其异常出力者，恳请酌奖，以示鼓励"；李鸿章表示"此次运送避难官民，途险款巨，各绅民好义乐施，本应给奖。惟专摺具奏，必须在万两以上，方与奏奖之例相符。其办事出力官绅，统俟事竣，并案办理"。

十一月二十六日

奕劻致电盛宣怀："旗员济款，代放孔亟，现计到者：粤、晋抚，川督绅，江西抚司道，浙、宁藩，皖司道，镇关道等，荆、伊两将军，共七万有零，不敷尚多。希查松抚前次切电各处，除已到外，余代电催，速为筹复。倘难一时交汇，先将数目电知，以便贷款垫发。"（盛宣怀档案资料选辑之七《义和团运动》，500 页）

十一月二十七日

户部公所开放"八旗官员津贴"。（《那桐日记》，366 页）

十一月二十九日

恽毓鼎"赴北城柏林寺翰林院公所领俸，三四品俸发四成，仅领到四十金"。（《义和团运动史料丛编》，第 1 辑，71 页）

华学澜"领俸五成"。（《庚子记事》，139 页）

十二月一日

高枬"到昆师处领俸银廿一两八钱二分"。（《庚子记事》，225 页）

十二月三日

直隶京官领取张之洞所筹津贴款。（《庚子记事》，139 页）

十二月十五日

奕劻、北京户部致行在军机处电："京师官兵津贴，前由汇丰汇到百万，现已用罄"，"明春需款更多"，"拟由奏准各省关应解来年京饷内预提百万两"。（盛宣怀档案资料选辑之七《义和团运动》，521 页）

十二月十八日

叶昌炽至贤良寺"领口数粥，共两股。一为合肥所筹津贴款，合十四省京官，人得六十金；一为盛杏荪京卿筹济同乡之款，仅江苏一省，人各得百金"。（中国近代史资料丛刊《义和团》（二），475 页）

盛宣怀致电广西提督苏元春："济急会将结束，尊处一竿及岑帅一竿，请速汇下。"（盛宣怀档案资料选辑之七《义和团运动》，523 页）

盛宣怀致电广东布政使丁体常："银行交到接济广西同乡库银二千两，当交济急会汇京。"（盛宣怀档案资料选辑之七《义和团运动》，523 页）

十二月二十一日

户部公所"开放八旗津贴并满员帮贴"。（《那桐日记》，368 页）

辛丑年

二月九日

《申报》刊登《津电照录》："保古共到六百人，柩五十具，速放轮来"；"聂功亭军门之太夫人等尚留滞古北口，亟欲南旋"，救济善会"承招商局派新丰轮船于十三日往塘沽载回"。

二月十三日

徐赓陞致电盛宣怀："三忠灵柩改期廿五出京，请派一轮限三月朔日到塘沽接装。"（上海图书馆藏《盛宣怀档案》，档案号：083176）

二月十四日

唐德熙致函盛宣怀表示："所有救济会揽装南下之人，已遵照宪谕给彼免票，限以七百人。日前曾由局印有免票七本，内分'天地元黄宇宙洪'七字，每字列百张，交陆纯翁盖戳寄津，仍请仁记洋人签字，然后分用。拟新丰船装五六百，公平船装一二百。"（上海图书馆藏《盛宣怀档案》，档案号：083176）

二月十五日

《申报》刊登《救济要电》："计装新丰外，尚有四百人，务速请招商局再放一船，柩不能不装。"

二月二十三日

《申报》刊登"救济善会由新丰轮船载回被难官民单"。

二月二十四日

《申报》刊登"续录救济善会由新丰轮船载回被难官民单"。

二月二十八日

《申报》刊登《宪眷将临》："聂功亭军门之眷属百余人，由伟臣公子分附新济、泰顺两轮船由津来沪，蒙李中堂给以免票，并由敝会津局司事照料一切，先请登报以告同仁。"

三月二日

三忠灵柩运抵天津。（《申报》，光绪二十七年三月三日）

救济善会沪局接津局电云："承平轮船装柩五十六具，初一开；三忠柩，装公平，初五开。"（《申报》，光绪二十七年三月三日）

三月十日

在东南济急善会的筹划下，上海社会各界对三忠灵柩进行了隆重祭奠。（《申报》，光绪二十七年三月十一日；《申报》，光绪二十七年三月十三日）

附录二 人物小传

陆树藩，字纯伯，号毅轩，浙江归安县人，清末著名藏书家陆心源之子。光绪十四年因陆心源"捐送国子监书籍"，而"赏给国子监学正衔"。光绪十五年，考中己丑恩科举人。光绪十六年，先是"报捐内阁中书"，后又"因办理浙江义赈出力奉旨赏加侍读衔"。光绪二十一年，"捐升郎中，签分户部"，旋告假回籍丁父忧。陆心源于光绪二十年逝世后，开始家产未分，后由陆树藩做主，上海缫丝厂由陆树藩经营，上海钱庄由其大弟树屏经营，当铺则由湖州管家配合二弟树声经管"。陆树藩为方便管理在沪家业，常逗留沪滨，"并在沪娶妾徐氏"。戊戌年间，陆树藩与其弟曾欲办湖州中西学堂，并在《申报》上刊登《募助湖州中西学堂启》，但并无下文。[《清代官员履历档案全编》第6册，604～605页；徐桢基品述：《陆树藩其人与皕宋楼藏书售日事》，虞云国整理，载《史林》，2007（S1）；顾志兴：《关于皕宋楼藏书之出售原因及评价——〈藏书家陆心源〉的序外文》，见王绍仁主编：《江南藏书史话》，15页；《募助湖州中西学堂启》，载《申报》，光绪二十四年六月八日]

潘炳南，字赤文，浙江上虞人，太平天国之后，在杭州开设鼎记钱庄，素以举办善事出名，有"潘善士"之称。从"丁戊奇荒""晋赈"开始，鼎记钱庄参与到义赈之中。不过，鼎记钱庄长期只是捐款者的角色，有时也会承担募款的任务，但次数较少，且范围有限。光绪二十五年，潘炳南倡修上虞县境沿江塘堤，工程于光绪二十六年完工，"费用十万余两，经官绅分别筹捐而来"。（吴蕙生：《杭州钱庄业的回忆》，见《浙江文史集粹·经济卷》下，253页；程心锦：《旧时代的杭州商会》，见《浙江文史资料选辑》第9辑，122页；《新编浙江百年大事记1840—1949》，96页；"浙江杭州同善堂八月十六日起二十九日止经收晋赈捐数目"，载《申报》，光绪五年九月十六日；"上海四马路文报局内协赈公所经收山东奉天赈捐"，载《申报》，光绪十五年五月十八日；"苏州安节局代赎协赈公所经收捐款"，载《申报》，光绪十五年七月十五日；"上海北市丝业会馆筹赈公所施子英经收顺直山东湖北安东淮徐赈捐",载《申报》,光绪二十四年五月十日;《照录杭垣潘君赤文致余上乞振公所书》,载《申报》,光绪二十五年十一月五日等)

丁绍芬,字晓芳,浙江湖州人,经商于杭州,其庆福绸庄曾作为上海北市丝业会馆筹赈公所在杭州的筹捐处而出现于《申报》之中。(《助赈撷要》,载《申报》,光绪十九年四月二十八日;《助赈撷要》,载《申报》,光绪十九年六月一日;"上海北市丝业会馆筹赈公所施少钦经收顺直山东河南山西赈捐四月廿四五日第三千五百六十九至七十次清单",载《申报》,光绪十九年六月二十五日;《助赈撷要》,载《申报》,光绪十九年九月十四日;"上海北市丝业会馆筹赈公所施少钦经收顺直山东河南山西赈捐六月十四至十八日第三千六百十六至廿次清单",载《申报》,光绪十九年十一月十一日;"上海北市丝业会馆筹赈公所施少钦经收顺直山东赈捐十二月二十至三十日第三千八百至八百十次清单",载《申报》,光绪二十年正月十四日等)

罗饴,字甘尝,又字焕章,江苏靖湖厅人,附贡生,候选道,长期在沪经商,曾任洞庭西山旅沪同乡会首任会长、上海金庭会馆主要创办人。清末新政时期,曾担任正太铁路驻津转运局总办,大清银行营口分行总办,靖湖厅城议事会正议长。(苏州市传统文化研究会主编:《传统文化研究》第19辑,420

页;上海图书馆历史文献研究所编:《历史文献》第19辑,430~431页;陈旭麓、顾廷龙、汪熙主编:盛宣怀档案资料选辑之五《中国通商银行》,299页;沈庆年主编:《古村遗韵:苏州市控制保护古村落寻踪》,262页)

严复,字又陵,福建侯官人,曾赴英国留学,精通英语,著名翻译家,《天演论》的作者,曾长期供职于北洋水师学堂,庚子国变前一直定居于天津,北方乱局之初,严复携家人由津赴沪。(严璩:《侯官严先生年谱》,见王栻主编:《严复集》第5册;孙迎祥:《严复年谱》;严家理:《严复先生及其家庭》,见《福建文史资料》第5辑)

陈季同,字敬如,福建侯官人,曾留学法国,精通法语,也是著名翻译家。与严复将西方经典译为汉文不同,陈季同是将汉语经典译为法文,也因此在巴黎文学界享有盛誉,"西国文学之士无不折服"。[欧阳英、陈衍:《闽侯县志》(民国二十二年刊本),418页;桑兵:《陈季同述论》,载《近代史研究》,1999(4);桑兵:《沟通欧洲汉学的先进——陈季同述论》,见《国学与汉学——近代中外学界交往录》,101~102页]

雍涛,字剑秋,江苏高邮人,"15岁时学习英文,后到英国教会学堂念书,不久考入新加坡大学,他学习的第二外国语是德文。23岁读完大学,英语极为流利,德语次之"。1898年回到上海完婚,其妻乃时任招商局会办陈辉庭的长女。救济善会招徕人员北上之时,雍剑秋以擅长英、德语,充当了翻译。雍剑秋日后成为天津著名的洋行军火买办,此次救援行动正是雍剑秋将其活动重心由上海移至天津的转折点。(雍鼎臣:《军火买办雍剑秋》,载《文史资料精选》第3册,518~520页)

盛宣怀,字杏荪,江苏武进人,"以诸生起监司","受知李文忠公"。自同治九年盛宣怀经杨宗濂介绍入李鸿章幕府起,至李鸿章于光绪二十七年逝世止,盛宣怀大半生的经历是在追随李鸿章中度过,而盛宣怀毕生事业也全赖李鸿章助成,故陈三立在给盛宣怀撰写的墓志铭中如此叙述:"时文忠公为直隶总督,务输海国新法图富强,尤重外交兵备,公则议辅以路矿、电线、航船诸大端为立国之要,与文忠意合。于是朝廷用文忠言,次第任公以四者,公亦终身以四者自效。"洋务事业以外,赈务也是盛宣怀终生从事并卓有成效的一项事业。盛宣怀办理赈务之始,乃同治十年"畿辅大水",盛宣怀之父盛康"倡捐棉衣赈米",命盛宣怀"诣淮南北劝募集资购粮,由沪赴津散放"。同治十三年,盛宣怀"以直属水灾赈抚案叙劳",赏加布政使衔。盛宣怀的赈务活动也大都与李鸿章有关,如光绪四年由盛宣怀与吴大澂、李金镛共同主持的河间赈灾,便是盛宣怀在李鸿章的命令下参与进来的。正是在办理直隶河间赈务的过程

中,盛宣怀与江南义赈士绅建立了紧密的联系,而这种联系又为盛宣怀洋务事业走向辉煌打开了通道。[盛宣怀:《愚斋存稿》卷首之"行述""墓志铭";夏东元:《盛宣怀传》;夏东元:《盛宣怀年谱长编》;朱浒:《从插曲到序曲:河间赈务与盛宣怀洋务事业初期的转危为安》,载《近代史研究》,2008(6)]

顾肇熙,字缉民,号缉庭,江苏吴县人,"由监生中式同治甲子科本省乡试举人",光绪八年"补授吉林分巡道",光绪十二年授"陕西凤邠道"。光绪十七年,李鸿章"以办赈出力",奏请朝廷"予前陕西凤邠盐法道顾肇熙军机处存记,留直补用"。或许是因为顾肇熙的这种经历,使得马昌华在《淮系人物列传——文职·北洋海军·洋员》中,将顾肇熙也列为李鸿章的文职幕僚,其"职务与活动"则是"襄办赈务"。(《清代官员履历档案全编》第4册,491~492页;《德宗景皇帝实录》卷三〇二,998a页;马昌华主编:《淮系人物列传——文职·北洋海军·洋员》,252页)

任锡汾,字逢辛,江苏宜兴人,光绪二年举人。同年恰逢"丁戊奇荒",任锡汾积极协助县里父老筹集资金救灾;光绪五年,"京都附近一带水灾",任锡汾又慨然劝募赈灾资金十余万两。光绪十六年春,由于上年江浙一带受灾严重,两江总督曾国荃派任锡汾"以十六万至浙江各属加赈"。在放赈过程中,任锡汾"亲自散票,亲自给赈,丝毫不

假胥吏之手",因而在其"由浙回宁时","灾民沿路执香跪谢皇恩者颇不乏人"。次年,任锡汾"以道员发往浙江补用"。后来,任锡汾曾任四川川东道,于光绪二十五年"因办理案件贻误地方,谕令开缺送部引见,乃竟藉词乞养",被朝廷"即行革职"。(王定安编:《曾忠襄公(国荃)批牍·年谱》,696页;梁小进整理:《曾国荃全集》第2册,533~534页;《光绪朝硃批奏摺》第7辑,783页;宜兴文史资料第22辑《宜兴人物志》上册,185~186页;宜兴文史资料第34辑《宜兴商会百年》,107~108页;《德宗景皇帝实录》卷四四一,802b页)

郑观应,本名官应,字正翔,号陶斋,广东香山人。曾充当英商宝顺洋行、太古轮船公司买办,后因参与义赈,逐步进入江浙绅商社会,并因而历任上海机器织布局帮办、总办,上海电报局总办,轮船招商局帮办、总办、会办等职。[夏东元编:《郑观应集》上册,"前言";易惠莉:《郑观应评传》,214~236页;朱浒:《从插曲到序曲:河间赈务与盛宣怀洋务事业初期的转危为安》,载《近代史研究》,2008(6)]

严信厚,字筱舫,浙江慈溪人。同治初年,由胡光墉介绍入李鸿章幕,曾任河南盐务督销、长芦盐务督办,"以盐务起家,从事商业,集资巨富"。严信厚在上海设立源丰润票号总店,"并在江南各省及京津两地设立源丰润分店10余处","经营存放汇兑及清王公大臣的存款","一时业务鼎盛,逞雄南北"。严信厚于光绪十六年,"以捐资助赈"而得赏"二品顶戴",于光绪十九年"因顺直水灾而在上海源通官银号内开设了收捐处",开始办理义赈事务。施善昌逝世后,严信厚便开始承担义赈部分统筹工作,成为继施善昌之后的义赈领军人物之一。[陈述曾:《上海早期亦官亦商的人物——严信厚》,载《上海经济研究》,1981(7);谢振生编著:《严信厚及其家族》;沈雨梧:《为"宁波帮"开路的严信厚》,见浙江文史资料选辑第39辑《宁波帮企业家的崛起》,66页;《德宗景皇帝实录》卷二八二,766a页;朱浒:《地方性流动及其超越——晚清义赈与近代中国的新陈代谢》,337页;陈旭麓、方诗铭、魏建猷等编著:《中国近代史辞典》,286页]

杨廷杲,字子萱,江苏武进人,其一生经历多与洋务企业及义赈相关。先是"受委经理荆门矿务沪局销售煤炭事务";接着参与电报沿江、沿海线路的铺设,后更主持江苏境内各电报线路的铺设工作,并担任上海电报局提调;此外还是华盛纺织厂的七位董事之一;光绪二十三年中国通商银行成立之后,杨廷杲列名十总董之一。在义赈事业方面,杨廷杲虽然起步很早,但"在义赈活动中的地位始终不是很高",直到光绪二十二年独立开办了上海陈家木桥电报局赈所,其义赈领军人物的地位逐渐得到认可。[盛宣怀档案资料选辑之二

《湖北开采煤铁总局·荆门矿务总局》，425 页；盛宣怀档案资料选辑之五《中国通商银行》，60～61 页；朱浒：《地方性流动及其超越：晚清义赈与近代中国的新陈代谢》，338～339 页；朱浒：《从赈务到洋务：江南绅商在洋务企业中的崛起》，载《清史研究》，2009(1)]

席裕福，字子佩，祖籍江苏吴县洞庭东山，后迁居朱家角镇。其兄席裕麒长期担任《申报》馆账房，于光绪十五年独立开设《申报》馆协赈所，与施善昌等义赈领袖一起开展义赈活动；至光绪二十三年席裕麒逝世之时，《申报》馆协赈所与严信厚、施则敬等新一批义赈领袖的合作几乎已经成为惯例，因此当席裕福接手《申报》馆协赈所之后，能很快"跻身于义赈主持群体的行列"。席裕福于宣统元年从美查手中买下《申报》，民国元年又将《申报》出售给史量才。[沈尔立：《购买〈申报〉产权的席裕福》，载《上海文史资料选辑》，2005(1)；《青浦县志》，第三十四篇"人物"之"席裕福"；朱浒：《地方性流动及其超越——晚清义赈与近代中国的新陈代谢》，335、339 页]

施则敬，字子英，祖籍浙江钱塘，生于吴江震泽，后随父施善昌迁居上海，经营商业，为上海丝业董事。施则敬于光绪元年考中乙亥恩科举人，"后又在丁丑科考取咸安宫官学汉教习第一名，期满引见以知县用"。此后，施则敬在施善昌的引领下，将主要精力转向义赈慈善活动，历办山东、顺直、江苏、河南、安徽等地抗洪劝捐义赈，先后九次奉旨嘉奖。从光绪二十年起，施则敬便"开始在上海独立主办一部分筹赈事宜"，光绪二十一年，"施则敬已能够与其父在义赈公启上共同署名"，至光绪二十二年施善昌去世后，施则敬便"全面继承了其父打下的基业"，成为义赈领军人物之一。后来，施则敬成为中国红十字会的创始人之一。(《笠泽施氏支谱》，http://nj-yhml.cn/00jp12.htm，2010-08-27；朱浒：《地方性流动及其超越——晚清义赈与近代中国的新陈代谢》，328～329、334、336～338 页；池子华：《施则敬与中国红十字会的创始》，见池子华：《中国红十字运动史散论》，10 页)

庞元济，字莱臣，号虚斋，原籍安徽，后迁居浙江南浔。庞家为著名的"南浔四象"之一。庞元济于光绪六年考中秀才，"光绪十四年其父以庞元济之名捐款十万两银子赈灾，因此庞元济被补为博士弟子，获赏候补四品京堂"。因家资巨富，庞元济多次凭借赈捐获得朝廷奖赏。光绪十六年七月，朝廷"以捐赈巨万"，"予候选员外郎庞元济""奖叙"；光绪十六年九月，朝廷"以捐助巨款，赏浙江乌程县廪生庞元济举人"；光绪十八年十一月，朝廷"以捐银助赈"，赏"刑部郎中庞元济四品卿衔"；光绪二十一年闰五月，朝廷"以捐饷万两予刑部郎中庞元济""奖叙"。庞元济虽然多次因赈捐获朝廷奖赏，以至获赏举人，但这些赈捐可能多属官赈，与义赈关系不大。庞元济于光绪二十一年与杭绅丁丙等合资白银三十万两，在杭州创办世经缫丝厂；次年又在塘栖办大纶丝厂，同年在南浔创办南浔汽机缫丝厂等。（姚沐：《庞元济虚斋书画收藏研究》，11 页；李学功：《南浔现象——晚清民国江南市镇变迁研究》，164～165 页；《德宗景皇帝实录》卷二八七，821a 页；卷二八九，846b 页；卷三一八，125a 页；卷三六九，837b 页）

杨文骏，字彝卿，云南蒙自县人，"由监生报捐州同，投效本省军营"，"于歼除越南窜匪案内保奏免选本班以知州选用"，后"又于派往朝鲜历年防护定乱案内，经李鸿章保奏，侯选缺后以直隶州用"。光绪十九年，"因委办顺直赈捐，保奏侯补知府后，以道员遇缺题奏"，"复因倡捐巨款筹办香山县义仓，保奏赏给从二品封典"。光绪二十年，杨文骏一度"署理广东按察使"，不久即经广东巡抚奏参"革职永不叙用"。光绪二十三年，杨文骏经王文韶、张之洞、盛宣怀"会奏"，"派充协理汉口铁路分局"；同年，被盛宣怀列名为中国通商银行十位总董之一。光绪二十六年，杨文骏经李鸿章"派充议约随员"。（《清代官员履历档案汇编》第 6 册，607～608 页；盛宣怀档案资料选辑之五《中国通商银行》，61 页）

杨士骧，字莲甫，安徽泗州人，光绪十二年"以进士第改翰林院庶吉士，授编修"。杨士骧曾入李鸿章兄长李瀚章之幕府，"凡所执持大政可不可，瀚章不能夺"。后充国史馆纂修，"甲午充顺天乡试同考官"，戊戌年间"以道员分发直隶"，至庚子年李鸿章"入都议和约，以士骧从"。（《清代官员履历档案全编》第 6 册，562～563 页；金天翮：《杨士骧传》，见《广清碑传集》，1234 页）

徐赓陛，字次舟，浙江乌程人，"尝以候补通判宦粤，权南海等县，精干而著酷吏之名"。李鸿章督粤时，"欲以峻法治盗"，遂招徐赓陛入幕，"俾以毒攻毒也"，"追鸿章北上主和议，挈之入京"。（徐赓陛：《不自慊斋漫存》；朱德裳：《三十年闻见录》，188 页）

杨崇伊，字莘伯，江苏常熟人，光绪六年恩科进士，授职编修，曾充光绪十二年丙戌科、十六年庚寅科会试同考官，曾"因办理苏浙赈捐案内奖叙赏戴花翎"。戊戌年间，杨崇伊上奏弹劾新党；戊戌后，杨崇伊回到南方。庚子年间李鸿章北上议和，作为李鸿章姻亲的杨崇伊随行北上。〔《清代官员履历档案汇编》第 6 册，372 页；费行简：《近代名人小传》，175 页；戴海斌：《1900 年李鸿章与佐佐友房会晤考论》，载《安徽史学》，2011(6)〕

张翼，字燕谋，顺天通州人，"由材武起家"，"十六岁投效神机营"，为醇亲王所赏识，"以营员入邸供职"，并成为醇王府的管家。张翼在醇王府供职十余年，"荐升屡陟"，"癸未始以道员发江苏，旋调直隶"，"戊戌特旨以四品京堂候补帮办关内外铁路事，己亥授内阁侍读学士"，庚子时"随办和议"。〔章钰：《通州张侍郎墓志铭》，见汪兆镛纂录《碑传集》三编卷八，471～479 页；〔澳〕乔·厄·莫理循：《清末民初政情内幕——〈泰晤士报〉驻北京记者、袁世凯政治顾问乔·厄·莫理循书信集》上卷（1895—1912），〔澳〕骆惠敏，131 页〕

杨士燮，字味春，为杨士骧长兄，光绪二十年甲午恩科进士，此前便一直在工部任职，光绪二十二年"补授员外郎"，庚子年"题升郎中"，曾在直隶赈捐局报捐花翎。（《清代官员履历档案全编》第 7 册，280～281 页）

于式枚，字晦若，广西贺县人，祖籍四川，光绪六年进士，入翰林院为庶吉士。自光绪十一年入李鸿章幕府起，至光绪二十五年李鸿章署两广总督止，于式枚几乎一直在李鸿章幕府担任文案。据刘体智言，"文忠谢恩诸奏"，"望而知为"于式枚所作。庚子时于式枚留守京城，李鸿章入京议和，于式枚便重新入幕协助。〔费行简：《近代名人小传》，186 页；曾凡亮：《晚清贺县籍名臣于式枚生平研究》，载《贺州学院学报》，2008（1）；刘体智：《异辞录》，211 页〕

杨兆鋆，字信之，浙江归安人，太平天国攻占湖州，其逃至上海，"习英吉利语，卒以此起家"。当时，"湖州之丝称衣被天下，自中外通商，所求给亦益多"，"诸鬻丝者皆集上海，以君长者，习情伪，属纲纪其事"，"君亦自置缲丝场于上海、苏州，持业六十年"。协济善会所在之泰康详丝栈，即杨兆鋆之产业。杨兆鋆"乐振贷"，"道逢饥人，必称所乞与之"。光绪二十五年十月，杨兆鋆与严信厚、施则敬、杨廷杲、经元善、席裕福等人共同发布公启，为遭受水灾之诸暨绅民募款。（章炳麟：《二等嘉禾章农商部顾问杨君行状》，见《广清碑传集》，1087 页；唐力行：《商人与中国近世社会》，278 页；《照录诸暨绅士灾函》，载《申报》，光绪二十五年十月二十三日）

杨兆鋆，字诚之，号须圃，杨兆鋆之弟，同治六年就读于上海广方言馆，同治十年被时任两江总督曾国藩咨送到京师同文馆学习，毕业后任苏松太道公署翻译，光绪十年随许景澄德、法等欧洲国家，回国后历任金陵同文馆、江南储才学堂、江南高等学堂教习。（《清代官员履历档案全编》第 4 册，613～614 页；王全来：《同文馆毕业生杨兆鋆及其数学工作》，4 页；闵杰编著：《晚清七百名人图鉴》，646 页）

刘鹗，字铁云，江苏丹徒人。由监生于光绪三年十一月遵"筹饷例"报捐县丞；光绪五年正月，在"晋豫赈捐案"内报捐同知。光绪十五年三月，"蒙前河院吴调办郑工善后局提调，测绘《直隶山东河南三省黄河全图》"，光绪十六年三月事竣。"蒙前山东抚院张调至山东留工办事，历办防汛、堵筑诸工"。光绪十八年五月，"蒙山东抚院福咨送总理各国事务衙门考验"。此后，刘鹗对于修筑铁路、开办煤矿诸事颇为用心，但均无成效。参与庚子救援行动后，刘鹗仍忙于创办各种实业，后因为创作《老残游记》而声名大振。（刘鹗：《刘鹗集》上册，刘德隆整理，"前言"）

刘光廉，字吉六，广东香山县人，曾任轮船招商局芜湖分局总办，与唐廷枢、徐润等关系密切。唐廷枢、徐润是广肇公所的创办者与主持者，因此广肇公所对于广东京官的援救行动，是派刘光廉具体执行。（盛宣怀档案资料选辑之六《轮船招商局》，239、247 页；夏东元编：《郑观应集》下册，972 页）

附录三　三十三名京官籍贯

据《李鸿章全集》第 27 册《附：东抚袁转电》一文记载，李鸿章于光绪二十六年八月十一日收到徐郙等三十三名京官联衔所发之电报，全文如下：

留守无人，事机危迫，公既调直督，授全权，务求迅速来京，挽回大局。乞复。徐郙、李端遇、曾广銮、郭曾炘、张亨嘉、黄均隆、朱祖谋、高枏、杜本崇、柏锦林、刘福姚、郑沅、宋育仁、黄曾源、郑叔忱、汪贻书、王鹏运、陈璧、陈懋鼎、林开章、张嘉猷、于式枚、曾广镕、高树、陈秉松、李希圣、乔树枏、王世琪、卓孝复、许桎蕃、傅嘉年、高向瀛、劳启捷同顿首。初一日。凯转。灰。

又据《李鸿章全集》第 27 册《寄东抚袁飞递徐尚书等》一文记载，李鸿章于当日复电，全文如下：

公等三十三人衔朔函敬悉。事变至此，尚能坐守不动，公忠劲节，钦佩曷任。鸿在沪，电商各国外部渐将就绪。俄允先撤兵回津，并转商各国，未知一律撤退否。拟即航海赴津，如各使有到津者，须小住会商，再相机来京察办。二十五谕旨派荣、徐相留守，荣在保定，徐在何处，请诸公就近恳商。鸿章顿首。十一日。

现将三十三名京官籍贯列举如下：

徐郙，字汝亭，号颂阁，江苏太仓州嘉定县附监生民籍，同治元年壬戌科进士。（《清代硃卷集成》第 23 册，291 页）

李端遇，字小研，号筱严，山东青州府安邱县附生民籍，同治二年癸亥恩科进士。（《清代硃卷集成》第 25 册，25 页）

曾广銮，字君和，湖南湘乡人，曾国藩之孙，曾纪泽三子，承袭一等毅勇侯。（《曾国藩家族世系简表》，见董丛林：《曾国藩家族》，230～231 页）

郭曾炘，字亲绳，号春榆，福建福州府侯官县学优增生民籍，光绪六年庚辰科进士。（《清代硃卷集成》第 50 册，233 页）

张亨嘉，福建侯官县人，光绪九年癸未科进士。（《清代官员履历档案汇编》第 5 册，657 页）

黄均隆，湖南人，光绪二年丙子恩科进士。（茅海建：《从甲午到戊戌：康

有为〈我史〉鉴注》，632 页；《德宗景皇帝实录》卷三一，光绪二年五月上，454a 页）

朱祖谋，字藿生，号古微，浙江湖州府归安县民籍，光绪九年癸未科进士。（《清代硃卷集成》第 55 册，269 页）

高枬，字瀓兰，四川省泸州人，光绪十五年己丑科进士。（《高枬日记》，见《庚子记事》，143 页；李朝正编著：《清代四川进士征略》，188 页）

杜本崇，湖南善化县人，光绪十五年己丑科进士。（《清代官员履历档案汇编》第 5 册，658 页）

柏锦林，原名锦森，字云卿，号邓园，山东济南府济阳县优廪生民籍，光绪六年庚辰科进士。（《清代硃卷集成》第 48 册，3 页）

刘福姚，字伯崇，广西临桂人。光绪八年中举，光绪十五年考入内阁中书，光绪十八年壬辰科状元。［韦湘秋、黄强祺：《潜心词赋的刘福姚》，载《学术论坛》，1991(2)］

郑沅，字叔进，湖南长沙府学优廪生长沙县民籍，光绪二十年甲午恩科进士。（《清代硃卷集成》第 80 册，365 页）

宋育仁，字芸子，四川省富顺人，光绪十二年丙戌科进士。（李朝正编著：《清代四川进士征略》，62~63 页）

黄曾源，字石孙，汉军正黄旗驻防福州府学附生旗籍，光绪十六年庚寅科进士。（《清代硃卷集成》第 73 册，3 页；吴郁生：《三品衔候补道山东济南府知府前礼科给事中翰林院编修黄公行状》、张学华：《济南府知府黄公墓志铭》，见汪兆镛纂录《碑传集》三编卷二十四，549~560 页）

郑叔忱，字允迪，号尔丹，又号宸珊，福建福州府长乐县学优廪生民籍，光绪十六年庚寅恩科进士。（《清代硃卷集成》第 69 册，269 页）

汪贻书应为汪诒书，湖南善化县人，光绪十八年壬辰科进士。（《清代官员履历档案汇编》第 7 册，679 页）

王鹏运，广西临桂县人，同治九年庚午科举人。（《清代官员履历档案汇编》第 6 册，123 页）

陈璧，字玉苍，号苏斋，福建闽县人，光绪三年丁丑科进士。（陈宗藩：《陈玉苍先生年谱》，见陈璧：《望岩堂奏稿》，13、15 页）

陈懋鼎，号征宇，福建福州府闽县学附生民籍，光绪十六年庚寅恩科进士。（《清代硃卷集成》第 68 册，3 页）

张嘉猷，福建闽县人，光绪九年癸未科进士。（《清代官员履历档案汇编》第 6 册，581 页）

于式枚，字晦若，广西平乐府贺县监生民籍，祖籍四川顺庆府营山县，光绪六年庚辰科进士。（《清代硃卷集成》第 46 册，3 页）

曾广镕，湖南湘乡县人，以祖父曾国藩在任出缺，同治十一年四月二十八日奉旨赏给员外郎，俟及岁时分部学习行走。光绪二十三年五月签分工部。（《清代官员履历档案汇编》第 7 册，64 页）

高树，字蔚然，四川省泸州人，为

高枏七兄，光绪十五年己丑科进士。（《高枏日记》，见《庚子记事》，143页；李朝正编著：《清代四川进士征略》，188～189页）

陈秉崧，福建侯官县人，光绪庚辰科进士。（《清代官员履历档案汇编》第7册，287页）

李希圣，字亦元，湖南长沙府湘乡县学优廪生民籍，光绪十八年壬辰科进士。（《清代硃卷集成》第73册，421页）

乔树柟，字茂萱，四川华阳县人，光绪二年丙子科举人。（《清代官员履历档案汇编》第7册，208页）

卓孝复，字凌云，又字芝南，福建闽县人，光绪二十一年乙未科进士。（华学澜：《庚子日记》，见《庚子记事》，115页；《清代官员履历档案汇编》第7册，556页）

傅嘉年，福建建安县人，光绪六年庚辰科进士。（《清代官员履历档案汇编》第6册，783页）

高向瀛，福建侯官县举人。（《清代官员履历档案汇编》第28册，384页）

劳启捷，湖南长沙府善化县人，劳崇光之孙。（《清代官员履历档案汇编》第5册，718～719页）

附录四 《救济日记》

陆树藩 著　冯志阳 整理点校

点校说明：《救济日记》，为光绪庚子仲冬上海石印本，现藏于上海图书馆。

庚子夏，京津惨遭兵燹，官商之流离颠沛者殆不下数十万人。余不揣固陋，创设救济善会于沪上，合南方之财力救北地之疮痍。但事不躬亲，难期实践，遂于闰八月二十二日慷慨启行。是午，同德医官贝尔榜、德人喜士、陈季同（敬如）、严复（又陵）、德文翻译洪中（肇生），并家丁小工人等共计捌拾贰人，登爱仁轮船，开出吴淞口停泊。

二十三日，同贝尔榜、喜士、敬如，至德公司船，名汉那威。船上有兵官四十二人、兵士一千五百人。各兵官下梯握手相迎，兵皆擎枪鹄立。延至官厅，酌酒相敬，并极言外国设立红十字会之有益，并出纸索书姓氏以为日后纪念。由敬如通语，至两句钟之久。辞出，各兵官复送下梯，握手珍重而别。下午四句钟，爱仁轮船展轮出口，德兵船升旗发号致敬。

二十四日，轮过黑海，波平浪静。

二十五日，轮过威海卫、烟台，沿途见有日本、德国兵轮，互相升炮示敬。同行司事携有乩机，忽见有方头长虫盘踞其下，移时不见。此次北行，连日海不扬波，如履坦途，必为神明护佑，所见疑即金龙大王之类。

二十六日十句钟到大沽口，有德国红十字会船一艘，升龙旗示敬。潮水甚浅，即在口外下椗。各国兵轮在大沽者连樯云集，约计百有余只。午后，与贝尔榜、喜士、敬如在小火轮进口。至塘沽一路，旌旗满野，东炮台悬日本及大英、意大利旗号，西炮台悬俄德两国旗号，船坞亦悬俄国旗号，招商局码头悬美国旗号，开平矿务局德国旗号，铁路则悬俄国旗号。此外，村镇商船无不悬一外国旗号以为保护，真有人民犹是，城郭已非之象。贝尔榜登岸谒德兵官，薄暮始返，仍坐小火轮回船。

二十七日，大风雨雪，潮水忽涨五寸，轮船得以进口停泊塘沽。船主云，此时正值小潮，隔三日后方能进口。今午忽涨至五寸，大是神助。船停泊毕，风势顿息，天亦开霁，冥冥中诚有为之呵护者。是日发上海电报。

二十八日，贝尔榜偕喜士、敬如坐

火车至紫竹林，谒德国联军总统哇德西，因已赴津，未遇而回。由广济轮船发上海信三封。

二十九日，德兵船有兵官三人登轮来拜，宴以酒食，商办红十字会各事，允派德兵一名押一华商民船为我会中装运粮食赴津之用。是时，塘沽各华船皆归外人雇佣，设非德人分拨，我会竟无船可雇也。

九月初一日，贝尔榜偕敬如、又陵坐火车赴紫竹林。

初二日，天津被难士商均知有救命船到塘沽，纷来求渡。

初三日，德兵官又派德兵两名，并华商民船两艘，为我会转运衣粮赴津。有难民二十余人前来求渡，鸠形鹄面，情甚可怜。据称八月间由奥国兵官招募来津，每月允给辛工洋三十元。一时贪利北来，不料奥兵到津后中炮阵亡，若辈谋生无路，欲归不得。日昨苦工，难求一饱，转瞬天寒，行将冻馁。余谓此等人甘从洋兵以身试险，本不应救，姑念业已受苦月余，况红十字会例以平等救人为主，故仍一体援之。

初四日，偕船上二副登塘沽岸，步行四五里，不见一中国人。沿路所堆均是各国兵粮，以及所得机器东局制造铜炮及火药等物。先见俄兵，次见日兵、德兵、奥兵、意大利兵，惟意兵帽上有鸡毛一丛，与他国异，后见美兵。惟英兵不在塘沽，至印度兵，一路皆有。此外则中国小工耳。

初五日，偕二副及会友罗焕章

（饴）、英文翻译雍俊卿乘火车由塘沽到津，一路红旗遍野，白骨盈沟，觉李华吊古战场文尚未能形容其万一也。同车洋兵甚多，啰嘈实难忍受，有俄国都统同来。到车站时，各国兵官及洋兵作乐迎接，甚觉肃静。至紫竹林诣张燕谋京卿宅寻敬如，索饭毕，遂与前天津学堂教习美人丁嘉烈商定，拨出火神庙为救济会办事之所，同坐东洋车到火神庙布置一切。晚寓针市街恒远里源丰润屋内。由海大道至东门尽成焦土，估衣街亦被毁，惟针市街尚完美。是夕，同敬如至义和成晚饭。

火车均归俄兵管理，华人搭坐往往为俄兵驱逐下车。是日，车上有二日本人亦为俄兵殴打逐下，可见俄兵之横。

初六日，偕敬如至锅店街通源钱店访张星洲翻译未遇，到城内察看丁公祠，设救济善会分局。略坐片时，出城至张宅托甘再芗写都统衙门信，到汇丰银行见吴调卿。归过海大道，遇德兵一队，欲予予及敬如所坐之东洋车，予即下车相让，敬如不肯，与之争论，拔刀相向，遂与敬如步行至南门外。适有二把手小车，不得已以五角洋雇坐。与敬如相对谈心，黑夜沿城行走，危险殊甚。敬如自谓生平遍历五大洲，从未受如此之辱。余谓我辈立意救人，虽受种种险厄，止求办成此会，此等横逆之来，不足为怪也。

都统衙门系俄英美法德日本都统所居管理中国民事，名曰暂行管理天津事务都统衙门。美人丁嘉烈因深通华语，即派为汉文司员，民间词讼由之审断。

初七日，偕敬如至都统衙门见丁嘉烈商议进京之法，据云路上甚险，不易行走，当与美国提督商酌，如有美兵进京，可招呼同行，此外亦别无良策。在都统衙门见有大筐装一女人，系为德兵所伤。午后到紫竹林直报馆仁记洋行见买办宋馨山，至张宅邀甘再芗同到义和成晚饭。

初八日，与敬如到紫竹林北洋医学堂访关竹朋。是堂虽由俄兵保护，亦甚糟蹋。至利顺得饭店晤贝尔榜、喜士，为轮船事拜仁记洋行大班，卧病在床。到张宅见德璀琳畅谈时事，予告以久闻各国兵丁甚有纪律，极为钦佩，今见各国兵与中国兵情形相同，方知此次之败，非战之罪也。德璀琳云，现在德国兵如此无理，我亦羞辱，但我国亦以我为德国二毛子也。予以津地土匪勾引洋兵，开劈棺木，抛尸遍地，惨不忍睹，请其设法帮助。蒙允于塘沽开平矿务局拨空屋一所，先将棺木运至塘沽寄存，俟冰河前由矿务局拨借一轮专运回南，将来有船装运难民，亦可不收水脚，情甚可感。交爱仁寄湖州家信一封。

初九日，纪锦斋杨竹瞻邀至义和成早饭。刘铁云由上海来，已改东洋装束，带到上海信九封。有毛毓泉来见，允为帮办掩埋事宜。与铁云至义和成晚饭，发上海公信，及招商局信。接王家口徐寿伯来信云，王家口今日又过洋兵，尚未见举动，而大城县、青县多已被抢。青县知县及捕厅均被打死，绅士

居民被伤者不计其数，辫发割去者亦不少，正定府亦失守云。

初十日，王崇烈（汉甫）来见，谈及乃翁廉生阁学从容就义全家殉节，情甚可惨。午后至紫竹林德义洋行，洋人出示所得御用之物甚多，予目不忍睹，怅怅而返。据行中买办云，五月二十六七等日，紫竹林各国领事署曾扯旗求救，裕禄以为可以灭此朝食，尽力攻打，至有此祸。天津城中义和团及官兵有十万之众，紫竹林只有洋人二千，相持一月之久，竟不能入，可羞可恨。傍晚有奥国兵官巴兰德、法国兵官德罗尼来访，同至义和成晚饭。

十一日，爱仁轮船于八句钟开回上海，装去难民一百七十余人。午后至紫竹林汇丰银行、元亨洋行，又至张宅访德璀琳。回寓与铁云商办赴京救济事宜。

十二日，铁云于午后率同司事工役二十余人赴京。晚间与敬如商办掩埋、平粜之事。掩埋局设在南门城内丁公祠后面。

十三日，本段绅董赵兴堂、王雅廷来见。谈及昨日为日本天长佳节（即万寿日），津人送去寿幛、寿联诸礼，该国兵官相待极优。各国在津兵官均由津人恭送德政匾及万民伞，西官无不欢乐。来华未久，已沾染中国官场恶习，但西人此次办理津地事宜，确有实惠受之，实可无愧云。

十四日，本地绅董赵兴堂、林兰坡、王雅廷、王肖周、穆印堂、陈庆

春、刘竹坡在庆兴馆公请，商办平粜事。议定设局七处，白米每包四元五角，籼米每包三元五角，每人粜米以一斗为度。晚间在义和成请毛毓泉商筹掩埋经费。是日，本地绅董顾梦臣等公送酒席四桌，为诸会友洗尘，却之不获，遂嘱会中各友，宜遇事实心努力，以副津人之厚意。

十五日，在义和成答请本地各董，有赵兴堂者颇具胆识，当津城失陷时，只身求救，愿供支应各国洋兵，始允保护。津城外惟针市街一隅完善如故，皆赵君一人之力也。甘再芗来晚饭，谈及洋人攻破天津，幸有俄国兵官倭君顾全大局，竭力保护，否则鸡犬不留。

十六日，偕敬如至利顺得访贝尔榜，同到汇丰取银，遂与贝尔榜及其夫人至火神庙。路过紫竹林大街，昔日繁华之地，今为瓦裂之场，不胜伤感。复邀洋人至义和成早餐，同乡黄介臣来见。

陈敬如成天津感事诗一律：

盈虚消长亦前因，涕泗交并过析津。华屋不留三片瓦，良民尽作九州人。弥天烈火茫茫劫，卷地愁风浩浩尘。莫谓河山尚无恙，往来戎马正频频。

十七日，谢汝舟率同司事工役六人赴保定救济，由法国保护。午后法兵官三人来，同到西角湾看劫余各物。是日由安平发上海各信，寄京都杨彝卿函。

陈敬如又成救济善会诗一律：

一片慈航海上来，欢声北地若闻雷。饥人得饱寒人暖，困者全苏滞者回。弥补疮痍施药饵，收埋骸骨赠衾材，仁风不独生存戴，感激应教到夜台。

记立山被害事

某日有义和拳传庄王之命，邀立山至府第。及往，阍人告以庄邸不在府中，引至客厅稍坐。步进客厅，但见满案香烛供奉神像，属立山叩首上香。礼毕，某邸忽来，遂问立山，汝家中有戏台，戏台下有地道接济洋人粮食，罪当死。立山答以家中并无戏台，亦无地道，如果不信，可以派人往勘。某王无辞入内。俄，大师兄出来，所问与某邸之言相同，复令上香，随即上表。因表纸潮湿，不能上升，大师兄对立山云，今所焚之表不升，确是直眼（依附洋人谓之直眼），汝罪当杀。立山答以要杀便杀，但接济洋人实无此事。大师兄亦入内，俄，二师兄又带一人出来。立山细视此人，即是宅内剃发匠。令与立山同跪上香，复属剃发匠上表，亦纸湿不升。二师兄遂云，此人亦是二毛子，即以之陪绑。正在捆绑之际，庄邸亦来，对立山云，今大师兄焚表不升，汝当绑赴市曹行刑。即由义和团推拥而出，并不行刑，将立山及剃发匠送入刑部监狱。立山以为既下刑部，命尚可救。不料，隔两日后将立山提出刑部监牢，并未见某邸、庄邸及大二师兄，随即遇害。

翻译洪肇生过津有感赋浪淘沙词：

红叶满城头，风送扁舟，败墙高处是洋楼。回首旧时歌舞地，已付东流。

草木也知愁，铜鼓才收，渔翁闲唱荻花洲。极日沧桑无限恨，往事悠悠。

予和浪淘沙一阕：

饮恨在心头，散发扁舟，山河锦绣一时休。满目疮痍无净土，涕泗交流。

风雨亦含愁，征战难收，摧残至此甚来由。寄语世人应梦觉，莫再悠悠。

陈敬如和浪淘沙一阕：

善念在心头，一叶仙舟，余生残喘尽归休。从此东南多少士，不叹飘流。

魂魄正悲愁，白骨谁收，为安窀穸掩松楸。无复天津桥畔路，鬼泣啾啾。

十八日，偕敬如至紫竹林访贝尔榜，商议赴津事。到张宅晤德璀琳，拟由会中及本地绅董集赀设立便民质库，恳德璀琳为之保护。当蒙允诺，惟必须先将资本存在银行，以后陆续支用。晚间张少笃（名肇熊，候补道）来见，谈及此间杨柳青地方有石三爷者，深明大义，毁家纾难，保全桑梓。又有王家口县丞景星泉（浙江人），当拳匪扰乱之时，有三洋人避难在芦苇中，将至饿毙。由该县丞救出，护送到津。洋人感活命之恩，酬以玉帛，景丞坚谢不受，并云保护本是地方官之职，何敢受谢。洋人以景丞不受谢礼，心总不安，遂易以金银。景丞更不敢受，对洋人云，如必欲谢我，请索一事，此后大兵如到王家口，给我凭据，不得扰害百姓。倘蒙慨诺，受惠多矣。洋人云，如此与汝无益。景丞告以我系地方官，百姓即我之

子民，我之所以能保护诸君者，亦因是地方有司，分所应为。况当日并非某一人之力所能救护，更赖绅董协助，诸君得保无恙，则王家口之百姓理应保全。我为地方官保全我之子民，何得谓之无益。诸君能允，甚感；否则我亦不敢领谢，请从此辞。洋兵一再踌躇，此事非我等所能专主，必须请京中提督示，方能给发凭据。但感君高谊，不敢惮烦，当为之电达请示。嗣得提督覆音，准给据保护，王家口得赖以安。嗟乎，晨门下吏尚能不亢不卑保全寸地，彼内参枢密外镇封疆，反不知调和鼎鼐维持大局，至令天子蒙尘生灵涂炭，地下有知，当亦愧煞。

十九日，徐寿伯来见，谈及义和拳起于山东，初名奚吴拳，系奚姓、吴姓两村所创，始故名奚吴拳。山东巡抚毓贤加以美名，改为义和拳。偕敬如至紫竹林访贝尔榜取银。朔风扑面，已有严寒气象。晚间张少笃来谈。

二十日，与美国红十字会约同赴京。晨起登舟，候至傍晚，其船始来，用小火轮拖带。我船追赶不及，仍复上岸。天已昏黑，路遇德国醉兵一队，先将翻译雍俊卿之帽攫去。予手提外国皮带所藏银钞现洋甚伙，醉兵见予西人装束，直目屡视，不敢相近。只得硬着头皮向前行走，然心中甚为惊惧。忽见有日本巡捕房，随即入内备述情形，承派兵两名护送至针市街寓内。此次日本兵极为整肃，保护周至，津人无不感之。予亦深受其惠，否则不堪设想矣。

二十一日，仇篆青来见，谈及青县知县被害状，甚为惨烈。知县沈正初，浙江湖州人，平时官声甚好，自持廉俭。此次洋兵往攻青县，沈公恐百姓遭殃，与洋兵约愿供支应。无如地方清苦，洋人需索甚苛，力难支持，遂为洋兵所杀，以为沈公失信。分割其肉，尸无完肤，由地方诸董事为之棺殓。午后，杨莘伯（名崇伊，常熟人）从都中送难民来津，晤谈良久，知和议尚无头绪。德国联军总统哇德西住居禁城内仪鸾殿，各国公使均不以为然。保定藩臬及清河道某、城守尉某、候补道谭文焕由洋人审得罪皆应斩，请总统哇德西定议。闻哇德西批饬将藩司及城守尉在保定处斩，臬司及清河道送天津都统衙门审问，谭文焕解津处斩。监司大员遭此凌辱，言之痛心。惟谭文焕系江西人，指分直隶候补道，目不识丁，此番假义和团为由，营谋统领，纵兵抢劫，得银数十万。若谭文焕者，不独外国审问应斩，即中国罪律亦当斩首耳。

二十二日，安平轮船开往上海，装回被难士商一百余人。午后杨莘伯、刘吉六（名光廉，广东人）来访。吉六谈及由津坐火车至塘沽甚属危险，惟见我会中司友刘锡九来往无阻，极赞其办事能干，不易多得。傍晚邀山海关马队营官他拉班、天津法国统领华勒脱夫、天津城内法兵头俞贝德至义和成夜饭。各兵官均颂扬我会中办事之善，予亦称谢其在津保护之德，尽欢而散。归寓，与敬如论及此番变局，误于不通洋务者，惟有怨恨畏惧而不知自强；又误于熟悉洋务者，只知献媚逢迎而不知大体，所以至有今日。然与洋人交涉，不在能通语言文字，第一要明白道理，遇事能据理力争，洋人自然敬服。从前有一熟悉洋务之大员，时常馈送洋人礼物，深为彼族所疑，以某大员币重而言甘，必有所求，互相告诫，我辈毋受其礼，切勿为其所诱。大员一日又送洋人之夫人牡丹花数盆，夫人大怒，西俗以送玫瑰花则喜，送牡丹花为大不敬。该大员虽平时自负为熟悉洋务，而于往来细微之道理尚贸然不知，我中国熟悉洋务人员大率类此，言之可叹。

二十三日，敬如搭火车坐公平轮船回申。予与敬如由申来津三十余日，行坐相依，患难相共，一旦君欲先归，如失左右手。临歧珍重，不禁黯然。予亦于是日与美会教士同伴入都，下午登舟，开至东浮桥驻宿。

二十四日，大风甚寒，冰凌下流，舟行颇迟，开至北仓驻宿。但见颓垣裂瓦，鸡犬不闻，北人最敬武圣，村村庙祀，一路都为洋兵所毁，佛寺亦无有瓦全者。

二十五日，风止，河冻甚坚，舟子不肯行，予亦心灰，拟作退计。忽而南风大作，顿觉暖和，冰冻亦解，既蒙天佑助我成功，予遂决意前进，开至杨村驻宿。沿途人迹稀少，骷髅甚多，欲为掩埋，无可下手，未免负疚于心耳。此地为俄法所占，终夜吹号不绝。

杨村舟中和敬如天津感事诗原韵：

慈航北渡亦前因，满目凄凉过析津。五色旌旗成列国，万家灯火尽夷人。疮痍莫补弥天恨，征战难收卷地尘。谁谓山河可无恙，夜来鬼泣尚频频。

和敬如救济善会诗原韵：

普念慈祥渡海来，欢声动地若闻雷。扶危救困心存久，冒矢冲锋志不回。莫谓回生无妙药，应知济世有良材。博施愧我难偿愿，感激何须到夜台。

二十六日，风和日暖，舟行甚利，开至河西务驻宿。此地为日本及英人所占，甚为安静。岸上有唱大鼓书者，颇似承平气象。

二十七日，天寒微阴，开至马头驻宿。此地为日本及英人所占，亦甚平静。

二十八日，二句钟抵通州，仓米抢掠一空，城内房屋都被焚毁，较之天津遭祸更烈。

二十九日，晤李友之、杨彝卿，商议京中被难官商赴津事，共计回南二千余人。十句钟上车，由石道进京，沿途房屋虽未尽毁，室空人杳，甚觉凄凉。入齐化门经日本人管守城楼及城门，均为炮伤，至东四牌楼锡庆堂暂寓。

三十日，那子言来见，备述被抢避难情状，闻之酸心。明时李闯入寇，无此酷虐。城内地安门及西四牌楼一带均成焦土，前门外至珠市口及崇文门内东交民巷无不被焚。惟齐化门内至东四牌楼，及彰仪门内至虎坊桥一带尚称完善。午后到贤良寺谒见傅相，蒙奖在津所办各事甚妥，并勖以勉力行善。

当时洋人已将入都，尚有某旗员盼望五台山和尚来京可保无恙。如此大军务，并无侦探，洋兵已到东华门，尚以为二毛子来攻耳。

十月初一日，于晦若来谈，京中尚有被难官商四百余人，急欲出京，属予设法保护，始终其事。同人钱蔚芝出城访友，归来已晚，行至大栅栏，遇德兵五人将其身藏银洋悉数收去，并夺去马褂一件，不敢与争，遂在城外借宿。

初二日，至顺天府衙门访福岛将军，适值他出，未晤，由知宾所给一凭条，方能出来，文曰"出门之证"，到门口由值班兵收去。同人卓彤斋由化石桥来寓途中，印度兵抢其风貌，戴在头上，扬长大笑而去。

初三日，到顺天府访福岛，询悉住在东四牌楼四条胡同，遂至旅宿奉访。进门后见有日本兵四名，由一中国白发老翁教习华语。予将名片交日本兵传入，俄而请见，握手道故，畅论时事。福岛云，中国人至今无一醒者，尚在醉梦之中，吾辈亦甚为担忧。予欲送被难官商由旱道出京，托为保护，承允设法，约予翌日再往。午后，汪兰楣来，谈及许袁被害时，同人往求崇宫保、徐中堂保救，因二公圣眷甚隆，尊为国老，或能挽回天心。崇宫保尚允为商议，徐中堂云此等二毛子，多杀几个甚好。当洋人入京时，崇宫保家掘一地坑，全眷跳入活埋尽节，宫保在保定闻信自缢。福少农家眷九人，亦投井而死。

初四日，到大甜小井与铁云畅谈，知敬信放九门提督，欲调旗兵点名，商之英国提督，不允，并云敬信虽放九门提督，试问哪一门是敬信所有，如调旗兵三十名，我即开枪打死。顺治门外南横街一带，归美国人暂行管理，由恽薇孙阁学邀集京官设立安民公所。闻有五城御史某上诉庆王，此事应归五城御史办理，恽阁学等不能越俎代谋，甚为愤懑。至贤良寺晤杨彝卿、徐次舟、杨廉甫、于晦若诸公，云京城第二批人由杨村坐火车到塘沽，因无轮船，至令四百余人露宿两夜。予到通时，力劝改由水道上轮，彝卿固执不从，今事至此，悔已无及。在贤良寺早饭，午后到西堂子胡同访张燕谋阁学，晤谈良久，知京津各处共死中国教民一万五六千人，外国教士只死数千人。

初五日，往谒庆邸，出门未见，相遇于途，前后有日本兵三人保护。路过后门，城门尽毁，不胜故宫离黍之悲。庆邸府门口有日本兵持枪守护，李中堂所寓贤良寺门口有俄国兵守护。

初六日，至贤良寺与杨彝卿叙谈。

初七日，访刘铁云，商请美国派兵保护被难官商出京事，谈及各国公使已将条款商妥，电知其政府候复，再与我开议。午后，黄孝淑来见，备述两宫仓皇出走情形。洋人于七月二十一日十句钟进城，两宫于六句钟出前门走避，太后坐一车，澜公跨辕；皇上坐一车，李莲英跨辕；皇后坐一车，英年跨辕，端庆两邸骑马随行，太后服葛布衫，皇上服元色纱长衫，一路并无饮食。至二十二日晚间始得麦饼一块，随扈董马二军约有两万余人，亦未带粮食，沿途抢劫。孝淑亦于二十一日十句钟随武卫军出城追驾不及，隐避乡间，至二十六日回京。午后丁瑾臣来谈，知洋人入都时，闻五城侍御某正在升座，被洋人逐下，与差役同栖处，扫马粪三日始放。李侍郎某奉行在旨升户部右侍郎，正在写谢恩折，被洋人拽去鞭背五十，因其年老，不令脱裤。刘侍郎某在仓场书户家司阍一月，其如夫人洗衣度日。此外大小京官做苦力（洋人小工之称）抬死尸不可胜记。两宫路经宣化府，有知府李光极有肝胆，赶办衣服，连夜进呈，当蒙召见。先至军机刚毅慢不为礼，李光已觉气愤。刚毅问，汝即宣化府李某乎？对曰是。刚又问，命汝备办衣服，何以如是迟误？光对曰，昨夜已进呈。刚又云，何以主上尚服元青外褂？光对曰，此皇上以宗庙社稷为忧，不敢更换他服，否则实非外臣所当知。可恨误国大臣，此时尚不知维持社稷，犹复拘此微细礼节，实属可杀，遂将刚毅大骂。正在相争，传旨入见，面奏刚毅有可杀者数端。太后命光略近前跪，告以此事非刚毅一人之罪，未便遽加严谴。退出奉恩旨赏三品卿衔，随跸西行。光复报效银一千两，行未一日，仍令回省开缺另用，此由刚毅之要挟，太后亦无权耳。当时陈泽霖（雨人）所带之兵，望见洋人即行溃遁，随至通州放火抢掳。张春发所招八营，亦是乌合之众，沿路散逃，将永清县围困，意欲屠城，由知县解出银二千两、米五百石以供军食，城始解围。李秉衡统兵出城，并未与洋人交战，四散分逃，退至长新店吞金而死。又闻许袁二公未被擎之时，蒙皇太后召见，犹侃侃而谈，皇上对之垂泪，盖知其死期已至，故不觉泫然也。

初八日，出城至天坛谒美国提督鹊飞，但见端午门、大清门洞开，行人出入无阻。予由东交民巷出大清门，甚觉惶悚，速令车夫改从旁门绕道，路人皆笑其迂。天坛房屋尽为改筑，或开旁户，或启窗牖，大有久假之意。午后进城至美国钦使署，晤公使康格，畅谈时事，并谢其允为派兵保护被难官商出京。

初九日，晨起，至贤良寺合肥相国处辞行，蒙以办事能干，颇有胆识奖许，并由济急会拨助银二千两，电谕上海招商局再拨两轮来津候用。临行谆嘱，明春必须来京接办。

初十日，九句钟登车起行，共计被难官商二百余人，装车一百六十余两，由美国派来兵官两人，马队百名，护送出城。齐化门一带观者如堵墙，至张家湾驻夜。

十一日，至河西务驻夜，一片瓦泣之场，只得车围露宿，早晚仅以粥饼充饥，所幸月明风静，甚觉平安。

十二日，至杨村驻夜，亦复露宿车中。予与杨彝卿在日本伊藤军卫旅舍借寓，同榻谈心。知李侍郎某被洋人鞭背，由合肥相国遣翻译救出，行至御河桥晕倒在地，鼻破血流，遂迁寓贤良寺。王协揆出都时骑款假马，嚼高粱秆，未知确否。怡亲王与庆宽抬材两日，怡亲王放归病死。洋兵入城时，闻有某中堂之子跪求其父殉节。中堂问，汝将何如？对云，当从父死。中堂遂自缢，其子并不随死。觍颜人世，可笑可恨。

十三日，下午三句钟到天津，在浙江海运局下车，沿途观者甚众。途中承美兵官拔克达保护周密，同人咸交口感谢。

附录申报所登公启一折

京津善会有二，一曰救济会，系陆纯伯部郎仿照红十字会例首先创办；一曰济急会，系盛京卿诸公鸠资成之。陆部郎在天津、保定附近州县接出避难官民眷属甚多，系请德法各国保护，由会中人等手执会旗往来照料，奔走不遑。天津、保定来南之人，莫不颂声载道。部郎因津保诸事均以布置妥善，遂于九月二十八日入都，适值济急会所定三十日一批，为人数众多不能起行愁叹交作，合肥中堂饬令陆部郎接受代办。惟时通州内河业已封冻，非由陆路乘坐骡车不能赴津，艰险倍常，殊形棘手。部郎带同翻译雍剑秋商恳美国钦差康格君，转请美国总提督雀飞君保护。因京津一带陆路驻扎各国兵丁甚多，且沿途匪类出没不常，必须多派兵队，方足以资保护。旋由雀飞君派出兵官拨达克君，带领马队百余名、马车二十余辆，于十月十日随同陆部郎保护官商家眷等车共三百数十辆出齐化门起行。美兵士均披黄襜褕戴貂冠御貂手套，鞍勒鲜明，戈仗晃耀。是日，宿张家湾，该处兵燹之后，阒无人迹，各就破庙以居。突有某国兵戴红圈蓝帽，向一纪姓者扰闹，美兵队闻知，当向追捕，并分班值夜梭巡达旦，赖以安谧。次日宿河西务，各国游弋兵丁尤觉其伙，拨达克君恐零星散处，难于保护，爰以兵法部勒中国驴车，择一空地，列为方城阵式，而令妇女老弱居车城之中，派保护兵队居车城之外，拥甲厉兵，如临大敌。陆部郎亦与执事诸人同甘共苦，露宿荒郊，车头人役所预备之公馆，部郎坚不往住，亲与翻译查至天明，以故出入虎口之中，毫无惊险，其宿杨村亦然。惟过杨村之大桥，万分险隘。有某某国守兵，因见捆载繁多，少妇弱女络绎于道，眈眈虎视，大有垂涎之意。拨达克君亲率兵队往返巡查，见有欲揭妇女车帘之某国兵，即以洋枪相拟。某国兵抱头鼠窜，始皆不敢有犯。拨达克君每过要隘之处，辄令兵队分扎两头，必俟中国车辆全数过清，方行导引前进，并不准车夫争先抢路，必鱼贯而行，复偕陆部郎一一点视，日凡数次，亦云劳矣。而拨达克君之部某什长，于过桥之时因招呼某姓家眷口十分忙急，竟从马上坠落，受伤甚重，现在不知其痊愈否也。雪地冰天，苦辛万状，马匹颇有冻

毙者。所有尾批送回之华人，莫不感激美兵官拨达克君之办事认真，提督雀飞君任用得人，钦差康格君一视同仁，真能令我华人心折也。然非陆部郎之推心置腹为洋人所深信，安得有此履险如夷耶！陈亮伯、丁瑾臣、周雅章、林梅贞、丁子襄等谨启。

十四日，天雨，牵羊担酒至美兵官处谢其保护周妥，遂回针市街寓中，知前月二十五日贴邻失火，惟火神庙巍然独存，若非天佑，安能如此！傍晚大雪。

十五日，天雪，邀美兵官至义和成酒叙，尽欢而散。午后放晴，大风，接厦门陶心云来函，并七绝五首：

纯伯吾兄创救济善会，天下响应，近航海北行，可当义勇矣。敬赋五诗以志钦佩　陶濬宣

救济会原红十字，温拯宁止活千家。登高一啸群山应，大地春回顷刻花。

漫天烽燧烛京华，满地榛芜突豕蛇。为问北鸿经过处，津桥还见几人家。

年年方朔饿金门，况厄红羊浩劫尘。行乏装缠居乏食，较量辛苦百齐民。

北圻千里惨烽烟，南服高安枕席眠。造物循环宁独厚，思量何以答皇天。

北望燕台旧酒俦，恨难指囷与分忧。太仓一粟成惭负，空典秋风季子裘。（予时客厦门，典物得百金，勉为

之创以劝募厦绅，已集五百金矣，冀成千金颇不易。）

十六日，大风，午后李友之来谭，知某尚书寓中衣饰为德兵抢去，亲至暂行管理地方事务德国知府衙门控告，知府对以衣饰可完，惟兵粮须汝供应，尚书不敢争论，废然而返。

十七日，至海运局送京中被难官商登轮。与戎树屏畅谈，知保定府有耶稣教穆姑娘者，平日舍衣施药，活人无算，此次为义和团所杀，并兄嫂及侄均被害。临刑时，穆姑娘云，我救汝北方人不少，况耶稣教士向不庇护教民，如果涉讼即令出教，亦遭此祸，岂非天数！城中父老闻穆姑娘遭祸，无不下泪。时闻候补道谭文焕为洋人杀于天津，当津城失陷后，文焕携带义和团七人往保定城谒廷方伯，言此团可以保护阁府，方伯不敢允诺，送之出城，为地方绅商所知，将义和团七人追而杀之，获文焕，囚之于狱。及洋兵入城，提出质询，坚言藩台系是同党，所以廷雍亦被杀。惟当日义和团折毁教堂，廷雍赏给头目十人五品顶戴，此廷雍之罪。廷雍受刑后，其妾将尸缝好，吞烟自尽，节烈可嘉。

十八日，晨起，到紫竹林美以美会谢其教士保护赴京。至德璀琳、汉纳根、丁嘉烈处，均出门未晤。途遇日本人出殡，亦用木主。本地各绅董因予将返沪上，在庆兴馆设筵钱别，言词感激，出于肺腑。有刘老荣者，北京人，歌唱度日，其境甚窘，其守甚廉，知有

南方善士在座，忽来高唱数阙，抑扬慷慨，颇足动人，予赠以番佛，不受而去，殆亦当世之隐君子欤！

十九日，八句钟由紫竹林坐火车到塘沽上协和船回申。四句钟开轮，行未数里，冰结甚厚，约有尺许，停轮守候。

二十日，午潮开行十余里至大沽炮台前，又复冰阻。舟中被难官商男女大小二百余人，进退维谷，几有绝粮之厄。予心甚为焦灼，终夜不寐，咳嗽大作，书疏登舵默祷。

二十一日，天未晓，四句钟即起，登舵楼促船主开轮。船主因不谙路径，黑夜畏行，直至六句半钟方开，潮水已退，舟稍行动复又搁浅，只得再等晚潮。钟鸣五下，水忽大涨，约有丈余，予知有神助，逼令船主放胆开轮，居然出险。

二十二日，午后三句钟抵烟台，停船装货，与同船孙淦（实甫）畅谈红十字会利益。实甫亦有志之士，为日本赤十字会社员。

二十三日，轮泊烟台，予登岸至招商分局晤李君载之，知有永平府重赐谷副都统福锡山为俄人押送至山海关，由山海关送至旅顺，由旅顺送至烟台，寓荣升栈，甚为贫困。予派友邀二公至登瀛洲酒楼一叙，拟护送来南，再定行止。奈二公已由东海关电达东抚袁慰帅请示，未便擅离，只得各道珍重而别。天雪，返轮。闻增将军俄人勒令照旧办理地方事务，每月致送辛水，照中国廉

俸酌加一倍，唯有地丁捐税均由俄人收管。

二十四日，天雪，午后一句钟展轮，风浪甚大，船中呕吐之声不绝于耳。

二十五日，天晴，风浪稍平，不能起坐。

二十六日，风平浪静，午后二句钟抵申登岸。是役也，共援出被难官民三千五百八十三人，运回旅柩一百三十六具，拾埋碎骨七十六箱，又装大包三十七包，检全男骨六十一箱、女骨五十五箱，安埋碎棺四十八具，医药惜字等项另有细单。兹将历次人数开列于后：

爱仁轮船于九月十三日出口，载难民一百七十一名；安平轮船二十一日出口，载一百五十一人；公平轮船二十七日出口，载二百一十五人；协和轮船二十九日出口，载一百七十一人；泰顺轮船十月初二日出口，载七百六十人；爱仁轮船第二次于初八日出口，载二百一十人；安平轮船第二次于初九日出口，载七百十五人；新裕轮船十二日出口，载四百九十六人；普济轮船十四日出口，载三百二十八人；泰顺轮船第二次于十六日出口，载一百四十四人；协和轮船第二次于十九日出口，载二百二十二人。

记天津富户王奎章事

王奎章者，天津城内之巨室也，拥资数百万，家藏以珠宝为最富。当七月十五六日，各国洋人先令城中富户供应饷银一百六十万两，兵丁入城，允不骚扰。津人按户匀摊，应派王君出银三十万两。此公鄙吝性成，分文不允，其余如张某杨某亦津城巨室，富不及王君，每家派出银二十万两。张某已慨然允诺，忽有老伙计对张某云，主人与洋人素来交善，即洋兵进城，必不扰我，何苦以此巨款保护他家。张某闻之欣然，亦不肯出，只有杨某二十万两，无济于事。洋人候至十九，城中杳无回音，遂入城掳掠，百姓涂炭。先将王君家宅焚烧其屋后，另有暗室埋藏金银珠宝，外筑短墙以蔽。不料洋兵入其家，有筑墙工匠为之先容，即将短墙拆去，所有金银珠宝悉数掘去，荡然无存。嗟乎，世之见小失大唯利是图者，其以天津之王奎章为戒鉴也可。

附录五　严复在《大公报》上的一则佚函及相关问题考辨①

严复"来函"

1902年6月25日，刚刚创刊一个多星期的《大公报》刊登了一则"来函"，全文如下：

> 大报连日所登要闻，于陈玉苍京兆多有微词。大报臧否人物，是是非非必符大公之义，某固何所置喙于其间。但某与京兆同乡，颇悉其为人，实勇于任事，不辞劳怨。庚子联军入京，群不逞欲藉洋敌之威以鱼肉同种者甚众，京兆痛以法绳之，而若辈素与各埠报馆联络，遂造作风谣，思中伤之，此恶言之所以日至也。至往岁黄慎之学士工艺局一事，议者各有所左右，顾我辈平情论事，京兆于萌芽之新政，固不合引绳排根，而学士之所为亦未必无可议。廷旨既下，京外各报

> 纷如，而益闻西报尤甚，其所以耸西人欲得京兆甘心，多可笑者，是亦不可以已乎！夫使学士本意果出于为群，则工艺局之失得正可容于度外，乃今一再无已，识者有以知其所为矣。惟今日新旧二者之间，其可以相乘者愈急。伏惟大报以主持清议为己任，愿于采访之言稍加慎也。②

"来函"没有署名，同期报纸上也没有其他任何关于"来函"作者的信息，但这并不表明"来函"是匿名投稿。对于"来函"，《大公报》有明确规定："凡既入来函一门，其责任自有寄函之人承当，与本馆无涉。诸君以来函嘱登者，其姓名、住址务须另纸开示，否则概不刊登。"③由此可知，《大公报》主办者是知道"来函"作者为何人的。

---

① 该文刊于《史林》，2017(4)。
② "来函"，载《大公报》，1902年6月25日。
③ "来函"，载《大公报》，1902年6月25日。

该则"来函"刊登 4 天后,《大公报》于 1902 年 6 月 29 日以"来函代论"的形式刊登了《黄秀伯观察致大公报馆书》。黄秀伯即"来函"中"黄慎之学士"之子①,其文即针对 6 月 25 日刊登的"来函"而作,故开篇即曰:"昨读第九号贵报末假所载来函论工艺局及陈京兆之事,审其词意,颇有所指。"②而据《大公报》创办人英敛之③的日记所载:

> 二十三日,晏起,午后得黄秀伯观察书,洋洋千言,系辨日前严又陵之代陈玉苍辩诬者,令排字登报。④

该则日记的时间是壬寅年(1902 年)五月二十三日,此为阴历,阳历即 6 月 28 日,次日该文刊发。英敛之的此则日记是笔者判断此函为严复所作的主要证据,可作为旁证的还有严复致其门生熊季廉⑤的信函:

> 方守六⑥之《大公报》以京中访事意有所左袒,其尝议旧党多不以实。当道者因噎废食,又渐渐与报馆为仇怨,而不以其说为中理矣。即如陈京兆一片……复与陈同里,于陈用心行事颇得其实。尝以友谊函劝大公报诸友,于京中访事之言稍察虚实。⑦

严复在信中明确表示,他曾因"陈京兆"之事致函《大公报》。据此,可以认为《大公报》于 1902 年 6 月 25 日刊登的"来函"为严复手笔是毫无疑问的。⑧

由于该函没有署名,且发表在《大

---

① 黄中慧,字秀伯,江苏江宁人,黄思永长子;黄思永,字慎之,光绪六年庚辰科状元,历官至侍读学士。参见陈玉堂:《中国近现代人物名号大辞典》(全编增订本),1094、1110 页,杭州,浙江古籍出版社,2005。

② 黄中慧:《黄秀伯观察致大公报馆书》,载《大公报》,1902 年 6 月 29 日。

③ 英敛之(1866—1926),原名英华,字敛之,满人,天主教徒。自学成才,曾创办《大公报》、辅仁大学。

④ 方豪编录:《英敛之先生日记遗稿》,见沈云龙主编:《近代中国史料丛刊》续编第三辑,第 21～23 号,517 页。

⑤ 熊季廉,名元锷,江西南昌人。1900 年起为严复门人,1906 年去世。参见王庆成主编:《严复未刊诗文函稿及散佚著译》,台北,财团法人辜公亮文教基金会,1998;王庆成、叶文心、林载爵编:《严复合集》第 5 册,4 页,台北,财团法人辜公亮文教基金会,1998。

⑥ 方守六,《大公报》第一任主笔。

⑦ 王庆成主编:《严复未刊诗文函稿及散佚著译》,19～20 页。

⑧ 稍提一笔,王天根也注意到严复曾为陈玉苍"辩诬"一事,但误将严复的《主客平议》一文认作"实际上是为陈玉苍辩护"。见王天根:《晚清报刊与维新舆论建构》,210 页,合肥,合肥工业大学出版社,2008。

公报》倒数第二版的角落里，故而从未引
起严复研究者的注意，王栻主编的《严复
集》(中华书局，1986)，王庆成、叶文
心、林载爵主编的《严复合集》(台湾财团
法人辜公亮文教基金会，1998)，孙应
祥、皮后锋合编的《〈严复集〉补编》(福建
人民出版社，2004)，以及汪征鲁、方宝
川、马勇主编的最新版本《严复全集》(福
建教育出版社，2014)皆未收录，殊为
遗憾。

严复"来函"仅 293 字，从字面上
看，并不难理解。审其用意，严复主要
表达两层意思：一是《大公报》有关陈玉
苍的报道失实，有违"大公之义"，希望
《大公报》"以主持清议为己任"，对"采
访之言"稍加慎重；二是认为他"勇于任
事，不辞劳怨"，却遭受各埠报馆恶言
中伤，有失公平，故起而为陈玉苍辩
诬。但该函绝非一封普通的读者来函，
它关联的事体甚大，而且复杂。如陈玉
苍何以遭到舆论追杀，他跟"黄慎之学
士"因何交恶，《大公报》何以对"陈玉苍
多有微词"，严复因何愤而投书《大公
报》，以及《大公报》的立场对严复与《大

公报》的关系产生了何种影响，等等，
函中并未交代，需要细加考辨，方能厘
清真相。

陈璧与黄思永之结怨

陈玉苍即陈璧，福建闽县人，庚子
国变前夕奉命"巡视中城"。当八国联军
入城两宫西狩京师秩序大乱之时，陈璧
率"团勇百名分守平粜局、练勇局，捕杀
抢犯十余名，人心赖以稍定"，又"骑马
衣冠巡于市，并出示晓谕居民，谓'和好
在即，官商居民，照常安业'，人心因而
大定"。① 后，陈璧设"总理公所"以"绥
靖地面"，当"全权大臣咨步军统领、顺
天府尹三署同集"以管理战乱时期的北
京城时，"三署推璧主其事"。② 于是，
清廷于庚子年十月(1900 年 12 月)擢陈
璧"署顺天府府丞"，并于次年七月"补
授顺天府府尹"。③

陈璧任职顺天府尹时，"暂护直隶
总督"的周馥上奏称"前翰林院侍读学士
黄思永在京师琉璃厂废窑设立工艺厂，
陈明立案"，朝廷于是命"顺天府察看情
形，或行或止，酌覆办理"。④ 黄思永

---

①　陈宗藩：《陈玉苍先生年谱》，见陈璧：《望岩堂奏稿》，20~21 页。又《恽毓鼎庚
子日记》中的记载可为佐证："傍晚街衢贴五城安民告示(洋兵入城，和好在即；居民官
宅，各安生业。匪徒抢掠，格杀勿论；拿送到城，立即正法)，人心稍定。"参见恽毓鼎：
《恽毓鼎庚子日记》，见《义和团运动史料丛编》第 1 辑，61 页。

②　《清史列传·清史馆待刊稿》，见陈璧：《望岩堂奏稿》，9~10 页。

③　陈璧：《署理顺天府府丞谢恩摺》《补授顺天府府尹谢恩摺》，见陈璧：《望岩堂
奏稿》，139、179 页。

④　《德宗景皇帝实录》卷四八八，光绪二十七年十月，453b~454a 页。

即严复"来函"中之"黄慎之学士"，光绪六年状元，在京官中以谈洋务著称，义和团据京时期曾被庄王府团民拿获，并"奉旨革职，交刑部监禁"，八国联军占据北京时期又被清政府"加恩开释"。①此后，黄思永便与其子黄中慧（即黄秀伯）在京利用琉璃厂义仓"收养游民，创立工艺局"。

经过调查，陈璧上奏朝廷指出，工艺局的一些行为，如"寄屯米石、成做豆腐两事，于艺事无涉"，且与"开局宗旨全在养民不同谋利"相违背，尤其是工艺局所占据的"琉璃厂义仓"，乃"官绅合筹积谷地"，"虽所储无多，遇有荒歉之年，实足济赈抚所不及"，特别是"去年乱后，京通各处，卒鲜盖藏，以后急应规复向章，存储谷石，推陈出新，以备荒政"。据此，陈璧请求朝廷"令该前学士将工艺局限一个月速移他所"。②朝廷因此谕令"黄思永拟废义仓招股开局，应不准行"。③

黄思永对此极为不平，"令人上《益闻洋报》，痛斥极论。谓沮工艺局，停《京话报》，与杀袁、许诸人无异，似为少过"④。工艺局被时人目为"新政"（严复在"来函"中亦称之为"萌芽之新政"），《京话报》附设于工艺局内，是北京最早的白话报⑤，因此工艺局和《京话报》几乎就是"新事物"的代表。庚子后的中国，诚如杨国强先生所说："由于旧消新长，开新便成为涌起的时潮。"⑥在这样一个趋新的时代，"无一人敢自命守旧"⑦，黄思永将工艺局的受阻和《京话报》的停办完全归咎于陈璧的上奏阻挠，并将此事与袁昶、许景澄的被杀类比，不仅将自己树立成被迫害的"新"的象征，从而获得道义上和舆论上的广泛支持，更将陈璧树立为"新"的对立面，即顽固迫害新式事物的守旧者。因此，对于陈璧的指责，一时"众口汹汹"⑧。

---

① 《昆冈等奏覆查明黄思永徐致靖等官犯情形请旨办理摺》，见《义和团档案史料续编》上册，909页。

② 陈璧：《察看工艺局情形据实覆陈摺》《请将工艺局迁移他所保存原有义仓续筹积谷片》，见陈璧：《望岩堂奏稿》，225～230页。

③ 陈璧：《请将工艺局迁移他所保存原有义仓续筹积谷片》，见陈璧：《望岩堂奏稿》，231页。

④ 王栻主编：《严复集》第3册，547页。

⑤ 《京话报》由黄思永之子黄中慧于光绪二十七年七月二十六日（1901年9月8日）创刊于琉璃厂工艺局，寿命不长，仅出至1902年初即停刊。见姜纬堂、彭望宁、彭望克编：《维新志士爱国报人彭翼仲》，115页。

⑥ 杨国强：《晚清的士人与世相》，223页。

⑦ 张枏、王忍之编：《辛亥革命前十年间时论选集》第三卷，669页。

⑧ 王栻主编：《严复集》第3册，547页。

此即严复"来函"中所谓"黄慎之学士工艺局一事"。这件"往岁"之事发生之时,《大公报》尚未诞生。《大公报》介入"陈黄之争",是从其报道黄曾源①弹劾恽毓鼎②开始的,而这又牵涉到陈恽之间在庚子国难期间的一段纠葛。

《大公报》的介入与陈璧之"诬"

《大公报》创办后的第四天,即1902年6月20日便于"时事要闻"栏内登载新闻:"某侍御纠参恽学士毓鼎、贾观察景仁等,谓联军入城时该员等倚恃洋人鱼肉百姓,请将恽贾革职,交五城严加管束云云。"③据《清实录》记载,光绪二十八年四月己未(1902年6月5日)"谕军机大臣等,翰林院侍读学士恽毓鼎平日品行操守究竟如何,著昆冈、孙家鼐悉心察看,据实具奏",同时"国子监学正贾景仁"也被参劾。④ 由此可知,恽毓鼎被弹劾一事属实。两天后,《大公报》又于6月22日"时事要闻"栏内刊登一则新闻,指"陈大京兆与黄侍御曾源本系同乡,交好最深。陈大京兆时时唆使黄侍御上摺参人,侍御无不照办。近来,侍御察出京兆授意参揭之件多徇私意,深悔受绐,故特缮摺纠参陈大京兆,并开列多款云。"⑤

又两天后,一篇名为《记恽学士被劾奇冤事》(后文均称《恽》文)的"北京来稿"被《大公报》以"来函代论"的形式放在头版刊登出来。该文开篇即称"御史黄曾源参劾恽学士毓鼎一事,今查明实系陈京兆授意"⑥。在替恽毓鼎被弹劾

---

① 黄曾源,字石孙,号立午,晚号槐瘿,福州驻防汉军正黄旗人,光绪十六年进士。庚子后任御史,与中江王乃征、泸州高枏称三谏,声震一时,后授安徽徽州府知府、济南知府。参见吴郁生:《三品衔候补道山东济南府知府前礼科给事中翰林院编修黄公行状》、张学华:《济南府知府黄公墓志铭》,见汪兆镛纂录:《碑传集》三编,卷二十四,549~560页。

② 恽毓鼎,字薇荪,一字澄斋,顺天大兴县人,光绪十五年进士,历任翰林院编修、国史馆纂修、翰林院侍读学士、宪政研究所总办,乙未、癸卯会试同考官,有《崇陵传信录》《恽毓鼎澄斋日记》传世。参见恽毓鼎:《恽毓鼎澄斋日记》,808~810页。

③ "时事要闻",载《大公报》,1902年6月20日。

④ 《德宗景皇帝实录》卷四九八,光绪二十八年四月,591a~591b页。

⑤ 《大公报》又于6月24日刊登新闻指出22日报道之误:"探闻日前纠参陈大京兆者实系王侍御乃征,前报误作黄侍御曾源合亟更正。"参见"时事要闻",载《大公报》,1902年6月22日;"时事要闻",载《大公报》,1902年6月24日。

⑥ 《记恽学士被劾奇冤事》,载《大公报》,1902年6月24日。黄曾源参劾恽毓鼎究竟是否为陈璧所指使,笔者多方查阅资料,未见相关记载。实际上,《恽》文作者认定陈璧为幕后指使也只是出于推测。

之事进行辩解后①，《恽》文突然转到黄思永身上，对其庚乱时期的作为进行大肆表彰②。更重要的是，《恽》文还提到工艺局一事："既而黄氏创办工艺局，声望尤著，而陈之嫉功忌贤之心遂愈不可遏。既登诸公牍诬以占用官地，又私函致荣相，力言工艺局之害，志在必倾黄氏而后已，乃竟格于公论，其志不逞。"③

由此可知，《恽》文作者是否为黄氏父子虽无法认定④，但其站在黄氏父子的立场发言则毫无疑问。《恽》文作者迫不及待地为恽毓鼎撰文辩解，一则是因

为恽毓鼎与黄氏父子为至交⑤，二则是《恽》文作者认定弹劾恽毓鼎的幕后主使是陈璧。而《恽》文作者之所以认定弹劾恽毓鼎的幕后主使是陈璧，主要是因为黄曾源与陈璧"本系同乡"，又刚刚结为亲家，"陈之女聘为黄御史之五弟妇"，于是"黄乃为陈所愚，为陈所用，亦惟陈之言是听，遂有劾恽学士之疏"。⑥

实际上，《恽》文作者认定幕后主使是陈璧的更深层的原因是庚子国难期间陈璧与恽毓鼎、黄思永等在京官员、士绅之间的一段纠葛。庚子国变时期，两

① 庚子国变时期，恽毓鼎"偕吏部尚书敬信公单车入使馆，与各国使臣商保卫地方之策，力争主权"，并创协巡公所，"令司坊官莅所，判决民事，民遂安堵"。参见恽毓鼎：《恽毓鼎澄斋日记》，808 页。也就是说，在庚子国变时，恽毓鼎也在做着和陈璧一样的事情，于混乱中竭力维持秩序。按《记恽学士被劾奇冤事》所述，恽毓鼎被参劾之事即庚子年创办协巡公所一事："摺中所参，系指明前年联军初入城时，恽在美界创立协巡公所侵占五城之权云云。"该文为恽毓鼎这样辩解："庆邸（笔者注：庆亲王奕劻，时任议和全权大臣）札委恽学士等办理协巡公所，安设巡捕以弹压地方，招雇民壮以充当苦力，聘致翻译以与洋官往来，会议地面事宜。"见《记恽学士被劾奇冤事》，载《大公报》，1902 年 6 月 24 日。

② 《恽》文称，庚子国变时，"黄学士思永正创议纠合绅士设华捕局以除暴安良"，并"创巡防公所于德界西段，屡次与德国格知府抗论。凡所诛求，再四辩驳，不得已始稍应一二。各界皆送洋官旗伞，惟巡防公所始终未曾送过洋礼"。见《记恽学士被劾奇冤事》，载《大公报》，1902 年 6 月 24 日。

③ 《记恽学士被劾奇冤事——续昨稿》，载《大公报》，1902 年 6 月 25 日。

④ 此后，因严复替陈璧"辩诬"，黄思永之子黄中慧致函《大公报》表示："自贵报开办以来，某从未与闻，心自坦白，贵馆当有公论，何待区区置喙。"见黄中慧：《黄秀伯观察致大公报馆书》，载《大公报》，1902 年 6 月 29 日。

⑤ 据陈灨一之《新语林》卷六："恽薇孙精医术，黄秀伯之父慎之病危，投一剂而愈。鼎革后，愤国事益坏，绝志仕进，以歌自娱。尝现身舞榭，及卒，秀伯挽之曰：'优孟衣冠遗老恨，歧黄薄石故人情。'"参见陈灨一：《新语林》，85 页，上海，上海书店出版社，1997。另《恽毓鼎澄斋日记》中也记录过二人之交往："至老墙根祝黄慎之丈寿，手谈半日。"见恽毓鼎：《恽毓鼎澄斋日记》，205 页。

⑥ 《记恽学士被劾奇冤事——续昨稿》，载《大公报》，1902 年 6 月 25 日。

宫西狩，联军入城，整个北京城陷入混乱无序的无政府状态。一些并无管理地方之责的京官或士绅纷纷成立公所，"与洋官通融联络"，维持社会秩序。当时，联军在北京实行分区占领，恽毓鼎所办理的协巡公所，管理"前三门外地面"，"设在美国暂管界内"，同时该地面也是时任中城御史的陈璧例应管辖之地。

随着局势逐渐稳定，"五城业已设立办事公所"，在陈璧看来，正是"地方官办事之权"逐渐收回之时，恽毓鼎却向时任全权大臣的庆亲王提出，"五城虽设公所，官权未复，窒碍仍多，再四筹维，只可仍寄官于绅"，并请求"委毓鼎督办冬防"，"所有稽查委员令毓鼎自行札派"。针对恽毓鼎的请求，陈璧毫不客气地指出，这"是将五城一切应办事宜，统归该学士办理也"，认为"现在洋兵虽尚未退，地方官自有应办之事，应以渐复官权为第一要义"，并指出"若如该学士所咨，一切事宜均归绅士办理，是洋人并未尽掣我肘，而我自行撤去官权"。①

在陈璧力争之下，恽毓鼎等五城绅董所创办的协巡公所、安民公所、华捕局等绅董公所的权力无法进一步扩张，且随着官权的一步步恢复而被裁撤。其

中一些劣绅利用公所"妄拿无辜，滥设非刑"的举动，也得到了惩处。② 不过，陈璧也因为"勇于任事"损害了许多人的利益而被造谣中伤。此即严复"来函"中所谓"庚子联军入京，群不逞欲藉洋敌之威以鱼肉同种者甚众，京兆痛以法绳之，而若辈素与各埠报馆联络，遂造作风谣，思中伤之，此恶言之所以日至也"。

严复为陈璧"辩诬"之缘由

严复在"来函"中说"某与京兆同乡，颇悉其为人，实勇于任事，不辞劳怨"，在致门生熊季廉的信中，也说"复与陈同里，于陈用心行事颇得其实"。也就是说，严复与陈璧的同乡关系是严复为陈璧"辩诬"的一个很重要的原因。同乡关系对于出门在外的中国人而言，其重要性不言而喻。陈璧年谱中便专门记载了庚子国难期间，陈璧对于"闽中同乡"的"竭力保护"。③ 在御史对陈璧的弹劾中，同乡关系也会成为说辞："又所称五城学堂办理不善，学生多有告退者一节。闻查得该学堂弊在徇私，其堂内学生多福建人，无非京兆之亲故。"④

据现有资料来看，严复自身虽然并未受惠于身为京兆尹的陈璧，但其亲朋

---

① 陈璧：《五城公牍汇存》（选录），见《义和团史料》下册，714 页。
② 参见陈璧：《五城公牍汇存》（选录），见《义和团史料》下册，721～722 页。
③ 陈宗藩：《陈玉苍先生年谱》，见陈璧：《望岩堂奏稿》，20～21 页。
④ "时事要闻"，载《大公报》，1902 年 7 月 28 日。

故交受陈京兆恩惠者颇众。上文所述之
"五城学堂"即陈璧于 1902 年初所创设
之五城中学堂，也是中国最早的国立中
学堂①。该学堂聘严复好友林纾为汉文
总教习，严复门生王劭廉为西文总教
习，严复之侄严君潜为分教习。严复对
此评价道："二君学皆有根底。少泉（笔
者注：王劭廉）朴挚沈实，琴南豪爽恺
悌，皆真君子人也……此学堂可谓得
人。"②以严复的标准，当时中国学堂之
教习甚少能入其法眼，他对五城中学堂
"得人"之评价，可谓罕见。另外，陈璧
曾具摺保荐李维格、赵从蕃、伍光建、
夏曾佑、高而谦等人③，其中伍光建为
严复门生，夏曾佑则为严复至交。这
些事情都会让严复对陈璧之"用心行事
颇得其实"，从而在《大公报》上为其
"辩诬"。

不过，严复与陈璧的同乡关系，以
及陈璧对于严复亲朋故交的照顾，只是
提供了严复愿意为陈璧"辩诬"的动机。
若黄思永等人对陈璧的指责都属实，无
所谓"诬"，或者是严复亦认为黄思永等
人对陈璧的指责无可非议，那么严复代
陈璧"辩诬"亦无从辩起。对于严复而
言，"告众之事，须本人深信笃知，方

可言之有物，足以动人"④，所以严复
要替陈璧"辩诬"，也必须是严复自己真
诚地认识到陈璧有"诬"可辩。实际上，
在替陈璧公开"辩诬"前数月，严复在致
好友张元济的信中，便谈到他对工艺局
一事的看法：

> 如办黄慎之工艺局一事，则为
> 忮之见端；其坿片语皆陈久之义，
> 而自谓悬诸日月不刊之论。黄固假
> 新政以济其私，然果办之得术，于
> 穷困小民，不为无益；陈乃以孑孑
> 之义责之，无怪众口之汹汹也。黄
> 又令人上《益闻洋报》，痛斥极论。
> 谓沮工艺局，停《京话报》，与杀
> 袁、许诸人无异，似为少过。其实
> 京兆仅夺其义仓而已；厂之不开，
> 报之遂停，黄力自不足，未可遂入
> 陈罪也。⑤

严复的这一态度与其在"来函"中所
表达的态度完全相同，一则认为陈璧的
观点皆"陈久之义"，对于工艺局不应该
"引绳排根"，二则认为黄思永是"假新
政以济其私"，"厂之不开，报之遂停，
黄力自不足，未可遂入陈罪也"。不同

---

① 景晓平：《京师五城中学堂与清末中等教育近代化》，载《北京社会科学》，
2009(4)。
② 王栻主编：《严复集》第 3 册，547 页。
③ 陈璧：《敬举人才以备任使摺》，见陈璧：《望岩堂奏稿》，256 页。严复在致张
元济的信中，也特意提到过此事，见王栻主编：《严复集》第 3 册，550 页。
④ 王庆成主编：《严复未刊诗文函稿及散佚著译》，52 页。
⑤ 王栻主编：《严复集》第 3 册，547 页。

的是，严复在"来函"中对黄思永的指责更为含蓄一些。也因此，严复还特意嘱咐张元济不要将他的评论"示外人也"。

严复还在信中向张元济透露，陈璧"颇以此事为悔，云行当谋所以复之者"。① 实际上，陈璧从来未曾否定工艺局的价值，反而称"工艺局一事，所急宜切实举行者也"②。且在他的请求下，清廷"拟于京师内城外城各设工艺局一所，招集公正绅士妥筹创办"③。对于黄思永的工艺局，陈璧后来还专门上折表示：

> 惟京城地面甚广，须多立局所，方足以容穷黎。现在新设之局，正需布置；则旧有之局，亦不必中止。查已革翰林院侍读学士黄思永试办工艺局，已阅数月，其中兼印《京话报》，浅近明白，人人易晓，与原递章程亦相符合。际此振兴庶政，以开瀹民智为先，工政报章并行不悖。除拟废义仓设局，殊于荒政有碍，谨遵前旨，著不准外，可否仍准该前学士黄思永迁移他所设立，讲求工艺等事，开通风气。④

陈璧上此折，大概就是严复所谓"谋所以复之者"，既与黄思永等恢复关系，更重要的是去掉其顽固守旧的舆论形象。不过，仅凭一个奏摺，且该奏折仍不准废义仓设局，即无法挽回黄的损失，黄思永怎么可能就此原谅陈璧！不久，又发生黄曾源弹劾恽毓鼎的事件，黄思永当即便认定此乃陈璧幕后指使。严复在致熊季廉的信中，曾细述陈璧与黄思永交恶的来龙去脉：

> 即如陈京兆一片，祗以去岁恽、黄诸子，托新政以图己私，陈复奏时，不为道地。又当庚子年……各报布散风谣。又陈复奏工艺局……用义仓旧地，黄慎之父子……黄御史曾源弹恽毓鼎……营私，而黄、恽二人亦指为陈所指使。事会交迁，遂成不解之仇。连结私党如徐德沅、王乃征等，期必倾陈而后已。呜呼过矣。⑤

正是由于严复对于整个事件的来龙去脉有一个比较清晰的了解，且这种了

① 王栻主编：《严复集》第 3 册，547 页。
② 陈璧：《察看工艺局情形据实覆陈摺》，见陈璧：《望岩堂奏稿》，225 页。
③ 陈璧：《请将工艺局迁移他所保存原有义仓续筹积谷片》，见陈璧：《望岩堂奏稿》，230 页。
④ 陈璧：《请准工艺局移设他所讲求工艺以开风气片》，见陈璧：《望岩堂奏稿》，235 页。
⑤ 王庆成主编：《严复未刊诗文函稿及散佚著译》，19 页。引文中的"……"，原文即如此，并注明此处"略有缺失"。

解与《大公报》上所刊登的过于偏袒黄思永一方的新闻报道不相符合，故严复致函《大公报》为陈璧"辩诬"。

余论：新旧之间与官绅之间

严复希望《大公报》能超脱于新旧之间，以一种比较客观的态度去进行新闻报道，故在"来函"中最后特别强调"惟今日新旧二者之间，其可以相乘者瘳急。伏惟大报以主持清议为己任，愿于采访之言稍加慎也"。对于严复的殷切期望，《大公报》虽然表示"本馆以大公为怀，有闻必录，毫无私意于其间"①，但因为《大公报》主人英敛之是一个坚定而固执的趋新者②，在面对新旧之争时，或者说是他眼中的新旧之争时，《大公报》其实很难真正做到"毫无私意于其间"。

就陈璧与黄思永而言，在英敛之眼中，黄思永无疑是趋新的代表，而陈璧则是守旧的代表，即"所谓旧者皆有权势之人，新者半系卑微之辈"③。有了这样的判断，《大公报》在对待陈黄之争时，难免会偏向黄思永一方。严复为陈璧"辩诬"仅4天，《大公报》就在头版刊出题为"黄秀伯观察致大公报馆书"的文章，就严复"来函"进行逐条辩驳：

昨读第九号贵报末假所载来函论工艺局及陈京兆之事，审其词意，颇有所指。某本拟另作一论辩之，继思自贵报开办以来，某从未与闻，心自坦白，贵馆当有公论，何待区区置喙。况自去冬工艺局被劫迄今半载，其暗中阻力外人所不知、各报所未载者甚多，某等惟有忍受而已，从未敢有报复之心。即如去腊二十三日英公使萨道义君，因陈京兆与工艺局为难阻挠新政代为不平，萨偕其护署统领白君步行至敝局，再四诘询陈璧劣迹。某答以陈与我新有隙，使我毁之则报怨，誉之则矫情，报怨与矫情我皆不为也。中国事中国人自能办理，若一遇阻力便倚洋人为护符，从此华人尚有出头作事之日耶？贵公使来意甚善，予深感谢，然实不能答君之问题，幸恕我焉。萨白二人皆称善而去。萨使乃办理祸首最为出力之人，今尚在京，此段问答字字可与之对证。而某君致贵馆之函反有耸使西人欲得京兆甘心之语，何不谅之甚一至于此。某君殆因不识鄙人而误听一面之词者，故其措词不无太过，如谓借洋敌之威鱼肉同种，与各埠报馆联络造作风谣，思

---

① "来函"，载《大公报》，1902年6月25日。

② 有关英敛之对于新旧的态度，笔者另有专文《严复与早期〈大公报〉(1902—1912)》，载《史林》，2014(2)。

③ 《书昨报和新旧两党论后》，载《大公报》，1902年9月11日。

中伤京兆等语。夫报馆主笔有贤有不肖，其贤者公正直笔无私，虽联络亦无益；其不肖者本无宗旨，毁誉无常，唯利是视。某固穷人，断无此力量能尽得其欢心。即如贵报所载要闻内某君所谓与陈有微词之处，公试言之果有一字系鄙人所寄者否？从前谤陈京兆最早者无过于日日新闻，彼时陈君并未与工艺局为难，亦尚无实在劣迹被人查出，而一则曰油滑党，再则曰拳匪首领，造谣中伤之事莫此为甚，然则亦鄙人为之耶?! 又近日传闻陈京兆于初九日召见时，两官将王聘三侍御弹章与之阅看，陈竟谓此摺系黄某恽某所指使云云。此语某万不敢信以为真，然使陈果有此奏，则试问工艺局被参事已逾半载，乃至今日始有人为所指使，何其迟也！夫不平则鸣，人之情也，工艺局自去夏六月经营草创督工招股费尽心力，始稍有眉目，一旦陈忽诬以欲废义仓侵占官地，而不知义仓之废已久，是公产而非官产，向系绅办，地方官从未与闻，且家大人即创办原人。庚子后同人散亡，责无旁贷，而某君之函反谓学士本意果出为群，则工艺局之失得正可容于

度外。嗟乎噫嘻，彼固局外，无怪其说得如此容易！今试问某君，当日设入有工艺局股份，忽闻该局半途而废、血本尽失，彼果能置之度外不向黄氏追索否？吾愿天下稍明公理之人一代答此问题也。某不学无术，何敢与某君辩难?! 特恐京兆结怨之处不止黄恽两家，果如某君所谓，则凡与京兆为难者皆将惟黄恽是问，嫌疑衅隙愈积愈深，权势所在，某固无所畏惧，然俗语有之，两虎相斗必有一伤，某深不愿出此，徒为外人取笑。用敢略布一二，伏惟垂察。五月二十一日黄中慧启。①

黄秀伯的这篇文章指责严复来函"措词不无太过"，并认为这是"某君殆因不识鄙人而误听一面之词"所造成的。英敛之将该文以"来函代论"的形式刊登在《大公报》头版的社论位置，而严复为陈璧"辩诬"的文字则被刊登在《大公报》倒数第二版中毫不起眼的"来函"栏中！不仅如此，署名"北京来稿"的不知名作者为恽毓鼎鸣冤的《记恽学士被劾奇冤事》也以"来函代论"的形式刊登在《大公报》头版的社论位置②，《大公报》报道的其他有关陈璧的负面新闻也多刊登在

① 黄中慧：《黄秀伯观察致大公报馆书》，载《大公报》，1902年6月29日。因该文篇幅较长，故标题及小半篇幅内容刊登在头版，文章大半篇幅内容刊登在第2版。

② 该文亦因篇幅较长，故标题及前半部分内容刊登在头版，后半部分内容刊登在第2版。

二、三版的"时事要闻"栏中。《大公报》在"陈黄之争"中如此厚此薄彼，明显偏袒黄思永一方，这显然是亲自站出来为陈璧"辩诬"的严复所无法接受的。在严复看来，《大公报》的做法，已违背了"主持清议"的原则。

更让严复感到难堪的是，《大公报》对于严复"愿于采访之言稍加慎也"的忠告也置若罔闻，仍一如既往抑或变本加厉地对陈璧进行不辨虚实的负面报道。如："王侍御乃征前次纠参陈大京兆各款，原摺留中，即小军机亦皆不知其详。兹经探闻摺中大意，系言庚子年何乃璺任顺天府尹而有义和团之变，若陈久任府尹，恐将来贻祸更深等语。至所列各款事迹颇多，诋毁甚至，本馆意存忠厚概不录登。"①《大公报》标榜"忠厚"，概不登，实际上留给读者更多的想象空间，从而加倍放大陈璧被参"各款事迹"的严重性。更甚者，还有这样的新闻报道："又闻陈大京兆私宅住椿树头条胡同，自被劾查办以来，忽将其门改署他姓堂号，据其邻人云，每至夜半，陈宅有多人搬运箱笼盖，亦恐被查抄也。然陈虽有被参受贿之事，其罪或不至此。"②

《大公报》在陈黄之争中的不公正表现给严复留下了这样的印象："《大公报》以京中访事意有所左袒，其訾议旧党多不以实"。③更加上严复因替陈璧"辩诬"而遭受的来自《大公报》的不公平对待，使得严复对《大公报》深为失望，并逐渐疏离了与《大公报》的关系④。此前，严复曾对《大公报》寄予很高的期望，《大公报》出版仅一周，严复便以"大公主人"的口吻撰写《主客平议》一文，交给《大公报》发表，作为对《大公报》的支持。⑤此后，严复便再也没有在《大公报》上发表任何有关时事的文章。⑥熊季廉曾劝严复对《大公报》"稍有附益"，严复细述了其为陈璧"辩诬"并"函劝大公报诸友，于京中访事之言稍察虚实"⑦的往事后，愤愤然表示道：

顾英方诸公意不为动，而且加

---

① "时事要闻"，载《大公报》，1902年7月14日。
② "时事要闻"，载《大公报》，1902年7月28日。
③ 王庆成主编：《严复未刊诗文函稿及散佚著译》，19页。
④ 参见冯志阳：《严复与早期〈大公报〉(1902—1912)》，载《史林》，2014(2)。
⑤ 英敛之在其日记中如此叙述："严又陵寄至自作《主客平议》一篇，洋洋数千言。"参见方豪编录：《英敛之先生日记遗稿》，见沈云龙主编：《近代中国史料丛刊》续编第三辑，第21~23号，516页。此文发表后影响较大，《大公报》因海内外各界索求该文者太多，又于1904年4月4—9日重刊此文。
⑥ 此后严复发表在《大公报》上的文章主要是萨镇冰寿序、吴芝瑛传等较私人化的文字。参见笔者《严复与早期〈大公报〉(1902—1912)》一文。
⑦ 王庆成主编：《严复未刊诗文函稿及散佚著译》，19页。

厉。平生言论不见信于朋友，当以此为最也。故于时事辄绝口不道。以来教劝复于该报稍有附益，故发愤为言如此，使季廉知吾心也。①

由此可见，严复对《大公报》在陈黄之争中的表现一直耿耿于怀！

通观陈璧与黄思永之间的纷争、《大公报》对二者纷争的报道，以及严复对于整个事件的观察及态度，我们可以发现"新旧之争"是始终贯穿其间的舆论焦点。黄思永通过将自己树立成"新"的象征，并将对手陈璧树立成迫害新事物的"旧"的代表，从而获得了舆论上的压倒性胜利，这是庚子国变后趋新时代的必然逻辑。在这样一种逻辑下，趋新者英敛之仅以"新旧"便可以对各种事物的价值和各色人物的品行进行区分。这样一种简单而粗暴的区分，将新旧之外的复杂性全然淹没，既看不到黄思永的"假新政以济其私"，也看不到陈璧的创办五城中学堂和工艺局，其实也是"新政"。在这样一个泥沙俱下的趋新时潮里，"新"或"旧"往往都失去了本来的意思，变成了攫取利益或打击政敌的手段与工具。

若更深一步探究，则无论是陈璧与黄思永之结怨，还是陈璧与恽毓鼎之矛盾，都牵涉到晚清社会的一大关节点，即绅权的扩张以及由此带来的绅权与国家权力的紧张。② 在协巡公所一事上，陈璧以恢复官权为"第一要义"，而恽毓鼎和黄思永的自觉委屈也在于"庚子以来，恽与黄创办各事，实不为无功于民。今年五城开保案时，将黄恽创立公所之人一字不提，摺中反言官权幸未全失，今又以侵占官权严劾恽氏"③；在工艺局一事上，黄思永的自觉委屈亦在于义仓"是公产而非官产，向系绅办，地方官从未与闻"，而陈璧却"忽诬以欲废义仓侵占官地"。④ 也就是说，正是绅权的扩张冲动，导致了其与官权之间的冲突与紧张，从而造成了作为官权代表的陈璧与作为绅权代表的黄思永、恽毓鼎之间的矛盾和冲突。

---

① 王庆成主编：《严复未刊诗文函稿及散佚著译》，20 页。
② 杨国强：《论晚清中国的绅士、绅权和国家权力》，载《华东师范大学学报》(哲学社会科学版)，2011(1)。
③ 《记恽学士被劾奇冤事——续昨稿》，载《大公报》，1902 年 6 月 25 日。
④ 黄中慧：《黄秀伯观察致大公报馆书》，载《大公报》，1902 年 6 月 29 日。

后　记

　　本书是在博士论文的基础上修改而成的。博士论文完成于2012年3月，并于同年通过答辩。说来惭愧，这五年多的时间，除了近半年，因为要出版，我才又认真通读和修改了几遍以便把它变成一部书稿，其他时间都是将其束之高阁。这五年来，我放下庚子救援相关研究，转而从事其他研究，一方面是自认为这个题目应该没什么再可挖掘的了，另一方面则是因为此前太过沉浸于这个题目，每天耳鬓厮磨，连续好几年，等博论写完，人已经变得麻木不仁，迫切想要换个新领域来刺激一下自己的大脑。

　　五年之后的重读，一下子唤起了自己当年研究这个题目时的许多记忆。记得那是刚刚考上博士不久的一次上课，我的博士生导师周武研究员在讲授上海史时突然提到，庚子国变前后北方社会出现了一股大规模的人才迁徙潮，很多政治、文化精英从京城迁居到上海，这极大地促使了上海在政治、文化上的崛起，其中最为集中的便是庚子救援行动，因为在很短的时间内即有数千人被从京津地区救援到上海。然而，对于这次救援行动，不但学界研究较少，即使知道的也不多。周老师因而向听课的学生们建议，有兴趣的可以试着去关注关注。我当即便对这个题目产生了极大兴趣，此后便尝试着收集相关史料，很快就在上海图书馆找到并复印了陆树藩的一卷《救济日记》和五卷《救济文牍》，同时又从《申报》《中外日报》等晚清报刊上发现了大量相关史料。知道我有了这些史料基础，周老师又建议我将这个题目作为自己的博士论文题目，于是我的读博生涯便与庚子救援事件的研究生涯合为一体。

　　起初，我试图挖掘庚子救援事件背后的问题意识，并把这一问题意识的核心界定为南北意识。南方人组团前往北方援救被困于京津地区的南方人，这是再明显不过的南北意识。而且，庚子国变后不过十余年，清王朝便在南北分裂中寿终正寝。因而在博士论文开题时，我拟定的题目是《庚子救援与南北意识》，准备对传统中国的南北问题进行一番梳理，并在这个脉络中解读庚子救援事件。然而，随着研究的不断深入，我发现用这个思路来研究庚子救援事件，颇有点大而无当。首先，南北问题作为中国历史上的一个大问题，如果对古代史没有相当深入的了解，是很难有准确的把握的，而我只是读硕士时才转到历史学，且一直就学于近代史领域，要在短短数年间就对整个中国古代史有一个深入的了解，实在是有点缺乏信心。其次，庚子救援行动虽然是一次大规模的救援行动，但是否真地有必要被放在南北意识这样一个千年脉络中去叙述，这样一顶帽子是不是被戴得有点过大，给人以"为赋新词强说愁"的感觉？当然，更重要的是，我觉得用南北意识去笼罩庚子救援事件时，很多历史事实都会被遮蔽掉。

　　问题意识对于论文写作的重要性不言而喻，极端一点，甚至可以说，没有问题意识，何来论文！然而，问题意识也不可避免地带来一些问题，其中在我看来最值得重视的，是对问题意识之外的历史事实、历史现象等的遮蔽，而这又集中在对事件史的研究上。一个历史事件的发生，牵扯万端，如果仅用某种问题意识去观照，那么在呈现该事件时挂一漏万，几乎是不可避免的。正是出于这种考虑，我改变了此前的研究思路，将尽量完整地呈现庚子救援事件本身作为自己最重要的目标。至于庚子救援事件背后的问题意识究竟为何，我也没有将其限定在某一方面。全书最后以"余论：庚子救援中的关键词"作为结束，因为这样一种写作方式，是不适合以某种问题意识的探讨、总结和升华作为结论的，而只能从不同的角度对庚子救援事件所呈现出来的各种史实和现象进行相应的解读和阐释。不得不说，这样一篇不以问题意识为中心的博士论文，不太适合被拆解为一篇篇单独的论文。尽管我曾有过这样的努力，但发觉这无异于重写，因而时至今日，我仅拆解过一两篇论文将其单独发表。这意味着本书的绝大部分内容，自2012年完稿后，从来没有被公开发表过。这次能够以书稿的形式出现，也算是对我五年博士生涯的一个总结。

《庚子救援研究》的能够出版，首先要感谢我的博士生导师周武研究员。2006 年硕士毕业后，出于家庭原因，我必须找工作。当时的我并不奢望有机会到专门从事历史研究的机构工作，因为凭我的硕士学历，想要进入这类科研机构几乎是不可能的。然而，周老师给予了我这个机会，而这一点完全改变了我的人生走向。如果不能成为专业的历史研究者，我应该不会继续攻读博士学位，当然也就不可能去从事庚子救援研究了。另一方面，恰如前文所述，即便我攻读了博士学位，如果没有周老师的引导和建议，对于庚子救援事件，我恐怕和大多数人一样，可能从来都没有听说过。确定选题后，从论文框架的形成到史料的收集、整理以及具体的写作、修改过程，周老师都与我反复商讨，悉心给予指导。博士论文答辩后，周老师又一再催促我抓紧修改，准备出版。由于自己生性懒散，再加上又接下了别的课题任务，所以一拖再拖，直至今日才将出版提上议事日程。得悉此书即将出版，周老师的喜悦之情不亚于我，同时又为书稿的修改提供了许多宝贵的建议。可以说，《庚子救援研究》一书也凝结了周老师的无数心力。

其次，要感谢对我有重要影响的三位老师：王家范教授、杨国强教授和程念祺副研究员。2007 年进入华东师大攻读博士学位时，我非常幸运地赶上了王老师站在华师大讲台上的最后两三年。王老师的所有课程，包括给所有硕士生上的通史课，我都去听了。此前听人说，听王老师讲课是一种享受，自己听后觉得真是名不虚传。毕业后，有机会与王老师有了一些近距离接触，才更真切地感受到王老师作为学问大家对于治学、写作的极其认真的态度。一篇文章，五易其稿，实在是太过平常的一件事。修改文章时，一字之易时的反复推敲，也十分常见。从王老师身上，我感受到一名学者极其严谨的治学态度。杨老师 2008 年前一直在上海社科院历史所工作，此后调到华东师大，无论身在何处，我都有幸有比较多的机会可以向杨老师随时请教。可以说，我对中国近代史的理解，很大程度上来自于杨老师以士人为中心对近代中国社会的诠释和解读。尤其让我心折的是杨老师的人文合一，其文严谨、大气和深刻，恰如其人，不怒自威，极具气场。在本书写作过程中，我曾多次专门请教，杨老师的回答也总能给我以启发。程老师是我在历史所的同事，更是我的老师，他的研究领域属古代史。要更好地研究近代史，对于古代史的了解也是必需的前提，因此我不时会向程老师请教，而程老师也都会非常耐心地予以回答。程老师更令人钦佩的地方在其为人处世。古人常讲知行合一，又告诉我们"君子坦荡荡""重义而轻利"，但现实世界能做到这一点的人极少，程老师便是这样的人。中国传统的学问乃"为己之学"，就是用来对付自己的学问，目的是让自己成为一名君子。从这一点来讲，我觉得程老师身上恰有古之学者的风范。

此外，要感谢上海社科院历史所的罗苏文、张剑、马军、施扣柱、李志茗、叶斌等老师，他们作为我的同事，也作为我的师长，在我撰写论文、修改书稿的过程中，都给我提供了不少非常好的指点和建议；感谢华东师范大学的李学昌、邬国义、瞿骏、周保明等老师，他们在我攻读博士学位期间，或帮我解决生活上的困难，或为我查阅资料提供方便，或在论文写作、修改上给予指点和建议。还要感谢历史所的同事沈洁，她为人处世，近于程念祺老师，让我敬佩不已，无论是在工作上，还是在生活上，她都给予我许多帮助；感谢同门何建国，一直不厌其烦地帮我处理各种电脑问题，博士论文最后成稿时的格式问题也基本都是他帮我解决的；感谢同门张光润，一直帮我收集复印各种文献资料，以及翻译论文的英文摘要；感谢友人王郡，他嗜书如命，阅读面极其广泛，不断为本书的资料收集提供新的线索；感谢上海中医药大学的裘陈江博士，得益于他强大的史料收集功夫，本书在资料挖掘上才会不断有新的进展；感谢复旦大学的戴海斌副教授，作为历史所的前同事，研究领域恰好又都集中在庚子国变，他向我提供了不少我之前没有注意到的文献资料，其中便包括日本学者有关庚子国变时期在京南省人士相关情况的论文；感谢上海航海博物馆的单丽博士，在博士论文写作最紧张的时刻，她帮我整理了参考文献，并提出了不少很好的修改建议；感谢中央民族大学的马金生副教授，他在我将博士论文修改成书稿的过程中，提供了许多非常宝贵的建议。另外，还要特别感谢北京师范大学出版社学术与大众分社谭徐锋主编，在学术著作出版几乎无利可图的情况下，仍决定免费出版本书。必须指出的是，《庚子救援研究》一书尽管有众多师友在我写作、修改过程中，给予了很多指导、建议和各种修改意见，提供了许多帮助，包括一些很细节的技术帮助，可以说凝聚了很多人的辛劳和智慧，但本书的任何问题以及失误之处，均由本人负责。

最后，我要感谢我的家人。我的父母都是农民，含辛茹苦供我读大学，接受高等教育，而我却任性地选择了历史研究作为自己的终生职业，这注定了我这辈子都不太可能在物质上回馈他们，而他们对此也从未有半点责怪之意，因为只要我工作开心，他们就全力支持。我和妻子马晶从结婚以来，一直处于两地分居的状态，家中琐事几乎全靠她一人承担，尤其是女儿出生后，她又要担负起照顾女儿的重任。虽然有岳父母不计辛劳，帮助打理，但她的压力之大，依然可以想象。即便如此，她从来没有劝我放弃，而是一直默默地支持着我，让我安心地在上海从事自己感兴趣的工作。女儿冯斯语从出生到现在会缠着我给她讲故事，我陪伴她的时间，比绝大多数爸爸少太多了，这种亏欠，我想我是无论如何也弥补不了的。如果说我要为自己的爱好兴趣、职业选择付出代价，那么这就是最令我难以忍受的代价。谨以此书献给我的家人。

中华学人丛书

图书在版编目(CIP)数据

　　庚子救援研究/冯志阳著. —北京：北京师范大学出版社，
2018.7
　　(中华学人丛书)
　　ISBN 978-7-303-23620-6

　　Ⅰ．①庚… Ⅱ．①冯… Ⅲ．①义和团运动—研究
Ⅳ．①K256.707

　　中国版本图书馆 CIP 数据核字(2018)第 084232 号

营 销 中 心 电 话　010-58805072　58807651
北师大出版社高等教育与学术著作分社　http://xueda.bnup.com

GENGZI JIUYUAN YANJIU
出版发行：北京师范大学出版社 www.bnup.com
　　　　　北京市海淀区新街口外大街 19 号
　　　　　邮政编码：100875
印　　　刷：北京京师印务有限公司
经　　　销：全国新华书店
开　　　本：730 mm×980 mm　1/16
印　　　张：25.75
字　　　数：531 千字
版　　　次：2018 年 7 月第 1 版
印　　　次：2018 年 7 月第 1 次印刷
定　　　价：78.00 元

策划编辑：谭徐锋　　　　　责任编辑：王　强　李春生
美术编辑：王齐云　　　　　装帧设计：王齐云
责任校对：陈　民　　　　　责任印制：马　洁